「安全第一」の誕生

——安全運動の社会史

〔増補改訂版〕

不二出版

謝辞

本書は京都大学大学院人間・環境学研究科に提出した博士論文「安全運動の思想史的研究――蒲生俊文と安全第一の誕生」に基づいている。ただし、本書として刊行するにあたり、主として、次のような変更をおこなった。まず、大きな変更点として、書名を変え、横書きを縦書きに改め（資料篇を除く）、資料篇の一部（「災害防止展覧会の出品物および出品者一覧」および「産業安全衛生展覧会の出品物および出品者一覧」）を削除し、「謝辞」と「あとがき」を追加した。また、小さな変更点として、注にある図表を含め、すべての図表に番号を付し、資料篇の一部削除に伴う修正を加え、表記上の統一を施し、誤字脱字を直した。また、今回の増補改訂版では、資料1に蒲生俊文小伝を、巻末に索引を、それぞれ追加し、若干の表記を改めた。しかし、これらの変更に伴う論旨への影響は、まったくない。

一年以上にわたる博士論文の指導および審査の全過程において根気を要する査読を通して綿密な指示を与え続けてくださった松田清（きよし）教授には、感謝の念で一杯である。博士論文の審査より遥（はる）か昔、筆者の修士論文の副査を引き受けていただいたことを思い出す。今は取り壊されてしまったが、当時、教授の研究室は旧教養部A号館の一角にあって、そこに通じる薄暗い廊下の佇（たたず）まいと中二階を備えた研究室を占拠していた史料が醸し出す情景を筆者は鮮明に覚えている。そこには、周囲の騒々しい喧騒を寄せつけない悠久の時を刻む空間があった。

博士論文の審査では、松田教授とともに、予備審査において、佐伯啓思（けいし）教授、菅原和孝（かずよし）教授、前川玲子（れいこ）教授（五十音順、肩書きは当時のもの。以下同）に査読を通して貴重なコメントをいただいた。さらに、本審査の公聴会において、主査の松田教授のほか、副査の江田憲治（けんじ）教授および川島昭夫（あきお）教授から直接、有益なご教示とご批判をいただいた。本書で十分に答えられなかった点は、今後の課題としたい。

　学会や研究会などでも多くの方から支援を受けた。とくに、大原社会問題研究所の協調会研究会を主宰している高橋彦博名誉教授（法政大学）と同研究所研究員である梅田俊英、横関至（いたる）の両氏は、『産業福利』第1巻の「発見」の成果を逸（いち）早く知らせてくれるとともに、研究会で有益な刺激を与えてくれた。また、上野継義（つぐよし）教授（京都産業大学）には米国の安全運動について、山本通教授（神奈川大学）には英国のラウントリーの来日について、それぞれ貴重な論文を通じて教えられた。居神浩（こう）教授（神戸国際大学）からは専門用語について助言を受けた。他に、社会政策学会、経営史学会関西部会、政治思想読書会、社会労働研究会、西南学院大学学術研究所「生命倫理の学際的研究」研究会（順不同）でも本書の内容について発表する機会を得て、有益なコメントをいただいた。さらに、言語学者の須賀井義教准教授（近畿大学）には資料2および3のハングルについてご教示いただき、堀田泉（いずみ）教授（近畿大学）には心強い励ましを賜った。

　資料については、中央労働災害防止協会の安全衛生情報センター図書室には、幾度も足を運び、「蒲生文庫」「武田文庫」などの閲覧でお世話になった。株式会社東芝には新荘吉生の履歴等についてご教示いただいた。三菱史料館には三菱第21号館に事務所を置いていた安全第一協会について調査する際、当時のテナント料などを記した収支證書を閲覧させていただいた。その他、大阪府立中之島図書館をはじめ、多くの公共図書館や大学図書館でお世話になった。

　筆者が本書を書くに際し、資料面で最も恩恵を受けたのは蒲生俊文の孫であり海洋学者の蒲生俊敬（としたか）教授（東京大学）である。氏は保管している蒲生俊文の貴重な資料を十年以上にわたり自由に利用することを許してくださった。

　他にも多数の方々に助けられ、数々の機関から支援を受けた。氏名や名称を挙げなかった方々や機関に対しても、感謝の気持ちは同じである。

堀口良一

安全第一の誕生　目次

第3部　幸福増進運動

資料篇

図表一覧

安全第一の誕生——安全運動の社会史

凡例

1. 引用文中の〔　〕内は引用者の注釈を示す。また、〔…〕は引用者が引用に際し前後を略したことを示す。
2. 引用文の表記を一部改めた。
3. 原文の縦書きを一部横書きに改めた。
4. 引用文のルビおよび傍点等は原則として略した。また、ルビまたは傍点等がある場合、原文によるものか、引用者によるものかを明示した。
5. 機関誌『安全第一』および機関紙・機関誌『産業福利』は頻繁に現れるため、単に『安全第一』または『産業福利』と記載することがある。日本安全協会機関誌『安全』など、他の機関誌についても同様である。なお、内田嘉吉の著書『安全第一』を示す場合、機関誌『安全第一』との混同を避けるため、必ず著書『安全第一』または内田嘉吉『安全第一』という形で記した。
6. 参考文献の典拠を示す際、機関誌『安全第一』および機関紙・機関誌『産業福利』については頻繁に引用するので、煩雑を避けるため、原則として、発行所および発行年月を略し、雑誌名と巻号のみ記載した。また、巻号は混乱を避けるため表紙に記載している表記ではなく、統一的な巻号数で示した。たとえば、「機関誌『安全第一』創刊号」ではなく、「『安全第一』第1巻第1号」とした。なお、機関誌『安全第一』、機関紙『産業福利』(第1巻)および機関誌『産業福利』(第2巻以降)の巻号、発行所、発行年月日等の対照表を、資料6に掲げた。

序章　課題と方法

課題

本書は、近代日本における安全運動の誕生過程について、その思想と活動を蒲生俊文（がもうとしぶみ）[1]（一八八三〜一九六六年）に焦点をあてて解明することを課題とする。

ここで意味する安全運動は単体の企業内安全運動ではなく、市民生活や産業界などの社会全体を対象として継続的に展開された社会運動としての安全運動を指す。したがって、個別の社内安全運動は扱わない。また、地域的あるいは業界内の安全運動も研究対象から除外した。以下では、全国的に展開された主流の安全運動が何であり、誰がその中心的担い手であり、どういう思想を背景にしていたかを問題にする。

近代日本の安全運動の主流は二系統に区別できるが、それぞれの出発点となったのが安全第一協会および産業福利協会の二団体である（図表1、参照）。そして、その両者において最も重要な役割を演じた人物が蒲生である。そのため、以下では、安全第一協会と産業福利協会の実態を明らかにするとともに、そこを拠点に活動した蒲生の思想と実践について論じることになる。また、本書で扱う時期は、安全第一協会に先立って蒲生が安全運動に取り組み始めた東京電気での活動から産業福利運動が終わるまで（一九一一年一二月から一九四一年三月まで）が中心となる。

戦前期日本の安全運動には、一九一七年に始まる安全第一協会、中央災害防止協会、日本安全協会と続く民間の安

図表1　戦前期安全運動の系統図

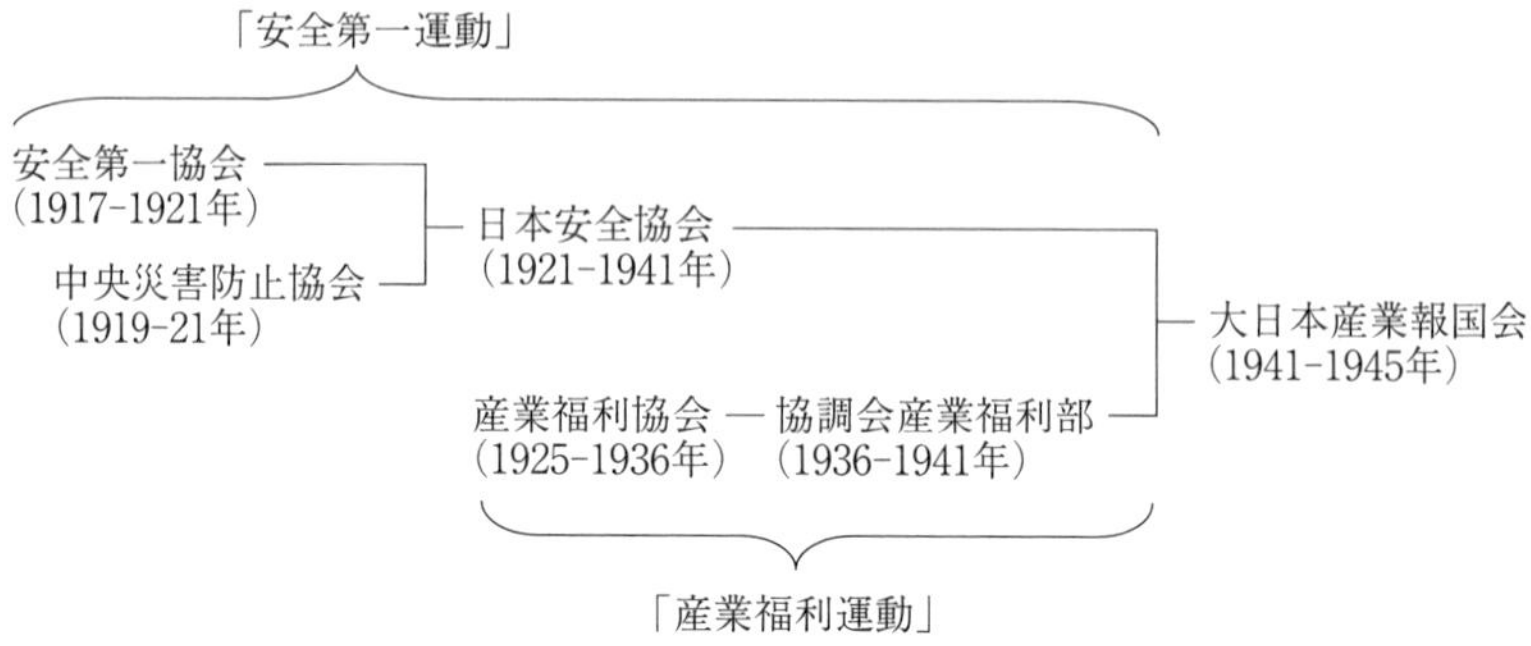

出典：中央労働災害防止協会編集・発行『中央労働災害防止協会二十年史』1984年、7頁の図を参考に作成

全運動の系統と一九二五年に設立された産業福利協会を起源とする官製の安全運動の系統がある。以下では、安全第一協会に始まる安全運動を安全第一協会設立の理念となった「安全第一主義」をふまえ「安全第一運動」と呼び、また、産業福利協会に始まる安全運動を産業福利協会だけでなく協調会産業福利部でも引き続き発行されていた機関誌『産業福利』の名前をふまえ「産業福利運動」と指すことにする（図表1、参照）。

安全第一運動は、足尾銅山や東京電気で社会から孤立した形で始められていた安全運動を内田嘉吉（一八六六～一九三三年）が社会運動の形に統合再編したものであり、一貫して内田が会頭または会長として組織を統括していた。他方、産業福利運動は、内務省社会局が地方の工場経営者団体を全国的規模で組織化する意図の下に政府主導で誕生したものであり、内務官僚の河原田稼吉（一八八六～一九五五年）が重要な局面で産業福利協会理事長あるいは協調会常務理事として組織を誘導した。双方とも、安全運動を推進する団体として共通点はあったが、蒲生を除けば両系統の間の人脈的な繋がりは薄い。また、前者が米国の運動を模範にしているのに対し、後者の産業福利協会は英国を模範にしている。

この違いは、前者が産業化を背景に「世の文明に避くべからざる現象」としての「大危険を未発に防遏する」[2]という文明論的視点をもった安全運動であったのに対し、後者は労働運動の高揚を背景に「労資協調を計る其の根本の原動力は安全運動[3]」だという認識のもとに労働問題の解決を図ろうとする政治的課題を担った安全運動であったためである。したがって、安全運動の二系統は大日本産業報国会へ統合されるまで合流することなく並存していた。

たしかに、両系統に関係する蒲生以外の人物として古瀬安俊[4]がいるが、存在感は薄い。蒲生だけが両系統に深く関係し、安全運動の二系統は蒲生を接点として結びついていた。また、産業福利協会の誕生にとって蒲生の存在はきわめて大きかった。両系統の運動の様式（雑誌の形式および内容、講演会の開催や安全博物館の設立目標などの運動方針等）において多くの共通点が見られるのは、戦前期の安全運動の原点が安全第一協会にあり、その原型を作り上げたのが蒲生であったためである。安全第一協会は、この意味で、単に日本で最初の包括的な安全運動団体であるだけでなく、その後の安全運動の枠組みを決めた重要な出発点ともなった。したがって、蒲生の足跡を辿ることは、そのまま戦前期日本の安全運動の基本線を描くことを意味する。

近代日本における安全運動は「安全第一」という標語とともに一九一〇年代に幕を開けた。しかし、毎年繰り返されている安全週間や工事現場で目にする安全旗と「安全第一」という標語がよく知られているのに対して、その背後にあった安全運動の歴史、とくに安全運動が誕生した当時の状況について、われわれは多くを知らない。その最大の理由は資料の欠如にある。

たとえば、安全第一協会の機関誌『安全第一』の所在は最近まで不明の状態にあった[5]。また、戦前期を代表するもう一つの安全運動団体である産業福利協会も機関誌『産業福利』を発行していたが、その第1巻の所在も最近まで認知されていなかった。さらに、それら両方の団体で活躍し、戦前期安全運動の中枢を占めていた蒲生について正確に知る手がかりもなかった。こうした資料の全般的な欠如が、近代日本の安全運動について正確に理解し解明する作業を今日まで妨げてきた最大の理由の一つである。

実際、筆者が安全運動の研究に着手したのは一九九九年であるが、それ以前になされた安全運動の先行研究は皆無に等しい状態にあった。管見では、ただ荻野喜弘の「戦前期日本の安全運動と炭鉱」（『産業経済研究』第19巻第4号、久留米大学産業経済研究会、一九七九年三月、一～四一頁）があるのみである。[6] もっとも他に、全日本産業安全連合会編集・発行『安全運動のあゆみ』（一九六三年）、中央労働災害防止協会編集・発行『日本の安全衛生運動――五十年の回顧と展望』（一九七一年）および同『安全衛生運動史――労働保護から快適職場への七〇年』（一九八四年）などが存在したが、これらは安全運動団体が刊行した出版物で、たしかに貴重な情報を多く含んだ通史として他に類例をみない文献ではあったが、典拠を欠き記述内容が確認できないため、学術研究に利用し難いのが実情である。こうして学術的な研究の空白が埋まらないまま二一世紀を迎えるに至ったのである。右記の論文および出版物は、安全運動の二系統でいえば、産業福利運動あるいは個別の安全運動について言及しているが、安全第一運動に始まる戦前期全体の安全運動を実証的に論じていない。それは当然のことながら、安全第一運動を解明するための基本資料である機関誌『安全第一』が最近まで所在不明であったためである。

ところが、ここ十年ほどの間に、蒲生俊文関係資料（とくに履歴書および辞令）および機関誌『安全第一』の発見、機関紙『産業福利』第1巻（第1巻のみ機関誌ではなく機関紙）の発掘という重要な進展があった。前者の発見は筆者自身がかかわり、後者の発掘は法政大学大原社会問題研究所において協調会研究会を組織している梅田俊英、高橋彦博、横関至によってなされた。そして、現在では機関誌『安全第一』も機関紙『産業福利』も復刻版で容易に接近可能な資料となった。[7]

また、この動きと連動して、安全運動にかんする研究も徐々に現れてきている。以下で、最近の研究を含め、これまでの先行研究について概観しておこう。なお、筆者の研究は注に一括したので、ここでは割愛する。[8]

まず、先述の協調会研究会のメンバーは、長年にわたり協調会にかんする実証研究を積み重ねるなかで、協調会産業福利部を接点として、協調会と安全運動あるいは蒲生の関係について研究成果を『協調会の研究』（柏書房、二〇〇四年）、『協調会史料『産業福利』復刻版』（柏書房、二〇〇七～二〇〇八年）、『大原社会問題研究所雑誌』第598号

（二〇〇八年九月）などで公にしてきた。

たとえば、『協調会の研究』に所収されている梅田俊英「産業福利協会から協調会」（二二七〜二三九頁）は、機関誌『産業福利』などを手がかりに産業福利協会の発足から協調会産業福利部廃止直後に至る時期の活動を概観したもので、通史的な研究が乏しい状況にあって貴重である。

『協調会史料『産業福利』復刻版』別巻（二〇〇七年）の解題に収められている、梅田俊英「復刻版『産業福利』について」（五〜一〇頁）、高橋彦博「産業福利運動の機関誌『協調』について」（一一〜三二頁）、横関至「産業福利研究会による『産業福利』の発行継続」（三三〜四八頁）の三論文は、『産業福利』第1巻が「発見」される前に書かれた機関誌『産業福利』および産業福利運動を扱った論文である。まず梅田論文は機関誌の発行主体の変遷を考証している。また、高橋論文は、永井亨、蒲生俊文、河原田稼吉、そして産業福利運動の機関誌『協調』を編集発行した町田辰次郎らを中心に産業福利運動を多面的に解明している。最後に横関論文は協調会産業福利部廃止以後の『産業福利』の発行継続の状況を綿密に考証している。

『協調会史料『産業福利』復刻版』第23巻（二〇〇八年）の解題にある梅田俊英「『産業福利』第一巻と最終号について」（五〜一〇頁）は、『産業福利』第1巻の「発見」を受けて書かれた論文で、「発見」の経緯の解説および最終号についての考証を含んでいる。そして、「協調会『産業福利』復刻記念号」の特集号として組まれた『大原社会問題研究所雑誌』第598号（二〇〇八年九月）は、筆者の論文を除き、高橋彦博「協調会史における「産業福利部」の位置」（一〜一二頁）、梅田俊英「協調会産業福利部と『産業福利』について」（一三〜二四頁）、横関至「蒲生俊文の「神国」観と戦時下安全運動」（三八〜五〇頁）の三論文を収めている。これらは『産業福利』第1号を含む『産業福利』などを資料として用いながら、協調会産業福利部、『産業福利』、蒲生などについて多くの未解明の事実を明らかにしている。

協調会研究会の研究以外では、先に挙げた荻野の先駆的研究や最近の野依智子（ともこ）の研究がある[9]。まず、荻野喜弘「戦前期日本の安全運動と炭鉱」は、工場法体系の実施過程を安全運動という視角から考察した実証的研究で、安全運動が一九二〇年代の合理化過程に適合的であったことを炭鉱業を取り上げて実証している。また、野依の研究として、「安全運動における炭鉱資本の教化活動の展開——炭鉱主婦会による生活改善活動を中心に」（日本社会教育学会編集・発行『日本社会教育学会紀要』第39号、二〇〇三年、四三～五二頁）、「炭鉱資本における教化活動としての安全運動の構造と展開」（九州大学石炭研究資料センター編集・発行『エネルギー史研究——石炭を中心として』第19号、二〇〇四年三月、一～一八頁）、「労働衛生政策としての「工場体育」の変容に関する一考察——１９３０年代の雑誌『産業福利』を中心に」（法政大学大原社会問題研究所編集・発行『大原社会問題研究所雑誌』第607号、二〇〇九年五月、六二～七四頁）が挙げられる。まず第一の論文は、筑豊炭鉱における主婦会の分析を通して、安全運動が単に労働者教化だけでなく、生活改善といった国民教化に果たした役割を明らかにしようとした。第二の論文は、労働者教化などの教化活動としての安全運動の性格を明らかにすることを目的に、産業福利協会から大日本産業報国会に至る過程を雑誌『産業福利』などを手がかりに辿るとともに、三池炭鉱などの事例を分析することによって具体的に検証している。第三の論文は、雑誌『産業福利』を手がかりに「工場体育」を媒介として当時の健康増進政策の展開過程を描いている。右記四論文は筆者の問題関心と重なる部分は少ないが、安全運動およびその関連領域にかんする先駆的論文である。

方法

本書において右記の課題に取り組む方法は、思想史的な方法である。安全運動を指導した中心人物である蒲生が書き記した著書、論文、記事などのテクストを、それに関連するさまざまな資料や歴史的事実（コンテクスト）から読解する方法を用いる。このため、本書では長文でかつ頻繁に引用することになるが、それによって、何が語られているかだけでなく、どのように語られているか、あるいは、どういう文脈や思想的背景のなかで語られているかが容易に理解できるだろう。また、コンテクストである歴史的事実について、これまで明らかにされたことのない未知の部分を可能な限り詳しく記述しようと努めた。今後の安全運動の歴史的研究にも役立つだろう。

この方法によって、蒲生の安全運動の思想と実践が明らかになり、蒲生が基本線を引いた安全運動の誕生過程を跡づけることになるだろう。それは、安全運動についての歴史的事実の相互連関を浮かび上がらせ、安全運動についての歴史的事実に意味づけをすることであり、ひとつの歴史的解釈である。もちろん、それは一つの解釈に過ぎないが、その解釈は歴史的事実をふまえてなされる以上、恣意的な解釈ではなく、一つの論理一貫性をもった解釈であり、検証可能であり、また批判も可能である。

なお、本書は蒲生が取り組んだ安全運動という公的な活動を論じることを目的としているので、それに関係しない蒲生個人の私的生活、たとえば家庭の状況や歌人としての側面などには一切言及しなかった。もっとも、蒲生が数多く残した俳句や和歌は、安全運動に心を砕いた彼の心情を読み解くのに役立つと考えられるが、残念ながら、筆者の力が及ばない。

また、蒲生が直接かかわらなかった団体（足尾銅山、住友伸銅所、米国の安全運動団体、英国の産業福利協会など）については、本書の課題から外れるので、詳しくは言及していない。

さらに、蒲生と関係のある人物についても、本書の主役である蒲生に焦点を絞るという観点から、必要最小限にとどめた。したがって、本書の重要な脇役は、主として、東京電気の新荘吉生（しんじょうよしお）（一八七三〜一九二一年）、安全第一協会の内田嘉吉、産業福利協会の河原田稼吉、農商務省の岡実（おかみのる）（一八七三〜一九三九年）の四人に限定した。また、この四人の略歴は、それぞれ最も関連する章の注で示した（新荘は第1章の注25、内田は第2章の注1、河原田は第4章の注1、岡は第7章の注2）。

本書の目的は、繰り返しになるが、近代日本の安全運動が誕生した状況を蒲生を手がかりに記述し意味づけることにあり、全体を隈なく描くことではない。しかし、全体を視野に入れた面的な描写は、本書が描こうとする基本線が定まったのちに初めて描くことができるのであり、現段階では、その基本線をまず描かねばならない。それは今後の研究の発展にとっても不可欠な作業である。

本書で用いる資料のうち、従来の研究では利用されたことのない蒲生にかんする参照資料として、とくに次のものがある。

（1）蒲生俊文の履歴書（資料2に掲載）
（2）蒲生俊文の辞令（資料3に掲載）
（3）芦野太蔵編集・発行『安全の闘将　蒲生俊文先生』一九三〇年（同書に蒲生の論文を収める）
（4）蒲生純子（すみこ）『たのしく美しかりし日日』一九七五年
（5）蒲生俊仁作成「墓誌」（一九六七年）

また、蒲生の著作の幾つかは公刊されているとはいえ入手が困難で、現在は顧みられることが皆無に近い。これらの著作は、蒲生の思想に接近するためには不可欠なものであるが、本書では、とくに次のものを多用した。

（6）『S式労働管理法』日東社、一九二六年
（7）『労働管理』厳松堂書店、一九二八年
（8）『新労働管理』（産業衛生講座　第1巻）保健衛生協会、一九三七年
（9）『安全運動三十年』奨工新聞社、一九四二年
（10）『戦時下の産業安全運動』大日本雄弁会講談社、一九四三年

さらに、本書で頻繁に参照する資料として、次のものがある。すでに述べたように、次の資料は最近容易に接近できるようになったが、これらを利用した研究は始まったばかりである。

（11）安全第一協会の機関誌『安全第一』第1巻第1号〜第3巻第3号（一九一七年四月〜一九一九年三月）
（12）産業福利協会の機関紙『産業福利』第1巻（一九二六年）
（13）産業福利協会および協調会産業福利部の機関誌『産業福利』第2巻（一九二七年）以降

なお、蒲生の著作目録は存在せず、作成の意義は大きいが、その作業に多大な時間と労力を要し、現段階において未調査の部分を少なからず残しているため、将来、本書とは別に取り組みたい。

本書全体の構成は、この序章で課題と方法について述べたあと、続く本論を三部に分け、最後の終章で総括と展望について述べた。注は各章の末尾に置き、文献一覧は最後に一括した。また、巻末の資料篇では、本書全体に関係する蒲生の略歴・小伝、履歴書および辞令を、それぞれ資料1、資料2および資料3として、分量が多いため本論のなかに配置しなかった「『産業福利』第1巻所収記事一覧」および「河原田および蒲生執筆の同名論文比較対照表」を、それぞれ資料4、資料5として、さらに、本書で頻繁に引用する機関誌『安全第一』、機関紙『産業福利』および機関誌『産業福利』の巻号・発行所・発行年月日等対照表を資料6として掲げた。

三部で構成される本論は、順に、第1部が安全第一運動、第2部が産業福利運動、第3部が幸福増進運動となっている。論じる順序として、まず戦前期安全運動の二系統を解明するため、第1部で安全第一協会に始まる安全第一運動を扱い、第2部で産業福利協会に始まる産業福利運動を取り上げる。ただし、第1部の冒頭で、蒲生が安全運動を始めた経緯を説明するため、安全第一協会の安全運動に先立つ東京電気での安全運動について本書に必要な限りで触れた。そして、第1部と第2部を通して、安全第一協会と産業福利協会の活動の実態を解明し、それらの活動を支えた思想や理念を明らかにする。

それを受けて、第3部で、まず、工場法と安全運動の連動した動きと思想について工場法の生みの親である岡と安全運動を推進していた蒲生を取り上げて論じる。続いて、当時導入されつつあった能率増進運動との関連で「安全」概念の位置づけを検討することを通して蒲生が描いていた安全運動の独自性を浮かび上がらせる。最後に、労務管理の観点から蒲生が取り組んだ安全運動の意義について検討する。

終章では総括と展望について述べる。まず総括では、蒲生が指導した安全第一運動と産業福利運動が工場の労働災害防止運動を通して幸福増進運動として展開したことを指摘し、「安全第一」の誕生は工場における福祉の誕生を告げるものであったことを結論として述べる。最後に、展望として、本書の意義を整理したのち、今後の課題について展望する。

■**注**（序章）

（1）蒲生俊文の略歴・小伝は、資料1を参照。

（2）「安全第一協会趣旨」、『安全第一』第1巻第1号、七四頁。

（3）河原田稼吉「福利施設の必要と其の労働政策上の地位――福岡市に於ける災害予防労働衛生講習会に於ける講演」、『産業福利』第3巻第1号、六頁。

（4）古瀬安俊は、安全第一協会の機関誌に多数寄稿し、日本安全協会の役員（日本安全協会編集・発行『安全』第1巻第1号、一九二三年四月、掲載の「日本安全協会役員」参照）として安全第一運動にかかわると同時に、産業福利協会の理事（『産業福利』第2巻第7号、五六頁）として産業福利運動にも関与したが、蒲生のように積極的に運動を指導した形跡は認められない。古瀬は安全第一協会にかかわっていたときから本業は工場監督官にあり、蒲生のような運動家ではなかった。

（5）機関誌『安全第一』の存在は以前から指摘されていたが、所在が不明のままであった。『日本の安全衛生運動――五十年の回顧と展望』および『安全衛生運動史――労働保護から快適職場への七〇年』には同じ文面で、「安全第一協会は、講演会の開催と機関誌『安全第一』の発行を通じて、安全第一主義の普及に入った」（中央労働災害防止協会編集・発行『日本の安全衛生運動――五十年の回顧と展望』一九七一年、四八頁、および中央労働災害防止協会編集・発行『安全衛生運動史――労働保護から快適職場への七〇年』一九八四年、四二頁）という記述があるものの、これらの文献では実際に機関誌『安全第一』を参照した形跡は見られず、『日本の安全衛生運動』および『安全衛生運動史』に「安全第一協会の機関誌『安全第一』」と注記して掲載している写真は、いずれも内田嘉吉著の著書『安全第一』（丁未出版社、一九一七年）であり、機関誌『安全第一』ではない。

（6）荻野論文の存在は、野依智子「炭鉱資本における教化活動としての安全運動の構造と展開」、『エネルギー史研究――石炭を中心として』第19号、九州大学石炭研究資料センター、二〇〇四年三月に教えられた。

（7）不二出版編集部復刻（堀口良一解説）『復刻版　安全第一』全4巻・別冊1、不二出版、二〇〇七年。梅田俊英・高橋彦博・横関至編集・解題『協調会史料『産業福利』復刻版』第1巻～第23巻、柏書房、二〇〇七～二〇〇八年。

（8）筆者が公刊した著書・論文等において安全運動あるいは蒲生俊文に言及したものは、次のとおり。

(1)「第一章　安全第一」、『生と死の社会史——生きる義務と死ぬ義務』春風社、二〇〇〇年、九～三〇頁

(2)「近代日本における安全運動——その誕生・背景・思想」、近畿大学教養部編『近畿大学教養部紀要』第32巻第1・2合併号、二〇〇〇年一二月、七七～九五頁

(3)「蒲生俊文と安全運動」、近畿大学法学会編集・発行『近畿大学法学』第49巻第2・3合併号、二〇〇二年二月、一一七～一六三頁

(4)「機関誌『安全第一』に見る蒲生俊文の安全思想」、近畿大学法学会編集・発行『近畿大学法学』第50巻第1号、二〇〇二年七月、一六〇～二二六頁

(5)「安全第一協会の機関誌『安全第一』総目次」、近畿大学法学会編集・発行『近畿大学法学』第50巻第4号、二〇〇三年三月、三九～七九頁

(6)「工場法と安全運動——岡実における職工保護の思想」、近畿大学法学会編集・発行『近畿大学法学』第51巻第2号、二〇〇三年一一月、二三～五七頁

(7)「岡実の「安全第一」に関する論文2篇」、近畿大学法学会編集・発行『近畿大学法学』第52巻第2号、二〇〇四年九月、一～一九頁

(8)「「安全」概念の多様化とその矛盾——蒲生俊文の安全思想を中心に」、近畿大学法学会編集・発行『近畿大学法学』第52巻第3・4合併号、二〇〇五年三月、四五～七一頁

(9)「機関誌『安全第一』に掲載された蒲生俊文の論説記事（一）」、近畿大学法学会編集・発行『近畿大学法学』第53巻第1号、二〇〇五年七月、一～二四頁

(10)「工場法・安全運動・労務管理——蒲生俊文を中心にして」、近畿大学法学会編集・発行『近畿大学法学』第53巻第2号、二〇〇五年一一月、六七～一〇二頁

(11)「機関誌『安全第一』に掲載された蒲生俊文の論説記事（二・完）」、近畿大学法学会編集・発行『近畿大学法学』第53巻第2号、二〇〇五年一一月、三四一～三六六頁

(12)「機関誌『安全第一』に掲載された蒲生俊文の翻訳記事（一）」、近畿大学法学会編集・発行『近畿大学法学』第54巻第1号、二〇〇六年六月、三八一～四三二頁

(13)「機関誌『安全第一』に掲載された蒲生俊文の翻訳記事（二・完）」、近畿大学法学会編集・発行『近畿大学法学』第54巻第2

号、二〇〇六年九月、二九五〜三四四頁
⒁「災害防止展覧会の出品物および出品者一覧」、近畿大学法学会編集・発行『近畿大学法学』第54巻第4号、二〇〇七年三月、三一三〜三五〇頁
⒂「産業安全衛生展覧会の出品物および出品者一覧」、近畿大学法学会編集・発行『近畿大学法学』第55巻第1号、二〇〇七年六月、一七三〜二〇〇頁
⒃「解説――雑誌『安全第一』について」、不二出版編集部『『安全第一』解説・総目次・索引』不二出版、二〇〇七年、五〜二三頁
⒄「安全第一協会について」、近畿大学法学会編集・発行『近畿大学法学』第55巻第3号、二〇〇七年一二月、一〜三一頁
⒅「産業福利協会について――戦前日本における労資協調と労働安全」、社会政策学会編『社会政策学会誌（子育てをめぐる社会政策――その機能と逆機能）』第19号、法律文化社、二〇〇八年三月、一九七〜二一六頁
⒆「優生の論理と安全の論理」、山崎喜代子編『生命の倫理2――優生学の時代を越えて』九州大学出版会、二〇〇八年、二二七〜二四六頁
⒇「河原田稼吉と蒲生俊文の「産業福利の精神」について」、近畿大学法学会編集・発行『近畿大学法学』第56巻第1号、二〇〇八年六月、三七〜八一頁
(21)「『産業福利』第1巻所収記事の分類」、近畿大学法学会編集・発行『近畿大学法学』第56巻第1号、二〇〇八年六月、一一五〜一三〇頁
(22)「『産業福利』第1巻について――誰が誰に何を書いたか」、法政大学大原社会問題研究所編集・発行『大原社会問題研究所雑誌』第598号、二〇〇八年九月、二五〜三七頁
(23)「文化としての安全――安全の強制を考える」、近畿大学日本文化研究所編『日本文化の中心と周縁』（近畿大学日本文化研究所叢書5）風媒社、二〇一〇年、一〇一〜一二〇頁
(24)「蒲生俊文の履歴書および辞令」、近畿大学法学会編集・発行『近畿大学法学』第58巻第1号、二〇一〇年六月、九五〜一三九頁
(25)「蒲生俊文「日本に於ける我が安全運動と其哲学」他」、近畿大学法学会編集・発行『近畿大学法学』第58巻第4号、二〇一一年三月、五一〜六九頁

図表 2　本書と公刊論文の対応関係

本書	公刊論文
序章	なし
第 1 章	「蒲生俊文と安全運動」、近畿大学法学会編集・発行『近畿大学法学』第 49 巻第 2・3 合併号、2002 年 2 月、127 ～ 163 頁
第 2 章	「安全第一協会について」、近畿大学法学会編集・発行『近畿大学法学』第 55 巻第 3 号、2007 年 12 月、1 ～ 31 頁
第 3 章	「機関誌『安全第一』に見る蒲生俊文の安全思想」、近畿大学法学会編集・発行『近畿大学法学』第 50 巻第 1 号、2002 年 7 月、160 ～ 226 頁
第 4 章	「産業福利協会について――戦前日本における労資協調と労働安全」、社会政策学会編『社会政策学会誌（子育てをめぐる社会政策――その機能と逆機能)』第 19 号、法律文化社、2008 年 3 月、197 ～ 216 頁
第 5 章	「『産業福利』第 1 巻について――誰が誰に何を書いたか」、法政大学大原社会問題研究所編集・発行『大原社会問題研究所雑誌』第 598 号、2008 年 9 月、25 ～ 37 頁
第 6 章	「河原田稼吉と蒲生俊文の「産業福利の精神」について」、近畿大学法学会編集・発行『近畿大学法学』第 56 巻第 1 号、2008 年 6 月、37 ～ 81 頁の一部（他は資料 5 へ挿入)
第 7 章	「工場法と安全運動――岡実における職工保護の思想」、近畿大学法学会編集・発行『近畿大学法学』第 51 巻第 2 号、2003 年 11 月、23 ～ 57 頁
第 8 章	「「安全」概念の多様化とその矛盾――蒲生俊文の安全思想を中心に」、近畿大学法学会編集・発行『近畿大学法学』第 52 巻第 3・4 合併号、2005 年 3 月、45 ～ 71 頁
第 9 章	「工場法・安全運動・労務管理――蒲生俊文を中心にして」、近畿大学法学会編集・発行『近畿大学法学』第 53 巻第 2 号、2005 年 11 月、67 ～ 102 頁
終章	なし
資料 1	「「蒲生俊文小伝」、近畿大学法学会編集・発行『近畿大学法学』第 59 巻第 2・3 合併号、2011 年 12 月、81 ～ 115 頁
資料 2	「蒲生俊文の履歴書および辞令」、近畿大学法学会編集・発行『近畿大学法学』第 58 巻第 1 号、2010 年 6 月、95 ～ 139 頁
資料 3	同上
資料 4	「『産業福利』第 1 巻所収記事の分類」、近畿大学法学会編集・発行『近畿大学法学』第 56 巻第 1 号、2008 年 6 月、115 ～ 130 頁
資料 5	「河原田稼吉と蒲生俊文の「産業福利の精神」について」、近畿大学法学会編集・発行『近畿大学法学』第 56 巻第 1 号、2008 年 6 月、37 ～ 81 頁の一部（他は第 6 章へ挿入)
資料 6	なし

(26)「蒲生俊文の墓誌」、近畿大学法学会編集・発行『近畿大学法学』第58巻第4号、二〇一一年三月、七一～七五頁
(27)「蒲生俊文の著作目録」、近畿大学法学会編集・発行『近畿大学法学』第59巻第1号、二〇一一年六月、三三～六一頁
(28)記事「蒲生俊文、人と生涯」」、近畿大学法学会編集・発行『近畿大学法学』第59巻第1号、二〇一一年六月、六三～六九頁
(29)「蒲生俊文小伝」、近畿大学法学会編集・発行『近畿大学法学』第59巻第2・3合併号、二〇一一年一二月、八一～一一五頁
(30)「蒲生俊文の俸給」、近畿大学法学会編集・発行『近畿大学法学』第59巻第4号、二〇一二年三月、九七～一一八頁
(31)「共同体の危機と再生――人柱伝説と「安全第一」から考える」、近畿大学日本文化研究所編『危機における共同性』（近畿大学日本文化研究所叢書7）風媒社、二〇一二年、二一一～二三一頁

また、本書との対応関係は図表2のとおり。ただし、公刊論文は主要なものに限るとともに、本書の執筆に際し公刊論文を修正しているため、必ずしも正確な対応関係を示していない。

（9）校了間際に木下順（じゅん）教授（国学院大学）から金子毅（たけし）『「安全第一」の社会史――比較文化論的アプローチ』（社会評論社、二〇一一年七月）の出版についてご教示を受け、確認はしたものの、本書のために参照する暇（いとま）がなかった。

第1部
安全第一運動

第1章　蒲生俊文と安全運動

近代日本における安全運動は一九一七年に設立された安全第一協会によって始められた。本章では、その誕生過程およびその運動の理念を明らかにする前提として、この運動を実質的に指導した蒲生俊文について検討する。安全第一協会については第2章以降で検討する。

まず本章の前半で、これまでなされてきた蒲生の評価について概説する。従来、蒲生の知名度は低く、関係者以外には広く知られていない。しかしながら、蒲生は日本の安全運動を論じる際に第一に取り上げられるべき人物であるというのが本書の立場である。したがって、本章の後半では、彼が安全第一協会での運動に先立って始めた東京電気での安全運動を検討するなかで、彼が安全運動において占める特権的地位について説明する。

第1節　安全運動の「先覚者」蒲生俊文

蒲生は、たとえば全日本産業安全連合会が編集・発行した『安全運動のあゆみ』（一九六三年）で「わが国の安全運動の先覚者[1]」として、また中央労働災害防止協会が編集・発行した『日本の安全衛生運動――五十年の回顧と展望』（一九七一年）および『安全衛生運動史――労働保護から快適職場への七〇年[2]』（一九八四年）では「やがて芽生えるわが国の安全運動に、重要な役割を果たすことにな〔る〕」「先駆者[3]」として以前から紹介されてきたが、それは何よりも戦後に発足した安全運動団体が自らの履歴を語るなかで、いわば社史の一部として記述されてきた。全日本産業安全連合会（略称「全安連」）は一九五三年に、またその後継団体である中央労働災害防止協会（略称「中災防」、ただし当初は「中央協会」）は一九六四年に、それぞれ創設された安全運動団体である。右記の文献は、戦前・戦後の安全運動について、包括的かつ多くの資料をふまえて記述されている点において、蒲生の足跡や日本の安全運動の通史を振り返るには最も適切で簡便な基本文献であろう。また、『安全衛生運動史』のあとがきにあるように、『日本の安全衛生運動』は、「産業発展の華々しさの陰にかくれて、あまり世間に知られることのなかった〝産業発展の裏面史〟ともいうべき安全衛生のあゆみを記述した書物は、意外に少ない(4)」という状況のなかで出版された貴重な成果である。しかしながら、右記の文献は学術上の扱いについて注意を要する。とくに次の三点に留意しなければならない。

まず第一に、刊行が記念事業的な動機をもっているため、内容に客観性を欠く恐れがある点である。たとえば、『安全運動のあゆみ』は、そのはしがきにあるように、「社団法人全日本産業安全連合会が発足して10周年を迎えるに当たり、かねて当連合会の発展のため何かと御世話頂いた方々および産業安全の推進に精励される方々に何か記念刊行物をおくりたい(5)」という意図のもとに刊行された。また、『日本の安全衛生運動』および『安全衛生運動史』については、前者は「大正八年の全国安全週間（当初は東京市を中心とした地方的な安全週間として始まり、一九二八年から全国安全週間になった）から数えれば、ほぼ五十年の歳月となる」ことや「産業安全会館の竣工（一九七一年）にあわせ」刊行が企画され(6)、また後者は、「中災防の創立二十周年」を記念して企画された(7)。

第二は、記述が歴史的視点よりも政策的視点からなされている点である。たとえば、『日本の安全衛生運動』は、そのあとがきで、「着実に発展してきた安全衛生運動の歴史も、今や新しい展開をみせようとしている〔…〕渦中にあって、中央協会（中央労働災害防止協会）を含めて民間の安全衛生運動がいかにあるべきか、またどのような役割を果たすべきか、その判断と実践のために」役立つことが目的であり(8)、また、『安全衛生運動史』も、そのあとがきにあるように、「先覚者のヒューマニズムに支えられて発展したわが国の安全衛生運動」が「新たな対応を求められている」現状をふまえ、「最近では単に労働災害、職業病がないだけでなく、身心ともに健康で意欲的に働ける〝快適な職場づくり〟が課題となっており、その実現こそ、今後の安全衛生運動の方向ではないか」という視点から「本書が、過去を振り返り、今後の方向を探る」ことを目的として書かれているからである。[9] したがって、事実と評価を区別しながら読む必要がある。

第三は、学術書の体裁をふまえていないため、記述の内容について典拠が示されておらず、事実確認が困難であるという点である。書物の性格からいって止むを得なかったのかもしれないが、せっかく「貴重な関係資料、文献〔…〕を蒐集・整理して後世に残すことは、中央協会〔中央労働災害防止協会〕の責任であり義務である」[10] という編集方針を掲げていながら、一次資料・文献に容易に遡及できない難点を残している点は惜しい。

しかしながら、これらの文献は利用に際して慎重に取り扱う必要があるものの、豊富な内容を含んでいるので、利用価値は高い。

ところで、蒲生は、これまで安全運動の「先覚者」あるいは「先駆者」と評価されてきたが、安全運動団体の関係者以外に、ほとんど知られていないのが実情である。この事情は、現在刊行されている人名事典に登載されていないことにも反映されている。もっとも、戦前に出版された人名事典には登載されていた。たとえば、「知名の人士を網羅」したという『大衆人事録　東京篇　第十四版』（帝国秘密探偵社、一九四二年）に次のような記載がある。

蒲生俊文　協調会常務理事　産業福利部長　杉並区馬橋一ノ九　電中野六二二二　【閲歴】岐阜県俊孝長男明治十六年四月九日生る同四十年東大政治科卒業東京電気庶務課長産業福利協会常務理事を経て昭和十二年五月現職就任　宗教浄土宗　趣味読書和歌俳句　【家庭】妻純子（明二二）鹿児島県長谷場源四郎二女神戸女学院卒　長男俊仁（大一〇）二女智恵子（昭元）[11]

蒲生は先述したように、戦前には「知名の人士」ではあったが、戦後は安全団体関係者を除くと一般社会から忘却された状態に置かれている。こうした、いわば社史的記述のなかに埋没したままの蒲生の姿を掘り起こし、新たな視点から評価し直すための基礎的作業として、ここでは差しあたり、未解明な部分に焦点をあてて基本的かつ重要な歴史的事実を解明する。

まず蒲生に対する基本的な評価について最初に確認しておこう。先述の安全運動団体も位置づけているように、蒲生は安全運動の「先覚者」であり「先駆者」であって、この評価は日本の安全運動史上、正当である。より正確にいえば、限られた社内の運動ではなく、一般社会における社会運動としての安全運動の「先覚者」であり「先駆者」の一人であり、戦前期に思想面と活動面の両面において最も長期間にわたり影響力を及ぼした人物である。たしかに、社会運動としての安全運動では内田嘉吉も先駆者の一人であるが、内田は産業福利運動には関与しておらず、活動期間も短い。現在に至るまでの安全運動の継続性を考慮に入れるならば、戦前戦後を通じて最も長期間にわたって活動したのは、蒲生以外にはいない。また、日本で最初に安全運動を始めたとされる足尾銅山[12]（古河鉱業足尾鉱業所）の所長であった小田川全之（おだがわまさゆき）[13]（一八六一〜一九三三年）は、蒲生の東京電気[14]での安全運動より一歩先行して社内の安全運動に着手したが、社会運動としての安全運動には蒲生ほど深くかつ継続的にかかわっていない。本書の研究対象は、個別企業の安全運動ではなく、社会全体に影響を及ぼした安全運動に向けられているため、この意味での安全運動での先駆性を認めるべき最も重要な人物は、蒲生に限られる。つまり、誰が先に始めたかという視点のみに意義があるのではなく、安全運動を社会全体に広げる意図を誰が最初に自覚し、それを誰が実践したかが考慮されなければならない。

蒲生は、この意図を強く抱いて社会運動としての安全運動にかかわった点で、言葉の厳密な意味で先駆者であるといえる。この点は、蒲生が、社内の安全運動を「個別的安全運動」と呼び、社外の安全運動を「社会的安全運動」と名づけ、両者を明確に区別した上で、社会的安全運動の必要性を訴えている次の一文から読み取ることができる。

日本に於ける近代的意義に於ける安全運動の発生は之を個別的安全運動と社会的安全運動とに分つて之を述べて見度いと思ひます、茲に近代的意義に於ける安全運動と申したのは世界一般に認められたる近代的の方法と形式とを通じて発現された処の安全運動と言ふ意味と御承知置を願ひます、（第一）に個別的安全運動と申したのは社会的一般的連絡提携なしに個々の各工場鉱山等が単に其勢力範囲内に於て実行した処の安全運動の一形式を言ふのであります〔…。これに対して、〕私は其当時から雑誌等に日本に社会的安全運動が起らなければならぬ、社会の先覚者は此の安全運動に対して心血を注がなければならぬ、而して何等かの形式で公の機関が作られなければならぬことを主張して居つたのでありました、私が称して社会的安全運動とするものは前台湾総督内田嘉吉氏が、一九一六年合衆国より帰りて Safety First の宣伝を開始したのと協力して翌年安全第一協会が組織されたのに始まります。[15]（傍点引用者）

つまり、蒲生が小田川と本質的に異なる点は、「社会的安全運動」へのかかわり方にあり、蒲生において初めて社会のなかに安全運動が誕生したのである。したがって、蒲生は最初に言及されるべき安全運動の「先覚者」であり「先駆者」である。

このように、日本の安全運動の歴史を振り返るとき、蒲生は無視できないほど大きな存在であるにもかかわらず、現在では、ほとんど忘却されている。これに対し、内田や小田川、あるいは蒲生より少し遅れて社内安全運動を始めた三村起一（みむらきいち）[16]（一八八七～一九七二年）は、比較的よく知られている。実際、この三者は現在も人名事典に登載され続け[17]、また三村については日本経済新聞紙上の「私の履歴書」に自ら執筆した履歴が単行本『私の履歴書　第十七集』[18]に収められているため、彼らの経歴を容易に調べることができる。

蒲生に比べ、この三者の知名度が高い理由は、少なくとも次の三点にあると思われる。

第一は、内田は官界において、小田川と三村は財界において、それぞれ功成り名遂げた人物であるのに対し、蒲生は安全運動の第一人者ではあったが、官僚でも財界人でもなく、組織に根を張って活動しなかったことにある。実際、内田は官僚として、長く籍を置いていた逓信省を拠点に人脈を広げ、逓信次官から台湾総督へ官界での出世を果たした。小田川は古河を拠点に古河鉱業理事、足尾銅山所長（足尾鉱業所長）、足尾鉄道株式会社社長などを歴任し、また、三村は住友を拠点に住友鉱業社長や住友本社理事などを経て財界での地位を築いていった。これとは対照的に、蒲生は出世とは無縁であった。もし彼が後に東芝として発展することになる東京電気に幹部社員として留まり続けていれば、まったく別の人生を送ることになった可能性も考えられるが、彼は中間管理職を十数年勤めて東京電気を去り、その後、約二十年は官界の周辺に身を置いたが、官僚出身でなかったこともあり、組織の長のような目立った地位には就かなかった。また戦後は自宅に日本安全研究所を設立し安全運動を一人で地道に続けていたので、彼は終生、華々しい表舞台に出ることはなかった。戦後の一時期に「日本安全衛生協会会長」に就いたのが唯一の例外ともいえるが、日本安全衛生協会は、中央労働災害防止協会の母体となった全日本産業安全連合会（全安連）や全日本労働衛生協会（全衛協）といった安全衛生団体の主流にはなく、傍流の団体に過ぎなかった。

第二は、蒲生は安全運動のなかで実務的な役割を担っていたことである。実際、彼の安全運動への関心はきわめて具体的かつ技術的であり、彼は、どのように工夫すれば事故は防げるかといった実際面に強い関心を示した。たとえば、彼の著書『安全運動三十年』（奨工新聞社、一九四二年）は、その書名が示すとおり、自身の安全運動を振り返った回顧録であるにもかかわらず、それを記述した部分は第1章の「我国安全運動の沿革」に限られ、その七六頁という分量は著書全体の二割にも満たない。むしろ第3章以降で具体的な事故防止策を詳述し、同書全体が安全運動の手引書となっている。同書が如実に示すように、蒲生が本領を発揮したのは安全運動の現場であり、彼は何をすべきかを的確に指示できる有能な実践家であった。それゆえ、蒲生は安全運動推進団体である安全第一協会では長の内田を補佐する役割に徹し、また官製安全運動を担った産業福利協会でも嘱託として専ら技術指導にかかわった。同じ安全運動にかかわった内田、小田川、三村との違いは鮮明である。内田は安全第一協会などの長を引き受け、安全運動の普及を各方面に働きかける広告塔的存在であった。また、小田川は足尾銅山の所長を務め、三村も戦後に安全運動を推進する諸団体を統合してできた中央労働災害防止協会の初代会長を務め、戦後の安全運動で指導的な役割を担った。

もっとも、蒲生も公の場で彼の安全運動への貢献が評価されなかったわけではない。たとえば、彼は一九五〇年に、長年にわたる産業安全運動と社会の安全の向上発展に大きく寄与したとして労働大臣功労賞を、また一九五七年に、公衆の利益に寄与し、または公共の事務に尽くしたとして第一回藍綬褒章を受けている。しかし、これらの名誉は三村も受けているので、[19]決して十分な評価とはいえない。蒲生は、組織を統括するとともに、組織の対外的な交渉をこなうような政治的な手腕は乏しかった。その反面、現場での地味ではあるが事故防止のための実効的な作業を的確に示す才能に恵まれていた。この才能は他の追随を許さなかった。

第三は、蒲生の持って生まれた実直な性格である。彼は安全運動において、終始、黒子の役割を演じ続けたが、それは先述したように実務能力に秀でていたからであり、同時に、彼の生来の性格にも由来していた。彼の「晩年は、必ずしも社会的に恵まれず、むしろうとんじられた[20]」といわれているが、それは彼の実直さを示すと同時に、組織のなかで妥協や駆け引きをしながら人間集団を組織したり、刻々と変化する社会状況に臨機応変に対処できる性格でなかったことを示唆している。それゆえ、組織の長に不向きであった。おそらく、こうした彼の性格は父親譲りのものであろう。彼の実父である蒲生俊孝は、「地方の裁判官で一生を終えたが、不正を許さぬ性格から世故にとり入ろうとしなかった[21]」という。しかし反面で、この実直さは、同時に、彼が安全運動を生涯にわたって貫き通す粘り強さを付与したのである。

蒲生とは、どういう人物であったのか。われわれが忘却してしまった時代に遡り、彼が安全運動の先覚者・先駆者として登場する現場に目を向けてみよう。

第2節　東京電気における安全運動の誕生

ここでは、蒲生が東京電気で一九一四年に安全運動に取り組み出した当時の状況について検討する。

近代日本の安全運動は米国で当時流行していた安全運動、とくにSafety Firstを標語とする安全運動の影響を受け誕生した。米国の安全運動史に詳しい上野継義によれば、「安全運動の歴史的起源は中西部鉄鋼業」にあり、「この運動のアメリカで最初の取り組みがみられたのはイリノイ製鋼社Illinois Steel Company南シカゴ製鉄所South WorksとジョーリエットJoliet Works製鉄所」である。[22] この「1908年の『安全第一』キャンペーンの開始[23]」は、その後、「1913年にはこの運動の標語「安全第一」Safety Firstは国民的なスローガンであると言われるまでに[24]」広がりをみせる。蒲生は米国で先行していた安全運動の動きを注視しているが、小田川や内田とは異なり、直接ではなく、社内や社外から情報を得て間接的に知っていたに過ぎないと思われる。

まず、社内については、蒲生が東京電気に入社後、たびたび渡米していた新荘吉生（しんじょうよしお）[25]が蒲生への情報提供者であった可能性が考えられる。[26] しかし、この点を具体的に示唆する手がかりは見つかっていない。

次に、社外については、蒲生が安全運動を始めた一九一四年当時、足尾銅山の小田川が「主唱」する「安全運動」を察知していたと思われる様子が次の一文に覗える。

> 足尾銅山に於ては其当時所長小田川（全之）工学博士が主唱して安全運動が行はれて居りました、私は其当時から雑誌等に日本に社会的安全運動が起らなければならぬ、社会の先覚者は此の安全運動に対して心血を注がなければならぬ、而して何等かの形式で公の機関が作られなければならぬことを主張して居つたのでありました。[27]

小田川はSafety Firstを「安全専一（せんいつ）」という標語で表わし、足尾銅山（古河鉱業所足尾鉱業所）の安全運動を始めてい

図表3　足尾銅山における「安全専一」の掲示

出典：『安全第一』第1巻第2号、口絵（左）。同、11頁（右）

た（図表3、参照）。

　当時の状況について小田川は次のように語っている。小田川は、社内報『鉱夫之友』を一九一三年五月から毎月発行し、「私〔小田川〕が足尾銅山に居り現業に従事して居りました頃、自分の従事して居る事業を成べく安全にしたいと云考へと、鉱夫の智育徳育を高めたいと云ふやうな趣旨から『鉱夫之友』といふ雑誌を発行し」、「夫を労働者全体に配布し折々自分でも鉱夫に向つて講話をすると云ふやうな事をやつて居り[28]」、また、「私は大正二年の頃には唯それ〔Safety First〕を安全主義、安全本位といふ様な事で話を致して居りました[29]」という。さらに、「大正三年十一月米国旅行中の足尾銅山採鉱課長小島〔甚太郎〕氏が『鉱夫之友』の紙上で『安全第一』といふ米国の流行語を紹介されましたことがありますが、日本語として『安全第一』といふより『安全専一』の方が分り易いので足尾ではその頃は『安全専一』と唱へて居りまして鉱業及び工業に関係いたしまする処の要点を書きあつめ大正四年一月発行の『鉱夫の（ママ）友』の付録に致しまして、『安全専一』と云ふ表題の百頁ばかりの小冊子を作り労働者各自に与へて此のセーフチー、ファーストと云ふもの丶意味をどうかして分るやうにしたいと思つて居りました」[30]という。この「安全専一」運動は足尾銅山の内部に留まった運動ではあったが、その情報が社外にも伝わり、蒲生のもとにも届いた可能性は考えられる。

そして、蒲生が安全運動を職場で始めた直接的な要因は、こうした安全運動への潜在的関心のもとに、自らが直接かかわる職場での職工の事故死に強い衝撃を受けたことにある。実際、彼は、この事故が安全運動の原点であることを繰り返し語っているので、彼に与えた心理的衝撃は大きく、彼が安全運動を始めた内的な動機として無視できない重要性を持つ。彼の語るところでは、事故の状況は次のようであった。

偶々感電即死事件が発生した。けたゝましい電話の通知に急いで現場に行つた余は兎も角も遺族に人を走らせたのであつた。口から泡を吹き乍ら死んで行つた。高圧電流が左手から心臓を貫き流れたのであつた。未亡人が駆け付けて其死骸に取縋つて泣くより外に語は無かつた。余は只ゝ胸を打たれて自然に涙のにじみ出るのを禁じ得なかつた。余の安全運動は此の涙から出たものと言ふことが出来る。『さうだ！　安全運動を猛然と起して彼等を助けよう』斯う言ふ心持であつた[31]。

この事故によって受けた蒲生の心理的衝撃は、単に事故死した職工だけでなく、夫に先立たれた妻への憐憫の情から生じていると思われる。蒲生の「涙」は、危険な職場で作業を余儀なくされている職工に養われている家族の生活が、事故に遭うか遭わないかという偶然の上に成り立っているという産業構造の不条理に敏感に反応した結果であろう。この事故は、彼が社内の安全運動を始める最も重要な心理的動機となったが、ほぼ同時期に住友伸銅所[32]で安全運動を始めた三村も、次に引用するように、よく似た体験をしている。

入社して間もないことである。ある日真夜中に電話がかかった。「ただいま重傷者が出たからすぐ来てくれ」

と守衛が叫んでいる。そこで神戸の家から四時の一番電車で大阪に行き、工場の裏門から現場に飛び込んだ。大阪工場新入の工員があやまって切断機のギヤーに巻き込まれズタズタに砕かれて血にまみれた肉片と白骨の塊と果て、むしろがかぶせてあった。この惨状に私は気が遠くなった。しかしそれにもまして大衝撃をうけたのは、急を聞いて赤ん坊をおぶって駆けつけた若い細君にこのなきがらを見せた瞬間だった。

こんなむごいことがあってよいものだろうか。一日四十人からの大小の負傷者を出し、ある年は七名の殉職者を出した。いったい何事だ。生産は社会のためになるものを作るのだ。その生産者の生命身体を犠牲にしてよいものか。災害なき生産こそ真の生産だ。安全生産こそ工場生活の基本である。私はこの時から一生を安全運動に捧げようと堅く胸に刻んだのである(33)。

このように三村が労働災害に強く衝撃を受けた背景に、蒲生と同様、職工の事故が家族の生活を崩壊してしまうことへの憤りがあった。彼らは入社間もなかった分、その心理的な衝撃もそれだけ大きかった。それはまた、彼らの安全運動の原点を形作った。

とくに蒲生の場合、彼自身の死にかんする原体験や当時始まったばかりの新婚生活も影響しているだろう。前者については、彼は若いとき医師から余命いくばくもないと宣告され、一旦は医師から見捨てられた体験があった。これについて、蒲生の米国の「友人」は、次のように記している。

氏〔蒲生俊文〕は若き時病に罹り医師は残余一二年の生命を告げた。そこで健康に関する書物を読みあさり、其の学んだところを健康改善に応用した。之等早期の経験が蒲生氏に、人間の生命を防護することに対して敏感な尊敬心を与えた。40年前の「安全狂」は今や日本に於ける尊敬すべき「安全の父」である(34)。

蒲生は他人の死を自分の死と重ね合わせ、人一倍、強い衝撃を受けた可能性がある。と同時に、自らの体験をふまえ、どのような困難も必ず努力で克服できるという確信もあったかもしれない。かつて自分のために実践した健康法は、今度は他人の命を守るために取り組む安全運動に置き換えられたともいえよう。

また、後者は一九一四年五月の結婚[35]にかかわるが、むしろこの結婚こそ彼が安全運動を始めたいっそう重要な動機といえるであろう。彼は職工の死を自分の死と重ね合わせ、残された職工の妻の今後の人生を想像したとき、いまや結婚し妻を養っていかねばならない家長となった自らの境遇が眼前の悲劇と決して無縁ではありえないと実感していたに違いない。

蒲生が大きな心理的衝撃を受け、「感電即死事件」と呼んでいる職工の悲惨な事故が起きたのは、先に触れたように一九一四年であったが、当時の東京電気の労働現場は、どのような状況にあったであろうか。もう一度、彼の「感電即死事件」について触れた別の記述を引用してみよう。

> 一日電気を取扱ふ職工が感電して倒れたと云ふ報告に接して現状へ馳せ付けたのでありましたが、最早や呼吸は止まつて即死の状態を見た私は、悲哀の感が胸に充ちて涙を以て蔽はれた眼は之を見ることが出来なかつたのです、私が安全運動の為めに努力せんとする心は愈々深く成たのでありました[36]。（傍点引用者）

つまり、この一文によれば、「感電即死事件」によって安全運動を始めようとする気持ちが「愈々深く成た」のである。そして、この「愈々深く」という表現は、事故以前から安全運動に対して潜在的関心を持ち続けていたことを示唆している。こうした彼の安全運動への関心の在り方は、彼の職務に関係していた。蒲生は事故当時、東京電気の「庶務課長」（資料3の辞令12および辞令17、参照）という役職に就いていたが、彼自身が語っているように、実質的な職務は労務管理であった。

大正三年（一九一四年）大学を出て幾何もなく東京電気株式会社の庶務課長として（当時は労務部長の様な仕事をして居た）居た時高圧電気に触れて即死した青年労働者の現場にかけつけ遺族を呼んだ処、若い妻君が死骸に取りすがつて只泣き入る姿に見入つて転た悲哀を感じ安全運動を起すことを決心してこれが実行に入つた。[37]

つまり、労務管理を任務とする役職にいた蒲生が労働者の作業に関心を持つのは当然のことであり、工場で働く職工や危険な労働の現場を見ていた彼が労働災害に無関心ではいられない。とくに入社間もない時期にあって、生まれて初めて見る工場現場の凄惨な光景に敏感に反応せざるを得なかったであろう。「感電即死事件」が起きる以前から労働災害による負傷者が出ていたことは疑い得ない。したがって、入社当時から職場の安全運動は彼の関心対象となっており、足尾銅山の安全運動は身近な先行事例であった。蒲生にとって問題は、いつ安全運動を始めるかであり、「感電即死事件」は安全運動を開始する引き金となったと考えられる。

この痛ましい事故に衝撃を受けた蒲生は、さっそく工場内に「安全掲示」を出し、「安全通知」を配布し、社内報に「安全心得」を載せ、機械に「安全装置」を取りつけ、さまざまな対策を精力的に試みるが、容易に安全運動は進まなかった。そこで一九一五年、次に述べているように、彼は社内の組織化を図る。

余一人の狭い智能を以て凡ての安全努力を為さうとすることの不可能なことを知つて先づ以て衆智を集める意味を以て機械技師、電気技師、生理学者、心理学者、建築技師等の専門家及び工場長及び工場幹部を安全委員として安全委員会を組織し月一回工場を巡視して不安全箇所、不安全操作等の調査を為さしめ之を集めて協議をすることを始めた。[38]

しかし、この方式が直ちに功を奏したわけではない。「現場と委員との間の反感問題を生じて失敗した[39]」ためである。彼はこれを改め、これまでの安全委員会を「中央安全委員会」とし、また、各工場の現場に新たに「工場安全委員会」を組織させて、その代表を中央安全委員会に出席させて連絡をとる方式に変えることにした(40)。彼は、こうして安全運動を社内に根づかせていったのである(41)。

　当時の東京電気の労働災害の統計は残っていないが、「工場の災害魔はお構へなしに暴威を振つて居た(42)」と蒲生自身が語っているように、労働災害は頻発していたと考えられる。直接それを示す資料はないが、当時の東京電気の従業員数の急増は、その「暴威」を倍加させたに違いない。蒲生が東京電気に入社した一九一一年は、同社は日露戦争後の好景気で業績を拡大し、従業員を大幅に増員している状況にあった。『東芝百年史』によれば、東京電気の「明治の末から大正の初めにかけての営業成績は、まさに画期的な飛躍を遂げ(43)」、それにともなって従業員数も日露戦争が始まった一九〇四年から蒲生が安全運動を始める一九一四年までの一〇年間に一三八人から二、一〇二人へと約一五倍の伸びを示している。この伸びは職工(工員)に限っても、一二三人(一九〇四年)から一、七四五人(一九一四年)と約一四倍の伸びを示している(図表4、参照)。

図表4　1904～1924年における東京電気従業員数の変化(44)

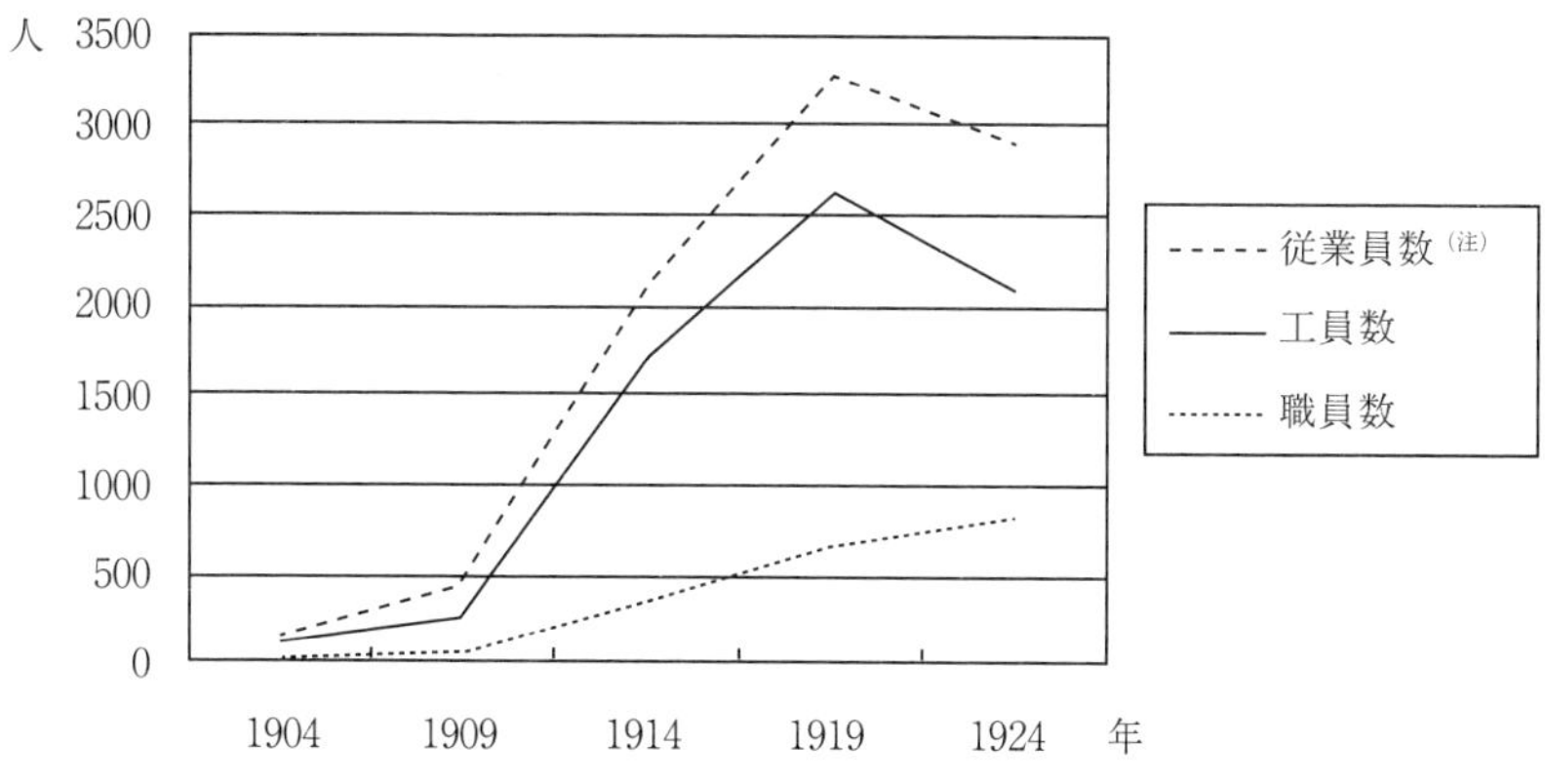

(注) 従業員数は工員数と職員数の合計である。
出典：東京芝浦電気株式会社編集・発行『東芝百年史』1977年、624頁に基づき作成

したがって、蒲生が安全運動を始めた時期の従業員数の飛躍的な増加は、同時に労働災害の増加をもたらしていたと推測される。

また、東京電気とは業種が違うので単純な比較はできないが、ほぼ同時期の住友伸銅所における労働災害の状況を参考までに示すと、「生産の盛んなことよりも負傷者の続出には驚いた」[45]という三村は、安全運動の結果、一九一六年から一九二一の年の五年間で、従業員数は一、五〇〇人から四、五〇〇人へ三倍に増加しているにもかかわらず、労災件数は一二、〇〇〇件から一、六〇〇件に激減したと語っている。[46]したがって、一九一六年に従業員数一、五〇〇人の住友伸銅所で一二、〇〇〇件の労災が起きていたことから、一九一四年に従業員数一、七四五人の東京電気でも多数の労災が発生していたと考えられる。

この業績急伸の理由として、『東芝百年史』は、日露戦後景気と第一次大戦による国内需要および海外需要の伸び、一般家庭での石油ランプに代わる電灯の普及、一九〇五年のゼネラル・エレクトリック社との提携による技術導入などを指摘している。[47]この急成長を受けて、当時、東京市芝区三田四国町（現・東京都港区芝）に本社と工場を併設していた東京電気は、一九〇八年神奈川県橘樹郡御幸村（現・神奈川県川崎市幸区堀川町）に川崎工場（のち堀川町工場と改称）を新設して一九一三年に本社を移し、さらに一九一一年には東京府荏原郡大井町（現・東京都品川区大井町）に大井工場を新設する勢いで急成長していた。[48]蒲生が入社した一九一一年は従業員数の増加とともに工場設備の増設が進み、東京電気が増産体制に突き進んでいたときであった。

こうした状況では、単に労働者の救護の観点からだけでなく、増産体制に入った同社にとって作業能率の観点からも、労働災害が大きな関心となっていったはずである。安全運動は、この点でも有用であった。後述するように、蒲生をはじめとする安全運動の活動家は口を揃えて安全運動の経営上の利益を訴えている。

また、これに関連して、当時の一般的な状況では労働争議が多発していたため、労働争議が作業の能率低下を招く要因として無視できなかった。東京電気では、この時期、労働者に温情的な新荘が健在で、とりわけ一九一九年以降は社長として温情的経営を強力に実践するとともに、蒲生が導入した安全運動も労使間の緊張緩和に役立っていた。蒲生にとって、安全運動は社内の理解と協力がなければ進まない。何よりも上司の理解や協力がなければ、こうした新しい取り組みは中間管理職に過ぎない蒲生一人の努力では不可能である。東京電気では新荘という強い味方が蒲生の安全運動を支援していた。その様子は、次の一文に示されている。

東京電気の工業部長で、蒲生の上司であった新荘（大正八年同社社長に就任）もその〔安全第一主義の真意を理解する人の〕一人である。新荘は、労働運動家の鈴木文治が組織した友愛会に名をつらね、労働問題に理解を示した進歩的な経営者であったが、蒲生にとってもこのうえない後援者となった。会社の仕事のかたわら各地へ講演に出かける蒲生に、いやな顔一つみせなかったし、舞い込んできた蒲生非難の投書をみせながら「日本一の模範工場にするためならいくら金を使ってもよい」と、かえって励ました。またあるときは、「生活の最低限度の保障なくして心をこめ、かつ注意深く優秀な製品を作れといっても、それは求める方がムリ」といって、最低生活保障の基礎資料の作成を指示するなど、陰になり日向になってバックアップするのだった。(49)

蒲生は、のちに新荘の経営方針を高く評価し新荘を賛美する文章を残していることから察すれば、右記にある新荘の安全運動への理解と支援は疑い得ない。また、蒲生を東京電気に呼び寄せたのは新荘であった。(50) したがって、蒲生には入社時から強力な支援者がいたのである。

新荘は東京帝国大学理科大学卒業後、半年ほど旧制浦和中学に勤め、一八九九年に東京電気の前身である白熱舎の創業者の一人である藤岡市助（ふじおかいちすけ）（一八五七〜一九一八年）社長の招きで技師長兼電球製造部長として入社する。(51) その後、渡米した新荘の尽力でゼネラル・エレクトリック社から融資と技術提携の支援を受ける商談が一九〇五年に成立し、(52) 加えて、日露戦争後の好景気も手伝って、東京電気は業績を拡大していた。新荘は、一九一五年に取締役、一九一九年に社長に就任し、その間、社内の安全運動への支援のみならず、蒲生が参加した安全第一協会への賛助も惜しまなかった。

そして、安全運動にとっていっそう重要な要因が工場法の制定である。一九一一年に公布された工場法は、その第13条で労働災害の予防を、また第15条で労働災害の補償を規定していた。そして、その施行は引き延ばされていたとはいえ、公布された以上、やがて施行されることは時間の問題であった。結局、工場法は一九一六年に施行されるが、蒲生が安全運動を始めた一九一四年は、経営者も法の施行後、労働者への安全配慮が義務づけられる事態を考慮せざるを得ない状況にあった。そうしたなかで東京電気は他の企業に先駆けて安全運動に取り組んだ、いわば模範工場であった。

労務管理に携わっていた蒲生が、「感電即死事件」を契機に理解ある上司の新荘に支えられ社内の安全運動を一九一四年に始めたのは、以上のような経緯であった。もし蒲生の安全運動が足尾銅山や住友伸銅所のように社内の運動に留まっていれば、彼の安全運動は小田川や三村らの安全運動と本質的な違いはない。蒲生の独自性は、この運動を外へ広げていこうとする点にあった。蒲生が戦前期日本の安全運動において特権的地位を占めているのは、まさにこの点にある。それは、次章以降で検討することになる安全第一協会や産業福利協会を拠点とした安全運動である。

■注（第1章）

（1）全日本産業安全連合会編集・発行『安全運動のあゆみ』一九六三年、一一頁。

（2）中央労働災害防止協会編集・発行『安全衛生運動史――労働保護から快適職場への七〇年』（一九八四年）は同編集・発行『日本の安全衛生運動――五十年の回顧と展望』（一九七一年）と記述が多数にわたり重複し、執筆者も多くが両方に共通しているので、いわば後者の改訂版として刊行されたといってよい。

（3）前掲『日本の安全衛生運動』三八～三九頁。前掲『安全衛生運動史』三四～三五頁。

（4）前掲『安全衛生運動史』五五三頁。

(5) 前掲『安全運動のあゆみ』一頁。

(6) 前掲『日本の安全衛生運動』五二六頁。

(7) 前掲『安全衛生運動史』五五三頁。

(8) 前掲『日本の安全衛生運動』五二九～五三〇頁。

(9) 前掲『安全衛生運動史』五五五頁。

(10) 前掲『日本の安全衛生運動』五二六頁。

(11) 谷元二編『昭和人名辞典 第1巻 東京篇』日本図書センター、一九八七年、二九三頁（原著、谷元二編『大衆人事録 東京篇 第十四版』帝国秘密探偵社、一九四二年）。ただし、蒲生俊文の妻・純子（すみこ）の履歴で「神戸女学院卒」とあるのは、「釜山高等女学校」卒（蒲生純子『たのしく美しかりし日日』一九七五年、一四頁）の誤り。

(12) 前掲『安全衛生運動史』三五頁。

(13) 小田川全之は、一八六一年幕臣の長男として江戸に生まれ、一八八三年工部大学校土木工学科卒、土木事業に従事したあと、一八九〇年古河家に入り足尾銅山で土木工作や鉱毒予防工事を担当、一九〇〇年米国の視察旅行後も、引き続き、足尾銅山に勤務し、一九〇三年古河本店（古河鉱業の前身）理事に就任、また一九〇六年および一九〇七年に欧州を旅行し、各国の土木鉱山事業を調査見学、一九〇九年に足尾鉄道取締役、のち社長に就任、一九一一年足尾鉱業所長を兼任、一九一五年工学博士、一九二一年に古河合名会社を退職したあとも、鉱業界発展に尽くし、一九三三年、死去。以上、下中邦彦編『日本人名大事典（新撰大人名辞典）第1巻』（覆刻版）（平凡社、一九七九年、六九六頁）、日外アソシエーツ編集・発行『20世紀日本人名事典 あ～せ』（二〇〇四年、六一五～六一六頁）による。

(14) 東京電気株式会社は、総合電機メーカー東芝株式会社の前身企業の一つで、一八九〇年創業の合資会社白熱舎を起源とする電球の製造販売企業で、白熱舎から東京電気に社名変更した一八九九年から、一八七五年創業の田中製造所の後身企業である株式会社芝浦製作所と合併して東京芝浦電気株式会社となる一九三九年まで存続した（東京芝浦電気株式会社編集・発行『東芝百年史』一九七七年、六四九～六六二頁の年表による）。その後、同社は一九八四年に東芝株式会社に社名変更した。

(15) 蒲生俊文「日本に於ける我が安全運動と其哲学」、芦野太藏編集・発行『安全の闘将 蒲生俊文先生』一九三〇年、一一～一二頁。

(16) 三村起一は、蒲生や内田らとともに日本における安全運動の先覚者の一人として知られている。三村は一九一四年に東京帝国大学法科大学卒業後、第一高等学校時代の恩師である新渡戸稲造（にとべいなぞう）の勧めで同年住友伸銅所に入社、その直後の一九一六年に蒲生と呼応して同社で安全運動を起こした。また、一九一九年には労務管理の研究のため欧米に派遣され、アメリカではフォード社の工場で職工として実地訓練を受け、帰国後の一九二一年に工場課長として頻発する労働争議に対処した。戦後は一九四六年に設立された「産業安全協会」の会長を務め、また一九六四年設立の「中央労働災害防止協会」の会長にも就き、戦前戦後を通じて安全運動にかかわった。以上は、主として、三村起一「私の履歴書」、日本経済新聞社編集・発行『私の履歴書　第十七集』一九六七年、三〇九～三七九頁による。

三村は「大正五年〔一九一六年〕に始めた」安全運動について、「当時日本にはまだ組織的な安全運動はなかった。参考書もない。たまたま入手した米国の安全パンフレットをもとにして工場安全運動をやや組織立てて現場に実施し、この道に挺身していた東京電気の蒲生俊文君と東西呼応して安全運動を起こした。いわば日本の産業安全運動の草分け時代である」（三村起一「私の履歴書」、前掲『私の履歴書　第十七集』三七六頁）。ここでいう「米国の安全パンフレット」は、「住友の先輩」と三村が慕う川田順（一八八二～一九六六年）によれば、「米国の有名な機械工場カーチス・フォーク会社のパンフレット」であるという（川田順『続住友回想記』中央公論社、一九五三年、一一〇～一一一頁）。なお、川田は東京に生まれ、一高を経て一九〇二年九月東京帝国大学文科大学英文学科入学、その後、同法科大学政治学科に転学し（川田順「私の履歴書」、日本経済新聞社編集・発行『私の履歴書　第十六集』一九六七年、一三六頁および一五〇～一五三頁）、一九〇七年七月に東京帝国大学法科大学政治学科を蒲生と同期で卒業し（東京帝国大学編集・発行『東京帝国大学一覧　従大正元年至大正二年』一九一三年、一〇六～一〇七頁）、蒲生の「級友」（蒲生俊文『安全運動三十年』奨工新聞社、一九四二年、四頁）でもあった。

(17)　たとえば、内田は、下中邦彦編『日本人名大事典（新撰大人名辞典）　第1巻』（覆刻版）（平凡社、一九七九年、四四一頁）、三省堂編修所編『コンサイス日本人名事典』改定新版（三省堂、一九九三年、一八三頁）、臼井勝美・高村直助・鳥海靖・由井正臣編『日本近現代人名辞典』（吉川弘文館、二〇〇一年、一四五～一四六頁）、上田正昭・西澤潤一・平山郁夫・三浦朱門監修『日本人名大辞典』（講談社、二〇〇一年、二八〇頁）、日外アソシエーツ編集・発行『20世紀日本人名事典　あ～せ』（二〇〇四年、三九一頁）に、小田川は、前掲『日本人名大事典（新撰大人名辞典）　第1巻』（六九六頁）、前掲『日本人名大辞典』（四三八頁）、前掲『20世紀日本人名事典　あ～せ』（六一五～六一六頁）に、三村は、下中邦彦編『日本人名大事典　現代』（平凡社、一九七九年、七五二頁）、前掲『日本人名大辞典』（一八四八頁）、日外アソシエーツ編集・発行『20世紀日本人名事典　そ～わ』（二〇〇四年、二四四四頁）に掲載されているが、これとは対照的に、蒲生は右記人名事典に不掲載である。以上を表

図表5　主要人名事典における内田嘉吉、小田川全之、三村起一、蒲生俊文の掲載状況

人名事典	内田嘉吉	小田川全之	三村起一	蒲生俊文
『日本人名大事典』 平凡社、1979年	○ (注)	○ (注)	○	×
『コンサイス日本人名事典』 三省堂、1993年	○	×	×	×
『日本近現代人名辞典』 吉川弘文館、2001年	○	×	×	×
『日本人名大辞典』 講談社、2001年	○	○	○	×
『20世紀日本人名事典』 日外アソシエーツ、2004年	○	○	○	×

(注) 1937年の覆刻版で1979年に刊行された下中邦彦編『日本人名大事典（新撰大人名辞典）第1巻』（覆刻版）に掲載。

に整理すると図表5のようになる。○は掲載、×は不掲載を示す。

(18) 前掲『私の履歴書　第十七集』三〇九〜三七九頁。

(19) 前掲『安全運動のあゆみ』一五〇〜一五二頁。

(20) 保険六法新聞社編集・発行『週刊保険六法』一九七七年六月一七日、五頁。

(21) 同、五頁。

(22) 上野継義「安全運動の歴史的起点とセイフティマンの擡頭——アメリカ鉄鋼業における安全管理者の出自と安全運動の性格」、『北海道情報大学紀要』第6巻第1号、北海道情報大学紀要委員会、一九九四年九月、三頁。

(23) 同、五頁。ただし、米国における安全運動の誕生時期については一九〇七年と一九〇八年の両方の説があるようである。上野継義によれば、「U.S.スティール社が安全委員会の全社規模での組織化を決定したのは1908年」、「アメリカ鉄鋼協会の発行した公報書は『安全第一』キャンペーンの開始を1907年」、「労働史家ブロディは1908年」（上野継義「アーサー・H.ヤングとその時代——職場文化と職業意識に即して、1882〜1905」、京都産業大学経済経営学会『経済経営論叢』第33巻第4号、一九九九年、二〇八頁）であるとしている。米国の安全運動は、その後、一九一〇年代初頭にかけて大きな社会的潮流を生み出し、Safety Firstという標語が流行するようになる。日本での安全運動は、これに強く刺激されて誕生した。いずれにせよ、米国の安全運動の誕生が、一九〇七年であるか、一九〇八年であるかは、本書での議論に直接の影響を及ぼさないので、ここでは一九〇八年だとしておきたい。

(24) 上野継義「革新主義期アメリカにおける安全運動と移民労働者——セイフティ・マンによる「安全の福音」伝道」、『アメリカ研究』第31号、アメリカ学会、一九九七年三月、一九頁。

(25) 新荘吉生の略歴は次のとおり（東芝所蔵資料「第七代社長　新荘吉生氏略年譜」による）。

明治　六年　六月　九日　山口県玖珂郡岩国町大字錦見に生る。新荘軍平氏の四男なり。
〃　二十六年　東京帝国大学理科大学に入り物理学を専攻す。
〃　三十一年　七月　同校を卒業し直ちに浦和中学に奉職す。
〃　三十二年　一月　同校を辞して当社に入社し、技師長兼電球製造部長の任に就き電球製造事業に尽瘁す。
〃　三十七年　八月　米国聖路易博覧会並に同地の電気事業視察の為め米国へ派遣せらる。この間当社とG・E会社との提携に就き尽力す。
〃　四十一年　七月　社命に依り欧米各国に出張電気事業を視察す。
大正　二年　二月　職制の変改に依り技師長兼工業部長となる。
〃　十一月　社用の為め三度び米国へ派遣せらる。
〃　四年　二月　タングステン電球研究の為め四度び米国へ出張す。
〃　十二月　当社取締役に就任す。
〃　五年　五月　照明学会の創立を図る。
〃　七年　六月　当社専務取締役副社長に就任す。照明学会副会長となる。
〃　八年　六月　当社専務取締役社長に就任す。
〃　九年十一月　学術研究会議会員仰付らる。
〃　十年　二月　風邪の為め臥床中動脈癌（ママ）を併発す。
〃　三月十二日　逝去す。享年四十九。特旨を以て従六位に叙せらる。
同月十四日当社々葬を以て芝増上寺に葬る。

(26) 新荘の渡米は「第七代社長　新荘吉生氏略年譜」（東芝所蔵資料）によれば、一九〇四年、一九〇八年、一九一三年、一九一五年の四回を数える。蒲生が入社したのが一九一一年であり、社内安全運動を始めるのが一九一四年であるから、もしそれ以前に米国の安全運動について情報を新荘から得ていたとするなら、それは一九一三年のときである。ただそれ以上の詳細はわからない。
(27) 蒲生俊文「日本に於ける我が安全運動と其哲学」、前掲『安全の闘将　蒲生俊文先生』一一～一二頁。
(28) 小田川全之「工業と安全第一――四月三日第一回総会に於ける講演」、『安全第一』第1巻第2号、一〇頁。
(29) 同、一一頁。
(30) 同、一一～一二頁。
(31) 蒲生俊文『安全運動三十年』奨工新聞社、一九四二年、四頁。
(32) 住友伸銅所は一八九七年に大阪市に開設された住友伸銅場に起源を持ち、一九一三年住友伸銅所と改称、一九二一年住友合資会社伸銅所と改称、一九二六年住友合資会社から分離し住友伸銅鋼管株式会社設立を経て、一九三五年に株式会社住友製鋼所（前身は一九〇一年開設の住友鋳鋼場）と合併して住友金属工業株式会社となる（住友金属工業株式会社社史編集委員会編『住友金属工業最近十年史　昭和42～52年』住友金属工業、一九七七年、年表一～四頁）。
(33) 三村起一「私の履歴書」、前掲『私の履歴書　第十七集』三七五頁。
(34) 蒲生俊文「吾が安全運動の思出」、米国ナショナル・セーフティ・カウンシル（蒲生俊文訳）『産業安全ハンドブック』日本安全研究所、一九五九年、一五六頁。
(35) 蒲生純子『たのしく美しかりし日日』一九七五年、二五頁。
(36) 蒲生俊文「日本に於ける我が安全運動と其哲学」、前掲『安全の闘将　蒲生俊文先生』一一頁。
(37) 蒲生俊文「吾が安全運動の思出」、前掲『産業安全ハンドブック』一五〇頁。
(38) 前掲『安全運動三十年』五頁。
(39) 同、五頁。
(40) 同、五頁。
(41) 同、五頁。
(42) 同、四頁。
(43) 東京芝浦電気株式会社編集・発行『東芝百年史』一九七七年、二八頁。
(44) 図表４「１９０４～１９２４年における東京電気従業員数の変化」の数値は図表6のとおり（前掲『東芝百年史』六二四頁）。
(45) 三村起一「私の履歴書」、前掲『私の履歴書　第十七集』三七五頁。

図表6　1904～1924年における東京電気従業員の職員・工員別人数

	職員数（人）	工員数（人）	合　計（人）
1904年	15	123	138
1909年	55	364	419
1914年	357	1,745	2,102
1919年	651	2,612	3,263
1924年	818	2,086	2,904

(46) 同、三七六頁。
(47) 前掲『東芝百年史』二八～二九頁。
(48) 同、二六～二八頁。
(49) 前掲『安全衛生運動史』四二～四三頁。
(50) 蒲生俊文の二女である山本智恵子氏談（二〇〇七年八月四日、聴き取り）。
(51) 東京芝浦電気株式会社総合企画部社史編纂室編纂『東京芝浦電気株式会社八十五年史』東京芝浦電気株式会社、一九六三年、一二三頁。
(52) 安井正太郎編『東京電気株式会社五十年史』東京芝浦電気株式会社、一九四〇年、九八～九九頁。

第2章　安全第一協会

前章では、蒲生俊文が日本の安全運動において占める重要な位置について述べた。彼の社会的活躍は一九一七年に発足する安全第一協会に始まるので、本章では安全第一協会を取り上げよう。

近代日本の安全運動が足尾銅山、東京電気、住友伸銅所から始まるなかで、安全運動が社内の運動から社会運動へ転換するのは、安全第一協会の発足においてである。安全第一協会に始まる安全第一運動は、その後、中央災害防止協会や日本安全協会ともに進展していくが、後者二団体についての資料は乏しく、また安全第一協会以降の運動は盛り上がりを欠いていた。しかしながら、安全第一協会は、その後の安全運動のモデルとなった。また、同協会は内田嘉吉[1]や蒲生らによって指導され、一九一九年には日本で最初の安全週間を実施するなど、大きな成果を残した。

本章では、安全第一協会の機関誌『安全第一』（一九一七年四月～一九一九年三月）を主たる手がかりとして、安全第一協会の活動の実態を明らかにする。

第1節　安全第一協会の設立

「安全」という語は以前から使われていたが、「安全第一」という表現は内田の造語である。「安全」という語は、たとえば、一八八九年の初版から版を重ねていた戦前の代表的な国語辞典である大槻文彦の『言海』に見出すことができる。[2] これに対し、「安全第一」という語が国語辞典に登載された最も早い例は、管見では、一九二〇年に刊行された『秘密辞典』であろう。そこでは、「【あんぜんだいいち　安全第一】　米国に創まつたる危険防止運動の標語。交通工場等に応用せらる。セーフチーフアルスト（Safety first）の訳語」と説明されている。[3] これ以後、「安全第一」という語は、多くの国語辞典にではないが、たとえば小学館の国語辞典に登載され続けている。[4]

「安全第一」という新しい言葉の普及は、内田が米国視察から帰国した直後に、当時、米国で盛んであった Safety First を標語とした安全運動を日本に紹介したことに始まる。内田は一九一六年八月四日の『東京朝日新聞』紙上で次のように安全第一主義を「鼓吹」した。

●安全第一主義＝人道の為鼓吹　此両三年来亜米利加でセーフチー、フアースト（安全第一）といふ言葉が社会のあらゆる方面に使用されて居る、安全第一といふのは読んで字の如く何事も安全が第一であるといふ意味で、試みに乗合自動車や電車に乗つて見ると最も人の眼を曳きさうな處にセーフチー、フアーストと大書して其下に電車の止まらぬ前に降りてはいけないとか自動車の止まらぬ前に戸を開けてはならぬとか
▲種々な注意書　がしてある、市俄古の或製鉄工場では職工の安全に関してはマッチの箱でも鉛筆でも苟くも眼に入るものには注意を喚起するやうにセーフチー、フアーストといふ字が書かれ其他鉄道、火災衛生等の災害を予防する為めに少からぬ努力を費し政府は労働省に労働安全局を設置するし民間では安全第一協会といふやうな団体を設けてセーフチー、フアーストの普及に努めて居る、而して是等安全第一を主張する人々は子供時代に此思想を普及せしむるに如くはないと云ふ考へから
▲お伽噺に書き　綴つたり或ひは安全第一隊といふ隊を組織せしめて其隊員は他の子供の危険を避けしめるの一方往来の邪魔にならぬやうに世話をやいてやるといふ風になつて非常に好成績を挙げて居る、凡そ世の中に何が安全だと云つて注意深い人程安全なものはないのであるから之さへ心掛けて居つたら年々多数の死亡者中少くと

も過失によりて死ぬ者はズツと減少する訳である、大正二年の統計によると日本で種々の災害の為に死亡した者一万五千六百余人あるが此中六千二百三十二人は

▲過失から来て　居るのであつて過失の如何に恐るべくして安全第一といふ事の如何に必要欠くべからざるものであるかは明かに知る事が出来るのである、人知益進んで機械を用うる事烈しくなるに連れて不慮の災禍は不注意の人によりて幾度か惹起されるに違ひない、是れ人道上及び経済上の大問題である、吾々は此際一日も早く我国に安全第一主義を鼓吹し普及して人力の許す限り同胞の生命を安全にしたいと思ふのである（内田嘉吉氏談[5]）

足尾銅山の小田川も、米国のSafety Firstを標語とした安全運動から影響を受け、それを「安全専一」と訳して自社に取り入れているが、小田川の場合は、内田と違い、社外に向けて発信しなかったため、時期的に後発の内田が唱えた「安全第一」という言葉が社会に広まる結果となった。内田が『東京朝日新聞』紙上で「安全第一」を唱えた翌月に、さっそく「安全第一」という標語を巧みに取り入れた広告が掲載されたことは、そのことを如実に示している。たとえば、一九一六年九月一一日の紙面に「安全第一　悪疫流行の際　召し上り物に御注意遊ばせ　安全なる食料品は　銀座の菊屋へ」という広告が、同月一八日の紙面に「時節柄お子様を育てるは彼是とお迷なく国産第一花人形ミルクが安全第一」という広告が、そして同月二〇日の紙面に「安全第一　悪疫流行の際お彼岸の贈答品はお茶が安全第一であります」という広告が、それぞれ掲載された[6]（図表7、参照）。より本格的な流行は一九一九年に開催される安全週間まで待たねばならないが、内田の新聞紙上での「安全第一」主義の提唱は、一般社会へ「安全第一」という言葉を普及させる先鞭をつけていた。

ところで、「内田嘉吉氏が、一九一六年合衆国より帰りてSafety Firstの宣伝を開始した[7]」ことを知った蒲生は、さっそく、内田と図って安全第一協会の設立へ動き出す。蒲生の社内安全運動は内田の安全第一主義と合流して、東京電気の外部に広がる契機を得た。この広がりは、単に安全運動の活動範囲を空間的に広げるだけでなく、安全の対

図表7 「安全第一」という標語を使った広告

出典：『東京朝日新聞』1916年9月11日、5頁（左）。同、1916年9月18日、6頁（中）。同、1916年9月20日、4頁（右）（朝日新聞社『朝日新聞　復刻版　51　大正5年9月』日本図書センター、1990年、所収）

象領域も広げることになった。すなわち、安全の領域が労働災害に限らず、社会に生起するさまざまな事故や災害を含むようになった。これは、内田が提唱した安全第一主義が広い領域を対象にしていることによる。そして、この主義を実践する拠点として設立されたのが、安全第一協会である。内田が右記の朝日の記事の直後に、同年八月一五日発行の『実業之日本』（第19巻第17号）で「『安全第一』協会設立の大急務」という記事[8]を寄せていることから推測すれば、協会設立の構想は八月に急に決まったと思われる。

安全第一協会は、その機関誌『安全第一』に載せた「安全第一協会設立趣旨」で、その目的を、「大危険を未発に防遏するの良法として「安全第一」主義を社会に鼓吹し、鉄道、船舶、鉱山、工場等は固より、道路、住宅に之を普及せしめて、衛生に火災に死傷に、不幸なる災厄を防御せんとするものなり」[9]と宣言している。また、同誌に掲載した「安全第一協会々則」には、「本会ハ安全第一主義ノ普及ヲ図リ社会ノ幸福ヲ増進スルコトヲ以テ目的トス」[10]（第1条）と定められ、内田の提唱する「安全第一主義」を広め、社会全体を巻き

図表8　安全第一協会設立総会

出典：『安全第一』第1巻第2号、口絵

込む安全運動を起こすことになる。その最も大きな成果が一九一九年六月に日本で最初に開催された安全週間であり、これは産業福利運動でも受け継がれ、現在まで続いている。

安全第一協会は米国の National Safety Council[11]（以下、「NSC」と略記する）を模範に、前台湾総督府民政長官で、のち逓信次官（一九一七年三月から翌年九月まで在任）に就く内田と「最も熱心なる方々数名[12]」によって設立することが、一九一七年二月一一日に決められた。この「最も熱心なる方々数名」が誰であるかは示されていないが、彼ら発起人は、のち協会の役員や編輯兼発行者（発行兼編輯者とも表記）などに就いたのではないかと考えられる。そして、二月一一日の発会式以後、発起人は安全第一協会設立の「準備に取りかゝり、先づ実行の第一歩として本誌（機関誌『安全第一』）の発行を見るに至つた[13]」。続いて、一九一七年四月三日に設立総会（図表8、参照）を開いて内田を会頭に選び、安全第一協会は正式に発足する。

このときの様子は機関誌『安全第一』に次のように描かれている。

> 四月三日神武天皇祭の佳日、安全第一協会の第一回総会を麹町区有楽町なる生命保険協会倶楽部に於て開催しました、

来会者は八十余名、主なる来賓には、岡商工局長、井上電気局長、小田川工学博士、中松前特許局長、金子新橋運搬事務所長、各新聞記者の諸君が出席されました。斯くて午後二時開会と共に、内田先生座長席に就かれ、議事の整理を為され、其れより会頭の推薦がありました。会頭には内田先生を満場一致を以て推薦致し御承諾を得た次第であります。それより内田新会頭の挨拶があり、続いて岡商工局長の『安全第一は生産第一なり』、小田川博士の『工業と安全第一』、中松前特許局長の『安全第一に就て』、甲賀大阪鉄工所重役の『米国に於ける安全第一』等熱心なる講話がありまして午後六時閉会致しました。(14)

安全第一協会設立の動機は、冒頭に示したように内田が米国の安全運動に触発されたことにある。内田が機関誌『安全第一』で語るところによれば、次に引用するように、それは「最も深く私の脳裡に留まつた」ためである。

私は先年病気保養の為七ヶ月に渉り南北亜米利加を漫遊して昨年〔一九一六年〕初夏帰朝した、這回漫遊中見聞せし事項も少くは無いが、最も深く私の脳裡に留まつたのは此の安全第一主義の普及され実行されて居る事である、〔…〕。

私は帰朝以来折に触れ機に乗じ之れが鼓吹に努めたのであるが、殆んど一人の反対者と云ふ者も無く、賛成を得たのは、人も亦私と同感であつたのだナと、衷心頗る愉快に感じたのである、中には熱心なる賛成者もあつたので、已に米国に於て、之れが実行を図るべく安全第一協会〔ＮＳＣ〕なるものが設立され市街交通部、火災部、衛生部、災害部、立法部、運輸部と云ふやうに分課され、著々効果を挙げ実行を図りつゝある例に倣ひ、協会を設立する事に決定し〔た〕(15)。（傍点引用者）

ここで内田が語っている「安全第一主義」とは、彼の著書『安全第一』によれば、「物質的文明の進歩より生ずる

図表9　機関誌『安全第一』創刊号（1917年4月）

（注）表紙中央のデザイン（原色は黒線と赤丸）はNSCのマーク

災害を未然に防ぐことや、その戦慄すべき災害を、人力のおよぶ限り、減少さすことに励むと同時に、各人が災禍に対して、もつべき用意を、親切に説明せんとするもの[16]」と定義される。また、その目的は、文明の進展、とりわけ工業化にともなう危険の増加に対して、「危害を防いで、人の生命と財産との安全を鞏固にし、同時に個人として、団体としての福利を獲得する[17]」ことにある。つまり、内田が校閲した伊東信止郎（しんしろう）著『鉄道と安全第一』の平易な説明に従って言い換えれば、「安全第一は危険に近く（ママ）なと云ふのではありません飽迄危険に近付いて至難の仕事を無事務め上げる為に必要なのです[18]」ということを意味する。

　安全第一協会の目標は、内田が次に述べるように、日本版ＮＳＣを作ることにあった。すなわち、「安全第一『Safety first』とは今より三四年前北米合衆国西部に於て唱道せられた主義」[19]で、「已に米国に於て、之れ〔安全第一主義〕が実行を図るべく安全第一協会〔ＮＳＣ〕なるものが設立され〔…〕著々効果を挙げ実行を図りつゝある例に倣ひ[20]」、「亜米利加に於て実行を致して居りまする安全第一協会等の趣旨と全く同一[21]」のものを日本に設立することにした、と内田は語っている。この模倣は機関誌の表紙に採用されたデザインがNSCのシンボル・マークであることにも現れている（図表9、参照）。

第2節　安全第一協会の事業

機関誌『安全第一』に掲載された「安全第一協会趣旨[22]」にあるとおり、安全第一協会の使命は、「世運の進歩」にともなう事故や災害などの「世の文明に避くべからざる現象」としての「大危険を未発に防遏するの良法として「安全第一」主義を社会に鼓吹し、鉄道、船舶、鉱山、工場等は固より、道路、住宅に之を普及せしめて、衛生に火災に死傷に、不幸なる災厄を防禦せんとする」ことにあった。

そして、それを具体化した安全第一協会の事業については、会則[23]の第9条が次の七項目を定めていた。

一、安全第一ニ関スル雑誌ヲ刊行スルコト
二、安全第一ニ関スル図書ヲ出版スルコト
三、安全第一ニ関スル講演会ヲ催スコト
四、安全第一ニ関スル活動写真会、幻燈会、音楽会ヲ催スコト
五、災害ニ関スル統計ヲ調製スルコト
六、災害予防ノ装置ニ関スル研究ヲ為スコト
七、安全第一ニ関スル博物館ヲ設クルコト

具体的にみれば、まず、第一の「安全第一ニ関スル雑誌」は、安全第一主義を普及するための機関誌『安全第一』を発行することであり、これは協会の最も中心的な事業であった。

図表 10　安全第一にかんする講演会

日時	講師	参加者	人数（人）	場所
1917年3月31日	内田嘉吉	東京電気株式会社	900	神奈川県川崎町
同年5月27日	内田嘉吉	鉄道青年会	300	大宮
同上	内田嘉吉	鉄道青年会	300	宇都宮
1917年6月8日	内田嘉吉	八日会	100余	横浜オリエンタルホテル
同年6月11日	内田嘉吉	通俗教育会	不明	小石川区表町礫川小学校
同年6月16日	内田嘉吉	日本改良豆粕株式会社	不明	川崎工場
同年9月1日	中島信忠	商工労働慰安会	200	麻布区森元町高砂亭
同年9月4日	中島信忠	千住隣人会	200	不明
同年9月15日	村澤英助	商工労働慰安会	不明	本所太平町報恩寺
同上	村澤英助	隣人会	不明	小石川区久堅町是照院
1918年5月6日	内田嘉吉	大阪工業会総会	100余	不明
同年6月1日	内田嘉吉、中川彌吉（日本改良豆粕株式会社取締役）、伊東祐忠、蒲生俊文	明治製糖株式会社	300余	川崎工場
同年6月10日（臨時講演会）	山縣愷介（農商務省工場監督官）	朝野の名士新聞記者等	80余	保険協会

出典：『安全第一』第1巻第4号、62頁。『安全第一』第1巻第7号、68頁。『安全第一』第1巻第9号、52頁。『安全第一』第2巻第6号、63頁。『安全第一』第2巻第7号、52頁

第二の「安全第一ニ関スル図書」は、機関誌『安全第一』の編輯兼発行者となる伊東信止郎の著書『鉄道と安全第一』（一九一七年二月）および会頭である内田嘉吉の著書『安全第一』（丁未出版社、一九一七年九月）が挙げられる。ともに、協会が発行主体ではないが、前者は内田が資料を提供し校閲するなどして、どちらの出版物も協会の代表者である内田が深くかかわっている。

第三の「安全第一ニ関スル講演会」は、機関誌に掲載されたものだけで一三回（臨時講演会一回を含む）を数え、内田会頭をはじめとして、協会の理事や委員（村澤英助、中島信忠）らが講師を務めた（図表10、参照）。

第四の「安全第一ニ関スル活動

図表11　災害予防研究委員会

	日時	場所	出席者
第1回	1917年7月25日	丸の内中央亭	内田嘉吉、伊東祐忠、井村大吉、蒲生俊文、中松盛雄、野田忠廣（内務技師）、小島甚太郎、宮本貞三郎（警視庁工場課長）、四條隆英、新荘吉生（東京電気株式会社専務取締役）
第2回	同年9月25日	本会事務所	内田嘉吉、中松盛雄、野田忠廣、小幡豊治（警視庁保安部長）、小島甚太郎、蒲生俊文
第3回	同年11月12日	丸の内中央亭	内田嘉吉、四條隆英、勝田一、野田忠廣、岩井精次、伴東、小島甚太郎、中松盛雄（注1）、伊東祐忠、井村大吉
第4回	同年12月7日	内田官舎（内田邸）	内田嘉吉、宮本貞三郎、蒲生俊文、伊東祐忠、井村大吉等（注2）
第5回	1918年2月26日	本会事務所	内田嘉吉、伊東祐忠、中松盛雄、蒲生俊文、伴東
第6回	同年5月21日	本会事務所	内田嘉吉、四條隆英、伊藤祐忠〔伊東祐忠〕、蒲生俊文

（注1）中松は掲載されている記事（『安全第一』第1巻第9号、53頁）と不掲載の記事（『安全第一』第2巻第5号、61頁）がある。
（注2）「等」が存在する記事（『安全第一』第2巻第1号、53頁）と存在しない記事（『安全第一』第2巻第5号、61頁）がある。
出典：『安全第一』第1巻第5号、77頁。『安全第一』第1巻第8号、63頁。『安全第一』第1巻第9号、53頁。『安全第一』第2巻第1号、53頁。『安全第一』第2巻第5号、61頁。『安全第一』第2巻第6号、63頁

写真会、幻燈会、音楽会」は、機関誌で見る限り、一九一八年六月一〇日開催の臨時講演会において、講演の後、「余興の活動写真二種を映写[24]」とあるのみで、それ以外の詳細は不明である。

第五の「災害ニ関スル統計」については、協会が適宜、事故や災害にかんする統計データを「調製」して機関誌に掲載していた。

第六の「災害予防ノ装置ニ関スル研究」は、協会内に災害予防研究委員会を組織して、「災害予防に関する研究」をおこなっていた。この研究委員会は、当初、八月を除く毎月開催することが申し合わされたが[25]、機関誌に掲載された記事を見る限り、六回に止まった（図表11、参照）。また、この研究委員会への出席頻度は、毎回出席した内田を除くと、伊東祐忠（安全第一協会理事）と蒲生がともに五回で最多であった。

図表12　安全第一協会の総会

回および日時	場所	内容	来会者数
第1回（春季総会） 1917年4月3日	生命保険協会倶楽部（麹町区有楽町）	・内田嘉吉の挨拶、会頭に内田嘉吉を選出、会則承認等（注1） ・講演会：岡実（農商務省商工局長）、小田川全之（古川合名会社理事）、中松盛雄（前特許局長）、甲賀卯吉（大阪鉄工所監査役）（注2）	80余名
第2回（秋季総会） 1917年10月31日	東京商業学校（神田錦町二丁目）	・内田嘉吉会頭挨拶 ・事業経過報告および会計報告（伊東祐忠） ・講演会：粟津清亮（法学博士）、江原素六（貴族院議員）（注3）	約100名
第3回（春季総会） 1918年4月3日	東京地学協会（京橋区西紺屋町）	・内田嘉吉会頭挨拶 ・事業経過報告（蒲生俊文） ・会計報告（伊東祐忠） ・講演会：長尾半平（鉄道院中部鉄道管理局長、ただし鉄道院参事・田中代読）、長松篤棐、中川彌吉（日本改良豆粕株式会社取締役）、古瀬安俊（農商務省工場監督官）（注4）	不明

（注1）議事進行は「伊東」と記載されていて、伊東祐忠か伊東信止郎か判別できないが、第2回総会での議事進行を伊東祐忠が務めていることから類推すれば、「伊東」も伊東祐忠である可能は高い。
（注2）講演者の肩書きは『安全第一』第1巻第2号による。
（注3）講演者の肩書きは『安全第一』第1巻第9号による。
（注4）講演者の肩書きは『安全第一』第2巻第5号による。
出典：『安全第一』第1巻第2号、59～67頁。『安全第一』第1巻第9号、50～52頁。『安全第一』第2巻第5号、60～61頁

最後の「安全第一ニ関スル博物館」については、財政的な理由から協会自身で設立するには実現困難な状況にあったが、それに代えてというべきか、協会主催ではないが、展覧会を開催している。一つは、一九一七年秋に上野の不忍池にて開催された化学工業展覧会で、内田が会長を務め、協会としても「安全装置の出品」[26]をおこなったようである。もう一つは、協会を挙げての取り組みとして、後で述べる一九一九年五月に始まる災害防止展覧会である。

もっとも、協会は発足以来、会期のない展覧会といえる「安全博物館」が災害予防にとって「最も効果の完全なる」方法であるとの認識から、[27]安全博物館の設置に向けて努力を傾けていたが、「設立後日尚ほ浅く、僅に雑誌を刊行する外、充分

の活動を為し得ざるを遺憾」としながらも、結局、実現する目処がついていなかった。このため、「速に政府当局者に於て安全博物館を設置せられんことを刻下の急務なりと思料し、只答〔管の誤記〕其実行を祈つて止まざる」を得なかった[28]。

その後、一九一九年六月の安全週間において「剰余金あらば悉く安全博物館設立費に寄付すべし」とのことから、剰余金五千円余りが中央災害防止協会（一九一九年設立）に寄贈されたが[29]、わずか五千円では実現不可能であった。ちなみに、この念願が叶うのは、実業家の伊藤一郎の寄付五〇万円を基に[30]、厚生省産業安全研究所付属産業安全参考館として設置された一九四三年九月であった。

なお、事業に含まれないが、会則で「春秋二回」開くと定めている総会は、機関誌で見る限り、三回開かれ、一九一八年秋の総会については開催されたか否かは不明である（図表12、参照）。

第3節　安全第一協会の役員および会員

安全第一協会の事業は先述したように、機関誌の発行、講演会の開催、災害予防研究委員会における研究を中心に、出版物の刊行、災害統計の作成、展覧会への協賛などであり、その実施運営は協会の役員、とくに理事会役員が担っていた。また、事業の継続は会員の支援と賛同によって可能であった。そこで、次に安全第一協会の役員および会員について検討しよう。

会則によれば、役員は会頭（一名）、評議員（若干名）、理事（若干名）、会計監督（一名）、書記（若干名）となっている（第5条）。しかし、会頭と理事以外の役員は明らかでない。ただし、会計監督については、総会議事速記録によれば、理事である伊東祐忠が会計報告をおこなっているので[31]、伊東が理事と会計監督を兼務していたと考えられる。

協会の運営は、会則第7条によって「会頭及理事ヲ以テ組織[32]」された理事会が担っていたが、会頭によって指名された理事は、一九一九年一月一日現在で見ると（『安全第一』第3巻第1号、一頁）、大学卒業年順に、中松盛雄（一八九一年卒）、伊東祐忠（一八九四年卒）、小島甚太郎（一八九八年卒）、井村大吉（一八九九年卒）、蒲生（一九〇七年卒）の五名である。ただし、理事就任の時期は、中松、伊東、井村が一九一七年九月二五日、蒲生が同年一二月七日で、小島は不明である。また、小島が工学士（東京帝国大学）である他は、すべて法学士（帝国大学、ただし一八九七年以降は東京帝国大学）である。

理事五名のうち、最も中心的な存在は蒲生であった。たしかに、第一回総会（一九一七年四月三日）の議事進行役および第二回総会（同年一〇月三一日）の事業報告および会計報告は「伊東」が務めていた[33]。しかし、第三回総会（一九一八年四月三日）では事業報告を蒲生が、会計報告を伊東が分担し、蒲生理事が筆頭理事の役割を果たすようになり、蒲生の比重は高まったからである。

また、機関誌への論文の寄稿数を比較すれば、内田と蒲生がともに二二編で、ほぼ毎号に寄稿しているのに対し、中松が一編、他の理事は〇編で、内田と蒲生が群を抜いていた。しかし、蒲生のものと推定される論文や雑文（「蒲生大愚」および蒲生の雅号であった「水月」やその類似の筆名「水辺月下翁」「水辺月下郎」「水月隠士」で寄稿しているもの）一六編を合わせれば、蒲生の寄稿数は三八編となり、他を圧倒していた。蒲生の理事就任の時期は、彼が最年少であったためか遅れたが、協会のなかで最も健筆を揮（ふる）ったのは蒲生であった。

理事会を構成する役員六名（内田会頭および理事五名）は、それぞれ自らの仕事を抱えながら協会の業務に携わっていた。実際、内田は逓信次官、中松は弁護士・弁理士、伊東は東洋汽船および沖電気の取締役、小島は古河鉱業、蒲生は東京電気で、それぞれ管理職に就いていた。ただし、井村については不明である。

次に、理事会役員の経歴や人脈について検討してみよう。

まず、内田は逓信省で「主として海事行政に携り[34]」、管船局長などを経て、一九一五年一〇月に台湾総督府民政長官を辞めたのち、「病気保養の為七ヶ月に渉り南北亜米利加を漫遊[35]」するが、このときに見聞した米国の安全運動に感銘を受け、「最も深く私〔内田〕の脳裡に留まつた」[36]のである。帰国後の一九一六年夏、内田が東京朝日新聞紙上で「安全第一主義」を提唱し、これに蒲生が応じたことは前に述べたが、蒲生が勤める東京電気では、当時、取締役（のち社長）であった新荘吉生（安全第一協会特別会員）が蒲生の取り組む社内安全運動だけでなく、安全第一協会の活動についても支援し続けた。そして、足尾銅山の安全運動で、「『安全第一』といふ米国の流行語を紹介」した小島甚太郎が理事に就き、所長の小田川全之（安全第一協会賛助会員）も協会を支援することになる。[37]

こうした現場で安全運動に従事していた蒲生や小島に対し、伊東、中松、井村は内田人脈に連なる理事であった。当初、筆頭理事の役割を担っていた伊東は、逓信省に入省後、高等海員審判所理事官を最後に官を辞し、一九一〇年に社長の浅野総一郎に乞われ東洋汽船取締役に就く。[38]また、安全第一協会発足後の一九一七年五月には、同じく浅野が会長を務める沖電気に常務取締役として入り、社長を置かない浅野＝伊東体制の下、経営実務を取り仕切っていた。このため、伊東は東洋汽船と沖電気の経営に多忙で、内田の右腕として協会の筆頭理事を続ける余裕は乏しかったと推測できる。伊東に代わって蒲生が主役に就いた一因であろう。ちなみに、内田は逓信省時代の伊東の上司にあたり、のち沖電気の顧問に就任しているが、伊東と内田は官界を離れても親交を続けた間柄であった。[39]

理事最年長の中松は、内田より一歳年長である。内田とは大学の同期卒業で、二人は「極めて親密なる友誼的関係」[40]にあっただけでなく、中松は内田の死に際して「記念事業を興し其の功績を永久に記念せんとの計画を発表、賛同を求めたる」[41]ほど、二人は終生にわたり強い信頼関係で結ばれていた。しかし、中松は機関誌に一回寄稿するのみで、伊東や蒲生のように表立って活躍したわけではなく、不思議なことに、他の理事とは異なり、会員名簿にも氏名が見あたらない。

中松は農商務省に入省し、特許局長官を最後に退官したあと、安全第一協会発足時には、丸の内に竣工して間もない最新のオフィスビル三菱第21号館（図表13、参照）に中松特許法律事務所を構えていた。

当時、中松は弁護士・弁理士業務に忙しかったに違いないが、「友誼」から安全第一協会に中松事務所を無償で間

図表13　三菱第21号館

出典：石田潤一郎解説『復刻版　東京百建築』不二出版、2008年、81頁

借りさせていたと考えられる。その根拠は主として次の三点にある。

　第一に、安全第一協会の後継団体である日本安全協会（会長は内田嘉吉）の事務所も三菱第21号館内にあったが、三菱地所の社史『丸の内百年のあゆみ――三菱地所社史』に記載されている一九二二年当時のテナント一覧に「中松盛雄」の名は見あたるが、日本安全協会あるいは内田の名は見あたらないことから、安全第一協会がテナントとして入っていた可能性は低いこと[42]、第二に、中松事務所と安全第一協会の事務所の電話番号が一致すること[43]、第三に、安全第一協会の会計報告において事務所の賃借料が計上されていないこと[44]、が挙げられる。もっとも、最後の点については、実際上、安全第一協会が負担できる額ではなかった。

　したがって、中松は会員ではなかったが、彼は「親密」な関係にあった内田が会頭を務める安全第一協会に対して事務所を融通していたのである。これは日本安全協会になった後も変わらず、協会に対してというより、むしろ内田個人に対する「友誼」として続けていたのだと思われる。いずれにせよ、中松が安全第一協会にとって影ながら重要な役割を担っていたことに変わりはない。なお、安全第一協会は一九一七年六月に三菱第26号館から三菱第21号館へ事務所を移転しているが[45]、これは中松事務所の移転に伴うものか、安全第一協会が事務所のテナント料を負担できなくなったために移転したものか確認できない。

最後に、井村は一九〇〇年に農商務省入省ののち、一九一六年に退官するまで官庁勤めであったが[46]、内田が台湾総督府民政長官時代、井村も台湾に勤務し台北庁の庁長を務め、しかも内田が会長を務める台湾中央衛生会の委員も兼務しているので[47]、このときの内田との繋がりが縁となって安全第一協会に参加したのではないかと思われる。ただ、退官後の井村は一九二四年に台湾日日新報の社長に就いているが、足跡は不明な点が多い。また、協会でも特に目立った存在ではなかった。

いま述べてきた理事会役員は安全運動の先駆者や内田個人ときわめて親しい間柄にあったのに対し、次に述べる会員は安全第一協会の趣旨に賛同し、財政的に支援する一般の団体や個人から構成されていた。とくに、賛助会員と特別会員は、警視庁巡査の初任給が月収四五円の時代に[48]、会費月五円以上（賛助会員）や月一円以上（特別会員）を負担できる経済力と熱意を兼ね備えた熱心な支持者であった。

この熱心な支持者には、協会の理事会役員（内田と伊東が賛助会員、蒲生と井村が特別会員、小島は最初正会員であったが、のち特別会員）の他、足尾銅山を経営する古河鉱業関係者（小田川全之、井上公二）や東京電気関係者（新荘吉生、伊東二三）、造船・海運業関係者（緒明圭造、松本良太郎、佐伯俊太郎）、星製薬を興した星一などの実業家がいた。星は、「親切第一」を自らの信条とし、「安全第一の人生は全く進歩のない、老人の社会である[49]」と安全第一主義を批判する一方で、矛盾するが、安全第一協会の賛助会員に名を連ねていた。これは、星の東京商業学校時代の恩師でもあった内田に対する「親切第一」の実践に基づくものであろうか[50]。

次に、機関誌『安全第一』の編輯兼発行者（発行兼編輯者）の伊東信止郎について触れておこう。

安全第一協会の設立に際して、内田は、伊東信止郎著『鉄道と安全第一』に寄せた「序」において、安全第一主義が「就中鉄道に関し事故防圧の為顕著なる効果を奏せり[51]」と、鉄道事故に対して強い関心を払っていた。それは、一九一六年一一月二九日に青森県で起きた列車衝突事故による「大惨事[52]」に起因する。なぜなら、当時、この事故の最高責任者として鉄道院総裁を務めていた後藤新平(ごとうしんぺい)（一八五七〜一九二九年）が「総裁としての責任を痛感して、進退伺を出したほど」[53]であり、これは逓信官僚時代に「密接な関係を持つようになった」後藤系官僚の内田にとって[54]、見過ごすことのできない事態であったからである。

これこそ、安全第一協会が最初の事業として『鉄道と安全第一』を発会式直後に出版した主たる理由であろう。この書の著者である伊東信止郎は内田を「内田先生」と呼んでいるが、それは内田が資料を提供し、伊東が内田の談話をまとめ、内田が内容を校閲したからだけでなく、内田の唱える安全第一主義に感銘を受けたためでもある。また、伊東は、著書の「はしがき」で後藤新平を「著者の恩人」と断っているように、後藤とも繋がりのある人物であった。

伊東信止郎の経歴の詳細は不明であるが、略歴については知る手がかりがある。一九六〇年の第二九回衆議院議員選挙に立候補（宮城一区、無所属、最下位で落選）した時の「私の経歴」がそれであり、当時七五歳の伊東が自ら語っている内容は次のとおりである。

私は明治十八年五月二十一日、宮城県名取郡岩沼町字南館下六十四番地に生れました。独学、星亨、創設の自由通信社経済部長になり、大正初期、安全第一協会を創立、事故撲滅と労資調整運動に挺身、昭和三年、仙台において新東北五代目社長になり、後、四六版日刊紙奥州日報発刊、昭和十年より終戦まで、硫黄の科学処理研究。昭和二十九年東北電波学校創立、現会長。公明選挙実行連盟理事長、機関紙火曜新聞主幹として現在に至たる。[55]

この経歴を見る限り、伊東と内田の人脈的繋がりは判然としない。推測すれば、内田は一九〇〇年に短期間であるが星亨(ほしとおる)（一八五〇〜一九〇一年）が第四次伊藤内閣の逓信大臣のとき、その秘書官を務めていたことがあるが、そのときに星亨を介して伊東と内田が知り合った可能性は考えられる。両者の結びつきはよくわからないが、伊東が機関誌『安全第一』の編輯兼発行者に就いたのは、内田が信頼を寄せていたからであろう。しかし、自らの経歴に「安全第

図表 14　安全第一協会の会員

	資格	会費	会員数 (注)
名誉会員	評議員会ノ決議ヲ以テ会頭之ヲ推薦ス	(規定なし)	(記載なし)
特別会員	安全第一主義ヲ実行シ特ニ本会ノ事業ヲ幇助スル者トス	年 12 円以上	42 団体・個人
正会員	安全第一主義ヲ実行スル者トス	年 2 円 40 銭 1917 年 11 月 16 日より年 1 円 20 銭	327 団体・個人
賛助会員	安全第一主義ノ実行ヲ賛助スル者トス	一時金 50 円以上の寄付と月 5 円以上	23 団体・個人

(注) 会員数は 1918 年 6 月現在
出典：『安全第一』第 2 巻第 7 号、巻末

一協会を創立、事故撲滅と労資調整運動に挺身」と書く伊東が、理事でないにせよ、編輯兼発行者であるにもかかわらず、協会の会員になっていないことは理解しがたい。理事会の役員は内田会頭および伊東祐忠理事が賛助会員、蒲生、井村、小島の三人の理事が特別会員（ただし、小島は最初、正会員であった）で、中松理事は会員ではなかったが、事務所の提供を通じて、協会の経費を負担していた。さらに、役員以外では、「記者」「委員」の肩書きを持った村澤英助や「委員」の中島信忠も正会員になっていた。加えて、伊東が寄稿した論文「鉄道と安全第一」（『安全第一』第1巻第1号）で「安全第一協会に一刻も早く加盟すること」[56]と呼びかけているだけに、本人が会員でない点は違和感を抱かせる。

この点について推測すれば、伊東は会員でもなく災害予防研究委員会にも出席せず、安全第一協会とのかかわりは、著書『鉄道と安全第一』の刊行と機関誌『安全第一』の編輯兼発行者であったことに限られるが、内田の唱える安全第一主義の信奉者として安全第一協会の設立に当初から参加し、内田の安全第一主義への賛辞で満たされた『鉄道と安全第一』を出版したことが、最大の貢献だったのではないだろうか。

安全第一協会の会員については、会則第3条および第4条で、会員を「名誉会員」「特別会員」「正会員」「賛助会員」の四種とし、上に掲げる図表14のように定めていた。なお、名誉会員は会員名簿に記載がないため、存在しなかったと思われる。

図表 15　安全第一協会の会員数の変化[57]

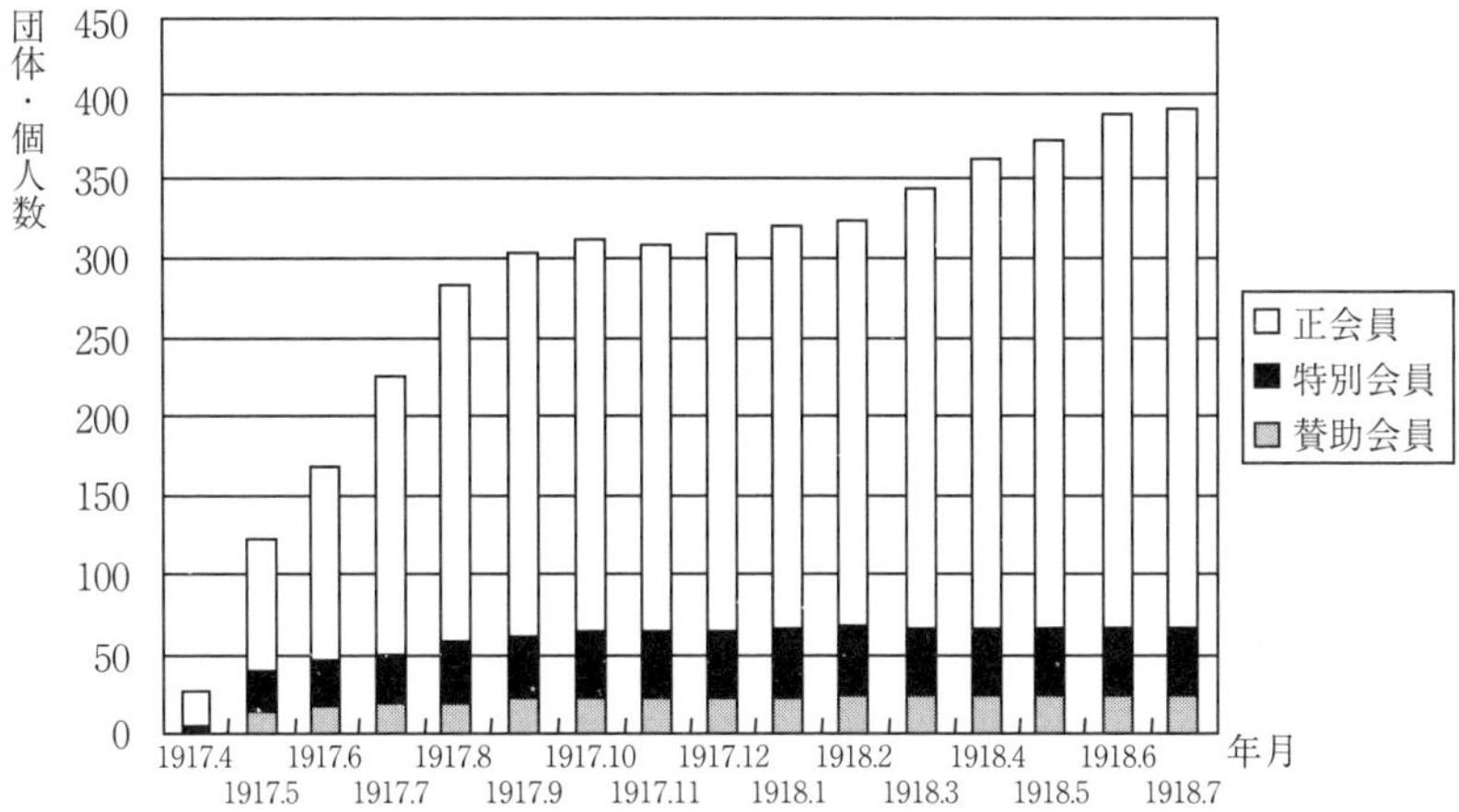

機関誌に掲載された会員名簿（一九一七年四月発行の第1巻第1号から一九一八年七月発行の第2巻第7号まで掲載、それ以降は不掲載）を手がかりに会員数を集計すると、一九一七年八月までの最初の約半年は急増し会員数を三百台まで増やすが、その後は微増状態で、一九一八年六月の時点で三九二団体・個人となっている（図表15、参照）。

また、増減については、一九一七年一〇月に二減した他は、一貫して増加状態にあった。

しかし、期待していたようには会員は増えず、苦戦を強いられていたのは事実である。実際、内田は第一回総会の席上、全米安全評議会の会員数が「僅かの間に余程増加した[58]」ことを例に挙げているが、これと同じようには進まなかった。また、協会の年間事業費は約三、二〇〇円に過ぎず、しかも収入のほとんどを会費および寄付に頼っていたため、会員数の伸び悩みは事業の運営に直接影響を及ぼした[59]。この状況を打開するのは、一九一九年の春から初夏にかけて開催された災害防止展覧会と安全週間であった。

図表 16　災害防止展覧会（1919 年）および産業安全衛生展覧会（1930 年）

出典：安全週間仮事務所『安全週間報告』1919 年、口絵（左）。産業福利協会・産業安全衛生展覧会協賛会『産業安全衛生展覧会記念帖』産業福利協会、1931 年、15 頁（右）

第４節　災害防止展覧会と安全週間

災害防止展覧会は、一九一九年五月四日から七月一〇日まで[60]文部省東京教育博物館[61]にて開催された。この展覧会は東京教育博物館館長の棚橋源太郎（たなはしげんたろう）[62]（一八六九〜一九六一年）が企画し、安全第一協会が「一致共力社会公共の為めに尽瘁（ママ）」して開催したもので、「安全第一展覧会」とも呼ばれていた[63]。

この展覧会の入場者は延べ一八万三六〇五人に達し、当時、東京教育博物館で開かれた他の展覧会と比較しても盛況で[64]、東京市の人口約二一七万人[65]の一割近くにも及んだ。これは、棚橋の企画力、安全第一協会の協力、会期中に実施された安全週間の宣伝効果、皇太子の行啓などによって集客効果が高められたと考えられる。

災害防止展覧会で展示された出品物は『災難は避けられる――災害防止展覧会説明書』（培風館、一九一九年）に登載されているが、これを見ると、この展覧会が対象としていた「安全」の範囲の広さを実感することができる[66]。それは、のちに開かれる労働災害に限定された産業安全衛生展覧会と比較すれば明瞭である。ちなみに、同展覧会の展示内容は、『産業安全衛生展覧会記念帖』（産業福利協会、一九三一年）で知ることができる[67]。前者は館長の棚橋の趣向が反映されているだけでなく、この差は前者が市民社会の安全を目指す安全第一協会の協力で開

図表 17　1919 年の安全週間およびポスター「一般掲示用ビラ」

出典：安全週間仮事務所『安全週間報告』1919 年、口絵（左、中）。同、21 頁（右）

催されたのに対し、後者が産業界の安全を目指す産業福利協会によって主催されたという違いからも生じている（図表16、参照）。

　災害防止展覧会に安全第一協会は一点しか出品していない[68]が、講演などを通じて展覧会の場で安全第一主義を宣伝する好機を得た。とくに蒲生が講演で「北米合衆国セント・ルイスの安全週間運動の話をした」ことが契機となり、日本で最初の安全週間が開催されることになった[69]。それはまず、「五月中一日東京教育博物館に少数の有志者の会合を催して協議」した結果、安全週間を六月中に東京で挙行することが申し合わされ、これを受けて五月二九日に東京教育博物館講演室にて発起人会を開くことになった。発起人には、安全第一協会の関係者や東京教育博物館の棚橋源太郎館長をはじめ三一二名[70]が集まるほどの社会の関心の高さを見せた。そして、内田を主催者総代とする安全週間は、災害防止展覧会の会期中の六月一五日から六月二一日まで、東京市とその隣接町村において挙行されることになった[71]（図表17、参照）。

　このとき、「各家庭軒別に配布したる注意書[72]」は「六十六万枚」[73]に上り、これは東京市と隣接町村の世帯数約七一万[74]のほぼ全世帯に行き渡った勘定になる。また、このときに決められた

図表18　1919年の安全週間で使われた安全徽章および現在の安全旗

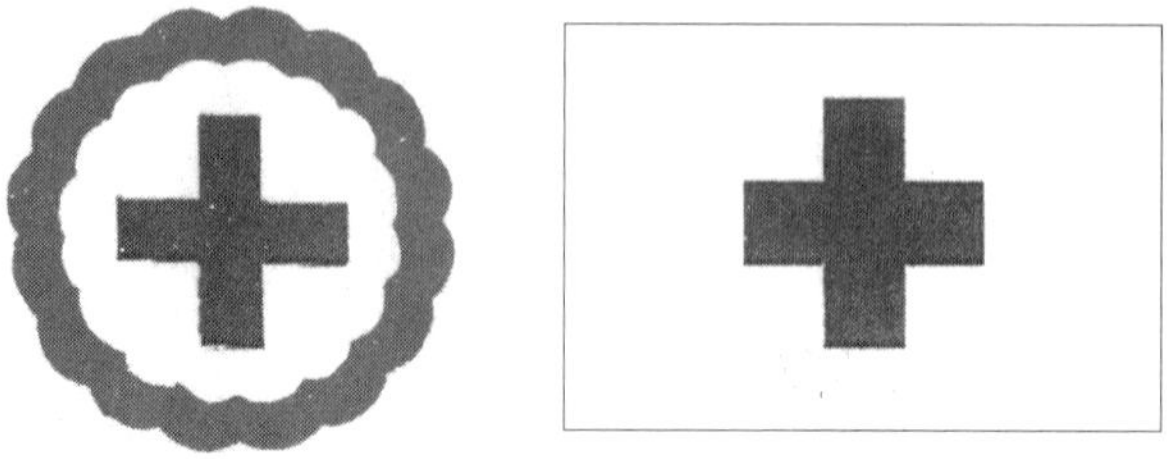

（注）原色は、安全徽章が赤の外枠と白地に緑十字、安全旗が白地に緑十字である。
出典：不二出版編集部『『安全第一』解説・総目次・索引』不二出版、2007年、口絵

安全徽章（バッジ）は菊模様の赤き輪郭に白地に緑十字のデザインで、[75]蒲生の発案に基づくものであるが、[76]現在の安全旗（横長の長方形の白地に緑十字の図案）の原型となっている（図表18、参照）。

このように、災害防止展覧会も安全週間も、安全第一協会が推進する安全運動に由来する成果であった。

安全第一協会は設立二年目に入って会員数四百弱で低迷していたが、災害防止展覧会の開催で多くの人々が「安全」に関心を向け、安全週間の実施によって東京在住の多くの人々が「安全」を意識するきっかけとなった。これは、安全第一協会の会員数が伸び悩むなかで、協会の目的である「安全第一主義ノ普及」（会則第1条）が設立三年目に入り達成した快挙であった。しかし、この快挙は機関誌『安全第一』の休刊を伴うものであった。

第5節　安全第一協会から日本安全協会へ

安全第一協会は、先に触れたように、その脆弱な財政基盤にもかかわらず、丸の内のオフィス街に事務所を置くことができたのは中松の「友誼」からであった。そして、日本安全協会の発足時に、「内田嘉吉氏主唱の下に安全第一協会を設立し東京丸之内二十一号館に事務所を開いたのは、既に七年の昔である」と回顧しているように、この事情

は、日本安全協会へ引き継がれたあとも変わらなかった。

正確にいえば、安全第一協会は当初は「八重洲町一丁目一番地　第二十六号館」にて発足し、しばらくして、「丸之内二十一号館」すなわち「有楽町一丁目一番地　第二十一号館」へ移り、日本安全協会へと引継がれたのである。実際、機関誌『安全第一』によれば、安全第一協会の所在地は、当初、「東京市麴町区八重洲町一丁目一番地　第二十六号館」であった。機関誌『安全第一』創刊号（一九一七年四月）に次のように記載されている。

編輯兼発行者　東京市麴町区八重洲町一丁目一番地　伊東信止郎
印刷人　東京市麴町区有楽町二丁目一番地　吉原良三
印刷所　東京市麴町区有楽町二丁目一番地　報文社
発行所　東京市麴町区八重洲町一丁目一番地
安　全　第　一　協　会
電話本局四七二番
振替東京七二〇〇番(77)

しかし、一九一七年六月に、「東京市麴町区有楽町一丁目一番地　第二十一号館」に移転した。『安全第一』第1巻第4号（一九一七年七月）における記載は次のとおりである。

編輯兼発行者　東京市麴町区有楽町一丁目一番地　伊東信止郎
印刷人　東京市麴町区有楽町二丁目一番地　吉原良三
印刷所　東京市麴町区有楽町二丁目一番地　報文社

発行所　東京市麹町区有楽町一丁目一番地（廿一号館）
安　全　第　一　協　会
電話本局四七二番
振替東京七二〇〇番[78]

また、「既に七年の昔」とあるが、安全第一協会が事務所を開いたのは一九一七年二月ごろだと考えられるので、一九一七年を一年目と数えれば一九二三年はたしかに七年目となるが、期間としては六年前である。

ところで、中央災害防止協会は一九一九年の安全週間開催後に発足したが、「已に安全第一協会ありて其性質を全く同じくするのみならず、其双方の幹部も殆んど同一であり且つ其真の事業の中心となつたものは私でありましたから二者〔安全第一協会と中央災害防止協会〕が別々になつて居ることの誤りであり且つ無益であることを感じて両者合併の機運となりました[79]」という経緯から、一九二一年一二月に安全第一協会に統合されて、名称を日本安全協会へ変えたのである。この事実は『中央労働災害防止協会二十年史』でも確認できる。[80]また、安全第一協会の後継団体である日本安全協会の機関誌『安全』で、日本安全協会の会長である内田に次ぐ重要な役職に就いていた専務幹事の蒲生は、機関誌『安全』の編輯兼発行者にもなっていたが、彼は、「大正十年十二月東京市に安全日を実行してより後名称を日本安全協会と変更し〔た〕[81]」と述べている。したがって、両者を突き合わせれば、安全第一協会は一九二一年一二月まで存続していたことがわかる。

安全第一協会は、その後、形式上は存続していたが、実質的に活動を停止する。それは、「安全週間の実施せられたるを機とし〔…〕新に中央災害防止協会なるもの、創設を見るに至[82]」ったからである。

この中央災害防止協会は「内田嘉吉氏を会長[83]」とする安全運動団体で、「其〔安全週間〕の関係者並に豫て災害防止に関して特に興味を有せらるる朝野の有志四十名主唱の下に[84]」設立されたが、その後、「大正十年十二月東京市に安全日を実行してより後名称を日本安全協会と変更」し、大日本産業報国会に統合されるまで存続したとされる[85]。また、内田会長の右腕として蒲生が筆頭幹事である「専務幹事」を務めていた[86]。つまり、安全第一協会において確立した会頭・内田といわゆる筆頭理事・蒲生の二人を中心として運営される内田＝蒲生体制は、日本安全協会に引き継がれていた。

したがって、この体制が維持されたことを考慮すれば、中央災害防止協会においても蒲生が中心的な位置を占めていたと考えるのが自然であろう。すなわち、中央災害防止協会は、安全第一協会とは別組織として設立されたにせよ、やはり内田＝蒲生体制で運営されていたと思われる。それゆえ、安全第一協会、中央災害防止協会、日本安全協会の三者は、基本的に同一の安全運動の系統として続いていたといえる。これは、協会の目的や事業内容を見ればいっそう明らかである。なぜなら、その目的は、「安全第一主義ノ普及」（安全第一協会）、「安全思想の宣伝」（中央災害防止協会）、「安全思想ノ普及」（日本安全協会）と忠実に受け継がれ、事業内容も、安全第一協会発足後に始まった安全週間や安全日の実施という項目を除けば、ほとんど変化は見られないからである（図表19、参照）。

中央災害防止協会が安全週間を機に発足した経緯について、蒲生は次のように記している。

内田嘉吉氏主唱の下に安全第一協会を設立し東京丸之内二十一号館に事務所を開いたのは、既に七年の昔である。爾来講演に、雑誌に、各方面に安全思想と其方法の宣伝に努めたのであつた。「安全第一」の語の普及や災害予防に関する社会的施設を見る時、我々は感慨無量である。機運漸く熟し大正八年六月文部省教育博物館が災害予防展覧会を開催するに当りてや、普く朝野の賛同を得て東京市及び其隣接町村に於て日本最初の安全週間を実行し以て社会一般の覚醒を促した。其後此安全週間に関係を有した各先覚者と相会して別に中央災害防止協会を組織し内田嘉吉氏を会長に推戴した。大正十年十二月東京市に安全日を実行してより後名称を日本安全協会と変更し、茲に陣容を改め終始一貫、真摯なる態度を以て益々災害予防の為めに努力しつゝあるのである。（蒲生

図表 19　安全第一協会、中央災害防止協会、日本安全協会の目的および事業内容

団体	目的	事業内容
安全第一協会 （会頭・内田嘉吉）	安全第一主義ノ普及ヲ図リ社会ノ幸福ヲ増進スルコト（会則第一条）	一、安全第一ニ関スル雑誌ヲ刊行スルコト 二、安全第一ニ関スル図書ヲ出版スルコト 三、安全第一ニ関スル講演会ヲ催スコト 四、安全第一ニ関スル活動写真会、幻燈会、音楽会ヲ催スコト 五、災害ニ関スル統計ヲ調製スルコト 六、災害予防ノ装置ニ関スル研究ヲ為スコト 七、安全第一ニ関スル博物館ヲ設クルコト
中央災害防止協会 （会長・内田嘉吉）	東京市及其付近の災害を防止して、住民の安全幸福を計り、兼ねて安全思想の宣伝に力め、全国各地の災害防止運動を援助する	一、災害防止に関する研究調査 二、安全博物館の建設維持 三、安全週間又は安全日の実施 四、災害防止に関する展覧会の開催 五、災害防止に関する印刷物の発行 六、機関雑誌の発行 七、災害防止に関する講演会の開催等
日本安全協会 （会長・内田嘉吉）	安全思想ノ普及ヲ図リ災害ヲ防止シ以テ社会ノ幸福ヲ増進スル（会則第一条）	一、災害防止ニ関スル研究調査 二、安全博物館ノ建設維持 三、安全週間又ハ安全日ノ実施 四、災害防止ニ関スル展覧会ノ開催 五、災害防止ニ関スル印刷物ノ発行 六、機関雑誌ノ発行 七、災害防止ニ関スル講演会開催等

出典：『安全第一』第 1 巻第 1 号、75 ～ 76 頁。安全週間仮事務所『安全週間報告』1919 年、104 頁。
日本安全協会編集・発行『安全』第 1 巻第 1 号、奥付

俊文）[87]

中央災害防止協会は、先に述べたように、安全第一協会と同様、組織を統括する内田と実務面を担う蒲生という形が維持され、いわば内田＝蒲生体制が続いていた。また、その会の目的も、機関誌『安全』の創刊号（一九二三年四月）の裏表紙に掲載された「日本安全協会々則抄」に、「本会ハ安全思想ノ普及ヲ図リ災害ヲ防止シ以テ社会ノ幸福ヲ増進スルヲ目的トス」（第1条）と定められているように、安全第一協会と類似していた。そして、その役員や活動も安全第一協会と重複していたため、蒲生が次に説明するように、のちに両者が合体して「日本安全協会」に統合されることになる。

安全週間の後に此安全週間に関係した者の重なる者が集合して中央災

害防止協会を組織したのであります、已に安全第一協会ありて其性質を全く同じくするのみならず、其双方の幹部も殆んど同一であり且つ其真の事業の中心となつたものは私でありましたから二者が別々になつて居ることの誤りであり且つ無益であることを感じて両者合併の機運となりました、そこで両者合併の結果日本安全協会が出来て今日に至つて居ります[88]〔。〕

つまり、安全第一協会、中央災害防止協会、日本安全協会は、すべて内田＝蒲生体制のもとに設立された類似の安全団体であった。

そして、安全第一協会に始まる安全第一運動が及ぼした最も重要な社会的意義は、「安全」という価値を社会に根づかせたことにある。たとえば、蒲生が安全運動を始めたころは、社会は彼を「安全狂」と呼んで安全の意義を認めていなかった。たとえば、次の一文が、それを端的に示している。

当時大阪府当局の決心を促す為に大阪市に至りたる時朝日か、毎日か、其何れかを忘れたが、『安全狂蒲生氏来る』と言ふ見出しで安全運動を書いたことを覚えて居る。丁度宿屋の朝、床の中で眼が醒めて枕下に置いてあつた新聞を一瞥した時に此の見出しを見て変な気分がしたことであつた[89]。

この文中の「当時」が、いつを指すか定かでないが、少なくとも、彼が安全運動を始めた一九一〇年代から、この一文を書いた一九四〇年代までの間に、社会の安全に対する受け止め方が大きく転換したことがわかる。もちろん、一挙に安全の社会的意義が社会全体に受け入れられたわけではないが、安全第一協会が実質的に活動していた一九一七年からの約二年間は、この変化を促す重要な時期であった。とくに先に述べた一九一九年六月の安全週間は、この段階では、まだ東京市とその周辺に限られていたとはいえ、一般市民が直接触れて実感できる行事であったため、安全についての意識を啓発する効果は大きかった。また、このイベントの成功は、その後、毎年続けられたことからもわかるとおり、安全の価値が社会に根づいていったことを示している。

安全という新しい価値観の社会的受容は、やがて政府の政策にも反映される。その具体例として、一九二五年に内務省社会局が外郭団体として設立した産業福利協会に蒲生をスタッフとして招き、労働政策のなかに安全運動を据えたことや、一九二八年に、それまで続いてきた安全週間を内務省社会局主導のもとに「全国安全週間」として引き継いだことなどが挙げられる。

この官製の安全運動を推進する最初の拠点となった産業福利協会については第4章で取り上げるが、その反面で安全第一運動は衰退していった。実際、日本安全協会は一九四一年に大日本産業報国会安全部に吸収合併されるまで存続したとされるが、その中心的な担い手であった内田は安全運動の一線から離れ、また蒲生も活動の拠点を産業福利協会に移していった。それは、「種々経済上の関係から殆んど休止の状態[90]」に陥っていたことが背景にある。こうして、民間団体主導による安全運動は一九二〇年に活動を「休止」し、代わって官製団体主導の安全運動が展開していくことになる。

■**注**（第2章）

（1）内田嘉吉は一八六六年一〇月江戸生まれ、一八八四年七月東京外国語学校独逸語科卒業、一八九一年七月帝国大学法科大学法律学科を卒業後、同年八月逓信省入省、逓信省試補として大臣官房文書課勤務。管船局監査課長、管船局船舶課長、標識課長、船舶司検所司検官、海事課長、管船局監理課長、造船規程調査委員を経て、一八九七年逓信大臣秘書官、大臣官房秘書課長、管船局庶務課長。一八九八年二月欧米各国へ派遣（一八九九年二月帰国）、同年八月逓信書記官、同参事官、管船局監理課長、一八九九年高等海員審判所審判官、一九〇一年一月総務局人事課長を経て、同年七月管船局長。一九一〇年八月台湾総督府民政長官（一九一五年一〇月まで）に転ずるまでの約二十年間、主として海事行政に携わった。この間、後藤新平の逓信大臣在任中（一九〇八～一九一一年）、内田は管船局長（一九〇一～一九一〇年）を務め、いわゆる「後藤系官僚」として密接な絆を作る。

民政長官退任後、米国滞在中に「安全第一」運動を知り、帰国後普及に尽力する。田健治郎逓相のもとで一九一七年三月一三日逓信次官（一九一八年九月まで）に任ぜられ、同年四月安全第一協会を設立し会頭に就任、同年八月一三日簡易生命保険積立金運用委員会委員、逓信次官を退いた一九一八年に貴族院議員に勅選、一九一九年八月欧米諸国歴訪（一九二〇年二月帰国）、同年九月東京商業学校校長、一九二〇年四月欧米各国歴訪（一〇月帰国）、一九二一年三月日本産業協会創立とともに会長（一九二三年一〇月まで）、同年一二月労働保険調査会委員、一九二二年四月東京連合少年団副団長、一九二三年四月少年団日本連盟顧問、同年九月第九代台湾総督（一九二四年九月まで）、一九二四年海事研究会会長、建築資料協会会長、一九二五年五月日本無線電信株式会社設立委員、同年九月沖電気株式会社顧問、同年一〇月日本無線電信株式会社取締役社長、一九二七年七月人口食糧問題調査会臨時委員、同年八月国際無線電信会議出席のため欧米諸国歴訪（一九二八年二月帰国）、一九二八年三月日本能率連合会会長、同年一〇月明治製糖株式会社監査役、一九二九年一月台湾倶楽部副会長、同年九月同会長後藤死去のため会長、一九三〇年六月海外視察（一一月帰国）、一九三二年六月海外出張（一二月帰国）、一九三二年末の発熱後の病状悪化により一九三三年一月没（故内田嘉吉氏記念事業実行委員編集・発行『内田嘉吉文庫稀覯書集覧』一九三七年、略伝および年譜。逓信省編集・発行『逓信省五十年略史』一九三六年、二八頁）。

（2）大槻文彦『言海』六合館、一八九八年、三五頁。「安全」の項目は「安クシテ全キコト。危キコト無ク欠ケタルコト無キコト。「家内――」」とある。

（3）自笑軒主人『秘密辞典』千代田出版部、一九二〇年、一六頁。なお、同書は、松井栄一・曾根博義・大屋幸世監修『近代用語の辞典集成　38』（復刻版）大空社、一九九六年、によった。

（4）たとえば、日本大辞典刊行会編『日本国語大辞典　第1巻』（小学館、一九七二年、五五九頁）、尚学図書編『国語大辞典』（小学館、一九八一年、九七頁）、日本国語大辞典第二版編集委員会・小学館国語辞典編集部編『日本国語大辞典　第二版　第1巻』（小学館、二〇〇〇年、七二八頁）。

（5）『東京朝日新聞』一九一六年八月四日、五頁（朝日新聞社『朝日新聞　復刻版　50　大正5年8月』日本図書センター、一九九〇年）。

（6）『東京朝日新聞』一九一六年九月一一日、五頁（朝日新聞社『朝日新聞　復刻版　51　大正5年9月』日本図書センター、一九九〇年）。

（7）蒲生俊文「日本に於ける我が安全運動と其哲学」、芦野太藏編集・発行『安全の闘将　蒲生俊文先生』一九三〇年、一二頁。

（8）内田嘉吉「『安全第一』協会設立の大急務」、実業之日本社編集・発行『実業之日本』第19巻第17号（大正五年八月十五日号）、一九一六年八月一五日、一九〜二二頁。なお、記事のタイトルは目次では「セーフテイ、ファースト」となっている。

（9）『安全第一』第1巻第1号、七四頁。

（10）同、七五頁。

（11）National Safety Council は米国で一九一三年に設立された安全運動団体で、とくに安全第一協会に大きな影響を与えた。なお、日本語名称としては現在、「全米安全評議会」が使われているが、機関誌『安全第一』では「安全第一協会」あるいは「国民安全協会」と呼ばれていた。

（12）『安全第一』第1巻第2号、六二頁。

（13）『安全第一』第1巻第1号、三頁。

（14）『安全第一』第1巻第2号、五九頁。

（15）『安全第一』第1巻第1号、三頁。

（16）内田嘉吉『安全第一』丁未出版社、一九一七年、はしかき三頁。

（17）同、二〜三頁。

（18）伊東信止郎著・発行（内田嘉吉校閲）『鉄道と安全第一』一九一七年、七頁。

（19）内田は、ここで安全第一が「北米合衆国西部」で唱道されたと述べているが、これにかんする具体的な記述は次の二点に見出すことができる。第一は、内田が校閲し伊東信止郎が著した『鉄道と安全第一』のなかで、「此『安全第一』の降誕地は即ち米国の西北部で真先採用したのが同地の大北鉄道会社であります」（伊東信止郎著・発行『鉄道と安全第一』一九一七年、九〜一〇頁）という記述である。第二は、安全第一協会第一回総会における内田自身の発言に、「千九百十二年に初て市俄古にセーフチーカウンシル即ち安全協会とでも申しますものが設置されまして、会合としては是等が最も古いものであるやうに思ひます。それから実行に付ては太平洋沿岸に於ける鉄道会社に於て初めて試みられました」（『安全第一』第1巻第2号、六一頁）という記述である。前者にある「大北鉄道会社」とは一八八一年から一九七〇年まで存続した Great Northern Railway Company を指し、現在、バーリントン・ノーザン・サンタフェ鉄道（Burlington Northern Santa Fe Railway）として存続する米国を代表する鉄道会社である。「大北鉄道」は当初、ミネソタ州を中心とする地方鉄道として営業を続けていたが、一八九三年にミネソタ州セント・ポールとワシントン州シアトルを結ぶ大陸横断鉄道の一つとして発展を遂げ、後者で言及されているように、たしかに「太平洋沿岸」まで路線は伸びていた。ただし、「大北鉄道」を「太平洋沿岸に於ける鉄道会社」という表現は不正確であり、「大北鉄道」が米国中西部および西部に跨るルートを走っていたことをふまえるならば、安全第一運動は「大北鉄道」の「太平洋沿岸」地域で始まったと解釈する他ない。なお、これが果たして事実であるか否かは確認できなかった（森杲（たかし）「Ralph W. Hidy 教授のグレート・ノーザン鉄道社史研究（Manuscript）1」、札幌大学経済学会『経済と経営』第21巻第1号、一九九〇年六月。「同2」同誌第21巻第2号、一九九〇年一一月。「同3」同誌第21巻第3号、一九九一年一月）。

(20) 内田嘉吉「安全第一に就て」、『安全第一』第1巻第1号、二〜三頁。

(21) 内田嘉吉「講演会開会の辞——六月十日保険協会に於て」、『安全第一』第2巻第7号、二頁。

(22) 「安全第一協会設立趣旨」は次のとおり（『安全第一』第1巻第1号、七四〜七五頁）。

安全第一協会設立趣旨

世運の進歩に伴ふ百般事物の発達は実に驚くべきものあり、随つて社会各方面の活動は日々に激烈となり、之に伴ふ危険は愈々増大せられ、生命財産の安全を図る亦容易ならざるに至る。例へば鉄道、工場、鉱山等に続発する惨劇、交通頻繁より生ずる危害、家屋激増より来る変災、人口稠密の導く悪疫の如き、其事益々繁くして其禍愈々大なるは日々の新聞紙上に報道せらるゝが如し。是れ世の文明に避くべからざる現象なりと雖も、国家の被る損害は頗る大なりとす。今にして之が救済の方法を講ずるに非ざれば、高潮せる世運の進歩は、惨害は惨害を生み、変禍は変禍を重ぬるの大危険を増すに至らんのみ。此に於て乎、吾人は此等大危険を未発に防遏するの良法として「安全第一」主義を社会に鼓吹し、鉄道、船舶、鉱山、工場等は固より、道路、住宅に之を普及せしめて、衛生に火災に死傷に、不幸なる災厄を防禦せんとするものなり。

安全第一主義の合衆国西部に唱道せらるゝや米国の天地は踴躍して歓迎したり。恰も渇者の水に憧るるが如く、忽ち合衆国全土を風靡して津々浦々に至る迄此の主義の実行を見ざるなく、其効果は統計に明示せられて年々幾十万の人命と財産とを救済するに至れり。

翻つて我が国現在に於ける諸般の設備を見るに、物質的方面に於ては稍々進歩の徴すべきものあるも国家社会に必須なる災害予防に関する事業の幼稚なる点に就ては遺憾ながら忸怩之を久しうすることを禁ずる能ず。今次世界の戦乱は我事業界を覚醒せしめ工芸をして益々隆盛ならしめたり、此の急激にして変則なる発達は、不完全なる機械を使用し、未熟練なる職工を使役するの已を得ざらしめ、陸続として戦慄すべき惨事を惹起し、幾多の人命と巨額の財産とを喪失しつゝあり、然るに未だ之が救済方法に関し何等の施設なきが如きは、実に慨惜痛嘆の至りと謂はざるべからず、過渡期に於ける常習とは云ひながら最早等閑に附すべきにあらざる也。於是乎吾人は益々「安全第一」主義普及の急務を感じ、それが機関として安全第一協会を設立し以て社会の惨禍を軽少せんことを図らんと欲す。

安全第一は平和の父なり、安全第一は幸福の母なり、本協会は或は公衆の友人となり、或は従業者の伴侶となり、或は事業家の顧問となる。若し夫れ本協会の趣旨に賛同し、相協力して、社会の平和と幸福とを増進せんとする同感の諸彦は振つて本協会に加盟あらん事を切望す、敢て満天下に愬ふる所以なり。

(23)「安全第一協会々則」は次のとおり(『安全第一』第1巻第1号、七五〜七六頁)。

安全第一協会々則

第一条　本会ハ安全第一主義ノ普及ヲ図リ社会ノ幸福ヲ増進スルコトヲ以テ目的トス

第二条　本会ハ安全第一協会ト称シ本部ヲ東京ニ支部ヲ内外須要ノ地ニ置ク

第三条　本会ノ会員ハ名誉会員、特別会員、正会員、賛助会員ノ四種トス

名誉会員ハ評議員会ノ決議ヲ以テ会頭之ヲ推薦ス

特別会員ハ安全第一主義ヲ実行シ特ニ本会ノ事業ヲ帮助スル者トス

正会員ハ安全第一主義ヲ実行スル者トス

賛助会員ハ安全第一主義ノ実行ヲ賛助スルモノトス

本会ニ少年会員ヲ置ク

第四条　本会ノ会費ハ左ノ如シ

特別会員ハ一ケ年十二円以上ヲ負担ス

　但毎月分納スルコトヲ得

正会員ハ一ケ年二円四十銭ヲ負担ス

　但毎月分納スルコトヲ得

賛助会員ハ一時金五十円以上ヲ寄附スル者及特別会費一ケ月五円以上ヲ納ムル者トス

第五条　本会ニ左ノ役員ヲ置ク
一、会　頭　一　名
一、評議員　若干名
一、理　事　若干名
一、会計監督　一　名
一、書　記　若干名
第六条　会頭ハ総会ニ於テ推薦シ評議員、理事、会計監督ハ会頭ノ指名ニ由リ総会ノ認諾ヲ経テ就任シ書記ハ会頭之ヲ任命ス
役員ノ任期ハ三ケ年トス
但任期満了後再選スルコトヲ得
第七条　役員ノ任務左ノ如シ
会頭ハ本会ヲ統理ス
評議員ハ重要ナル会務ヲ評決ス
理事ハ会頭ヲ補佐シ会務ヲ処理ス
会計監督ハ会計ヲ監督ス
書記ハ会頭、理事ノ指示ヲ受ケ会務ヲ分掌ス
第八条　本会ノ事業ヲ遂行スル為メ必要ト認ムルトキハ講師、技師、技手若干名ヲ置クコトヲ得、講師、技師、技手ハ会頭之ヲ嘱托又ハ任命ス
第九条　本会ハ目的ヲ達スル為メ左ノ事業ヲ行フ
一、安全第一ニ関スル雑誌ヲ刊行スルコト
二、安全第一ニ関スル図書ヲ出版スルコト
三、安全第一ニ関スル講演会ヲ催スコト
四、安全第一ニ関スル活動写真会、幻灯会、音楽会ヲ催スコト
五、災害ニ関スル統計ヲ調製スルコト
六、災害予防ノ装置ニ関スル研究ヲ為スコト

七、安全第一ニ関スル博物館ヲ設クルコト
第十条　本会ノ総会ハ毎年春秋二回之ヲ開ク
会頭ニ於テ必要ト認ムルトキハ臨時総会ヲ開クコトヲ得
第十一条　本会員ニシテ不都合ノ行為アリタルトキハ退会ヲ命スルコトアルヘシ
第十二条　満一ケ年間会費ヲ納付セサル正会員ハ其資格ヲ失フ
第十三条　本会々則ハ会頭ノ発議ニ依リ又ハ会員五分ノ一以上ノ発議ニ依リ総会ニ附議シ出席会員ノ三分ノ二以上ノ賛成ヲ得ルニ非サレハ之ヲ改正スルコトヲ得ス
第十四条　支部及少年会員ニ関スル会則、会計ニ関スル規程其他本会則ヲ施行スル細則ハ会頭之ヲ定ム

安全第一協会支部通則

一、本会支部ノ設置ハ会頭之ヲ指定ス
二、支部ノ会則並ニ細則ハ各支部ニ於テ之ヲ定メ会頭ノ承諾ヲ受クヘシ
三、支部長ハ支部ニ於テ推薦シ会頭之ヲ嘱托シ其他ノ役員ハ支部会則ニ依リ之ヲ選定シ会頭ノ承諾ヲ受クヘシ
四、支部ハ毎月一回以上本部ニ対シ通信報告ヲ為スモノトス
五、支部ニ於テモ災害ニ関スル統計ヲ調製スルモノトス

(24)『安全第一』第2巻第7号、五二頁。
(25)『安全第一』第1巻第5号、七七頁。
(26)『安全第一』第1巻第2号、四八頁。
(27)『安全第一』第1巻第6号、二頁。
(28)同、九頁。
(29)安全週間仮事務所『安全週間報告』一九一九年、九五頁および一〇五頁。
(30)中央労働災害防止協会編集・発行『安全衛生運動史――労働保護から快適職場への七〇年』一九八四年、一七〇頁。なお、同書によれば、伊藤一郎（一八八八～一九七三年）の略歴について、「東京高工卒業と同時に同校の助教授となり、大正5年、伊藤染工場の副工場主となった。全安連〔全日本産業安全連合会〕創立と同時に専務理事、のち副会長を歴任」（一七〇頁）とあ

る。

(31)『安全第一』第1巻第9号、五〇~五二頁。『安全第一』第2巻第5号、六〇~六一頁。

(32)一九一七年一〇月三一日の第二回総会決議に基づき、同年一一月一六日の理事会で会則の改正をおこない、会則第7条に「理事会ハ会頭及理事ヲ以テ組織ス」の項目を追加した(『安全第一』第2巻第1号、五三頁)。

(33)ただし、第一回総会の議事速記録には「伊東」とのみ記されているので、機関誌の編輯兼発行者を務めていた伊東信止郎の可能性も考えられるが、ここでの議論には影響しない。

(34)前掲『内田嘉吉文庫稀覯書集覧』、「略伝」。

(35)内田嘉吉「安全第一に就て」、『安全第一』第1巻第1号、三頁。

(36)同、三頁。

(37)小田川全之「工業と安全第一——四月三日第一回総会に於ける講演」、『安全第一』第1巻第2号、一〇~一二頁。

(38)五十嵐栄吉『大正人名辞典 上巻』日本図書センター、一九八七年、二九四頁。中野秀雄『東洋汽船六十四年の歩み』東洋汽船株式会社、一九六四年、四三四頁。

(39)日本経営史研究所編『沖電気一〇〇年のあゆみ』沖電気工業、一九八一年、九八および一〇四~一〇五頁。日本経営史研究所編『進取の精神——沖電気120年のあゆみ』沖電気工業、二〇〇一年、四四および五二頁。

(40)『安全第一』第1巻第2号、一七頁。

(41)前掲『内田嘉吉文庫稀覯書集覧』、「内田嘉吉文庫設立並に同文庫稀覯書解題編纂に就て」参照。

(42)三菱地所株式会社社史編纂室『丸の内百年のあゆみ——三菱地所社史 上巻』三菱地所、一九九三年、一九四頁。ただし、三菱合資会社地所部『収支證書 大正六年四月~大正七年四月』(三菱史料館所蔵資料)には、一九一七年五月分以降、毎月(ただし、確認したのは一九一八年五月分まで)、「中松盛雄」が三菱第21号館の賃料一五七円を支払ったことを示す記載がある他、「内田嘉吉」も同期間中、一九一七年の七月分、八月分および一〇月分の賃料一〇〇円を支払ったことを示す記載がある。社史に掲載のテナント一覧に見あたらない内田の名が、なぜ収支證書に出てくるのか、この内田の支払いが何を意味するのか、また、なぜ毎月支払っていないのか、については判然としない。

(43)谷元二編『昭和人名辞典 第1巻 東京編』日本図書センター、一九八七年、七〇五頁(原著、谷元二編『大衆人事録 東京篇 第十四版』帝国秘密探偵社、一九四二年)。『安全第一』(各号の奥付)。

（44）『安全第一』第1巻第9号、五〇～五二頁。『安全第一』第2巻第5号、六〇～六一頁。
（45）『安全第一』第1巻第4号、六〇頁。
（46）秦郁彦『日本官僚制総合事典　１８６８―２０００』東京大学出版会、二〇〇一年、一八一頁。
（47）『職員録　大正三年　甲』内閣印刷局、一九一四年、一一〇三頁、一一一八頁および一一五九頁。
（48）前掲『日本官僚制総合事典　１８６８―２０００』三九〇頁。
（49）大山惠佐『努力と信念の世界人　星一評伝』大空社、一九九七年（原著、共和書房、一九四九年）、一四〇頁。
（50）同、二三頁。同書によれば、星が学んだ東京商業学校（一八八九年創立、現・東京学園高等学校）には当時、「後に台湾総督になつた内田嘉吉〔…〕等鋒々（ママ）〔錚々〕たる人々が集まつていた」（二三頁）という。内田は「明治二十四年（一八九一年）以来、私立東京商業学校の講師として教鞭を執り、同二十八年（一八九五年）幹事を兼ねて経営の任に当り、大正八年（一九一九年）同校の校長に推さる」（前掲『内田嘉吉文庫稀覯書集覧』、「略伝」参照）とあり、星の在学中（一八九一～一八九四年）、同校講師を務めた。
（51）伊東信止郎編集・発行『鉄道と安全第一』一九一七年、序二頁。
（52）鶴見祐輔編著『後藤新平　第3巻』後藤新平伯伝記編纂会、一九三七年、六九三頁。
（53）同、六九三頁。
（54）季武嘉也「大正期における後藤新平をめぐる政治状況」、史学会『史学雑誌』第96巻第6号、山川出版社、一九八七年、一一頁。
（55）宮城県選挙管理委員会編集・発行『選挙の記録　昭和三五年刊』一九六一年、五二頁。
（56）『安全第一』第1巻第1号、三四頁。
（57）図表15の数値は図表20のとおり（『安全第一』第1巻第1号から第2巻第7号）。なお、安全第一協会の会員名簿は『安全第一』第1巻第1号（一九一七年四月）から第2巻第7号（一九一八年七月）まで掲載され、それ以後は不掲載。また、会員名簿の年月は明記されていないので、名簿が掲載された機関誌『安全第一』の発行月で表わした（ただし、機関誌の発行日が一日なので、実際には前月になる）。
（58）『安全第一』第1巻第2号、六四頁。
（59）『安全第一』第1巻第9号、五〇～五二頁。『安全第一』第2巻第5号、六〇～六一頁。

図表 20　安全第一協会会員の賛助会員・特別会員・正会員別人数

年月	賛助会員（人）	特別会員（人）	正会員（人）
1917年４月	2	2	22
1917年５月	13	24	85
1917年６月	17	27	123
1917年７月	18	29	177
1917年８月	21	37	223
1917年９月	22	40	240
1917年10月	22	42	246
1917年11月	22	42	244
1917年12月	22	42	248
1918年１月	22	42	254
1918年２月	23	42	257
1918年３月	23	42	278
1918年４月	23	43	295
1918年５月	23	42	308
1918年６月	23	42	323
1918年７月	23	42	327

（60）開催期間は宮崎惇（棚橋源太郎先生伝記編集委員会編）『棚橋源太郎――博物館にかけた生涯』岐阜県博物館友の会、一九九二年、一一五頁および椎名仙卓『大正博物館秘話』論創社、二〇〇二年、一八一頁、による。『安全第一』第３巻第３号（一九一九年三月）に掲載された当初の予定では、会期は「大正八年五月三日ヨリ六月二十一日ニ至ル五十日間」（『安全第一』第3巻第3号、四九頁）であった。会期が一日遅れて始まった理由は定かでないが、半月以上も会期の終了が延長された理由は、会期最終週の六月一五日から六月二一日まで（安全週間が実施された期間と重なる）の入場者が、その前の週に比べ、「四倍の多きに達せり」（前掲『安全週間報告』四一頁）と大盛況だったからだと考えられる。

（61）東京教育博物館は一八七二年の文部省博物館を起源とする文部省系の博物館として一八八一年から一九二一年まで存続した。ただし、一八八九年から一九一四年までは高等師範学校（のち東京高等師範学校）の附属東京教育博物館。現在は国立科学博物館。なお、この系統に対し、一八七二年の博覧会事務局を起源とする内務省系の博物館があり、戦前の帝国博物館などを経て、現在の東京国立博物館に至っている（椎名仙卓『大正博物館

秘話』論創社、二〇〇二年、二七五頁。前掲『棚橋源太郎』二一二〜二五六頁)。

(62) 棚橋源太郎は一八六九年岐阜県に生まれ、一八九五年高等師範学校博物学科卒業後、岐阜県尋常師範学校教諭兼訓導などを経て、一九〇三年東京高等師範学校教授、理科教育に先駆的役割を果たしたとされる。一九〇六年東京高等師範学校附属東京教育博物館主事を兼務、一九一七年東京教育博物館館長、一九二一年東京博物館館長兼東京高等師範学校教授(一九二四年まで)。この間、一九〇九年にドイツ、米国留学、また一九二五年欧州留学。一九四二年赤十字博物館長(一九四六年まで)、一九五三年立教大学講師として博物館学を講じる(一九六〇年まで)、一九五八年藍綬褒章、一九六一年没(前掲『棚橋源太郎』二一二〜二五六頁。下中邦彦編『日本人名大事典 現代』平凡社、一九七九年、四八二頁。上田正昭・西澤潤一・平山郁夫・三浦朱門監修『日本人名大辞典』講談社、二〇〇一年、一一八四頁。日外アソシエーツ編集・発行『20世紀日本人名事典 そ〜わ』二〇〇四年、一五七五頁)。

(63)『安全第一』第3巻第3号、四八〜五一頁。

(64) 前掲『棚橋源太郎』一一二頁。

(65) 一九二〇年の第一回国勢調査に基づく(東京市編集・発行『第一回国勢調査ノ結果ニ依ル東京市世帯数及人口』一九二二年、一頁)。

(66) 災害防止展覧会の展示物一覧は、堀口良一「災害防止展覧会の出品物および出品者一覧」、『近畿大学法学』第54巻第4号、二〇〇七年三月、三一三〜三五〇頁、参照。

(67) 産業安全衛生展覧会の展示物一覧は、堀口良一「産業安全衛生展覧会の出品物および出品者一覧」、『近畿大学法学』第55巻第1号、二〇〇七年六月、一七三〜二〇〇頁、参照。

(68) 筆者の整理に従えば、安全第一協会の出品物は「街路の危険」のみである。ただし、「街路の危険」には一二の標語が含まれているため、数え方によっては、一二点とすることもできる(前掲「災害防止展覧会の出品物および出品者一覧」三一八頁、参照)。

(69) 蒲生俊文『安全運動三十年』奨工新聞社、一九四二年、七頁。

(70) 前掲『安全週間報告』五〜一一頁。

(71) 同、一一〜一一頁。同書、一九〜二〇頁、によれば、安全週間のビラ(「各家庭軒別に配布したる注意書」)を配った地域は、東京市全一五区(麹町区、神田区、日本橋区、京橋区、芝区、麻布区、赤坂区、四谷区、牛込区、小石川区、本郷区、下谷区、浅草区、本所区、深川区）および隣接町村五郡一四町村（荏原郡品川町、同大森町、同世田谷村、豊多摩郡中野町、同渋谷町、北豊島郡板橋町、同南千住町、同巣鴨町、同王子町、南足立郡千住町、南葛飾郡新宿町、同亀戸町、同小松川町、同寺島村）に及んだ。したがって、安全週間の実施地域は右記の東京市および隣接町村であったと考えられる。

(72)「各家庭軒別に配布したる注意書」の内容は次のとおりで（前掲『安全週間報告』一七～一八頁）、工場災害だけでなく、市民生活上の安全全般について注意を喚起する内容になっていた。

安全週間　自六月十五日　至同廿一日

此の一週間を東京の『安全週間』として全市民の一致協力により災害の全く起らぬ様に致したいと存じます。東京市では市民の不注意から最近一ヶ年間に左の如き多くの災害がありました。

大正七年度の災害　火災	火災度数	三百八十八回
	焼失戸数	八百十八戸
	損害価額	百十九万九百八十円
交通事故	件数	四千九百二十回
	死亡	五十三人
	負傷	三千五百一人
盗難	窃盗	二万五千二百十五回
	強盗	九十六回
伝染病	患者数	六千二百六十六人
	死亡数	二千四十一人
工場災害	死傷者	六千四十一人
不慮の死傷	死者	三百四十九人
	死なんとせし者	九百九十四人
	負傷者	一千七百三人

こんな訳ですから此の週間全市民挙つて左の事項に注意し災害の起らぬ様に致したいのであります。

火の用心

一、火の気のある取灰　二、跡始末の悪い焚火
三、妄りに棄てた吸殻　四、竈及風呂場の残り火
五、掃除の悪い煙突　六、弄火蠟燭電気瓦斯等

街路の用心

一、右側通行は衝突の因　二、歩道車馬道を区別せよ
三、路上の遊戯は怪我の因　四、電車の飛乗り飛降りはすまじきこと
五、行き違いの電車は最も危険　六、曲角は左小廻り右大廻り

盗難の用心

一、戸締は厳重　二、外出に留守番
三、車の置放しは禁物　四、掏摸は人混のなか
五、掻浚ひは玄関店先の品物　六、大金は持たせてならぬ女子供

安全週間の徽章を皆様是非御着け下さい。
災害防止展覧会が目下御茶の水に開かれて居ます。

(73) 前掲『安全週間報告』一九頁。

(74) 世帯数約七一万の内訳は、東京市が約四六万世帯、東京市の隣接町村が約二五万世帯で、一九二〇年の第一回国勢調査に基づく（東京市編集・発行『第一回国勢調査ノ結果ニ依ル東京市世帯数及人口』一九二二年、一頁および付録四〜六頁）。なお、ここでいう隣接町村とは東京市を除く「東京市都市計画予定区域内ニ於ケル各町村」を指し、安全週間が実施された隣接町村とは必ずしも一致しない。

安全週間が実施された隣接町村が「各家庭軒別に配布したる注意書」を配布した地域と同じであるという前提で計算すれば、次のようになる（図表21、参照）。東京市一五区の四五六、八一六世帯と隣接一四町村の九〇、九二一世帯の合計五四七、七三七世帯に対して六三三、五八〇枚の「注意書」が配られ、二、五八二、四三九人が安全週間の対象者であった（世帯数および人口は東京市編集・発行『第一回国勢調査ノ結果ニ依ル東京市世帯数及人口』一九二二年、六〜七頁および付録四〜六頁、ビラ（「各家

図表 21　安全週間（1919 年）におけるビラの配布状況

地域		世帯数（世帯）	人口（人）	ビラの配布枚数（枚）
東京市と隣接町村		総計　547,737	2,582,439	633,580
東京市全域（15 区）		計　456,816	2,173,200	421,080
内訳	麹町区	11,520	65,575	10,240
	神田区	28,806	151,618	25,959
	日本橋区	20,624	124,840	20,278
	京橋区	28,946	141,162	27,614
	芝区	36,630	178,618	29,254
	麻布区	18,828	88,558	19,575
	赤坂区	11,498	62,232	11,487
	四谷区	15,500	70,217	10,566
	牛込区	25,780	126,252	24,791
	小石川区	31,662	146,423	30,417
	本郷区	27,177	135,573	24,428
	下谷区	42,329	183,186	39,834
	浅草区	58,262	256,221	54,940
	本所区	56,664	255,150	53,760
	深川区	39,328	178,966	37,899
	水面（水上）	3,262	8,609	38
隣接町村（14 町村）		計　90,921	409,239	212,500
内訳	荏原郡品川町	9,044	41,059	22,500
	同　大森町	3,772	19,501	13,000
	同　世田谷村	2,446	13,054	8,200
	豊多摩郡中野町	4,461	21,875	7,200
	同　渋谷町	17,560	80,799	15,500
	北豊島郡板橋町	3,836	16,661	9,800
	同　南千住町	12,213	50,713	23,000
	同　巣鴨町	6,481	28,035	18,000
	同　王子町	9,181	38,368	19,000
	南足立郡千住町	7,146	31,047	11,600
	南葛飾郡新宿町	496	2,401	30,500
	同　亀戸町	7,946	38,548	17,500
	同　小松川町	1,738	8,019	9,000
	同　寺島村	4,601	19,159	7,700

庭軒別に配布したる注意書」）の配布枚数は前掲『安全週間報告』一九〜二〇頁、による）。
(75) 前掲『安全週間報告』一頁および二七頁。
(76) 蒲生俊文『安全運動三十年』奨工新聞社、一九四二年、八頁。
(77) 『安全第一』第1巻第1号、奥付。
(78) 『安全第一』第1巻第4号、奥付。
(79) 蒲生俊文「日本に於ける我が安全運動と其哲学」、前掲『安全の闘将　蒲生俊文先生』一三頁。
(80) 中央労働災害防止協会編集・発行『中央労働災害防止協会二十年史』一九八四年、七頁に掲載の図「前身団体のあゆみ」。
(81) 日本安全協会編集・発行『安全』第1巻第1号、一九一三年四月、一頁。
(82) 前掲『安全週間報告』一〇四頁。
(83) 前掲『安全』第1巻第1号、一頁。
(84) 前掲『安全週間報告』一〇四頁。
(85) 中央労働災害防止協会編集・発行『中央労働災害防止協会二十年史』一九八四年、七頁。
(86) 前掲『安全』第1巻第1号、見返し。
(87) 前掲『安全』第1巻第1号、一頁。
(88) 蒲生俊文「日本に於ける我が安全運動と其哲学」、前掲『安全の闘将　蒲生俊文先生』一三頁。
(89) 前掲『安全運動三十年』六頁。
(90) 蒲生俊文「日本に於ける我が安全運動と其哲学」、前掲『安全の闘将　蒲生俊文先生』一三頁。

第3章　雑誌『安全第一』

前章では、安全第一協会の実態の解明を通して、安全第一運動が内田＝蒲生体制によって支えられていたことがわかった。とくに、前章の最後で触れたように、内田嘉吉はその後、安全運動から遠ざかっていくのとは対照的に、蒲生俊文は第4章以降で論じる産業福利運動のなかで安全運動を継続し、戦前期において最も長期にわたり安全運動を指導することになる。また、蒲生は内田以上に雑誌『安全第一』で健筆を揮(ふる)い、同時に安全運動の秀でた実践的指導者でもあった。この意味において、蒲生は安全第一運動の思想と活動を代弁していたといえる。

本章では、雑誌『安全第一』を手がかりに、当時の安全思想を最も体系的に論じていた蒲生の記事を取り上げ、安全運動誕生期の安全思想の特徴を描くことを課題とする。以下では、まず雑誌『安全第一』の発行期間について考証したあと、同誌に所収されている蒲生が執筆した記事について一つ一つ解説し、最後に、そこに見られる安全思想の特徴を要約する。

第1節　雑誌『安全第一』の発行期間

前章で述べたように、一九一九年五月に始まった災害防止展覧会および同年六月に実施された安全週間は、協会の低迷を打破し、協会の目的を達成するものに違いなかったが、その反面で、蒲生が「一九一七年四月より一九一九年三月迄『安全第一』なる機関雑誌を発行した[1]」と語っているように、機関誌『安全第一』の発行は同年三月をもって途絶えることとなった。この三月で休刊した事実は、蒲生が籍を置いていた内務省社会局労働部発行の『我国ニ於ケル産業災害予防ノ概況』のなかで、機関誌『安全第一』の発行が「大正六年〔一九一七年〕四月創刊大正八年三月迄継続[2]」とあることからも確認できる。

これらから機関誌『安全第一』は一九一七年四月から一九一九年三月まで発行されたことがわかるが、最終号にあたる第3巻第3号（一九一九年三月）の内容を見れば明らかなように、休刊あるいは廃刊を予告する記事が見あたらないどころか、蒲生自身が寄稿した論文「照明と安全第一」の末尾には「未完」と記され、また巻末には投稿規定まで載せているので[3]、この齟齬について検討しておかねばならない。

この「未完」という記載および投稿規程の掲載は、次号の発行を予定していたことを物語っており、また協会の活動も継続することが予定されていたはずである。たとえば、最終号に掲載された会報では、災害防止展覧会を予告するとともに、「此時に当りて会員諸君が益々安全第一主義の宣伝に努力せられ、入会勧誘の機を失せざらんことを希望致候[4]」と入会を促しているからである。しかし、実際は、一九一九年三月で発行は中止となった。その理由は、財政的な理由も否定できないが、決定的な理由は、開催が間近に迫っていた災害防止展覧会の準備に追われていたことと、急に実施が決まった安全週間の開催準備に奔走しなければならなかったことにより、協会関係者が多忙を極めたからだと思われる。つまり、三月以降、実質的に安全週間が終わる六月までの間、安全第一協会の役員らは機関誌の編集および発行に割く余裕がなかったと推測される。

この推測は関係者が明言していないので断定はできないが、蒲生の次の一文が、それを傍証している。

同協会〔安全第一協会〕の醸成したる機運に促進されて日本の文部省博物館が災害防止展覧会開催の計画を立てんとし、同協会の援助を申込まれたので同協会は右展覧会成立の為めに多大の努力を払ひました[5]〔。〕（傍点引用者）

この文中にある「多大の努力」という表現に着目すれば、安全第一協会が機関誌の発行より優先して取り組む喫緊の課題が災害防止展覧会の成功にあったことがわかる。また、協会の数少ないスタッフ全員が本業を抱えながらボランティアで取り組んだのである。それは、展覧会の準備だけでなく、開催期間である五月三日から六月二一日までの間も、講演を引き受けるなど安全第一協会の関係者はきわめて多忙な日々に明け暮れたことが容易に想像できる。したがって、一九一九年三月で休刊に至った最大の理由は、この展覧会の準備と開催にあったといえる。

そして、この展覧会は引き続き別のイベントを生み出すことになった。日本で最初に開催された安全週間である。実は、安全週間の生みの親は蒲生であり、これについて蒲生自身、次のように語っている。

展覧会開催中警察官を集めて講演会を開きましたが其節私が安全運動の一形式として安全週間が海外に行はれて居ることを述べたのに起因し、愈々東京内外の公衆各団体の熱心なる協力の下に東京市及其隣接町村を通じて一般的安全週間が行はれました、其は一九一九年六月でありまして日本に於ける安全週間の最初であります。(6)

この安全週間は六月一五日から同月二一日にかけて実施され、再び、協会関係者は忙殺されたであろう。展覧会の準備から解放されても、安全週間の開催の準備に駆り立てられ、機関誌の発行は依然、困難であったと思われる。蒲生は、これを次のように回顧している。

大正八年に我々が醸成した機運に乗じて文部省のお茶の水博物館〔東京教育博物館〕が災害防止展覧会を開催せんことを計画し、安全第一協会に援助方を申越された。依って各方面に連絡をとつて之が完成を助けた。其当時其展覧会と相関連して災害防止講演会を開催したのであつたが、其時余は其講演会に於て北米合衆国セント・ルイスの安全週間運動の話をしたのであった。其時非番の警官を引卒(ママ)して聴講して居た当時の上野署長後の警視総監今の海南島の海軍司政長官池田清氏が余に刺を通じて東京に於て安全週間を挙行せんことを提議した。余は其熱意に動かされて同氏と棚橋博物館長と三人鼎座協議の末各方面の賛同の下に行つたのが大正八年六月の我国最初の安全週間である。之は東京市及び隣接町村を区域とし、当時安全第一協会の事業が米国のナショナル・セーフテイー・カウンシルと同様安全の凡ての方面を包含して居たので、当時参加した東京鉄道局は其管内の高崎駅にも及んだ。東京市内は全く安全ポスターを以て埋め、安全マークの佩用者は街に満ちたことであつた。安全マークは安全第一協会ではハートを四方より合せ其のハートに安全第一と一字づゝ書いたものを以てマークとしたのであつたが、此の安全週間に際してはマークを新に定めることを協議したのであつた。(7)

さらに、「此の安全週間の後に此安全週間に関係した者の重(ママ)〔主〕なる者が集合して中央災害防止協会を組織(8)」したことが機関誌休刊の継続に深くかかわっていると思われる。実際、この新たに発足した中央災害防止協会は安全第一協会と「其性質を全く同じくするのみならず、其双方の幹部も殆んど同一であり且つ其真の事業の中心となつたものは私(9)〔蒲生俊文〕」であったため、蒲生は会社に勤務しながら、安全第一協会だけでなく、新たに発足した中央災害防止協会の中心的役割を担ったことを考慮すれば、機関誌『安全第一』を発行する余裕は夏以降も容易に捻出できなかったことが想像できる。

しかしながら、展覧会や安全週間などのイベントは、協会の趣旨からすれば、機関誌の発行以上に意義のある大きな成果であった。それは、協会が目指していた「安全第一主義」の普及を大いに促進した。一九一九年は、日本の安全運動史上、社会が「安全」の意義を受け入れたとみなすことができる象徴的な年であった。

第2節　雑誌『安全第一』の蒲生記事

近代日本の安全運動の誕生期に最もまとまった形で安全運動の活動を記録しているのは、雑誌『安全第一』である。その内容は、安全運動の誕生期に形作られ、その後の運動の原型となった安全思想を具体的な形で伝えている。とくに、蒲生は機関誌『安全第一』へ、第1巻第2号および第1巻第9号を除く全ての号に寄稿し、「蒲生俊文」と署名された記事の数は二二編を数える。他に、執筆者名が「蒲生大愚」と記された記事が一編存在する。この記事は「倉庫と煙草」（第2巻第7号）と題された記事で翻訳だと思われるが、その執筆者名から判断して「蒲生大愚」は蒲生以外には考えられない。

以下では、蒲生が機関誌『安全第一』に寄稿した記事二三編を順に解説を加え、それをふまえて、彼の安全思想を検討する。

記事1　「工場の一隅より」[10]

この記事は、工場の労働災害を防ぐために管理職のなかから任命された安全委員と、彼の指導の下に現場の安全対策に責任を持つ職工長との間で交わされた問答形式によって、安全の意義や「安全第一」の意味などについて平易に解説した啓蒙的な記事であり、蒲生が労働者（とくに職工長）に向けて書いたものと思われる。たとえば、安全装置を取りつけると仕事が早くできないという現場からの苦情に対して、「仕事の早さは少し位減つても怪我が無くなりや仕合せぢやないか」と応じ、また、職場の安全対策に対する職工の意見を募る「投書箱」という目新しい制度について、「私共の考をですか」と怪訝な顔をする職工長の反応に、「さうサ、此の事はネ委員がやきもきしたつて工場の人が皆で力を合せてやらなくちやホントに出来るものぢやないよ」と諭し、現場で働く職工の意見に耳を貸すことなどあり得なかった従来の前近代的労使関係では安全運動が立ち行かないことを述べる。

また、「安全第一」という当時、聞き慣れなかった標語については、次のように対話が進められていく。「英語でセーフテイー、フアーストと云ふのを日本語に訳して安全第一と云ふんだネ」と安全委員が説明すると、職工長は「へえ、あれや舶来ですかネ、私や西洋物と来ちやウツカリ近寄れねえネ」と応じるが、これに対して安全委員は、「講談でお馴染の塚原卜伝と云ふ剣術の名人」を挙げて、「あの人なんか安全第一の名人だ」と指摘して、その訳をこう語る。卜伝が暴れ馬を避けて回り道して危険を避けたことは「意気地の無え」ことではなく、「武芸と云ふものは身を護るものだ、要も無いのに危険な処へ飛び込むのはまだ到らない証拠ではないか、暴れる馬と見て取り乍らわざわざ其の側を通るのは心得の無い馬鹿もののすることである」と述べたとされる卜伝の言葉を引き合いに出して、「今云ふ安全第一サ、昔は安全第一なんて文句は有りやしないがネ、訳は昔から分つてたんで安全第一ツたつて日本人が洋服を着た丈けの事サ、西洋物は御免だなんて嫌ふ必要はないよ、正宗をサーベルへ仕込んだ様なものだ」と安全委員は巧みな説明をしてみせる。そして、これを聞いた職工長は納得するという内容である。

記事の最後では、安全意識を職場に普及するための「安全第一講話会」について、「二三の委員が演壇に立つて多数の職工に安全装置の模様やら仕事のやり方や注意力の必要な事などを説き聞かせて」、職場の労働災害を防止・減少させる意義に触れている。

記事２　「大乗安全第一と小乗安全第一」[11]

この記事は内容から推測して、工場労働者に限らず、一般社会に向けて書かれたものであろう。とくに「安全第一」という在り方が「退嬰主義」だとして当時、批判されていたことに対し、蒲生は、その誤解を解き、真の「安全第一主義」を仏教用語である「大乗」「小乗」という言葉で説明するとともに、歴史上の有名な事件を引き合いに出して「安全第一の精神」を平易に解説する。

まず、記事の前半では、仏教が「大乗」と「小乗」に分けられるように、「此の思想を直ちに安全第一主義に転用して見るのに、亦頗ぶる好都合を感ずるので有る」として、次のように述べる。「安全第一主義の小乗なるものは只専一に自己一身の安全を計るに汲々として、然かも消極的に危害を避けて遠く山に入るが如き態度に出づるに違ひ無い、世上多く安全第一は退嬰主義で、国民の元気を阻害し、国家有用の事業をして頓挫せしめるに至るかも知れないなどと大に悲観的気分を漂はす浅見者流の出づるのは安全第一と云ふ意味の内に又此の小乗思想も包含され居る為めに其方面ばかり見て居るからで有ると思ふ」と述べ、小乗は「仏教の保守派」であり消極主義であるのに対し、大乗は「仏教の進歩派」であり積極主義であると位置づけ、大乗仏教に譬えるべき「大乗安全第一」こそ、安全第一主義の精神であると語り、次のように説明する。すなわち、

安全第一の真価は其の大乗なる処に在る、自己の危険を防止すると共に他人即ち社会の安全を計る為めに各種の手段を講じ消極的に害を避くるに止まらずして積極的に害を除去して掛るので有る、従つて各種の冒険的事業と何等矛盾する処が無いばかりか、寧ろ此と併行して始めて冒険的事業に確実なる効果有らしめるもので有る、元より此の主義を実行しても直ちに社会万般の事物の凡ての危険を除去し得ると云ふのでは無いが安全第一の主義たるや所謂不必要なる危険は其の害に曝されないと云ふ事が必然之に伴つて来べき思想で有る、世上多くは此の関係を知らないで、事実自分の衷心には自己の安全を思はないではないが猶此の浅見に左右せらるゝ可憐の人士も無いでは無い、単に害を避けると云ふに止まれば小乗の境致を出でずして、足一歩も戸外に踏み出すことすら出来ない、否、家内に在つても生きて居ることすら危険で有ると云ふ極端な結論に達するかも知れない

と、安全思想の本質をきわめて平易かつ正確に説く。つまり、こう述べる蒲生の安全思想の本質は、自己の危険だけでなく社会全体の危険を防止すること、および不必要な危険を回避することにある。

最後に、「冒険的事業と何等矛盾する処が無いばかりか、寧ろ此と併行して始めて冒険的事業に確実なる効果有ら

しめる」例として、「川中島の一戦に千古の武名を走せた上杉謙信が未だ長尾景虎と云ふた昔、少人数を率いて敵の大軍に城を囲まれた」ときの逸話を紹介する。それによれば、直ちに潔く大軍に向かって戦いを挑むよう主張した部下の進言を退け、敵の兵糧少なしと見破った景虎は、間もなく退却し始める時に打って出るなら勝算ありと判断し、見事、その通り大軍を打ち破ったという逸話を持ち出す。そして、蒲生は、これについて、「よく安全第一の精神を発揮した景虎に讃辞を呈する外は無い」と述べ、「我は冒険を非とするものでは無い、冒険元より可なりで有るが、然し安全第一の精神を発揮しない冒険は無謀の猪武者で有つて達人の顧るべきものでは無い」と説く。そして、「無謀」「無益」「不必要」な危険を回避することこそ「大乗安全第一主義」であり、これこそが「大乗的精神の下に設立せられたる安全第一協会が大声叱呼して世人一般の覚醒を促して居る」安全第一主義だと締め括る。

記事3 「盲目の悲哀」[12]

この記事は、先の二つの記事とは異なり、きわめて実際的な安全指導を解説し、工場における事故が原因で失明するような事態を避けるために、どのような対策をすればよいか、ということが述べられている。

その予防対策を解説するにあたり、蒲生は米国のある州で起きた工場事故で、眼に負傷を及ぼした原因とその事故数についての統計を引き合いに出しながら、それらの原因を子細に検討した結果、「斯様に考へて来ると始めの表〔蒲生が文中で掲げている統計表〕に有る丈けの事故は全部予防し得る様に思はれる」という結論に至る。そして、この表に掲げられた事故は、「安全装置に関係あるものとして拾ひ上げた数で有るから、全数〔眼の事故の全数〕の約半数は予防し得べき事柄で有ると云へる」と分析し、「世上斯くの如き危険に曝されて居る人々及び此等の人を使用する人々は此等を川向の火事視しないで特に深い研究を促さずには置かれない」と力説し、「眼の『安全第一』」の重要性を訴える。

記事4 「照顧脚下」[13]

この記事では、蒲生が鎌倉の円覚寺を訪れた際、寺の禅堂の入り口にあった木札の警告「照顧脚下」を標語「安全第一」に関連づけながら、安全の在り方を説いている。

彼は、まず、この「照顧脚下」が「文字通りの意味で、脚下に気を付けろと云ふ丈けでも相当に「安全第一」が働いて居る」と評価し、日本の過去の伝統のなかに「安全第一」の精神が存在したことを指摘する。また、この「照顧脚下」が外国にも存在する普遍的な在り方であることを例を挙げて解説する。すなわち、当時、まだ違和感をもって受け止められていた新しい標語である「安全第一」の在り方は決して日本の生活習慣に無縁でないことを示し、その精神が普遍的であることを説いている。一例として挙げているのは、外国の雑誌に出ていた「watch your step」という標語で、彼は、これを次のように解説する。つまり、「watch your step と書いて有る、矢張り脚下に気を付けろと云ふ事で有る、脚下へ気を付けるには周囲にも気を付けなければならない、が、脚下に気を付けた丈けでも如何に安全が保たれるか、限が知れない位のものである」と。

また、古代ギリシアの例から、「昔希臘の哲学者が星ばかり見て歩いて溝へ落ちたと云ふ話もある」と述べ、「「脚下の明るい内に」とか、「人の事より自分の脚下へ気を付けろ」とか色々脚下に関係した語があるが、脚下が不安定では円満に生存する事が出来ない、脚下に気を付けるのが日々の安全第一である」と説き、身近な所にある「安全第一」の在り方に注意を向けるよう促す。

そして、末尾で、「円覚寺禅堂の入口の小木片は照顧脚下、照顧脚下と常に吾人の前に叫んで居るけれども、実際真実に脚下を照顧するもの果して幾人有るのだらう、「バイブル」に語がある、眼有る者は見よ、耳有る者は聞け!」と述べて、「安全第一」が古今東西に見られる普遍的精神であることを強調する。

記事5 「安全第一と照明」[14]

この記事は九頁に及ぶ比較的長いものであるが、内容は「「ペンシルヴニヤ」大学電工科助教授「シー、イー、クレウエル」氏の小論文」の概要を翻訳し紹介したものである。

この記事の冒頭で、蒲生は、「工場の安全第一と照明とが大関係有る事に付ては安全第一発刊以来各方面の人に依つて既に述べられた事であつた、けれども此れ丈けを題目として特に論じた事は無かつた」と指摘し、さらに「「ランプ」は我国に於ても種々の変遷を経て来て外国から電燈が来てからも電燈が漸々発達して来た薄暗がりで仕事をしなくともすむ時代になつたのであるが、折角立派な燈火が存在するにも拘はらず之を利用しないものや、又之を利用しても利用法を誤つと反つて事故の原因となる事がないではない」と注意を喚起する。

蒲生自身が勤める会社がランプの製造を事業としていたことが、彼が照明の在り方に関心を向けるようになった一つの要因であろうが、それだけでなく時代の流れとして急速に電燈器具が普及しつつあった当時の社会変化も関係している。ちなみに、抄訳の内容はもっぱら技術的な側面にかかわるものであるため、省略する。

記事6 「経済より見たる安全組織」[15]

この記事は、蒲生が工場での安全対策に資金を投じることは決して無駄ではないことを、「チャールス、テイ、バンクス」という人の意見を翻訳して紹介するもので、労働者ではなく経営者に向けて書かれたものである。翻訳であるが、その内容に蒲生の主張を重ね合わせながら読んでも不自然ではない。

内容は、まず、工場で安全運動を始める障害として経営者が最初に直面するのは「損を為ないか、其の費用は何程で、幾何の節約が出来るか」という経済的問題であるとし、人道的見地から安全運動を推進する意義については敢えて触れず、経済的見地に限って話を進める。そして、経済面から安全運動をみたとき、事故が起きた場合と予防に費用や時間を費やした場合とを比較して、事故による被災者への「支払」（補償）や「負傷の為めに熟練職工が居なくなり、又は其代りに不熟練の職工が働く為めに起る処の生産の減少又は遅延」、「病院の払ひ治療手当」、「法律費」などを考慮すると、これらの損失を「減ずる最も正確な方法は事故防止で有る」と結論する。

そこで、予防策については、「此には単に安全部の組織と答へるので有る、即ち事故防止を専管する部局で有る、其全時間と全勢力を此の仕事に専にする部局で有る」と述べ、片手間の安全運動では無意味だと訴える。つまり、安全専門の人員を配して全社的に安全対策に取り組まなければ、たとえ安全装置や安全掲示板があり、安全組織や安全委員会があっても、効果は薄いと述べる。また、安全対策を担当する専門部署の費用対効果についても次のようにいう。「若し全時間を事故防止に専にするならば、如何にせば適当の投資と見る事が出来るか、此の答は重に工場の大きさ及び現在の事故の範囲に依るもので有る、其れは或範囲まで此が給料額及び此部局に要する費用を決定するからで有る、例へば此の費用が一年に五千弗で有ると仮定せよ、然らば此人が少くも一年五千弗を値する事故を防止すべきで有る、若しよく一の致命事故、一二失明事故及半打の小事故を防止する事が出来たならば、彼は此以上に該当するのではないか」。

最後に、「工場長、工長」といった工場の「主に上の人」が安全運動に熱心でないと「駄目だ」と述べ、「今日の痛切なる問題は、工場内の事故防止を担任し、専ら其時間中其可能、必要又は其経済等を研究する人を得んとする事で有る」と結ぶ。

記事7 「火災防止は各人の義務」(16)

この記事は、「米国国民安全協会「リハイ、バレー」支部に於ける「レー、エス、ブラオン」氏の演説の大要」を蒲生が翻訳したものである。蒲生の意図は冒頭で述べているように、「これから寒さに向へば段々火災が増加して来る、試に警視庁消防本部を訪づれて彼の市内火災の帳簿を一見するならば火災が市民の日課で有るかの思がする」と危惧し、「一に「安全第一」思想の普及と否とが大の関係で有らうと思ふ」点にある。蒲生は、また、「先日米国の国民安全協会から私が受取つた手紙にも事故災害の発生は物的機械的方法によつて其二割五分を減殺し残部七割五分は只各人の注意に待つ外は無いと有つた、然らば即ち「火の用心」は万人一日も忘る可からざる事柄では無いか」と訴え、社会的義務として「火の用心」を「レー、エス、ブラオン」氏の口を借りて主張する。

この両者の一致した主張の背後には、安全運動は「社会に対する明なる義務」という思想が存在する。この意味において、この記事は、「火の用心」を導きの糸として、実際的な火災予防の呼びかけとともに、蒲生の安全思想の核心を述べたものになっている。

蒲生が翻訳した本文の要旨は、次の通りである。まず、火災防止は、「一旦失ふたならば再び回復の出来ない生命の維持の為めに必要なる財物の保持と云ふ事は生命の保持に次ぐ処の吾人の明な義務である」、また、「而して此の関係に於ける不注意者は人類の安寧幸福に対する暴虐者で有ると云はなければならぬ」と戒め、火災防止に対する各人の社会的責任を強調する。したがって、「藪に於てか吾人の社会に対する明なる義務と云ふ事に到着する。此義務を行ふに当りしは、吾人は先ず不必要なる火災損失を防止するには如何にすべきかと自問自答して後此が遂行をしなければならない」と、実際的な方策へと進む。そして、「吾人が年々の火災の損失の三分の二は防止し得べきもので有る事は吾人共に信ずる処で有」るとし、火災防止のための「最良の安全装置は「注意深き人」で有ると云ふ事が出来る、又最良の火災防止は注意深い人が絶えず警戒することで有る」と提言する。最後に、「吾人は火災防止と云ふ事が単なる平易な日々の普通の道徳たることを認め」たいと述べ、「此が其の法律に依り国家に対する義務として強制される様な日の来らざらん事を希望して止まない」と結ぶ。

記事8 「投光器と安全第一[17]」

この記事は、その冒頭に「今次の論文を得て」と蒲生自身が書いているが、この「論文」の詳細についての記載はない。内容の大半は投光器の種類や性能について詳述するものなので、ここでは最初の部分に書かれた投光器と安全第一の関係に限って紹介しておこう。

まず、「投光は今日では大切なものになつた、それは建物を照すとか、広告物を照すとか、運動場を照すと云ふやうな元来の目的の為めでなくて、実は生命財産の保護に欠くべからざるものとなつたから」であり、「此の投光の応用と云ふことが大戦以来特に其声を高めた、今は公私の財産を保護し、害を為さんとする人を防ぐ為めに必要なものとなつた」と、照明の安全面での機能に注意を喚起する。そして、安全にかんして、「工場の保護に関連して起る処の第一の問題は、投光器を何処に設置したなれば最も完全に保護の目的が達せらるゝかと云ふことである」と述べ、効果的な照明が工場の安全対策に有効である点を強調する。

記事9 「小規模工場に於ける事故防止問題[18]」

この記事は、「米国「ノルトン」会社安全技師「アール、ビー、モルガン」氏の論文」を翻訳したものである。

蒲生の問題関心は、冒頭で翻訳に先立って彼自身が述べるように、「我々が〔機関誌〕「安全第一」を発刊してより未だ一歳に充たないが、工業界其他に此の思想が追々実現されて行くのは、国家社会の為めに大慶事である、只安全組織、安全設備の如きは大工場には行ひ得可きも、小工場には行ひ得ないと云ふ議論もあつた是れは我国ばかりでなく、安全第一を盛に叫んだ米国に於ても亦此事が有ると見へる」という点にある。そして、「種々本邦とは事情と制度を異にする処があるけれども、小工場も亦此安全第一運動に参加すべきものであることを証明して居る」氏の論文を日本に紹介し、大工場だけでなく、小工場にも安全運動が浸透していく意義を説いている。

記事の概要は、事故が労使双方に「経済的圧迫」をもたらすことを強調し、それを避け「使用人を維持し労働力の保全を計る」方策について実例を挙げて説明する。

なお、最後に、「如何なる新思想も必ず三時期を通過すると云ふ、第一時期には嘲笑を受ける、第二時期には研究される、第三時期には各人に受け入れられるのである」と、安全運動が社会に浸透する発展段階について述べているが、これは安全運動の渦中に身を置く蒲生の実感するところでもあった。

記事10「湿度――熱及事故[19]」

この記事は、冒頭に蒲生が書いているように、「湿度と事故との関係とか、天候又は時間との関係とか云ふ様な事は我国に於て未だ充分な研究が行届いて居ない」として、「斯様な方面を注意し研究する事によつて多大な利益を得る事の有るべきを信じて疑はない」という信念の下に、「米国費府ウイリヤム、クランプ兄弟造船会社の工場医、医学博士イー、エッチ、イングラム氏の小論文」の大要を翻訳するものである。蒲生の意図は、「最も適当な状態の温度と湿度によつて事故の発生を防止し従つて工場能率を益々増加発展させる事が出来れば」という点にある。翻訳の内容は、次の通りである。

「事故と温度の昇降は互に相並行して居る」とする観察結果を受けて、その原因を次の三つに分類する。第一は「生理的原因」で、「職工の年齢及び健康状態、熱に対する個人的特性等」である。第二は「物理的生理的原因」で、「健康を害して負傷を生じ易からしめる処の物理的原因である、熱、湿度コークスから出る瓦斯、灼熱された鉄板、塵埃、アルーコール(ママ)飲料、不適当なる食物、不充分なる水、貧困なる家庭状態及び就眠設備、疲労回復の時間なき激しき労作（激しき仕事日の多過ぎる為め）、労働日の永き事及び残業の頻繁なこと等であつて、其上に最も大切なのは衛生法を知らざること」である。第三は「物理的原因」で、「単純なる機械的理由によりて怪我を生じ易き原因を指」し、「例へは発汗の為めに保眼鏡が曇りを生じ職工が之を使用することを嫌がる為めに眼の負傷を多くする様な場合」である。とくに、それらの原因のうち、「生理的物理的原因中の重なるものとして挙ぐるは熱及び湿度であると思ふ、湿度は主要原因たる熱には是非伴なふべきものである」として、熱と湿度の関係に焦点をあて、「我々は非常に湿気ある蒸し暑い日の午後に多くの事故が起ることを発見した」と述べる。

そこで、事故防止対策であるが、「朝少し早く来て午後非常に暑い間二三時間丈け寝込んで居ると云ふ様なのもよい、或る定まつた休息時間を各工場に於て殊に此の季節に於て採用するのは必要である」と例を挙げて、「労働時間の変更」の必要性を説いたり、また「請負や残業を廃止し及び間違のない賃銀を支払ふことが無暗と労働するのを防ぎ、健康と安全を失ふてまで給金袋の大ならんことをあせるのを救済することが出来る、送風機を設備して凡ての室々に空気を送り、食堂を設けて原価より少し高い位で適当な食物を備え置き、休息室には濯水浴を備へ付けるとか云ふ様な此等の方法は大に効力がある」と述べた後で、「然し最も大切なのは衛生教育の努力である」と述べる。

この「衛生教育」の具体的な内容は詳しく紹介されていないが、「工場医局は衛生保健法の注意を弘く工場内に頒布し麦酒の清涼飲料にあらざることを説き及び「アルコール」と暑気との影響等を教へなければならない」と説き、「而して出来る丈け色々の方法を講じて或は工場新聞により或は掲示により或は講話或は親しく汚（ママ）すことによつて暑中の暑さまけとか事故の発生するのを防止することが出来る其上に国立保健部とか其他の公共的衛生設備を利用するならば此等は喜んで公共の幸福増進の為めに協力してくれる事であらうと思う」と結ぶ。

記事11 「工場火災と安全第一」[20]

この記事は、冒頭にあるように、「内田会頭が連続して火災と安全第一に就いて述べられた後を受けて、蛇足の観なきに非るも、暫く会員其他の読者諸君と共に工場の火災と安全第一を研究して見度いと思ふ」との意図から、主に安全運動の指導的立場にいる人々に向けて書かれた蒲生自身の一文である。

内田は前号で「火災と安全第一」（第2巻第3号）という記事を書いているが、その内容は、火災一般について歴史的経緯を振り返った後、火災への対策として法的整備や消防器具設置の必要性を説くとともに、人々の火災予防に対する意識改革を訴えるもので、行政当局・消防関係者から一般市民まで幅広く呼びかけた防火全般についての主張である。これに対し、蒲生のこの記事では、工場における火災に焦点を絞り、その対策に必要な事柄を網羅的に解説したもので、工場の防火責任者を主たる対象に、専門的な見地から解説をしている。

内容に移ると、蒲生は「工場火災救済策」を「出火前予防策」「出火中救済策」「出火後救済策」の三つに分け、「出火前予防策」のみを取り上げて詳述する。彼の分類では、その予防策として、「各人の安全第一」「建物の安全第一」「在庫品取締の安全第一」「消防設備の完全」「火災保険」「火災避難練習」の六点が指摘され、それぞれ順を追って説明する。そして、これらの説明を通して最も力説されているのが「火災避難練習」の必要性である。たとえば、「此頃の新聞に宮内省で、消防の練習をやつて襷をかけた女官が消化(ママ)器を以て大活動をやつたと出て居たが、此の練習と云ふ事が必要である」と説き、「工場に消防隊を設置しても、練習を欠くときは危急の場合に只狼狽へる外手の出し様が無い、故に工場に於ては平常適当な時期を見計つて時々消防隊の練習をやり、イザと云ふ場合に充分間に合う様に馴らして置く事が必要である」と述べる。

また、避難訓練について、「日本でも或学校では始めた様に聞いて居るが、川崎の東京電気会社ではズット昔から此練習を行つて居る、大概毎週一回突然予告なしに此を実行して居る」と述べ、「各工場各学校各官衙等此の要領を呑み込んで速に火災避難練習の実行に取掛ることが火災に対して無益の惨害を予防する大切な手段であることは信じて疑はないのである」と結ぶ。

記事12 「水戸大火雑感」[21]

この記事は、一九一八年三月二五日に水戸市中心部を焼き尽くした大火災について、蒲生自身が火災の翌日に現地に赴き、現場を検分してまとめた報告書である。彼は、この火災の「原因は汽罐車の煙の火であると云ふ事が真に近い様である」との前提に立って、この火災が大火災に至った原因を考察する。

まず、「余は此の火災の原因を直接及間接の二つに区別し」、「直接原因即ち発火に直接の原因力を与へたる事項」として「汽車の飛火であると認定」した上で、「間接原因又は条件、即ち直接原因と競合して発火及び大火たるの結果を生ぜしめたる事項」として、「鉄道院側に於ける原因」と「水戸市側に於ける原因」とに分け、それぞれ分析する。そして、「鉄道院側に於ける原因」では、「汽罐車其物の構造が火の粉を吹き出さなければならない状態に在ることを構造上の欠点と見なければならぬ」などの理由から、「此の蒸汽（ママ）を止めて電気にすれば此の心配は全然去るのあつて、此を鉄道院側に於ける安全第一実行の端緒であると勧誘したい」と述べる。

他方、「水戸市側に於ける原因」では、「家屋の構造」「水利の不便」「街路の狭隘」「消防組の不完全」「保守的精神」を挙げ、それぞれ説明する。

まず、「家屋の構造」では、水戸市では「瓦葺きの家屋は極めて少」なく、「多くは草屋根か、木片葺きか、杉皮葺き」であったため「一寸した汽車の飛火が直ちに大事を引起す基をなしたものであると思う」と述べ、「屋上制限令」の施行を勧める。「水利の不便」では、水戸市内の水道の敷設の遅れや貯水地・貯水槽あるいは消火栓の未設置を指摘し、消火活動への支援体制を整えることを提言する。

また、「街路の狭隘」では、「街路が狭隘であることが消防の活動に不便にして、且つ延焼に便利であること」が「大火を補助した一原因で有らう」と述べ、「消防組の不完全」では、「不完全なる手押ポンプによつて、所謂纏を振つて火掛りをやると云ふ具合」の「腕力消防」ではなく、「蒸気ポンプ」などの「機械消防」によって消火活動をする必要性を説き、「公共消防の改善と云ふ事業及び訓練」が大切だと説く。

最後の「保守的精神」では、「水戸市全体に保守的精神が力を得て居る」との認識に立ち、「各種良好なる妙案が有つても一々之に応ずる事が出来ない」と指摘、「時代錯誤に陥らざる事が大切」だと述べて、「余は水戸人士に向つて痛切に此の時代の趨勢と、将に東洋に頭領として世界に雄飛せんとする我邦の現況に背馳せざらんことを祈る、是れやがて水戸市を救済する方策であつて、安全第一の根本的考慮であると思はれる」と結ぶ。

以上が水戸大火災についての蒲生の分析であるが、彼がこの大火災のレポートを掲載した意図は、末尾に書き添えられている通り、「災害已に至るの後は只悲惨なる経験を後世に残すの外致し方がない、我党の高唱する安全第一は凡て災害を未然に防止する処の大切なる目標である、大乗仏教に「自未得度先度他[22]」と云ふ語がある、安全第一協会は此の見地に立つて社会一般の救済的努力を発揮しつヽあるのである」との立場から、「余が直ちに水戸市に赴いて其現状を視察したのも又其欠点を調べて後日の参考とし、猶ほ他人の戒としたいからである」という点にある。

記事13　「合衆国金属精煉会社『クローム』工場に於ける事故防止事業[23]」

この記事は、蒲生が「合衆国金属精煉会社『クローム』工場長「アール、ダブルユー、デイコン」氏の記述する処」を安全第一協会の「会員諸君に提供する研究資料である」と前置きしているように、安全運動の先進国である米国の一企業の先進的取り組みを紹介し、日本の安全運動に役立てようとするものである。

内容はきわめて実践的なものであり、全体の構成は、序文に続き、「係主任への注意」「事故防止」「危険標」「教材」「保護装置」「安寧視察」「各課会議」「投書箱」「工場幸福増進報告」「褒賞及び審判」「組織」から成り立っている。

簡単に紹介すると、序文および「係主任への注意」では、事故発生時に負傷者を「工場病院」に運ぶ際、係主任は「札」を負傷者に手渡し、「此札があれば工場病院は此人に応急手当をなし、又其後に継続した治療をしなければならぬ」とされ、現場責任者・労働者・病院が一体となって工場での負傷に対応する体制がとられていることが説明される。

「事故防止」以下の節では、具体的な事故件数の軽減策が解説される。順に見ていくと、「危険標」では、実際に危険な場所で使われている危険標識のデザインや使用場所などについて具体的に説明され、「教材」では、英語および〔移民労働者に対処するために〕英語以外の各国語で印刷された「小冊子」に「安全訓を挿入して此を職工に配布し、此を家庭に持参せしめ、妻君に見せさせ」るよう配慮されている。これは、「安全第一運動には欠くべからざる後援者」たる「婦人」の協力を得るためであると説明される。また、工場内での「安全掲示板」の設置、「給料袋入の上に安全警句を印刷する」こと、『『安全第一』と題する活動写真フイルム」の上映、「安全第一舞踏」などを通して、労働者の安全意識を高める社内教育の必要性が述べられる。

また、「保護装置」では、「会社が供給する処の保安眼鏡、「コングレス」靴、革手袋」などの保護器具の使用を奨励しても、当初は労働者の理解が得られなかったが、「忍耐して励まして居る内に、種々の重大事故が此等の装置によつて防止された事を知つてからは、職工連も其価値を認め、此等に対する需要が増加した」ことが報告されたと紹介する。「安寧視察」では、「安寧検査員は補助員と共に日々工場内を巡視して不安全なる場所及び遣り方を看守し、又掲示の貼布及び取り換へを実行」し、「若し不安全な場所及び方法を発見した時には直ちに係主任に警告し、後其報告を作つて之を其課の長に送付して注意を喚起する」役割があり、工場長および工場副長、係主任とも協同して組織的に安全対策に携わることが説明される。

続いて、「各課会議」では、工場全体の会議はうまく機能せず、現場に近いレベルでの会議こそが安全対策に有効であったことをふまえ、具体的には、各課のレベルで「毎月一回会議を開き、各その係主任及び安寧検査員が出席する」ことで、「此の各課会議が大変事故防止事業の発展を促がし直接職工を監督して居る人々の間に大に興味を喚起することを得た」として、安全組織の運営上の在り方について説明される。「投書箱」では、「投書箱は各掲示板の処に懸げられ、誰でも安全第二（ママ）〔一〕に関した忠告を投ずる事を奨励し」、「非常に沢山の価値ある意見が呈出された」という。

さらに、「工場幸福増進報告」では、工場幸福増進報告を毎月発行し、「課会議、委員会議等の決議録、投書意見一般、事故統計及び編輯主任が必要なりと認めたる特別事項等」を収め、「凡ての課長、係主任に送付し、同志会社の処へも其写を送付する」とされる。「褒賞及び審判」では、事故防止対策に「功績ある者には褒賞を以て報ひ」、また「良意見を呈出した人又は安全装置を紹介した人又は安全に関して良好な仕事をした人」には「賞金」を与えるとされる。

最後に、「組織」では、工場長を議長とする組織を通じて、工場全体の事故防止と安全対策に資するための組織の在り方が紹介される。

記事14 「事故の減少は能率の増進なり」㉔

この記事は、「合衆国合金製鋼会社安全検査員エッチ、ビー、ヘーン氏の記事」を翻訳したものであり、蒲生の意図は、冒頭にあるとおり、「吾人が絶叫して居る安全第一なる語と共に能率増進と云ふ語は本邦に於ても大流行を成したのである、然し能率増進を来さんとすれば先づ我が安全第一で無ければならぬ」とするところにある。内容の要点は、工場における事故防止対策の中心的存在である職工長の役割について実際的な助言をする点にある。たとえば、事故が起きた際、その事故件数ではなく、その職場の労働者の人数との関係で事故の発生率が算出することが、「大変に職工長を熱心にし職工長をして安全運動に活動せしめ好結果を来すに至つた」と述べられる。また、事故の原因を調査分析し、「凡ての時間損失又は其以下の負傷の原因の記録を作つてどれが増加するかと云ふ事」を明らかにすることによって、「事故を最少限度に減少させる望を以て仕事をする端緒を見出した」とする。さらに、「毎週図を作つて各工場の負傷全体を表示し一目各工場間の比較」をして、「若し増加する処あれば直ちに之を工場長及び職工長に報告し其工場が負傷の増加を示す故に原因の矯正及び排除を研究させる事にして居る」と述べ、事故数や事故率の減少を競わせながら各工場が安全対策にいっそう熱心に取り組むよう工夫している実例を紹介する。

記事15 「倉庫と煙草」㉕

この記事は「蒲生大愚」署名の記事であるが、蒲生が執筆した記事だと思われる。この記事は、工場労働者の喫煙が工場火災の原因となっている点を憂慮した蒲生が、「各製造工場其他の処に於て使用人が喫煙習ある為めに毎年多数男女工の生命を危殆にし夥しき死者を出して居る、喫煙と云ふことは悪習である、今迄屢々災害を醸して居る」として、一九一六年の米国における喫煙による火災損失額を示して、労働者の仕事中の喫煙の危険性を訴えるものである。

米国では、「実に大小の工業主等が熱心に消防警察部と協力して喫煙と云ふ事を按配しやうとした、禁喫煙なる札が又各所に用ゐられたけれども、使用人は此を法律の声とは聞かなかつた、そして自分の利益ばかり考へて居る意地の悪い雇主が自分達の権利を縮少するものであると考へてしまつた」結果、すべてが仕事中の喫煙による火災ではないにせよ、「喫煙者が合衆国の財産八、五八八、三七五弗を破壊し」、さらに死傷者まで出たことを喚起する。それゆえ、「仕事時間中に喫煙をなして工場規則を無視し市の命令を犯す処の使用人は直ちに『黎明に銃殺』すべき価値がある」と断罪される。

これは、米国における事例を紹介したものではあるが、この喫煙に対する厳しい姿勢は蒲生も共有していたことが、数カ月前に彼が別の雑誌に書いた「禁煙論」をみればわかる。(26)この「禁煙論」の趣旨は喫煙の健康被害を説く点にあるが、冒頭で「世の中の安全保持とか「ヱフイシエンシー」とかを論ずれば如何にしても各人の良習慣に付きて考慮を廻らさなくてはならぬ」と述べるなど、問題関心の起点が安全にあることがわかる。

記事16 「安全第一運動」(27)

この記事は、日本で普及しつつある安全運動が、今なお誤解されている点を憂え、米国の先進的な安全運動の経緯とその成果を紹介しながら、日本の安全運動の意義について改めて訴える蒲生自身の主張である。

冒頭に、「屢々安全第一運動が社会の所謂有識階級若くは此に付加(和)(ママ)雷同する処の輩によつて或は嘲笑若くは冷殺せらるゝが如き事を耳にする今日此の安全第一運動の実際と其効果とに付て一般的説明を為すは敢て無用の事では有るまい」と述べるように、安全第一協会の発足から一年以上経過するなかで、なお誤解や非難が少なくなかったことを示している。とくに「有識階級」と蒲生が指摘しているように、彼らの無理解が安全第一運動の普及の妨げになっていることを実感していたようである。

内容は、まず、「私は安全第一なる思想を単に物質的又は此に伴ふ処の狭隘なる精神的にのみ限り度くない」と断りつつも、主として物質的な側面について、「安全第一が唱へられた米国に於ける安全第一運動の梗概」を述べる。そして、米国シカゴに本部を置く「国民安全協会」（NSC）の活動やニューヨークにある「安全博物館」の紹介をして、「流石は米国の盛なる事」と高く評価した後、「翻つて我国の状況を見ますと転た寒心に堪えません」と述べ、日本における安全運動の短い歴史を次のように振り返る。「嘗ては古河銅山で小田川工学博士の御努力によつて安全専一の名の下に実行され又東京電気会社が率先して安全委員会を組織して社会に模範を示したと云ふ様な一二の例あるに過ぎない様に思はれるのです」。

しかし、そうしたなかで、「我が協会は夙に此の運動の、着々として我国に輸入され発達する物質文明の災害を予防する上に於て特に重大な関係あることを認め、創立以来未だ一年余に過ぎないのに拘らず、安全第一の語は各地に伝播し、各人又安全第一に留意する傾向を生じたのは欣ぶべき現象であると思ひます」と評価し、米国の災害統計に現れた安全運動の効果を示して、「如何に多くの各種災害が我が社会を襲撃するで有らうかと考へたならば、此の安全第一運動は実に近代文明に取りて最も重大なる清涼剤であり、適応薬であるかを感知することが出来る」と結び、日本における安全運動の意義を力説する。

記事17　「工場衛生私論㉘」

この記事は、米国の「ドクトル、ジエー、エー、カズンス氏の一説」を翻訳したものである。ここでの蒲生の関心は、「工場の安全第一を期せんとするには其一要素として工場の衛生状態を注目し改善を為すことを必要とすること云ふ迄もない事である、工場勤務者の良好なる健康状態は即ち安全第一の基礎であらねばならぬ」と彼が冒頭に書いているように、労働衛生の改善・向上が労働災害の減少に繋がるとする点にある。ただし、本文は概括的で抽象的な説明に終始しており、工場における衛生問題の重要性を指摘することに力点が置かれている。

本文の内容を簡単にまとめると、まず労働者の健康状態などに配慮する状況が生まれたのは最近のことであることが述べられ、工場衛生の問題を解決するためには、「単に立法手段を用ゐるばかりでなく衛生方法につきて雇主及び使用人の双方を教育する事が大切である」と述べられる。また、この問題の背後に「多数の労働者を供給する彼等家族の境遇、労働者の状態等」の社会問題が存在するので、「互いに密接の協働をするのでなければ到底解決は出来ない」と指摘する。そして、こうした問題解決への努力は「人類の幸福」のためになされるのであり、「此の事故及び疾病に対する大戦争に打ち勝つ時に始めて吾人の偉い処が顕はれるのである」と締めくくる。

記事18 「織物工場に於ける衛生と換気」(29)

この記事は、蒲生が冒頭で、「吾人は八月号〔前号九月号の誤記〕に於て衛生と云ふ事が安全第一の一エレメントである事を論じたのである。今此を特定の場合に応用して論歩を進めるの必要が有る」と述べるように、前号に引き続き工場衛生あるいは労働衛生にかんする一三頁に及ぶ長文の記事である。

内容は前号と同様、翻訳であり、今回は「米国ボストン市ロックウド、グリーン会社のダブルー、フレッド、ドルケ氏の講演」を「抄訳」したものであるが、「織物工場に於ける衛生と換気」と題されているにもかかわらず、冒頭で蒲生が述べているように、そこには「換気の問題は敢て織物工場に限らないが故に他の種類の工場と雖も亦茲に其の緊要なる参照を獲得し得る事を信じて疑はない」とする蒲生の問題意識がある。

内容を紹介すると、まず、「工場に於ける衛生状態と換気とは我が工場労働者の健康と能率とに重大なる関係ある処であつて社会の注意を引き付けたるは実に最近の事である」と述べられ、「近き将来に於ては競争に於ける勝利は労働能率によつて決定せらるゝに至るであろう」という。そして、労働能率は労働者の健康状態に関係することから、工場の衛生設備の改善や労働者の衛生意識の向上などがきわめて細かく提言される。たとえば、便所は能率の観点から「職工の居る処から余りに遠くに在る為めに時間を空費することのない様にする」とともに、衛生の観点から「工場とは全然隔離されて建てられなければならぬ」とされ、また作業場は「充分な光と新鮮な空気のある事を必要とする」ことから、窓を増やしたり「通風管」や「ファン」を設置したりするよう勧められる。もちろん、便所だけでなく、「手洗場」や「飲用水具」の設備面にかんする事項や、温度や湿度、また換気にかんする事項についても、詳しく検討し実際的な提言が数多くなされている。

記事19 「安全委員会の組織㉚」

この記事は、蒲生が冒頭で触れているように、「コヰ氏の著書」からの抜粋を翻訳したものであり、「安全委員会と称すべき組織が我邦工場に於てもボツボツ発生した事」を受けて、「安全委員会の組織について先輩の説を聞くのは蛇足では有るまい」との意図で書かれた具体的な組織作りの指南である。

内容は、まず、労働者の安全教育について述べられ、「予防し得べき事故を除去するのには職工教育と云ふ事が最も大切なる要素である」として、具体的には、「重大な怪我を受けると廃人となりて将来働ける力を非常に減ずるものであると云ふこと」、「自分達が従事して居る仕事を有効に遂行する為めの教育費は会社にとつて莫大であると云ふこと」、また「重傷を受けたり又は事故の為めに死亡したる場合には家族が蒙る不幸及困難は測り知れないものであるといふこと」を「使用人に明瞭に了解させねばならぬ」ことが説明される。そして、このためには、「活動写真」「絵解き噺」「講話」や印刷物の配布、「掲示板」などが活用できることを指摘し、また労働者から安全対策にかんする意見を募ることも有益だと述べられる。

次に、「安全委員会」（「職工安全委員会」）については、「職工の安全委員会は殊に必要である」と強調され、「之等の委員会は各課に於ける数人の職工を以て組織され事故予防討議の為め毎月会議を開くべきである」ことや「之等の委員会の顔振れは三ケ月目毎に変更すべきである」ことなどが提言される。とくに前者については、「自己の意見を遠慮なく打明けて述べる」ようにさせるには「同僚許りの会合」にする必要があると説明され、また安全委員会がうまく機能するための方策について述べられる。

最後に、「中央安全委員会」について説明され、工場全体の安全組織について具体的に説明される。また、安全組織の実際例として、「ユーナイテット、スティール、コルポレーション安全委員会」が取り上げられ説明される。

記事20 「安全委員会の組織（二）」[31]

この記事は、前号（第2巻第11号）の「安全委員会の組織」の続きであり、内容は、蒲生が安全組織の在り方について「コヰ氏の著書」から抜粋して翻訳したものである。

内容は、「ユーナイテット・スティール・コルポレーション」の「衛生事業の組織」が前号の続きとして紹介され、続いて、「オリバー鉄鉱会社の安全組織」、「クリフス会社の安全委員会組織」、「『イリノイス』製鋼会社」の安全組織、などが解説されるが、その内容は実際例の詳細な解説に終始するため、ここでは省略する。

記事21 「災害の予防」[32]

この記事は、文中にあるように、「『ジヨン、カルダー』氏の工場災害予防と申す書物」を下敷きに、蒲生自身の視点を加味しながら、工場災害予防の具体的方策について述べるものである。

まず冒頭で、第一次世界大戦後の国際社会で、「大正八年のお正月を迎へて御目出度う御目出度うと屠蘇に酔ふて居る間にも平和の戦争はドシドシ進んで参ります、各国戦後の国力回復と云ふ大事業を持つて居りますから一刻も他国には遅れを取るまいと努力するに極まつて居ります」と述べ、国際競争がいっそう激化するなかで、工業化の進展にともなって必然的に起こる工場災害を予防すべきことを次のように力説する。「工業が盛になればなるほど所謂大量生産と云ふ事が行はれ、大工場が設立され、多衆の工場勤務者が出来、機械がドシドシ用ゐられる様になります、斯様になると一方には期せずして種々の災害が此に伴つて我々を襲ふて参ります、我々は斯くの如く努力することによつて幸福を得んことをこそ望んで居れ、災害などは御免を蒙り度いと思ひます、然るに遠慮もなく災害が襲つて来るとすれば如何にしたらよいのでしよう」。

工場災害は工業化の進展に必然的に伴うがゆえに、当時では、やむを得ないことだという一般的な認識が社会全体を覆っていたが、蒲生は、「此災害について今迄に色々と研究をされた処が、先ず其大部分は適当な処置をすれば防ぐことが出来ると云ふ事になりました」と訴え、続けて、「「ジヨン、カルダー」氏の工場災害予防と申す書物」で挙げられている災害の主要六原因である「無知、不注意、不適当な着物、不充分な光、機械及び建物の不完全、安全装置の欠点」に、蒲生自身が追加した「不充分な余地、椅麗ならざる状態及び善良なる空気の欠乏」の三原因を含めた九原因を、それぞれ蒲生独自の語り口でエピソードを交えながら軽快に解説する。

そして末尾で、「使用人も時に不注意で居る事もあつても此は或る程度迄は許容されなければなりません、人は神様でない以上完全無欠を求めても不可能です」と述べ、それゆえ、雇主は「合理的の方法で出来る丈け職工を保護し災害を予防する責任があるのです」と訴える。

記事22 「身体検査と仕事との関係」(33)

この記事は、冒頭に述べられているように、「「マグナス、ダブリユー、アレキサンダー」氏の簡易平明なる論説」の翻訳である。蒲生の意図は、「従来各工場其他に於て使用人を採用するに当つて多くは盲目的傭入をなし、仮りに身体検査をなすと雖も大方は無意味なる形式的身体検査を為すもの」に過ぎず、「使用人雇人の古い方法では使用主は使用人の身体が仕事に適するや否やを知らないで居るのである。此は盲目的傭入である、此の新しき方法によれば聡明を以て傭入れられるのである」というように、労働者の健康管理の必要性を説くことにあり、それは、「雇主たるものは誰でも〔…〕使用人の健康と生命を保護し、不健康が惹起す処の災害を防止しなければならぬ」とする安全と健康との密接な関係を重視する点にある。

内容は、労働者に対する身体検査、とりわけ、雇用の際の身体検査の必要性を述べた後、身体検査の実際的方法を綿密に解説するが、その大部分が、この実際的方法の解説に費やされるため、ここでは省略する。

なお、身体検査は労使双方に利点があり、また「人道上よりするも冷やかなる金銭上の問題とするも凡て関係者に大利益がある」という。すなわち、「職工の身体的慰安を増加し永い期間一層繁栄なる勤務をなし彼の「ポケット」に金を入れ而して彼の家庭及び社会状態の改善をなすのである。又其名声は特に雇主に取つて考慮すべき価値がある、彼の使用人の増加したる幸福と満足は彼の仕事力に作り（ママ）、彼等は一層しつかりした充実したる仕事に生産力を増加し工場の円滑なる運転をなさしめるのである、又事故を減少させることが其に伴ふ処の諸経費と共に賠償責任の軽減し（ママ）たるのである」。

また、身体検査による雇入拒否の問題点については、「若し身体検査をやるならば其の為めに身体適否の原則を応用される為めに遂には其点に於て不足なものは工業界外に追ひ出されてしまうことになるだろうと云ふ悲を抱くものもあつた」が、それは「今迄の記録によると身体的欠点の為めに工業界から追はれたものは幾らも無い」ため、「大した事ではない」といい、「自己の安全又は共働者の安全を侵す様な身体の状態であるならば其人を工業界外に出す方がよいと云ふことに一致して居る」と述べる。

記事23 「照明と安全第一」(34)

この記事は、工場における労働に際して、「不充分なる光は危険の原因」であり、「衛生の点から云ふても必要」な十分な照明の必要性を説く蒲生自身の主張で、主として工場経営者に向けて書かれている。

内容は、照明が安全と衛生にどのように関係しているかを説明するものであるが、わずか三頁の短い記事で、英国の工場監督官制度の状況を例に挙げて、労働環境における照明の重要性を指摘する。ただし、この記事が末尾に「未完」と記して中断しているので、全体の論旨が明らかではないが、「工場経営者は如何に其光りを利用すべきかに就て充分修養の余地がある」と書かれているので、工場の安全および衛生に責任を負うべき工場経営者に対し、照明の効果と意義を説明する点に、蒲生の主眼があるものと思われる。

第3節　雑誌『安全第一』にみる蒲生俊文の安全思想

前節で解説した蒲生記事を表にすれば、図表22になる。前節をふまえて、ここでは、蒲生記事全体の特徴を描き出し、彼の安全思想について検討する。

まず、蒲生が機関誌『安全第一』に寄稿した記事の全体的特徴を整理すれば、次のようになる。

第一に、初期には現場の労働者や世間一般など一般大衆を対象に書かれた記事が比較的多数見られたが、後半では全く見られなくなった点である。後半では、もっぱら工場の経営者や管理職あるいは有識者や行政当局を主たる対象に書かれている。実際、図表22の記事番号では1、2、4、7の四編の記事（一九一七年四月から同年一一月まで）だけが、内容や表現方法から判断して一般大衆にも読めるものである。後半において、なぜ蒲生は一般の読者を対象にした記事を書かなくなったのであろうか。これには主要な原因として購読者層の問題と戦術上の問題の二点が考えられる。

まず購読者層の問題については、機関誌『安全第一』の購読者がきわめて限られており、購読者層が一般大衆ではなかったことである。一般読者向けの記事を書いても一般読者が読まない記事を書くことは無意味であった。つまり、購読者の多くは有識者あるいは工場の経営者や管理職などであった。そして、それらの記事の内容は彼らを通して間接的に現場で作業に従事する労働者などに伝えられた。したがって、機関誌では、労働者向けの講演とは異なった内容や語り方が求められた。

図表22　機関誌『安全第一』所収の蒲生俊文の記事一覧

記事番号	記事の題名	所収誌の巻号	内容
1	工場の一隅より	第1巻第1号	工場の安全第一
2	大乗安全第一と小乗安全第一	第1巻第3号	安全第一主義
3	盲目の悲哀	第1巻第4号	眼の事故予防
4	照顧脚下	第1巻第5号	安全第一主義
5	安全第一と照明	第1巻第6号	照明による事故予防（翻訳）
6	経済より見たる安全組織	第1巻第7号	安全の経済性（翻訳）
7	火災防止は各人の義務	第1巻第8号	火災予防（翻訳）
8	投光器と安全第一	第2巻第1号	投光器の安全利用（翻訳）
9	小規模工場に於ける事故防止問題	第2巻第2号	中小企業の安全運動（翻訳）
10	湿度――熱及事故	第2巻第3号	労働衛生（翻訳）
11	工場火災と安全第一	第2巻第4号	工場火災予防
12	水戸大火雑感	第2巻第5号	火災予防
13	合衆国金属精煉会社『クローム』工場に於ける事故防止事業	第2巻第6号	工場の安全組織（翻訳）
14	事故の減少は能率の増進なり	第2巻第7号	工場の安全組織（翻訳）
15	倉庫と煙草	第2巻第7号	禁煙による工場火災予防
16	安全第一運動	第2巻第8号	安全第一主義
17	工場衛生私論	第2巻第9号	労働衛生（翻訳）
18	織物工場に於ける衛生と換気	第2巻第10号	労働衛生（翻訳）
19	安全委員会の組織	第2巻第11号	安全委員会（翻訳）
20	安全委員会の組織（二）	第2巻第12号	安全委員会（翻訳）
21	災害の予防	第3巻第1号	工場災害予防
22	身体検査と仕事との関係	第3巻第2号	身体検査と安全（一部翻訳）
23	照明と安全第一	第3巻第3号	照明による安全衛生

次に戦術上の問題については、社会運動の初期段階で遭遇する通弊であるが、一般大衆へ安全運動を広げる前に、まず社会の指導者層を啓蒙しなければならないことを蒲生が重視したことである。実際、少し後の時期になるが、一九一八年八月の「安全第一運動」という記事で、「屡々安全第一運動が社会の所謂有識階級若くは此に付加（ママ）〔和〕雷同する処の輩によつて或は嘲笑若くは冷殺せらるゝが如き事を耳に(35)」して、蒲生は、最初に彼らの安全運動に対する誤解や無理解を解消しなければならないとの思いを強くした。ここに

「屢々」と書かれているから、蒲生は以前から気づいていた。その時期は正確にはわからないが、一九一七年末から一九一八年にかけて、一般大衆よりも指導者層に啓蒙活動の焦点を絞った時期に重なるかもしれない。

全体的な特徴の第二は、英文記事からの翻訳が多数占めている点である。実際、約半数の記事が翻訳であり、記事番号5、6、7、8、9、10、13、14、17、18、19、20、22の一三編の記事がそれである。ただし、記事番号22の記事は一部のみ翻訳である。これには、蒲生が英語に堪能であったこと以外に、次の二つの理由が考えられる。第一の理由は、一九一七年から一九一九年に至る日本の安全運動の誕生期において、安全運動の先進国である米国の状況を日本に紹介する意義がきわめて高かった点である。蒲生は情報を可能な限り収集して、最新事情を紹介する重要な役割を担った。それは、安全の「文明開化」を告げる使者のような役割であり、かって福沢諭吉が『西洋事情』を著わして日本に西洋社会の現況を伝え啓蒙的役割を果たしたように、蒲生も米国の安全事情を日本に伝えようとしたのである。第二の理由は、『安全第一』第1巻第5号に次のような公告が掲載されたように、「米国国民安全協会」(NSC)と交流を始めたことである。

米国国民安全協会総会
――内田会頭に通知し来る――
市俄古〔シカゴ〕の国民安全協会に於ては〔…〕愈々九月十一日より十四日に至る四日間を期し紐育〔ニューヨーク〕市に開催すること、なれる由同会本部より本会の内田会頭宛に通知ありたり〔。〕(36)

NSCと安全第一協会の交流の端緒は、遅くとも一九一七年四月に開かれていた。実際、内田が安全第一協会の設立準備中の一九一七年二月ごろにNSC宛に手紙を送り、これに対し「国民安全協会総理事ダヴリュー、エッチ、キヤメロン」が「三月十五日付貴翰今日落手仕候」として、一九一七年四月九日づけで「米国国民安全協会総理事の祝詞」を内田宛に返信してきているからである[37]。

ＮＳＣと安全第一協会の交流は内田に限られなかった。むしろ蒲生のほうこそ、長期にわたりＮＳＣと親交を深めた。とくに、蒲生はＮＳＣの事務局長を務めたＷ・Ｈ・キャメロン（William H. Cameron）と戦前戦後を通じて親交を続けた。蒲生は晩年になってＮＳＣが発行した *Handbook of Accident Prevention* を翻訳し『産業安全ハンドブック』（一九五八年）として出版しているが、その冒頭に訳書に対して寄せられたキャメロン自身の推薦文を掲載している。それを次に紹介しよう。

親愛なる蒲生さん

私は貴君が日本の安全運動に没頭し、貴国の安全計画は貴君のリーダーシップによりて完成されたことを記憶して居ります。勿論戦時中障害があつたけれども貴君の安全創設者としての誠実及び貴君の創案によりて国際安全会議が出来たことを記録することは正しく且つ公正なことと思います。他国に於ける安全運動を理解する合衆国に於ける我々は貴君がリーダーとして継続される前途を喜ぶものであります。又日本国民の生命を継続することに関心を有する人々は、貴君の周囲に走せ参じて貴君の往時の活動を強力にも一度継続させるでありませう。

米国ナシヨナル・セイフテイ・カウンシル

前専務理事　Ｗ・Ｈ・キヤメロン[38]

全体的な特徴の第三は、記事の内容が広がりを見せている点である。たとえば、工場での事故防止にかんする記事は初期に多く見られるが、後半では、他の観点から論じた記事が増えていくことがわかる。実際、表に見る通り、記事番号9の記事までは、主として工場での事故防止にかんする記事で占められているが、記事番号10の記事以降は、労働衛生や安全組織にかんする記事が現れてくる。これは、蒲生が米国の安全運動から学び取り、安全運動に対する視野が広がっていったためであろう。実際、労働衛生や安全組織にかんする記事は、ほとんど全て翻訳記事で占められており、労働衛生にかんする10、17、18の三編の記事および安全組織にかんする13、14、19、20の四編の記事は、全て翻訳である。

全体的な特徴の第四として挙げられることは、蒲生が安全運動の守備範囲を広げつつも、彼が最も強い関心を示していたのは工場の安全運動であったという点である。これは蒲生が東京電気に勤務していたことと深い関係があろう。実際、右記二三編の記事のうち一八編が工場における安全あるいは衛生にかんする記事であり、記事番号1、3、5、6、8、9、10、11、13、14、15、17、18、19、20、21、22、23の記事が、それに該当する。

以上を要約すると、この二年間の安全運動において、蒲生は啓蒙する対象者を一般大衆から支配層や有識者などに重点を移した。そして、安全運動の範囲も事故防止以外に労働衛生や組織の在り方も含むようになった。しかしながら、こうした変化とともに、彼は一貫して工場の安全運動に関心を持ち続けた。

次に、機関誌『安全第一』に掲載された蒲生の記事を通して浮かび上がる彼の安全思想の特徴を具体的に検討してみよう。

社会が安全に無関心であった時代には、安全の恩恵を直接享受するはずの工場労働者や一般市民は安全意識が希薄であっただけでなく、労働者にとって安全は仕事の邪魔でしかなかった。それは、いわば一八八〇年代の日本社会が公衆衛生の意義を認めていなかった状況と酷似している。当時、公衆衛生の普及に努めていた長与専斎（ながよせんさい）（一八三八〜一九〇二年）は、一般大衆の協力なくしては公衆衛生の普及に限界があると感じ、衛生思想の普及活動の拠点として「大日本私立衛生会」という民間団体を設立するが、それは安全運動における安全第一協会に相当する。この大日本私立衛生会は「全国民の健康を保持増進するの方法を討議講明し一には衛生上の知識を普及し一には衛生上の施政を翼賛する」ことを目的に、一八八三年二月一八日に発足し、同年五月二七日、その設立総会が開かれ、第一期の役員は会頭に佐野常民、副会頭に長与専斎の体制で出発した。(39) このときの事情を長与が次のように語っているのは、安全運動との類似点があり、大変興味深い。

衛生といえることはすべて人民の厭うところとなりて、その発達普及を妨ぐるの虞あり、〔…〕この際さらに人民の側に立ちてその裏面に立ち入りて懇ろに理義を説き諭して迷夢を警醒すべき機関を組織し、以て官民の融和を謀ることこそ必要なれと、同志の人々相かたらい、十五年〔正式には明治一六年、すなわち一八八三年〕を以て大日本私立衛生会といえるを創立し、〔…〕毎月常会を開きて演説講話を行い、コレラ・赤痢の病理、予防、消毒の理由方法をはじめ、百般公衆衛生の事項を通俗の言文にて社会に紹介し、もっぱら衛生思想を鼓吹しけるに、この連日コレラ流行の折なりければ、大いに社会に歓迎せられ、〔…〕ほとんど全国に私立の衛生会を見るに至れり。(40)

この一文に描かれている公衆衛生誕生の過程は、安全運動のそれと重なる。長与専斎を日本における「衛生の父」とするなら、蒲生は「安全の父」といってよい。実際、「安全の父」という呼称は蒲生に対して使われていた。「アメリカ労働省機関誌〝労働基準〟に昨年〔一九五八年ごろ〕発表されたる〝日本の安全教祖〟の1文(ママ)」に、蒲生は次のように紹介されている。

七十五才で日本安全研究所々長蒲生俊文氏は約半世紀前に、彼が開始した作業災害に対する仮借なき戦を猶戦ひつヽあるのである。1914年に作業中に感電して死んだ労働者を見て、斯かる悲劇の再起を防止せんと決心した。氏は若き時病に罹り医師は残余一二年の生命を告げた。そこで健康に関する書物を読みあさり、其の学んだところを健康改善に応用した。之等早期の経験が蒲生氏に、人間の生命を防護することに対して敏感な尊敬心を与えた。40年前の「安全狂」は今や日本に於ける尊敬すべき「安全の父」である。(41)

ただし、「安全の父」である蒲生は温かい心情（ウォーム・ハート）だけでなく冷静な頭脳（クール・ヘッド）をもった合理主義者でもあった。たとえば、一九一八年三月に起きた水戸市の火災についての蒲生のレポートのなかに、それがよく現れている。

余は仮りに保守的精神と茲に掲げた、敢て水戸人士を侮辱するのではない、只余の一瞥した処では水戸市全体に保守的精神が力を得て居る様に見へた、水戸市は貧弱なるが故に充分な費用の負担に堪へない、従つて各種良好なる妙案が有つても一々之に応ずる事が出来ないのである、其れは何であるか、水戸人士は有名なる義公烈公及び東湖を誇りとして居る、而して今も彼等の時代に生きて居る様に考へて居る様に見へる、義公烈公は偉い藤田東湖も偉い、然し時代は既に去つた、〔…〕只時代錯誤に陥らざる事が大切である⁽42⁾〔。〕

そして、この合理主義は必ずしも歴史や伝統を否定するものではなく、それらと調和するものであった。たとえば、鎌倉の禅寺を訪れた蒲生が「照顧脚下」と書かれた木札を見て、彼は「親友「安全第一」に御目に懸つた様な気がした⁽43⁾」と再発見したり、塚原卜伝を「安全第一の名人⁽44⁾」として評価する点などを挙げることができる。

また、彼の合理主義は人間がヒューマン・エラー（human error）を犯さないとする機械的な人間観を意味するものではない。むしろヒューマン・エラーの存在を念頭において安全運動を進める必要性を、彼は次のように説いている。

使用人も時に不注意で居る事もあつても此は或る程度迄は許容されなければなりません、人は神様でない以上完全無欠を求めても不可能です、其処で偶に不注意であつても怪我を起さないで済む様にする為めに機械や周囲に保安装置を取り付ける必要が出て来るのです⁽45⁾〔。〕

蒲生は、一方で、事故が人間の不注意から起こる事実を認識していたが、他方で、事故の原因が人間を取り巻く環境の不備にあることをよく理解していた。それゆえ、雇主は「合理的の方法で出来る丈け職工を保護し災害を予防する責任がある」[46]と述べる。蒲生の安全に対する基本姿勢は、事故の原因を労働者の不注意だけに求めるのではなく、労働者を取り巻く環境を「合理的な方法で」改善すべきだという点にあった。そして、この姿勢は理想主義的なものではなく、実現可能な方法を提示する現実主義によって支えられていた。それが次の一文によく示されている。

安全装置も、誠に複雑で且つ高価であつては中に一寸取付ける訳には行かなくなります、ソコで此の装置についても充分な研究を必要とするのでありまして、一、最も効力のある方法、二、最も簡単なる方法、三、最も廉価なる方法と此の三点は是非共考の中に入れなければならない事は当然の事であります、従つて其の場合に応じた装置を作ることが必要な事であります。[47]

この現実主義は、実際に安全装置を導入しようとする経営者にとっての現実主義でもあった。たとえば、労働災害が発生することによる企業の損失を「減ずる最も正確な方法は事故防止で有る」[48]と論じたり、「能率増進を来さんとすれば先づ我が安全第一で無ければならぬ」[49]と主張している。

そして、この現実主義は、安全のために行為そのものを避けるのではなく、不安全行為（unsafe acts）を避けるべきことを意味した。蒲生が「無謀」「無益」な危険を回避することこそ「安全第一協会が大声叱呼して世人一般の覚醒を促して居る」安全第一主義だと主張[50]するのは、このことを指す。

また、蒲生は安全第一主義が社会的行為であり、安全を個人にとって権利である以上に社会に対する義務と考えていた。たとえば、火災防止は「吾人の社会に対する明なる義務[51]」であるとするのは、火災が人間の努力によって防ぐことができるからである。したがって、それを怠ることは怠惰ではなく社会悪だと断罪される。蒲生は喫煙が個人的な「悪習[52]」に留まらず社会悪と考えていたが、それは彼自身、たばこを吸う習慣がなかったからではなく、予防可能な危険を放置する無関心な態度が安全第一主義に反したからに他ならない。この彼の見方は、別の雑誌に発表した「禁煙論（一）」と題する次の一文に率直に表れている。

自ら其の害を脱せんとすることなきは勿論喫煙を禁じて有る場所ですら得々として喫煙をなし、電車内の公衆の前に車掌と争ひながら猶吸ひ残りの巻煙草を口にする如き馬鹿者さへ有るのは社会一般が此等に対して余り多く感ずる処なきに帰因(ママ)するのでは無いか、実に文明国民の恥曝しで有ると秘かに慨嘆する次第で有る。(53)

蒲生のたばこに対する厳格な態度は、防災一般に対する彼の考え方を代弁しているが、しかしながら、この厳格さは国家が統制して実現すべき課題であるとは彼は主張していない。社会的義務としての安全は、「法律に依り国家に対する義務として強制される様な日の来らざらん事を希望して止まない(54)」と彼が翻訳記事で書いているように、彼自身も翻訳文に重ね合わせながら、法律によって強制される国家に対する義務としての安全運動を望んでいなかった。むしろ、市民の道徳的な義務によって遂行される自発的な安全運動を理想としていた。この意味で、彼が推進しようとした安全運動は、一般大衆を啓蒙し、その協力を取りつけながら進めていく社会運動であった。

■**注**（第3章）

（1）蒲生俊文「日本に於ける我が安全運動と其哲学」、芦野太藏編集・発行『安全の闘将　蒲生俊文先生』一九三〇年、一二頁。
（2）社会局労働部『我国ニ於ケル産業災害予防ノ概況』（労働保護資料第28輯）社会局労働部、一九二八年、一五頁。
（3）『安全第一』第3巻第3号、一一頁。
（4）同、五一頁。
（5）蒲生俊文「日本に於ける我が安全運動と其哲学」、前掲『安全の闘将　蒲生俊文先生』一二頁。
（6）同、一二～一三頁。

(7) 蒲生俊文『安全運動三十年』奨工新聞社、一九四二年、七～八頁。
(8) 蒲生俊文「日本に於ける我が安全運動と其哲学」、前掲『安全の闘将　蒲生俊文先生』一三頁。
(9) 同、一三頁。
(10)『安全第一』第1巻第1号、三六～三九頁。
(11)『安全第一』第1巻第3号、五四～五六頁。
(12)『安全第一』第1巻第4号、五六～六〇頁。
(13)『安全第一』第1巻第5号、五三～五五頁。
(14)『安全第一』第1巻第6号、二〇～二八頁。
(15)『安全第一』第1巻第7号、一〇～一三頁。
(16)『安全第一』第1巻第8号、一三～一七頁。
(17)『安全第一』第2巻第1号、一七～二三頁。
(18)『安全第一』第2巻第2号、五～一二頁。
(19)『安全第一』第2巻第3号、九～一三頁。
(20)『安全第一』第2巻第4号、二六～三一頁。
(21)『安全第一』第2巻第5号、二八～三三頁。
(22) 自未得度先度他は「自れ未だ度ることを得ざるに先づ他を度す」と読み下し、利他救済を意味する（道元『正法眼蔵　四』岩波書店、一九九三年、一七九頁）。
(23)『安全第一』第2巻第6号、一八～二三頁。
(24)『安全第一』第2巻第7号、二九～三一頁。
(25) 同、三五～三七頁。
(26) 蒲生俊文「禁煙論（一）」、友愛会編集・発行『労働及産業』（友愛会機関誌）第7巻第3号（通巻第79号）、一九一八年三月、四九～五〇頁。
(27)『安全第一』第2巻第8号、二八～三一頁。
(28)『安全第一』第2巻第9号、九～一三頁。

(29)『安全第一』第2巻第10号、六〜一八頁。
(30)『安全第一』第2巻第11号、三二〜四一頁。
(31)『安全第一』第2巻第12号、九〜一三頁。
(32)『安全第一』第3巻第1号、二三〜二九頁。
(33)『安全第一』第3巻第2号、一〜一四頁。
(34)『安全第一』第3巻第3号、九〜一一頁。
(35)蒲生俊文「安全第一運動」、『安全第一』第2巻第8号、二八頁。
(36)『安全第一』第1巻第5号、八〇頁。
(37)米国ナショナル・セーフティ・カウンシル（蒲生俊文訳）『産業安全ハンドブック』日本安全研究所、一九五九年、六頁。
(38)『安全第一』第1巻第3号、目次の次の頁。
(39)日本公衆衛生協会編集・発行『公衆衛生の発達——大日本私立衛生会雑誌抄』一九六七年、二二〜二九頁。
(40)小川鼎三・酒井シヅ校注『松本順自伝・長与専斎自伝』（東洋文庫）平凡社、一九八〇年、一七八頁。
(41)蒲生俊文「吾が安全運動の思出」、前掲『産業安全ハンドブック』一五五〜一五六頁。
(42)蒲生俊文「水戸大火雑感」、『安全第一』第2巻第5号、三一〜三二頁。
(43)蒲生俊文「照顧脚下」、『安全第一』第1巻第5号、五三頁。
(44)蒲生俊文「工場の一隅より」、『安全第一』第1巻第1号、三七頁。
(45)蒲生俊文「災害の予防」、『安全第一』第3巻第1号、二九頁。
(46)同、二九頁。
(47)同、二九頁。
(48)蒲生俊文「経済より見たる安全組織」、『安全第一』第1巻第7号、一一頁。
(49)蒲生俊文「事故の減少は能率の増進なり」、『安全第一』第2巻第7号、二九頁。
(50)蒲生俊文「大乗安全第一と小乗安全第一」、『安全第一』第1巻第3号、五六頁。
(51)蒲生俊文「火災防止は各人の義務」、『安全第一』第1巻第8号、一六頁。
(52)蒲生俊文「倉庫と煙草」、『安全第一』第2巻第7号、三五頁。

(53) 蒲生俊文「禁煙論（一）」、前掲『労働及産業』第7巻第3号（通巻第79号）、四九頁。

(54) 蒲生俊文「火災防止は各人の義務」、『安全第一』第1巻第8号、一七頁。

第2部
産業福利運動

第4章　産業福利協会

第1部を通して、蒲生俊文が実質的に中心的担い手であった安全第一協会を中心に安全第一運動について論じてきた。安全第一運動は社会に安全意識を根づかせた点で大きな功績があり、安全週間はその具体的な表現であった。しかし、安全第一運動は民間の有志によって支えられ、資金的にも余裕がなかった。統括者である内田嘉吉が第一線から離れるにつれ、運動も自然消滅へと向かっていった。この衰退しつつある安全運動が復活するのは、資金的にも比較的恵まれた官が担う産業福利運動においてであった。この産業福利運動は、安全第一運動から二つの重要な遺産を受け継いだ。一つは安全週間に代表される運動の形式であり、他は蒲生という運動の担い手である。全く基盤の異なる組織が継続性を持つのも、蒲生が安全第一運動と産業福利運動の両者に深くかかわっていたからである。

第2部は、蒲生が指導した産業福利運動を扱う。蒲生は、そこにおいて引き続き安全運動を継続することになる。

本章では、産業福利協会の設立にかかわり、産業福利協会および協調会において産業福利運動を主唱した河原田稼吉（かわらだかきち）(1)と安全第一協会の設立以来、産業福利協会を経て、協調会へと至る過程において戦前日本における労働安全運動を主導した蒲生の二人の活躍の拠点となった産業福利協会の活動の実態を明らかにした上で、安全運動との関係で産業福利運動の意義について論じる(2)。

第1節　産業福利協会の設立

産業福利協会は、内務省社会局の外郭団体として[3]一九二五年一一月に設立された。しかし、その経緯についての『内務省史』の記述は短い。すなわち、「大正五年（一九一六年）の工場法施行以来、全国の主要な工業府県においては、工場懇談会・工場衛生会等の工場主の団体が組織され、その仕事は工場法の円満な施行を助け、工場における災害を予防し、その他衛生の改善、福利施設の奨励助長等を主たる目的とするものであった。成立の当初は地方的なものであったが、その後、全国的な連合団体となり、大正十四年（一九二五年）、内務省社会局内に産業福利協会が設立された」と記すのみである。[4]

また、『内務省史』以外では、産業福利協会の理事長経験者である河原田と湯沢三千男[5]が、その機関誌『産業福利』で語っているが、『内務省史』より多少詳しい程度で、重複する点が多く、やはり設立の具体的な経緯は判然としない。ただ、産業福利協会の設立時から台湾総督府総務長官に転出する一九二八年六月まで同協会の理事長を務めた河原田が、産業福利協会の設立の由来が「工場法の施行」と「労働問題」にあると指摘している点は注目に値する。すなわち、彼は次のように語っている。

> 産業福利協会が出来ましたのは一昨年大正十四年の暮であります。然し其の時に突忽として現はれたものには非して本会の由来は更に遠いのであります。大正五年工場法の施行せられました時分から時勢の変遷影響もありまして労働問題といふものが漸次に事業主の注意するところとなりまして全国各地に工場懇話会、工業懇談会、工場衛生会といふ様な工業主の団体がポツポツ設立せられ大正十四年には全国に略々普及し数府県を除いてはこの種団体の設立を見ざる県なきに至つたのであります。
>
> 此の種工業主の団体は其の名称及目的は必ずしも一定して居りませんが概言すれば工場法の円満なる施行を助

け工場に於ける災害の予防、衛生の改善、福利施設の助長、能率の増進、勤積（ママ）〔続〕の奨励等を目的とするものであります。而して是等団体は二三のものを除いては何れも地方の工場監督官を事務の中心とするものでありまして、本来地方的のものでありますが、相互提携連絡の機関として全国的連合会を作らんとするの議が提出せられ各方面の賛同を得て大正十四年末社会局内に産業福利協会の設立を見るに至つたのであります。本会は上述しました各地の工業懇話会、工場衛生会、等の外工業倶楽部、鉱山懇話会、石炭鉱業連合会、等の入会を得又其の後大正十五年に本県〔福岡県〕下に鉱山及工場の連合会たる鉱工連合会が出来まして本会に入会せられましたので今や本会は略全国の工場及鉱山を網羅するに至つたのであります。本会は当初会員たる各団体の会費によつて維持せられたのでありますが、本年〔一九二七年〕に於ては政府も本会の事業の重要なるを認めて補助金を下付せられることになつたのであります。(6)

『内務省史』と河原田の記述をふまえて要約すれば、産業福利協会は、工場法の施行および労働問題に対処する形で、地方的な工場主団体の相互提携連絡の機関として設立された中央機関であった。

産業福利協会は、「工場法の円満な施行を助け、工場における災害を予防し、その他衛生の改善、福利施設の奨励助長等を主たる目的とするもの」（内務省史）、あるいは「工場法の円満なる施行を助け工場に於ける災害の予防、衛生の改善、福利施設の助長、能率の増進、勤積（ママ）〔続〕の奨励等を目的とするもの」（河原田）とされ、これは産業福利協会の会則(7)の第1条に、「本会ハ工業災害ノ防止、労働衛生ノ改善及被傭者ノ福利ノ増進ヲ図リ且ツ労働法規ノ円満ナル施行ヲ助クルヲ以テ目的トス」と規定された。

したがって、産業福利協会は、工場法などの労働法規の円満なる施行、労働安全衛生の改善、労働者福利の増進などを目的とした工場主団体の全国組織として、労働行政を所管する内務省社会局を補佐する団体として設立されたのである。そして、外郭団体の産業福利協会は、その後一九二九年二月に財団法人となり、一九三六年三月に解散するま

図表 23　産業福利協会の役員構成[10]

	役員数	役員に占める社会局職員の人数とその割合
外郭団体（1927 年 6 月）	22 人	22 人（ 100%）
財団法人（1929 年 3 月）	9 人	6 人（約 67%）
財団法人（1936 年 3 月）	8 人	6 人（ 75%）

で活動を続けた。

資料が乏しいため、産業福利協会の設立の経緯については、これ以上追求することは困難であるが、その活動内容について同協会が発行していた雑誌『産業福利』などを手がかりに、ある程度、概観することができる。そこで、以下では、産業福利協会の活動内容について、人事、財政、事業、解散、理念の観点から順に検討していこう。

第2節　産業福利協会の人事

ここでは産業福利協会の人事について、機関誌『産業福利』および『産業福利年報』から判明する事実に基づいて、外郭団体の時期と財団法人の時期に分けて検討する。

まず、外郭団体の時期において、産業福利協会の職員は社会局職員から成る役員二二人で構成され、その内訳は、会長が社会局長官、理事長が第一部長（のち労働部長）、理事が社会局職員（書記官、事務官、技師、嘱託）であった[8]。これは、当時の社会局職員（ただし、長官、部長、書記官、事務官、技師のみ）四七名の約半数にあたる[9]。

また、財団法人の時期には、理事に社会局職員以外の者が加わるが、依然、役員に社会局職員が多数を占める事実に変わりなく（図表23、参照）、また会長および理事長は社会局の長官および労働部長にそれぞれ割りあてられた指定席であった。

したがって、一九三六年四月に協調会と合併するまで、産業福利協会は外郭団体および財団法人の両時期とも人事を通じて社会局の支配下にあった。しかも、協会の事務所は財団法人の時期も含め社会局に置かれていたため（図表24、参照）、実態は、社会局から独立した別

図表 24　産業福利協会の事務所が置かれていた社会局庁舎

出典：Gamoh, Toshibumi, *Industrial Life in Japan*, 産業福利協会、1934 年、口絵

組織ではなく社会局の「別働隊」[11]であった。

第3節　産業福利協会の財政

ここでは産業福利協会の財政について検討する。ただし、財政状況を示す資料は乏しいので、ここでは一九二七年度決算（外郭団体の時期）および一九三五年度決算（財団法人の時期）を比較検討することによって、大雑把な財政状況を把握しておきたい。

まず、一九二七年度における主たる歳入は、国庫補助（二・〇万円――千円未満四捨五入、以下同）、会費（一・七万円）、諸収入（一・六万円）であり[12]、また、一九三五年度においては、国庫補助（一・一万円）、会費（一・二万円）、諸収入（二・九万円）であり[13]、それらで歳入総額の八割から九割程度を占めていた。とくに、財団法人となってからも寄付金および利子収入はきわめて少なく、会費や諸収入といったいわば自助努力による財政構造は、産業福利協会の特徴をなしていた。

産業福利協会は、発足当初、年額五〇円以上の会費を納める工場主団体など三五団体（一九二七年四月現在）の会員（のちの維持会員）のみで組織され、その財政は会費への依存度が大きかったにもかかわらず、一九二七年度の決算によれば、維持会員の会費は四、六七〇円に留まり、歳入総額の一割にも満たなかった[14]。

図表 25　産業福利協会の会員数の推移 (15)

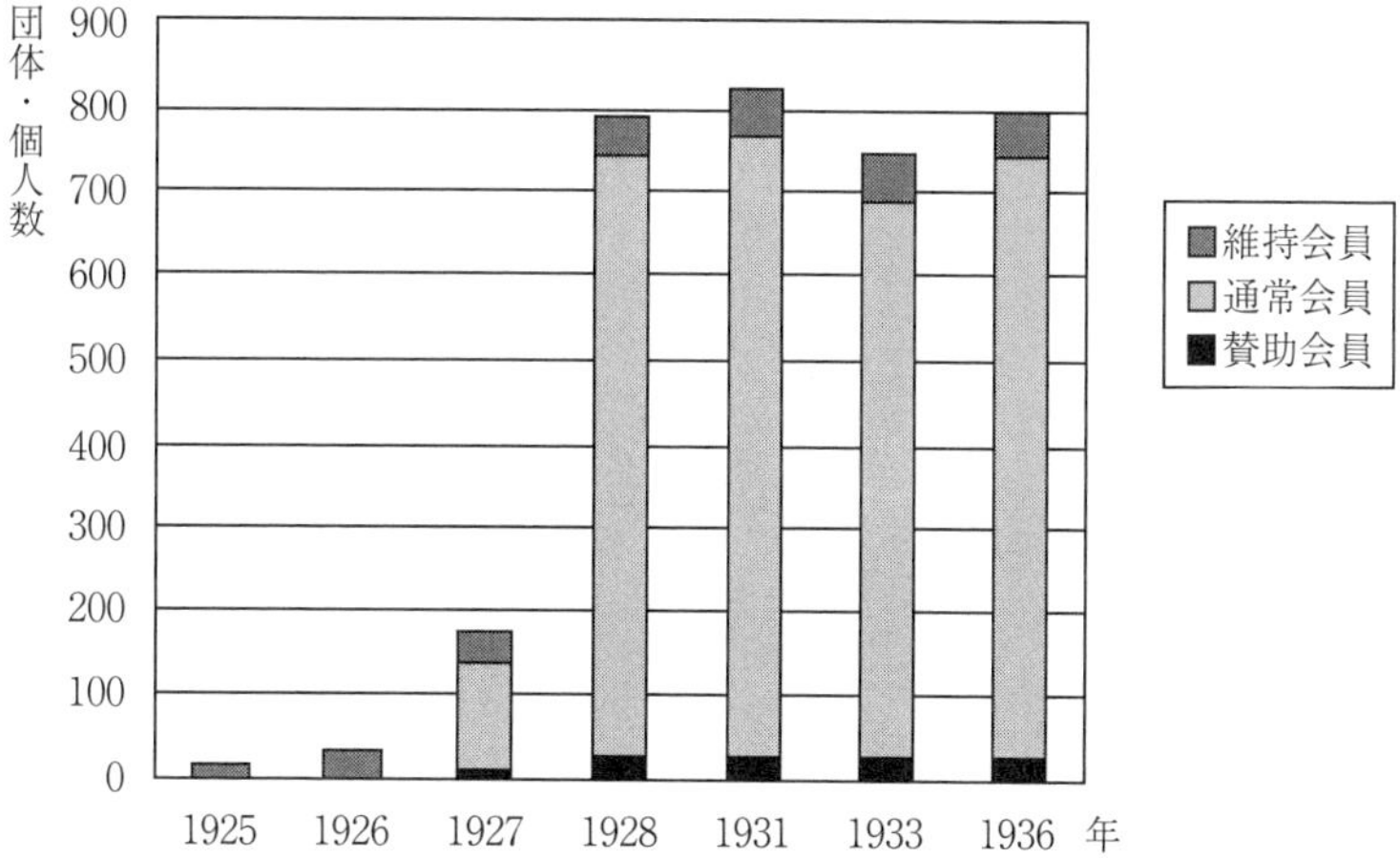

産業福利協会は、この状況を脱するため一九二六年一二月に会則を改正して、従来からの会員を維持会員とし、これに加え、新たに年額一〇円を納める通常会員（団体および個人）と一時金五〇〇円以上の寄付をなすことで会員となる賛助会員（団体および個人）を設けたと考えられる。その結果、一九二八年一一月には維持会員四六団体、通常会員七一八団体・個人、賛助会員二六団体・個人と激増するが、財団法人の時期に入ると、一九三一年には維持会員五六団体、通常会員七三八団体・個人、賛助会員二六団体・個人、また一九三六年には維持会員は五九団体、通常会員七一三団体・個人、賛助会員二六団体・個人と、ほぼ現状維持の状態にあった（図表25、参照）。

また、会費を主たる歳入源の一つとしていた産業福利協会にとって、会員数の増加はたしかに財政状況の好転に結びつくはずであったが、維持会員および通常会員が納める会費には刊行物の印刷費や郵送費が含まれ、また賛助会員の会費は比較的多額であったとはいえ一時金であり、さらに会員数も一九二八年以降は頭打ちであったため、財政的な余裕を生み出さなかった。とくに、財団法人となってからの財政状況は、印刷物の売上が若干伸びたために、歳入は微増してはいるものの、事業が拡大しているにもかかわらず、会員数の伸び悩みなどから、いっそ

図表 26　産業福利協会および協調会の歳入と歳出（単位　万円）

	歳入		歳出	
産業福利協会		5.7		5.7
（1927 年度）	主たる内訳		主たる内訳	
	国庫補助	2.0	事業費	3.3
	会費	1.7	事務費	1.1
財団法人産業福利協会		6.1		5.7
（1935 年度）	主たる内訳		主たる内訳	
	事業収入	2.9	事業費	3.9
	会費	1.1	事務費	1.8
	国庫補助	1.1		
財団法人協調会		57.8		56.0
（1923 年度）	主たる内訳		主たる内訳	
	利子収入	30.3	事業費	36.9
	政府交付金	16.0	事務費	19.2
	諸収入	11.4		

（注 1）金額は千円未満を四捨五入した。

（注 2）協調会の決算書では翌年度（1924 年度）へ 547.9 万円が繰り越しされているので、協調会の歳入において前年度繰入金（494.4 万円）および寄付金（86.6 万円）は除外した。また、関東大震災関連費は臨時の出費にあたるので、協調会の歳出において震災復旧費（0.4 万円）および罹災救護費（34.4 万円）を除外した。

（注 3）協調会の歳出において、事業費と事務費の合計が歳出額を超えているのは四捨五入の関係による。

出典：『産業福利』第 4 巻第 1 号、産業福利協会昭和二年度決算報告。協調会産業福利部編集・発行『昭和十一年産業福利年報』1937 年、19 ～ 20 頁、財団法人産業福利協会昭和十年度歳入歳出決算書。梅田俊英・高橋彦博・横関至『協調会の研究』柏書房、2004 年、75 頁に基づき作成

う厳しい財政運営を迫られていた。

参考として、これを協調会（一九二三年度決算）と比較すれば、前年度繰入金および寄付金を除く主たる歳入は、利子収入（三〇・三万円）、政府交付金（一六・〇万円）、諸収入（一一・四万円）であり、これらで五六・〇万円の歳出（震災関連費を除く）を賄える健全な財政構造になっていたのに対し[16]、産業福利協会では、財団法人の時期においても利子収入は千円未満に留まり、会費からの増収も期待できないなか、いっそうの事業拡大を進めるには財政上の限界に突きあたっていたといえる（図表26、参照）。

実際、産業福利協会の発足間もない一九二七年度と解散前の一九三五年度の歳出が、ほぼ同額の五・七万円であることから、次に見るように、産業福利協会の事業が拡大発展すればするほど財政事情が苦しくなるという状況に陥っていた。

次に、この財政圧迫の原因ともなった産業福利協会の事業の発展について検討しよう。

第4節　産業福利協会の事業

いま見たように、産業福利協会は、歳出額で比較する限り、協調会の約一〇分の一の規模で事業を続けてきた。産業福利協会は厳しい財政状況にもかかわらず、発足当初から一〇年数か月にわたり、どういう事業を展開していたのであろうか。

まず、協会の規程を見てみよう。外郭団体の時期には、「定期刊行物」の月刊誌『産業福利』や「災害予防及衛生に関する掲示用ポスター其他各種のパンフレット類」の刊行・配布、「工業災害予防、工業衛生改善、労側（ママ）〔働〕者の慰安休養、教育其他一般の福利施設、能率増進等に関する内外の研究及実績を紹介すること、並に之等の質問に応じ又は援助指導を為すこと、社会局印刷物の発売取次を為すこと、本会の目的に添ふべき講演会展覧会の開催、ポスター標語類の発行、安全週間、衛生週間等の挙行、安全委員会の奨励指導其他活動写真幻灯機等の購入貸付及之が利用を為すこと等」や「将来は労働博物館を設立」することが挙げられていた(17)。

また、財団法人の時期には、「財団法人産業福利協会寄付行為」の第4条で次の七つの事業を行なうと定め、「一、労働者ノ安全、衛生其ノ他福利施設ニ関スル研究及指導誘掖ヲ為スコト」「二、労働法制、社会保険ニ関スル知識ノ普及ヲ為スコト」「三、内外ニ於ケル産業福利ニ関スル調査研究ヲ為スコト」「四、講習会、講演会、展覧会等ノ開催ヲ為スコト」「五、機関雑誌及図書又ハ印刷物ヲ刊行スルコト」「六、博物館ヲ設クルコト」「七、其ノ他必要ト認ムル事項(18)」と規定していた。すなわち、産業福利協会は外郭団体および財団法人の両時期を通じて、ほぼ同様の事業を展開していた。ただし、設立時より吸収合併時に至る約十年間を通して、その活動量は徐々に拡大していった。

たとえば、主だった新規事業だけを取り上げてみても、一九二六年には雑誌『産業福利』を月刊誌として創刊し、

図表27　学士会館で開催された第１回全国産業安全大会（1932年）

出典：『産業福利』第８巻第１号、口絵

また工場主などを対象とした第一回産業福利講習会（災害予防労働衛生講習会）を開催、一九二八年には一九一九年より続いていた安全週間を全国規模で開催する第一回全国安全週間を開催、さらに、一九三〇年には災害防止設備を展示する第一回産業安全衛生展覧会を開催し、一九三二年には災害防止に取り組む当事者が集まり発表や意見交換などをおこなう第一回全国産業安全大会（図表27、参照）を開催するなど、産業福利協会の活動量は年々増していった。

これを、事業費の推移から見れば、一九二七年度の三・三万円に対し、一九三五年度は三・九万円と増加しているが、その増加分は、〇・四万円（一九二七年度）から一・一万円（一九三五年度）へと飛躍的に伸びた講習会・講演会・展覧会等が占めていた（図表28、参照）。

しかしながら、産業福利協会は一九三二年以降、とくに目立った新規事業を展開していない。それは、事業内容が充実したからではなく、「既に内務省社会局内に産業福利協会なるものが設けられ、斯の方面の仕事を担当してきたのであるが、尚十分ならざる観あり大に之が拡充の方途を講ずるの必要を痛感した[19]」と前理事長の河原田が語っているように、不十分な事業を「拡充」ができないでいたに過ぎない。とりわけ以前からの懸案であった博物館の設立が実現していなかったが[20]、それは、「経費不足の為其の活動の制限せらるる[21]」ためであった。

そして、産業福利協会が、こうした状況を打開するのは、次に見るよう

図表 28　産業福利協会および協調会産業福利部の歳出 (22)

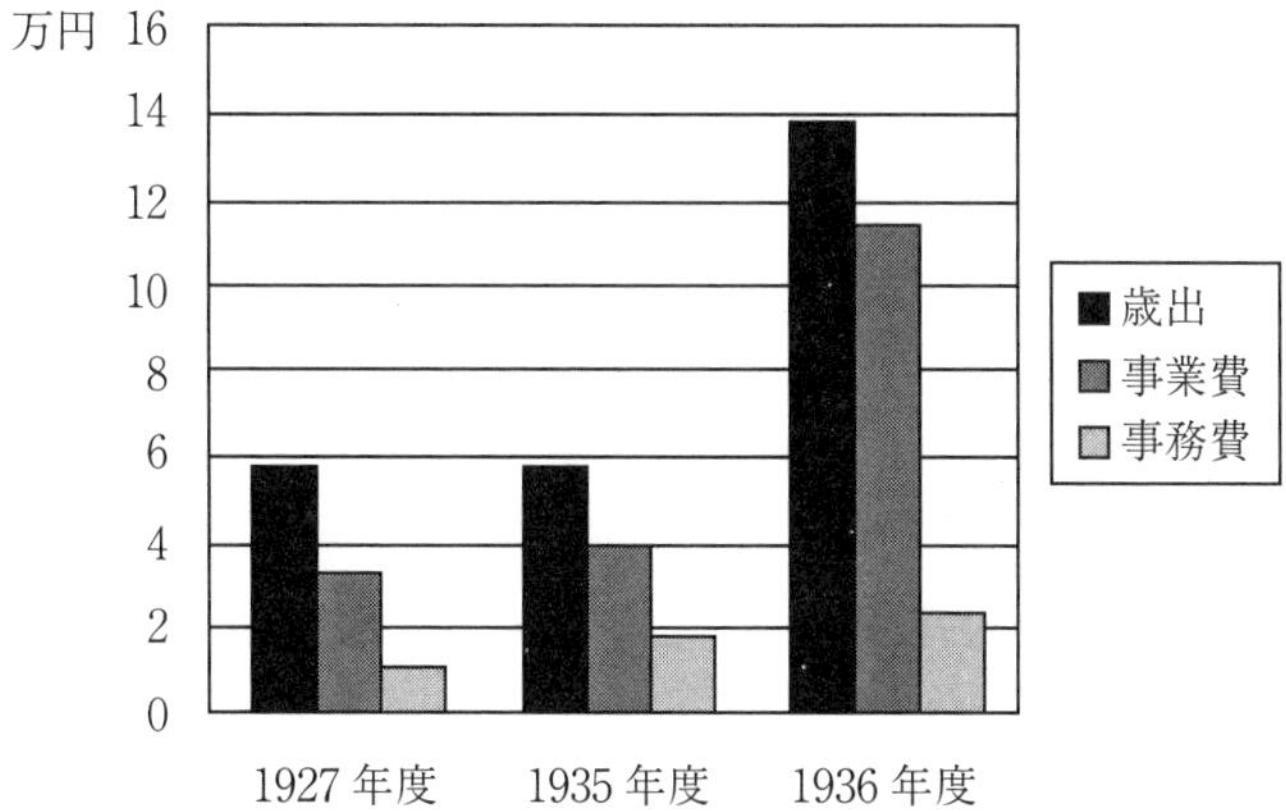

（注）1936 年度は協調会産業福利部の事業費である。事業費は講習会・講演会・展覧会費を含む。

に、協調会との合併によってである。

第5節　産業福利協会の解散

産業福利協会の発足時の理事長を務めた河原田は、産業福利協会が協調会に合併される一九三六年には協調会の単独常務理事の職にあった。前年一九三五年の一〇月に常務理事に就任した河原田は、さっそく、産業福利事業を協調会の事業として「大に斯の方面の仕事の拡大強化を図つてゆく」という「協調会の新方針」を打ち出し、「今後の協調会としては〔…〕産業福利運動の拡充の如き、今日の時勢に於て極めて必要且つ重要なる事業」に「主力を注いでゆくことが最も効果的」で「最も有意義」だと述べていた(23)。

つまり、河原田が打ち出した「新方針」は、財政状況において行き詰まり状態にあった産業福利協会と今後産業福利事業に主力を注ごうとする協調会の双方に利益となるものであった。そこで、この双方の利益を実現するものとして画策されたのが「合併」に他ならない。ただし、実態としては、協調会が産業福利協会を吸収する形となった。

そして、一九三六年三月に協調会常務理事の河原田が、

図表 29　協調会館

出典：町田辰次郎編『協調会史――協調会三十年の歩み』「協調会」偕和会、1965 年、口絵

「今回社会局とも鋭意折衝した結果遂に円満に諒解を遂げ〔…〕右の機関〔産業福利協会〕を協調会に合併[24]」することができたのは、産業福利協会が財団法人となった後も社会局の強い影響下にあったからである。なぜなら、この「合併」に際して、河原田は、産業福利協会発足時には社会局第一部長（労働部長）を務め、その後、内務次官を経て、協調会常務理事に就いた経緯があるのに対して、河原田（一九〇九年入省）が「折衝」した相手は、内務省での後輩にあたる労働部長で産業福利協会理事長の赤松小寅（一九一五年入省）であった[25]。内務省の先輩たる河原田が、後輩と「折衝」して「円満に」産業福利協会を協調会へ移すことができたのも、産業福利協会が社会局の支配下にあったからである。

ところで、この「合併」にともない、協調会へ移った産業福利協会は、協調会産業福利部と名称を変えただけでなく、事務所も大手町の社会局から芝公園の協調会館（図表29、参照）へ移転し、職員の大幅な異動をともなった。そのなかで、引き続き産業福利部でも活躍することになった中心人物は蒲生である。

また、産業福利協会が協調会に移った一九三六年は、単に組織の改組に留まらない協調会の路線の転換を意味した。たとえば、それは新方針披露会の模様に象徴的に現れている。実際、一九三六年六月二三日、東京丸の内の東京会館で協調会の新方針披露会（図表30、

図表 30　協調会の新方針披露会（1936 年）

出典：『産業福利』第 11 巻第 8 号、口絵

参照）が開催されたが、ここには、広田弘毅首相、徳川家達協調会会長をはじめ、官界、産業界などから一八〇名以上の参加を得て、各界代表の挨拶と協調会産業福利部制作の映画「安全戦線」が上映された[26]。協調会の新方針披露会は、このように盛大に催されたが、この盛大さは、原首相、床次内相や徳川会長らが演説し、参集者が「内閣諸大臣を始め官吏、実業家、政治家、学者及び宗教家等凡ゆる方面に亘つて百八十五名の多きに達した[27]」と記されている協調会の発起人会（一九一九年八月一六日に帝国ホテルで開催）に匹敵する。

一九三六年は協調会にとって、これまで取り組んできた労資協調路線は維持するものの、「協調会が労資双方の間に直接介在し、専ら力を争議の調停に尽したこと」を抜本的に見直し、今後は産業福利運動に「主力を注いでゆくこと」へ路線を転換した年であったが、それは、「争議の調停」という受動的かつ事後的な対応から、労資協調により争議を未然に防ぐという能動的かつ予防的な対応への転換を意味した。

この転換に際して、会長の徳川家達が新方針披露会で「本会は河原田常務理事の就任と同時に今後調査す可き新方針を立て[28]」と述べているように、協調会は河原田の「新方針」に従って新しい協調会に生まれ変わろうとしていた。この意味で、産業福利協会は、協調会と比較すれば規模こそ小さいながらも、協調会に及ぼした影響は計り知れない。それは、産業福利協会が、単に協調会の基本路線の転換を促しただけでなく、新設された協調会産業福利部の理念に強い影響を及ぼしたからでもある。つまり、協調会産業福利部は産業福利協会と同じ理念で活動していたのである。

そこで、次に、産業福利協会の設立を促し、しかも協調会産業福利部へ引き継がれた産業福利協会の理念とは、どのようなものであったのかについて検討してみよう。

第6節　産業福利協会の理念

産業福利協会の設立時に理事長を務めた河原田は、当時、社会局において労働行政を担当する第一部、のちの労働部の部長を務めており、「河原田稼吉が蒲生の安全についての豊富な知識とたくみな話術を労働行政に活用するため、〔蒲生俊文を社会局の嘱託に〕勧誘した」[29]とされている。

蒲生は、東京電気の管理職として社内の安全運動に取り組んだ経験があり、安全第一協会などでも安全運動の実績があった。やがて、この安全第一協会は日本安全協会へと名称を変えるものの、引き続き同じ趣旨で安全運動を続けていた蒲生に目を留めたのが河原田であった。蒲生は、これを機に社会局嘱託に転身することによって、民間の立場から安全運動をおこなうのではなく、労働災害防止の概念を包摂する産業福利というよりいっそう広い見地に立って安全運動を進めることになる。このことは蒲生を社会局に招き入れた河原田の意図とも合致していた。なぜなら、河原田は労資協調を念頭に置いて、安全運動の労資協調に果たす効果を計算していたからである。

実際、河原田は一九二七年一〇月に福岡で開催された第三回災害予防労働衛生講習会における講演で、「安全運動の成功には更に大きな副産物と申しますか、之に伴ふ良い結果があるのであります。是は労資の協力に依つて成功した災害予防は更に他の方面に於ける労資の協調を深うすると云ふことであります」と述べ、「労資協調を計る其の根本の原動力は安全運動」にあることを強調していた[30]。つまり、河原田は安全運動に労資協調の手段として利用できる大きな可能性を発見し、そのために、安全運動の先駆者として豊富な経験を持った蒲生を社会局に誘ったといえるだろう。

他方、蒲生のほうも、一企業の管理職として企業内の労働者のみを対象とした私的な安全運動の枠組みを超えて、社会局の一員として全国の労働者を対象とした公的な安全運動に携わることは、彼の本意でもあった。実際、一九二三年に起きた関東大震災を機に、それまでの「片手間」の安全運動から「凡ての仕事を捨てて」安全運動に「没頭」することを決意した蒲生にとって望むところであったからである[31]。

しかし、それは単に、河原田が蒲生を利用し、蒲生も自己実現のために河原田との取引に応じた訳ではない。両者は、妥協と駆け引きを通じてではなく、一心同体となって突き進んでいったのである。それは、河原田と蒲生が労資関係に期待した「融合帰一[32]」という在り方を彼ら自身が体現していた。

それでは、河原田と蒲生が「融合帰一」して突き進む「産業福利」とは、何か。それは、河原田と蒲生が同じ題名で書いた同じ内容の論文「産業福利の精神」（それぞれ『産業福利』第2巻第2号、一九二七年二月、および『産業福利』第11巻第5号、一九三六年五月に掲載）で語っているように、労働者がストライキもせず「仕事に没頭し」、また「平和に幸福に働いて居る」状況を工場主が作り、その結果として、事業が発展するような労資の「融合帰一」に他ならず、安全運動や産業福利事業は、その具体的な方策であった[33]。

内務省警保局などの警察畑から社会局へ移ってきた河原田は、ストライキが国家に対する「不忠不義の行為」であるとされていた時代に、「労働運動と云ふものと治安問題と云ふものをなるべく明瞭に区別をして、純粋の労働運動即ち労資間の経済問題と云ふものに就きましては無用な〔政府の〕干渉を取除いて行く[34]」べきだという考えを持っていた進歩的な官僚であった。彼のこうした姿勢は、取り締まりという規制を主とする警察行政より政策で誘導し事態を未然に予防しようとする社会行政と相性がよかった。河原田は社会局に活躍の場を移し、労働運動を敵視するのではなく、穏健な労働運動を取り込み、労資協調を目指そうとするなかで、産業福利運動に注目したのである。それは、「労資の協調を行ふことが出来るならば是に因つて産業の発達を来し、是に因つて国家の興隆を期する事が出来る」[35]とする官僚としての彼の立場の反映であった。

他方、東京電気で管理職を務めていた蒲生は、そこで作業していた労働者の「感電即死事件」を契機に安全運動に身を乗り出すが、やがて労働条件の改善や労働者の福祉を追求する産業福利運動へと向かう。それは、産業福利運動が労働者を労働災害から救う安全運動を包摂するだけでなく、真の意味で労働者の救済に繋がる幸福増進運動であると蒲生が気づいたからである。こうして、被災労働者に対する個人的な心情から始まった彼の安全運動は、すべての労働者の幸福を目指す産業福利運動へ発展していった。

ところで、労資協調を願った河原田と労働災害をなくそうとした蒲生は、工場労働者の「福利ノ増進」を図ること（産業福利協会会則第1条）の一点において、思いは一致していた。そして、二人は、この思いを共有していたがゆえに、産業福利協会だけでなく、協調会産業福利部においても行動を共にしたのだと考えられる。

産業福利協会設立の前から社会局の幹部に就いていた河原田は、社会局に設立した産業福利協会に蒲生を呼び寄せ、さらに協調会に合併してできた産業福利部に蒲生を繋ぎ止める一方、蒲生も彼の期待に応えてきた。いわば河原田と蒲生は二人三脚で産業福利事業を推し進めていったのである。この意味で、産業福利協会は、河原田と蒲生の合作であり、日本で最初に実現した労資協調と労働安全の結合の舞台であった。

産業福利協会は一九二五年一一月に「工業災害ノ防止」とともに労働者の「福利ノ増進」などを目的に掲げ、地方の工場主団体の「連合団体」という位置づけの下に、内務省社会局の外郭団体として発足した。産業福利協会は一九二九年二月に財団法人となってからも人事面で社会局、とりわけ労働行政を担う社会局労働部の強い影響下にあった。

産業福利協会が存続した約十年間は、事業内容の充実や工場主団体などの会員数の増加などが見られたが、財政的には厳しい状況が続き、事業をさらに拡大するには限界があった。一九三六年四月に協調会に合併された主たる要因の一つは、ここにある。そして、この合併を可能にしたのは、産業福利協会が社会局の支配下にあり、しかも当時の協調会常務理事であった河原田が社会局出身であったことによる。

他方、協調会へ合併されたもう一つの主たる要因は、河原田と蒲生が二人三脚で主導してきた産業福利協会の理念にあった。産業福利協会は、設立時の理事長であった河原田と機関誌『産業福利』の編集・発行の責任者であった蒲生の二人の一致した理念によって動かされていたが、それは労資協調を願う河原田と安全運動を指導してきた蒲生の二人が共鳴した工場労働者の「福利ノ増進」を図るという理念であった。

そして、産業福利協会が主導した産業福利運動の目的は、労資協調と労働安全を同時に追求することによって、工場を苦役の場から福祉の場にすることにあり、また労働者に福祉を及ぼし労働者を体制内に統合することであった。すなわち、産業福利運動は、労働争議を未然に防ぎ、労働災害を予防することによって達成される日本で最初の産業界における福祉の実践に他ならなかった。

また、労資の「融合帰一」という理念の下に展開された産業福利事業は、労働争議を未然に防ぎ、労働者の安全と福祉に寄与すると期待された。労資協調の下、労働者が安全に働ける状況を作り出すことは、工場主の「社会的義務」であり、この義務を遂行する過程が「労働管理」に他ならなかった。

■注（第4章）

（1）　河原田稼吉は一八八六年一月東京生まれ、一高を経て、一九〇九年七月東京帝国大学法科大学政治学科卒業、同年八月内務省入省、事務取扱嘱託・大臣官房台湾課樺太課及地方局勤務、同年一一月文官高等試験合格、一九一三年一一月内務書記官・警保局警務課長、一九一五年七月熊本県警察部長、一九一六年四月長崎県警察部長、一九一七年八月警保局保安課長、一九一九年一〇月米国出張、一九二〇年三月警保局事務官兼内務書記官、同年一二月警保局警務課長、一九二二年六月内務省参事官兼内務大臣（床次竹二郎）秘書官、同年一一月社会局第一部長、一九二四年四月欧米各国へ出張、一九二六年四月社会局労働部長、一九二八年六月台湾総督府総務長官、一九三一年一二月犬養毅内閣のとき内務次官、一九三五年一〇月から一九三七年二月まで協調会常務理事。この間、産業報国運動の推進に尽力し、第六回および第一一回国際労働会議に出席。一九三七年二月林銑十郎内閣の内務大臣、一九三八年一月貴族院議員に勅選、同年七月産業報国連盟理事長、一九三九年八月文部大臣（阿部信行内閣）、一九四三年七月大阪府知事、一九四六年九月公職追放（一九五一年八月まで）、追放解除後、自由党から総選挙に立候補し、一九五二年一〇月から一九五五年一月まで衆議院議員（二回当選）、一九五五年一月没（臼井勝美・高村直助・鳥海靖・由井正臣編『日本近現代人名辞典』吉川弘文館、二〇〇一年、三二四頁。秦郁彦編『日本近現代人物履歴事典』東京大学出版会、二〇〇二年、一七六頁）。

（2）産業福利協会については、協調会との接点で産業福利協会を取り上げた梅田俊英「産業福利協会から協調会産業福利部へ」（梅田俊英・高橋彦博・横関至『協調会の研究』柏書房、二〇〇四年、二二七〜二三九頁）を除き、ほとんど論じられてこなかった。第4章では、梅田の視点と異なる官製安全運動の出発点として産業福利協会を取り上げ、産業福利協会の未解明の活動の実態を明らかにすることで、官製安全運動の誕生の過程に迫る。

（3）大霞会編『内務省史　第1巻』原書房、一九八〇年、七三四頁。

（4）大霞会編『内務省史　第2巻』原書房、一九八〇年、四八三頁。

（5）湯沢三千男「財団法人産業福利協会の事業」、『産業福利』第4巻第5号、一〜二頁。

（6）河原田稼吉「福利施設の必要と其の労働政策上の地位——福岡市に於ける災害予防労働衛生講習会に於ける講演」、『産業福利』第3巻第1号、一〜二頁。

（7）産業福利協会の会則は、次のとおり（『産業福利』第1巻第1号、一頁）。

産業福利協会会則

第一条　本会ハ工業災害ノ防止、労働衛生ノ改善及被傭者ノ福利ノ増進ヲ図リ且ツ労働法規ノ円満ナル施行ヲ助クルヲ以テ目的トス

第二条　本会ハ産業福利協会ト称シ事務所ヲ社会局第一部ニ置ク

第三条　本会ハ庁府県工業懇談会、工場衛生会其ノ他ノ団体ヲ以テ組織ス

第四条　本会ノ経費ハ会費、寄附金及印刷物ノ刊行及発売取次等ヲ以テ之ニ宛ツ

第五条　本会ノ会費ハ一口年額五十円トシ口数ハ加入団体ト本会理事長ト協議ノ上之ヲ定ム之ヲ変更セムトスルトキ亦同ジ
前項ノ会費ハ毎年四月一日之ヲ納付ス
但シ新ニ入会スルモノハ入会年度ニ於テハ入会ノ際ニ之ヲ納付ス
第六条　本会ニ左ノ役員ヲ置ク
会　長　一　名
理事長　一　名
理　事　若干名
第七条　会長ハ社会局長官トシ理事長ハ社会局第一部長トシ理事ハ会長之ヲ嘱託ス
会長ハ本会ヲ代表シ本会ニ関スル事務ヲ総轄ス
理事長及理事ハ予算ノ作成、事業ノ遂行其他本会ニ関スル常務ヲ処理ス
第八条　役員ハ総テ名誉職トス
第九条　本会ノ庶務ニ従事スル為メ左ノ職員ヲ置ク
幹事　若干名
書記　若干名
幹事及書記ハ会長之ヲ嘱託又ハ任命ス
第十条　本会ニ顧問若干名ヲ置ク
顧問ハ本会ノ目的タル事業ニ関シ学識経験アル者並関係官吏ニ付会長之ヲ依嘱スルモノトス
第十一条　本会ノ会計年度ハ四月一日ヨリ翌年三月三十一日ニ終ル
第十二条　本会会則ノ改正ハ会員過半数ノ同意ヲ以テ之ヲ行フ

(8)『産業福利』第2巻第7号、五六頁。
(9) 内閣印刷局編集・発行『職員録　昭和二年七月一日現在』一九二七年九月、三二頁。
(10) 役員の氏名と所属は、図表31のとおり（『産業福利』第2巻第7号、五六頁。同第4巻第4号、九五頁。協調会産業福利部編集・発行『昭和十一年産業福利年報』一九三七年、六頁）。

図表 31　産業福利協会役員一覧

年月（役員数）	役職	所属	氏名
1927 年 6 月（22 名）	会長	社会局長官	長岡隆一郎
	理事長	社会局労働部長	河原田稼吉
	常務理事	社会局書記官	吉阪俊蔵
	常務理事	社会局書記官	清水　玄
	理事	社会局書記官	富田愛次郎
	理事	社会局書記官	安武直夫
	理事	社会局事務官	君島清吉
	理事	社会局事務官	北原安衛
	理事	社会局事務官	北岡寿逸
	理事	社会局事務官	成田一郎
	理事	社会局事務官	長谷川　透
	理事	社会局事務官	木村清司
	理事	社会局事務官	熊谷憲一
	理事	社会局事務官	長谷川公一
	理事	社会局事務官	三浦直彦
	理事	社会局事務官	宇都宮公平
	理事	社会局技師	古瀬安俊
	理事	社会局技師	色川三男
	理事	社会局技師	鯉沼茆吾
	理事	社会局技師	數江雄二
	理事	社会局技師	大西清治
	理事	社会局嘱託	蒲生俊文
1929 年 3 月（9 名）	会長	社会局長官	長岡隆一郎
	理事長	社会局労働部長	湯沢三千男
	常務理事	社会局監督課長	北岡寿逸
	常務理事	社会局嘱託	蒲生俊文
	理事	社会局監理課長	清水　玄
	理事	社会局事務官	木村清司
	理事	日本工業倶楽部主事	膳桂之助
	理事	石炭鉱業連合会幹事	齋木三平
	理事	財団法人協調会参事	惣田太郎吉
1936 年 3 月（8 名）	会長	社会局長官	広瀬久忠
	理事長	社会局労働部長	赤松小寅
	常務理事	社会局監督課長	北岡寿逸
	常務理事	社会局嘱託	蒲生俊文
	理事	社会局規画課長	清水　玄
	理事	社会局事務官	沼越正己
	理事	日本工業倶楽部主事	膳桂之助
	理事	石炭礦業連合会幹事	齋木三平

図表32　産業福利協会の賛助会員・通常会員・維持会員別人数

年月日	賛助会員	通常会員	維持会員	出典
1925年12月18日	——	——	19	『産業福利』第1巻第1号、4頁
1926年2月17日	——	——	30	『産業福利』第1巻第2号、4頁
1927年6月20日	5	132	36	『産業福利』第2巻第7号、55～56頁
1928年11月1日	26	718	46	『産業福利』第3巻第12号、会員名簿1～20頁
1931年12月（推定）	26	738	56	『産業福利』第7巻第1号、会員名簿1～21頁
1933年12月15日	27	664	54	産業福利協会編集・発行『昭和八年産業福利年報』1934年、45～63頁
1936年1月20日	26	713	59	産業福利協会編集・発行『昭和十年産業福利年報』1936年、81～101頁

図表33　産業福利協会および協調会産業福利部の歳出額

（単位　万円）

		1927年度	1935年度	1936年度
歳出		5.7	5.7	13.8
主たる内訳	事業費	3.3	3.9	11.4
	事務費	1.1	1.8	2.4

(11)　大原社会問題研究所編『日本労働年鑑　第18巻　昭和12年版』（復刻版）法政大学出版局、一九六九年、三八二頁。

(12)　『産業福利』第4巻第1号、産業福利協会昭和二年度決算報告。

(13)　協調会産業福利部編集・発行『昭和十一年産業福利年報』一九三七年、一九～二〇頁。

(14)　『産業福利』第4巻第1号、産業福利協会昭和二年度決算報告。

(15)　図表25の数値は、図表32のとおり。ただし、一九二五年一二月一八日および一九二六年二月一七日の維持会員は当時の会則では単に「会員」となっているが、一九二六年一二月の会則改正により「維持会員」と名称が変わったので、維持会員に分類した。

(16)　梅田俊英・高橋彦博・横関至『協調会の研究』柏書房、二〇〇四年、七五頁。

(17)　『産業福利』第2巻第2号、四九頁。

(18)『産業福利』第7巻第1号、「財団法人産業福利協会事業」五頁。
(19)河原田稼吉「協調会の新方針に就いて」、協調会編集・発行『社会政策時報』第187号、一九三六年四月、三頁。
(20)博物館の設立は、早くも一九一七年に発足した安全第一協会の会則に「安全第一ニ関スル博物館ヲ設クルコト」と定められて以来(『安全第一』第1巻第1号、七六頁)、産業福利協会も「将来は労働博物館を設立し」と掲げ(『産業福利』第2巻第2号、四九頁の産業福利協会会則の改正)、さらに財団法人産業福利協会も事業の一つに「博物館ヲ設クルコト」を明記していたが(財団法人産業福利協会寄附行為第四条第六項、『産業福利』第4巻第3号、巻末)、結局、これが実現するのは一九四三年九月であった(中央労働災害防止協会編集・発行『日本の安全衛生運動――五十年の回顧と展望』一九七一年、二〇六頁)。
(21)協調会産業福利部編集・発行『昭和十一年産業福利年報』一九三七年、二五頁。
(22)図表28の数値は、図表33のとおり。なお、事業費は、安全週間、講習会、講演会、展覧会などの開催費、標本資料購入費・博物館費、活動写真・映画製作費、大会・集会費、出版・印刷費、通信費などの事業費である。また、単位は万円で、千円未満四捨五入。『産業福利』第4巻第1号(産業福利協会昭和二年度決算報告)、協調会産業福利部編集・発行『昭和十一年産業福利年報』(一九三七年、一九~二〇頁、財団法人産業福利協会昭和十年度歳入歳出決算書)、協調会産業福利部編集・発行『昭和十二年産業福利年報』(一九三八年、一三~一四頁、昭和十一年度特別会計産業福利部会計歳入歳出決算書)より作成。
(23)河原田稼吉「協調会の新方針に就いて」、協調会編集・発行『社会政策時報』第187号、一九三六年四月、二~三頁。
(24)同、三頁。
(25)協調会産業福利部編集・発行『昭和十一年産業福利年報』一九三七年、二六頁。
(26)『産業福利』第11巻第8号、東京に於ける本会新方針披露会の状況(一頁)。
(27)町田辰次郎編『協調会史』「協調会」偕和会、一九六五年、六頁。
(28)『産業福利』第11巻第8号、東京に於ける本会新方針披露会の状況(二頁)。
(29)中央労働災害防止協会編集・発行『安全衛生運動史――労働保護から快適職場への七〇年』一九八四年、九一頁。
(30)河原田稼吉「福利施設の必要と其の労働政策上の地位――福岡市に於ける災害予防労働衛生講習会に於ける講演」、『産業福利』第3巻第1号、五~六頁。
(31)蒲生俊文「日本に於ける我が安全運動と其哲学」、芦野太藏編集・発行『安全の闘将　蒲生俊文先生』一九三〇年、一四頁。
(32)河原田稼吉「産業福利の精神」、『産業福利』第2巻第2号、九頁。蒲生俊文「産業福利の精神」、『産業福利』第11巻第5号、一一頁。
(33) 同。
(34) 河原田稼吉『労働争議調停法』警察講習所学友会、一九二六年、三三二頁。
(35) 河原田稼吉「協調会の新方針に就いて」、協調会編集・発行『社会政策時報』第187号、一九三六年四月、四頁。

第5章　雑誌『産業福利』

産業福利協会は一九二五年一一月から一九三六年三月まで活動を続け、同年四月には協調会と合併して協調会産業福利部として一九四一年三月まで存続し、協調会の時期も含めると通算で一五年以上の長期間にわたって活動を続けたが、この間、協調会に及ぼした甚大な影響[1]や、社会局の「別働隊[2]」として労働行政に果たした役割の大きさなどを念頭に置くとき、その存在意義は無視できないにもかかわらず、その実態は十分に解明されてこなかった[3]。

前章では、本書における問題関心に従って、産業福利協会が展開した産業福利運動の実態と意義を明らかにした。とくに活動面では、安全第一運動から引き継いだ安全週間を全国的な行事として発展させ、また展覧会や大会を毎年開くなど、大きな進展があったことを指摘した。そして、産業福利運動は相互に関連する労資協調と労働安全を達成することで工場を福祉の場に転換することを目標とし、この運動は河原田＝蒲生体制によって支えられていた。この運動の実質的な担い手は、本章で検討するように、社会局嘱託の蒲生俊文および社会局労働部の工場監督官たちであり、また、この運動の理念は、次章で取り上げるように河原田稼吉と蒲生に共有された「産業福利の精神」であった。

本章では『産業福利』第1巻の発見を受けて[4]、その読者、執筆者、内容についての分析を通して、『産業福利』第1巻の特徴を描くことを中心的な課題とする。後述するように、第1巻は第2巻以降のモデルとなっているため、第1巻の分析によって、『産業福利』という雑誌の基本的な性格と産業福利協会の実態が理解できるであろう。

第1節 『産業福利』第1巻の読者

二〇〇七年に「発見」された『産業福利』第1巻は中央労働災害防止協会の安全衛生情報センター内にある「武田文庫」に収められている。武田文庫とは、工場監督官や内務省社会局技師などを務め、厚生省産業安全研究所長、労働省安全課長、同省産業安全研究所長を歴任し、退官後は全日本産業安全連合会副会長に就くなど、戦前戦後を通じて労働災害防止運動に携わった武田晴爾(たけだせいじ)（一八八一～一九六〇年）が寄贈したとされる文献資料で、安全運動の関連図書・雑誌・資料など千点以上を有している。武田文庫にある『産業福利』第1巻は、同文庫のカタログに「産業福利創刊号」という書籍名で登録されているが、実際には、一九二六年一月から同年一二月の間に発行された第1号（創刊号）から第11号までの全号を収め、それらが一冊に製本されている。[5]

『産業福利』第1巻が武田文庫に収められた経緯は不明であるが、第1巻の所在が今のところ武田文庫でしか確認できない特異な状況は、第2巻以降が国会図書館、公共図書館あるいは大学図書館に広く所蔵されている状況と対照的であり、第1巻が限られた部数を特定の関係機関や関係者のみに配布したことを告げている。加えて、第1巻の特異性は、その体裁（新聞）が第2巻以降の体裁（雑誌）と異なっている点にも現れている（図表34、参照）。

この体裁の変更の理由は、次に述べるように、主として財政事情の好転、内容の変化、頁数の増加の三点にあった。以下で、これら三点について順を追って説明しよう。

第一に、財政事情については、創刊当時、雑誌の体裁で発行する余裕が財政的になかったことが挙げられる。たとえば、われわれが把握できる産業福利協会の最初の決算報告（一九二七年度、一九二七年四月より一九二八年三月まで）を調べてみよう。一九二七年度の総支出五六、六八七円（一円未満四捨五入、以下同）に占める印刷費は一六、八二九円で、このなかには『産業福利』以外に、産業福利パンフレットや産業福利ポスターなどの印刷費も含まれる。[6] これに対し、『産業福利』創刊時の収入推計額は一、八〇〇円に過ぎなかった。なぜなら、発足直後の収入は、一九二五年

図表 34　機関紙『産業福利』第 1 巻第 1 号の 1 頁および機関誌『産業福利』第 2 巻第 1 号の表紙

産業福利

第一號
15. 1. 20

産業福利協會の設立

山口縣工場協會の設立

新潟縣工場協會の安全週間

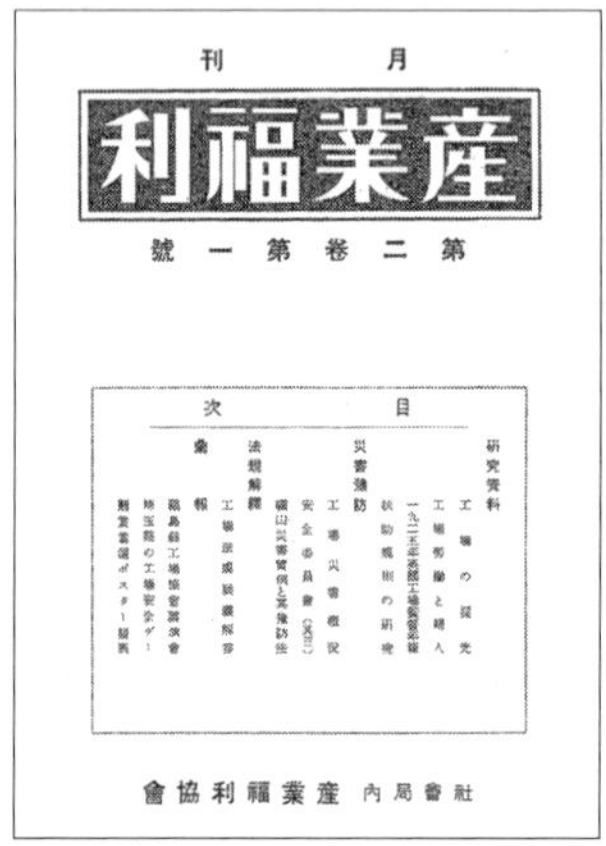

出典：梅田俊英・高橋彦博・横関至編集・解題『協調会史料『産業福利』復刻版』第 23 巻、柏書房、2008 年、13 頁（左）。同第 1 巻、柏書房、2007 年、3 頁（右）

一二月一八日現在の会員一九団体（のち維持会員へ名称変更）が納めた会費三六口、計一、八〇〇円だったからである。(7) したがって、発足当時の産業福利協会は、この予算内で運営することが前提だったと考えられるので、その全額を『産業福利』の印刷費に回したとしても、一九二七年度の数分の一で賄わねばならないほど財政事情は厳しかった。

ところが、創刊後、財政事情が好転する。まず、会員増による会費収入の増加である。発足時の会員一九団体は一九二六年二月一七日には三〇団体に増え、さらに一九二七年三月までには三五団体に達しているので、(8) この間、会費収入は増加した。加えて、一九二六年中に東洋紡績および大日本紡績連合会の寄付金合計八〇〇円や内務省からの補助金五〇〇円が入ってくるので、(9) 一九二六年を通じて財政状況は好転していった。

図表35　機関紙『産業福利』第1巻における会報記事と専門記事の増減(11)

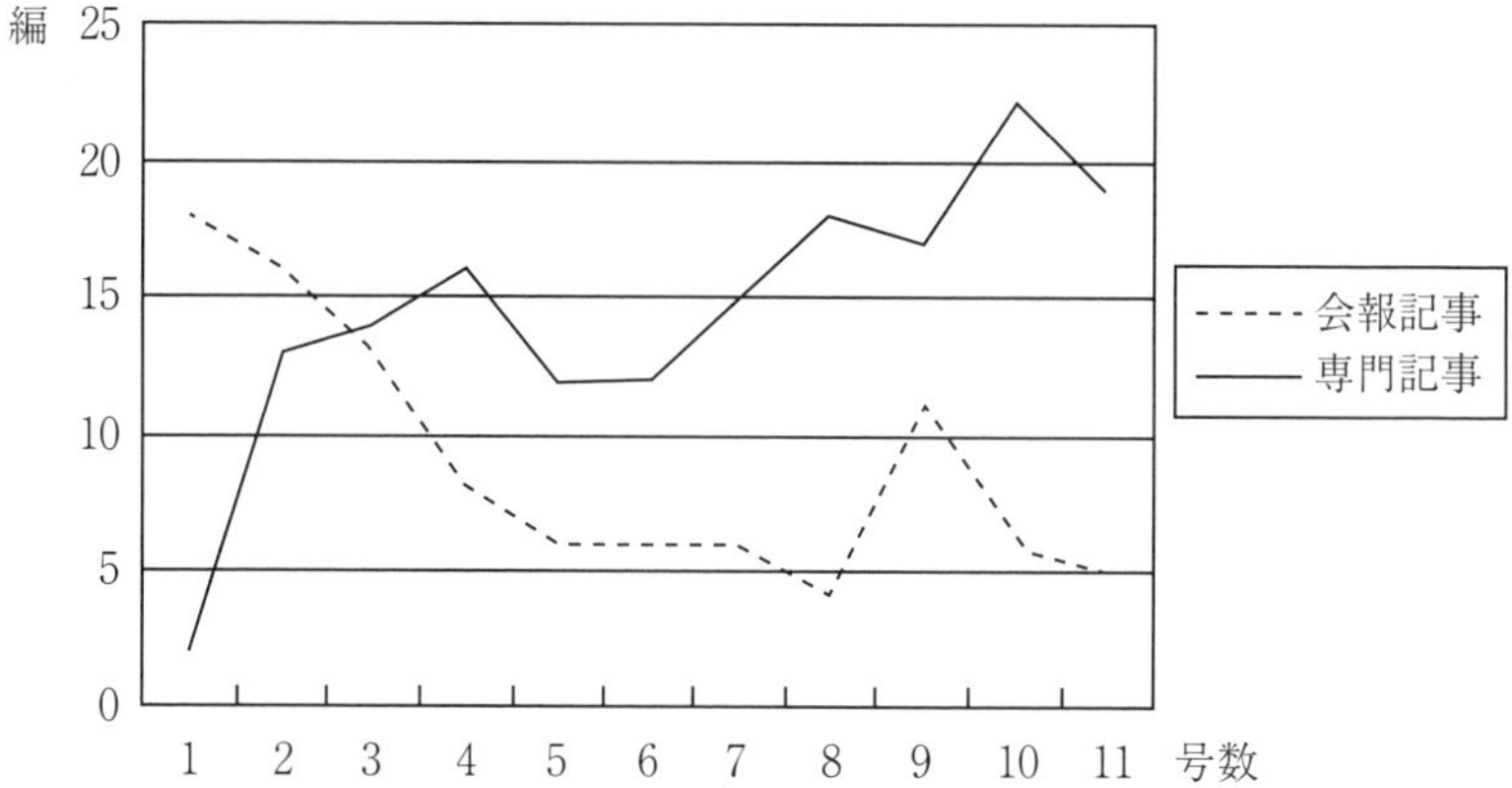

第二に、内容の変化では、「会員相互の連絡」を図る彙報記事中心から、「必要なる智識方法を供給」するための研究・講話記事中心へ重点が移り、『産業福利』の性格が、会員向けの会報から災害予防にかんする専門誌へと変化した。つまり、「会員相互の連絡」（会報）と「必要なる智識方法を供給」すること（専門紙）を二本柱として記事が組まれた『産業福利』は、災害予防等の技術的な専門知識や方法を提供する専門紙へ変わっていった。そこで、実際に、この変化を定量的に検証してみよう。

以下では、『産業福利』第1巻に収められているすべての記事を「会報記事」と「専門記事」の二種類に分類し整理した一覧表「『産業福利』第1巻所収記事一覧」（資料4、参照）に基づいて考察する。

『産業福利』は、最初は地方工業主団体（たとえば、「山口県工場協会」「福岡県工場懇話会」など）の「会員相互の連絡」（会報）と災害予防等にかんする「必要なる智識方法を供給」すること（専門紙）の二本立てで創刊されたが、(10)創刊後まもなく後者の比重が高まり、会報よりも専門紙としての性格が強まっていった。そして、機関紙『産業福利』は、これに対応するため、翌年一九二七年発行の第2巻から機関誌へと体裁を改めたと考えられる。

実際、図表35は「『産業福利』第1巻所収記事一覧」に基づいて第1巻の二五九編の記事を各号ごとに会報記事と専門記事に分類した上で、それぞれの数を表わしたものであるが、図表35を見れば、会報記事数が右肩下がりであるのに対し、専門記事数は右肩上がりであり、両者の割合は第3号から逆転していることがわかる。つまり、『産業福利』第1巻は、会報から専門紙へ変化していったのである。

この会報から専門紙への移行は、記事数だけでなく、紙面構成の変化にも現れている。実際、第1巻の初期では、地方工業主団体にかんする記事が紙面の中心を飾っていたが、徐々に記事の数は減り、紙面の末尾に置かれるようになった。たとえば、早くも第2号において冒頭に「研究」欄が設けられ専門記事が主役となり、会報は「彙報」欄などで扱われ脇役へ押しやられている。つまり、第3号で記事数において逆転する会報記事と専門記事の関係は、すでに第2号の構成面において逆転していた。そして、この逆転関係は、その後も変化せず、この傾向は雑誌に変わった第2巻以降においていっそう顕著になる。

第三に、この変化にともない専門記事一編あたりの頁数が増え、全体の頁数も増えていった。たとえば、第1号の四頁紙面から第11号の一二頁紙面へと厚みを増していった。

これらの変化は、やがて一九二六年一二月に会則の改正を促し、個人や単独の企業にも会員資格を与え、『産業福利』の購読者を大幅に増やす道を開くことになるが、会員資格の改正に先立って購読者を多様化する兆候は、すでに認められる。すなわち、『産業福利』一部の定価表示である。それ以前になかった定価表示が、第3号から定価一部一〇銭と表示されるようになった。[12] これは、地方工業主団体の会員に会報として配布していたものを、会員以外の一般の購読者（単体の企業や工業主などの個人）にも有償で配布し始めたことを示唆している。実は、このときの一般の購読者は、のちの通常会員を先取りする形態であったと推測される。

したがって、地方工業主団体を会員とする会報としての機関紙『産業福利』は、会員以外の購読者も意識した専門紙へ比重を徐々に移し、その結果、第2巻から機関誌『産業福利』へと転換したのである。第1巻の所在が容易に把握できなかったのは、希望すれば購読できる第2巻以降とは異なり、第1巻は原則として会員である地方工業主団体に向けて書かれていたため、限られた部数を特定の会員を中心に配布していたためであった。

第2節　『産業福利』第1巻の執筆者

いま述べたように、『産業福利』第1巻は、第2巻以降の専門誌の原型を作った。したがって、執筆者についても、その基本的な特徴が第1巻に見られるだろう。以下で検討してみよう。

『産業福利』は社会局の関連団体である産業福利協会の定期刊行物であることから、記事の大半は社会局または産業福利協会の関係者が書いていると予想される。実際、第1巻所収の全記事において、執筆者が明記されている記事（以下、「署名記事」と略記する）七七編[13]のうち、執筆者が社会局（社会局保険部を含む）または産業福利協会、あるいは社会局職員である記事は六二編（八〇・五％――小数点第二位以下四捨五入、以下同）にも及ぶ。また、執筆者が明記されていない一八二編の記事についても、内容から判断して、社会局または産業福利協会が編集執筆したと推定できる。

ここでの関心は、主たる記事の書き手は社会局または産業福利協会のどのような人であったかという点にある。そこで、これを検討するため、社会局職員が執筆している四五編の記事に着目して分析を進めよう。図表36に、これらの執筆者を執筆数の多い順に整理した。ただし、同数の場合は、『職員録』[14]の登載順に従った。

まず、産業福利協会について図表36を分析してみよう。図表36にあるとおり、産業福利協会の役員（会長、理事長、理事）は八人が執筆し、執筆数の合計は二六編（記事数四五編に占める割合は五七・八％）を数え、協会役員の健筆ぶりが目立つ。ただし、彼らの寄稿率（対象となっている組織全体に占める執筆者の割合）は、役員二二人中の執筆者八人で三六・四％に留まっている[15]。

今度は社会局に目を向けて見よう。図表36から、執筆者は、長岡を除く一四人全員が社会局労働部に属しており、他の部局（保険部、社会部および庶務課）の執筆者は一人もいない。そして、この一四人の執筆数は合計三八編（八四・四

図表36 『産業福利』第1巻の署名記事を書いた社会局職員一覧 [16]

執筆者	執筆数 (注)	役職		
		産業福利協会	社会局	
南俊治	10（10）		労働部　技師	鉱務監督官
長岡隆一郎	7（4）	会長	長官	
吉阪俊蔵	5（4）	理事	労働部監督課長	
蒲生俊文	4（4）	理事	労働部嘱託	
數江雄二	3（3）	理事	労働部技師	工場監督官
高木源之助	3（3）	労働部技師	工場監督官	
河原田稼吉	2（2）	理事長	労働部部長	
北岡寿逸	2（2）	理事	労働部事務官	工場監督官兼鉱務監督官
色川三男	2（2）	理事	労働部技師	工場監督官
鈴木隆治	2（2）	労働部技手	工場監督官補	
鯉沼茆吾	1（1）	理事	労働部技師	工場監督官
秋村潔	1（1）	労働部属	工場監督官補	
櫻田儀七	1（1）	労働部技手	工場監督官補	
後藤万次郎	1（1）	労働部技手	工場監督官補	
井口幸一	1（1）	労働部技手	工場監督官補	

（注）執筆数は会報記事と専門記事の両方の数を左側に、また（　）内に専門記事のみの数を示した。

%）にも達する。そもそも産業福利協会は社会局の外郭団体（一九二九年二月から財団法人）として設立され、その事務所を「社会局第一部」（会則第2条）、すなわち社会局労働部に置き、実態としては労働部の外郭団体であった。このため、理事（一九二七年七月一日現在）は社会局労働部職員が多数（二二名中一六名）を占め、『産業福利』への寄稿者の多くが労働部職員であるのも頷ける。ただし、『職員録』（一九二六年七月一日現在）に登載されている社会局労働部職員（部長、書記官、事務官、技師、属、技手）三三人の寄稿率は、そこに登載されていない蒲生と櫻田を除く一二人で計算すれば、三六・四%に過ぎない。

以上から判明することは、『産業福利』第1巻の執筆者は社会局の労働部職員が主力となっていたが、必ずしも労働部職員の多数が執筆に加わっていたわけではなく、その割合（寄稿率）は三分の一程度に留まっていたということである。

そこで次に、工場監督官、工場監督官補、鉱務監督官、鉱務監督官補（以下、「監督職員」と略記する）という工場や鉱山を直接監督する立場にあった職員に着目して、さらに分析を進めよう。

図表36では、監督職員は、秋村と櫻田を除く九名（南、數江、高木、北岡、色川、鈴木、鯉沼、後藤、井口）で計算した場合でも、[17]過半数の二五（五五・六％）の記事を執筆している。しかも、『職員録』（一九二六年七月一日現在）に登載されている社会局の監督職員一五名（事務官・属五名と技師・技手一〇名）の寄稿率は、この九名で過半数（六〇・〇％）を超える。さらに事務系（事務官・属）と技術系（技師・技手）に分けるならば、北岡以外の八名は全員が技術系で、その寄稿率は八〇・〇％と高く、技術系監督職員の執筆数は二三（五一・一％）にもなる。すなわち、技術系監督職員八名で執筆者一五名の過半数を占め、執筆数でも半分以上に達し、寄稿率は八割にも及ぶので、彼らは間違いなく第1巻の書き手の中心であった。加えて、図表36から計算すれば、労働部職員一三名（囑託を除く）のうち、事務系四名で専門記事九編の記事を書いているのに対し、技術系九名で同二四編の記事も書いていることから、単に記事全体だけでなく、それ以上に専門記事の執筆編集を技術系職員に依存していた実態が浮かび上がってくる。『産業福利』は彼ら抜きには成り立たなかった。

そして、社会局の監督職員（秋村と櫻田を加えて一一人）は事務系、技術系を問わず社会局労働部監督課に所属し、上司である社会局長官、労働部長、監督課長の三人の指揮監督を受けていたので、蒲生を除く執筆者一四人の共通点は、社会局に籍を置き、工場や鉱山を直接または間接に監督する立場にあった職員であるといえる。

ところで、社会局労働部に籍を置きながら、監督職員でもなく、その上司でもなかった蒲生は、産業福利協会では理事、社会局では囑託、『産業福利』では発行兼編輯人という特異な立場にいた。また、執筆数では、図表36で四編の記事しかないが、実際には、それ以上執筆していたと考えられる。たとえば、「保健秘訣十五則」（第2号）と「安全委員検査注意」（第5号）の二編は執筆者が明記されていないが、蒲生が自著『労働管理』（巖松堂書店、一九二八年）に掲載しているので、彼が書いた可能性が高い。[18]また、執筆者が明らかでない米国国民安全協会の記事、ポスター、標語についても、発行兼編輯人である彼が翻訳したり選定した可能性がある。したがって、蒲生の執筆数は正確には把握できないが、それらを含めれば最多となるだろう。この推測は、第2巻以降の執筆数によって傍証される。実際、彼は、第2巻第1号（一九二七年一月）から産業福利協会が協調会に合併される直前の第11巻第3号（一九三六年三月）までの間に百数十編の記事を書いた最多執筆者であり、他の執筆者を大きく引き離していた。この健筆ぶりは、次節で述べるように、蒲生が産業福利協会の実質的な指導者として雑誌『産業福利』などで産業福利協会の理念を語り、労働者の福利増進のための方策を説く役割を担っていたことを示している。

最後に、以上の分析と関連して、『産業福利』を他誌と比較しながら、その特徴について触れておこう。

『産業福利』（一九二六年一月創刊）に類似の刊行物に『労働時報』（一九二四年二月創刊）があるが、後者は社会局が発行していた月刊誌で、創刊時期も『産業福利』と近い。ただ、『労働時報』は社会局第一部（のち労働部）のいわば官報であったため、記事のほとんどは無署名であり、署名記事の多い『産業福利』とは対照的である。また、『労働時報』の編輯兼発行人が「社会局」であるのに対し、『産業福利』の発行兼編輯人は「蒲生俊文」であり、前者は公的な色合いが強い。さらに、『労働時報』の「庶務は社会局第一部労働課」、のちには「労働部労務課」で取り扱っていたのに対し、『産業福利』の編集事務は蒲生に負うところが大きかった。したがって、社会局に関係する定期刊行物とはいえ、両者は全く性格の異なる刊行物であった。その最も大きな違いは、『産業福利』が啓蒙誌（紙）であったのに対し、『労働時報』は広報誌であった点である。

これ以外では、社会局とは直接の関連はないものの、『産業福利』に類似した刊行物として、協調会の機関誌『社会政策時報』（一九二〇年九月創刊）がある。『社会政策時報』は個人の署名記事が多い点で『産業福利』と近い。両者を比較すれば、社会局労働部職員の事務系は『社会政策時報』へ、技術系は『産業福利』へ寄稿する傾向が見られる。この傾向は、協調会が社会政策について広く「研究調査」することを自らの課題として位置づけていたのに対し（協調会設立趣意書）、産業福利協会は実際的な「智識方法を供給」すること（産業福利協会設立趣旨）を使命の一つとしていたことによる両者の性格の違いから生じていると考えられる。何よりも『産業福利』は、具体的で実践的な知識を提供する必要があった。

以上の分析をまとめれば、まず、『産業福利』が産業福利協会を設立した社会局全体の機関紙ではなく、実際上は社会局労働部の機関紙に過ぎなかったことである。これは、産業福利協会が、実質上、社会局労働部に覇権を握られていたからである[19]。また、『産業福利』は、会報から専門紙へ比重を移していくことで、災害防止等にかんする技術的な専門知識を提供することが重要な役割となっていったが、これを支えていたのは労働部技術系職員を中心とする監督職員であった。彼ら技術系職員は、『社会政策時報』のような総合的な理論誌ではなく、啓蒙的な専門紙である『産業福利』において中心的な書き手として活躍したのである。

第3節 『産業福利』第1巻の内容

前節で述べたように、『産業福利』第1巻は技術的な専門知識や方法を提供する使命を担うようになり、技術系職員を中心とする監督職員が多数寄稿していた。では、そこには何が書かれていたのであろうか。第1巻の記事内容に目を向けてみよう。

記事の内容は、産業福利協会や地方工業主団体にかんする会報記事や、災害防止・衛生・福利施設等にかんする記事、改正工場法にかんする記事、健康保険法にかんする記事、海外における災害防止等にかんする記事などの専門記事から成り、多種多様で相互に関連が少ないように見える。

専門記事のなかで最も中心的な位置を占めるのは、「工場に於ける災害の予防は労働者保護上最も必要なる事項」[20]とされた災害防止にかんするものであった。しかし、災害防止は重要な任務ではあったが、それは、災害予防を通して「能率の増進となり〔…〕経営上よりするも有利である」だけでなく「労資協調の為」にもなるからであった[21]。それゆえ、災害予防とその関連記事は、「能率増進の手段」および「労資協調の必要」という「産業福利（施設）の必要及効果[22]」のもとに体系化されていた。しかも、この能率増進と労資協調による体系化は、「工業災害を防止し労働者〔の〕健康を増進し被傭者の福利を図るは労資の協和を得るところにして又工業の根本を培養し其隆盛を致す所以なり」と宣言された産業福利協会の設立趣旨にも合致し[23]、災害防止をはじめとする「被傭者の福利」は「労資の協和」と「工業の〔…〕隆盛」（すなわち労資協調と能率増進）を目的として位置づけられていた。また、この体系化を支えていたのは、経営者の労働者に対する福利事業は「当然の義務」だとする理念であったが、それは産業福利協会の会長である長岡隆一郎が説く理念であると同時に[24]、産業福利協会の理念でもあった。

この理念は、産業福利協会が主催した「第一回災害予防労働衛生講習会」において講習科目「産業福利の精神」を担当した講師・河原田稼吉（産業福利協会理事長・社会局労働部長）も踏襲し、「労資の協調」と「能率の増進」が労働者に対する福利事業の「経済上の必要」であると述べたあと、次のように続けている。なお、「第一回災害予防労働衛生講習会」とは、「最近災害や中毒騒ぎの頻発する状況に鑑みて労働力を保全し産業の健全なる発達を図る為め我邦に於ける最初の試みとして産業福利協会主催の下に工場勤務者を集めて〔一九二六年〕十月二十五日から一週間内務省社会局大会議室に於て[25]」開催された産業福利協会の重要な事業の一つである。

> 人道上より実行の必要ありと言ひ経済上より実行の必要ありと言ひましたのも第二義に亘りての説明でありまして第一義諦としましては必要を超越して事業に当然伴ふべき社会的義務であることを観念しなければならないのであります[26]〔。〕（傍点引用者）

このように、産業福利協会の理念は、労働者の安全や健康を守り、労働者の福利増進に努めることは、「労資協調」と「能率増進」の観点から必要であると同時に、それはまた、「社会的義務」であるとの立場を強調していた。『産業福利』における、一見、雑多に見える記事は、こうした理念のもとに編集されていたのである。そして、『産業福利』は産業福利協会が協調会産業福利部へ再編されたあとも続いて刊行され、この理念は協調会へと引き継がれていった。それは、産業福利協会の理事を務め、協調会産業福利部副部長（のち部長）であった蒲生が書いた同名の論文「産業福利の精神」にも見られる。実は、第6章で述べるように、この同名論文は、主として蒲生が書いたと考えられる。

産業福利協会の長である長岡が唱え、同協会の実質的な責任者である河原田が説き、さらには同協会の後継団体である協調会産業福利部を指揮した蒲生が再び訴えたこの理念は、もともと英国の産業福利協会（Industrial Welfare Society）に「深く係わ〔った〕」[27]ベンジャミン・シーボーム・ラウントリー[28]（Benjamin Seebohm Rowntree, 1871-1954）が提唱したものであった。ラウントリーが著書『貧困――都市生活の研究』[29]（*Poverty: A Study of Town Life*, 1901）で知られた貧困研究の先駆者の一人であることは広く知られてはいるが、父ジョーゼフ・ラウントリー[30]（Joseph Rowntree, 1836-1925）が経営する英国ヨーク市の製菓会社ラウントリー社の後継者として彼が同社の経営を指揮し、父同様、自社で働く労働者の福利厚生の導入と充実に努めたフィランソロピストであったことは、あまり知られていない。また、それ以上に知られていないのは、ラウントリーが当時の日本の安全運動や労働者の企業内福利について強い影響を及ぼしたことである[31]。

ラウントリーについては、河原田と蒲生は同名の論文のなかで、「ラオンツリー〔ラウントリー〕は「如何に良好なる労働状態の下に生産が実行されるかを実現するのが傭主の社会的義務Social obligationである」と述べた」[32]と記しているが、内務省社会局は、この理念に強く刺激されて産業福利協会を立ち上げたと考えられる。実際、社会局はラウントリーに多大な関心を示した。たとえば、ラウントリー社の社長としてラウントリーが一九二四年の一〇月から一一月にかけて日本に滞在した際、一一月六日に内務省社会局主催の昼食会に招かれたことがラウントリーの「日本滞在記」からわかる。

この昼食会に社会局から誰が出席したかは判読できないが[33]、少なくとも、河原田と蒲生は出席していたと考えられる。実際、河原田は雑誌『産業福利』以外に、自著でも「ラウンツリー氏が我国に来朝したる際語つて居つた所であるが〔…〕」[34]と記しているし、また、当時、社会局嘱託であった蒲生も『産業福利』とは別の雑誌で、「先般、英国ヨーク市に於て、約七千人を雇傭する製菓会社長ラオンツリー氏が来邦された。〔…〕同氏が、〔内務省〕社会局に於て語つた中に〔…〕」[35]と書き残しているからである。このことから、蒲生や河原田が昼食会に出席したか否かは確認できないが、少なくとも社会局や河原田と蒲生がラウンツリーに関心を抱いていたことは明確に読み取ることができる。そして、この関心はラウントリーの思想だけでなく、『産業福利』第1巻第1号の紙面に掲載された「英国産業福利協会会長ヨーク公殿下令旨」という記事が示すように、英国の産業福利協会へも向けられていた。

日本において産業福利協会を組織した河原田は、警保局から社会局へ移り、法令によって労働運動を取り締まる立場から、法令の枠組みを超えた社会運動（労資協調）によって労働運動を体制内に取り込む立場へ転身を図った。他方、「内務省社会局が安全運動に力を注がんとするの意を以て〔…〕参加方を慫慂された」[36]蒲生は、ラウントリーの思想を吸収しながら日本における産業福利協会の理念を作成した理論家であった。つまり、蒲生は『産業福利』の発行兼編輯人や産業福利協会の実務家として活躍しただけでなく、日本における産業福利運動の理論家としても重要な役割を果たした。この意味で、河原田と蒲生は産業福利協会の生みの親といえる。

次章で取り上げるように、蒲生が協調会に移った直後に発表した論文「産業福利の精神」（『産業福利』第11巻第5号、一九三六年五月）は、かつて河原田が書いた同名の論文（『産業福利』第2巻第2号、一九二七年二月）と内容が酷似しているが、その類似性に現れているように、産業福利協会の理念は、その後継組織である協調会産業福利部においても齟齬なく受け継がれ、日本の産業福利運動が続いていった。ここでは、労働者の安全を守り、その福利を増進することは工業主の「社会的義務」だとするこの理念が、具体的に産業福利協会の機関紙『産業福利』に、どのように反映されているかについて、実際の記事を参照しながら検証してみよう。

まず、災害予防にかんする記事には、実際に起きた事故の詳細を伝えるだけでなく、その原因の分析や予防策などを解説したものも少なくない。また、多発しやすい事故への警告や予防策に触れた記事もある。こうした災害予防にかんする雑多な記事の多くは災害予防を主目的として書かれているが、記事によっては、災害予防が経営に直接かかわることに注意を促している。たとえば、「機織工場に於ける杼の脱出に基く災害」という記事は、災害事例を挙げて、この種の災害が「独り工女の不幸なるのみならず工場主にとりても、工女の慰安、扶助、機械の損傷等のため其の失費少なからず」[37]（傍点引用者）と警告している。災害予防の記事で経営上の意義に触れるか否かにかかわらず、両者が無関係ではないことをふまえて記事が編集されていた。

具体的な予防策を示す記事「起重機の危害予防」では、川崎造船所葺合工場で「『起重機運転の使用心得』を定めて注意して以来災害は激減した」[38]として、その心得を掲載して具体的な予防策を示した。こうした同業者の取り組みは、本省社会局による上からの押しつけとは違って受け入れやすく、労働者にとっても、労働災害を減らそうとする取り組みは歓迎すべき事柄であった。

また、慰安旅行や運動会などの実施例を知らせる記事「製糸工場に於ける職工の慰安娯楽施設」では、「慰安を為す費用は勿論工業主の負担」[39]と経営者の自主的な取り組みを推奨し、別の記事「英国に於ける模範的労働者住宅（其の二）」では、「労働者住宅の改善は効果の点から云つても費用の点から云つても、労働者福利施設中最も重要なもの」[40]だとして住宅問題を取り上げるなど、必ずしも経営者側の利益追求に囚われない対策の必要性も啓蒙しようとした。また、「健康保険の説明」という記事では、健康保険が「我国産業能率を増進せしむることを其の目的として居る」と説明され、「労働者の思想が穏和となり労資の関係が良好となる」と期待されるとともに、「労働者保護」の一環として位置づけられていた[41]。

さらに、「青森燐寸工場火災の教訓」という記事では、「十六歳の女工が小箱詰作業中誤つて軸頭を小箱に摩擦させた為めに発火し〔…〕工場を全焼」した事故に触れながら、女工の不注意を責めるのではなく、「箱詰室の狭隘」「防火施設の不充分」「適当なる監督者なく弱年の女工のみで作業をして居つたこと」を問題にしている[42]。ここには、労働者にではなく、経営者に改善を求める姿勢が明確に現れている。

このように、『産業福利』の主な購読者は労働者ではなく経営者であったにもかかわらず、記事の内容は、経営的な視点から災害予防に取り組んだ結果が、労働者側にも恩恵をもたらす効果が期待されただけでなく、労働者の福利増進に経営者が関心をもつことが求められた。それは、災害予防を通して、能率増進とともに労働者の保護を図り、長岡の期待する「産業の発達と労働者の幸福」[43]を実現することにあった。同時に、それは、「事業家の一部からは産業の発達を阻害して顧みざる国賊の如くに罵られる。労働運動家からは官僚の走狗、資本家の手先きとして手酷しく攻撃される。両方から恨まれ、何人からも感謝されぬ[44]」立場にいた長岡をはじめとする社会局や産業福利協会の人たちの共通の目標でもあった。

『産業福利』第1巻は、当初、会報と専門紙を兼ね備えた産業福利協会の機関紙として創刊された。しかし、その後の財政状況の好転に助けられ、会員以外の一般の購読者へも開かれた機関紙に変化し始めると、内容が会報から専門紙へ移行するとともに、専門記事の各々の頁数も増加していった。これは、第2巻において体裁を機関紙から機関誌へ変更するに至った主な要因と考えられる。

この専門紙化は、社会局の工場監督官、工場監督官補、鉱務監督官（監督職員）および彼らを指揮監督する社会局長官、労働部長、監督課長、そして嘱託の活躍によって担われていたが、その中心は労働部の技術系監督職員であった。また、記事の内容は、『社会政策時報』のような理論的で政策的な「調査研究」ではなく、具体的で実際的な「智識方法」が中心を占めていた。つまり、それらは技術的で現場主義に徹した内容であった。

このため、記事の内容が、一見、雑多で細かい知識や情報などが相互に関連なく、ただ工場などの労働現場で必要とする限りにおいて場当たり的に提供されていたように見えるが、実は、これらの記事は「能率増進の手段」および「労資協調の必要」という「産業福利（施設）の必要及効果」のもとに体系化され、この体系化は、産業福利事業が「社会的義務」であるとする産業福利協会の理念によって支えられていた。そして、この理念は、産業福利協会の実力者である河原田の協力のもとに、蒲生が中心となって作り上げたものであった。蒲生は『産業福利』の発行兼編輯人や産業福利協会の理事として実務的に活躍しただけでなく、戦前日本における産業福利事業を理論的にも支えたのである。いみじくも長岡がいうように、この理念のもとに「産業の発達と労働者の幸福」を実現することは、社会局や産業福利協会の人たちの共通の目標であった。

このように、機関紙『産業福利』第1巻は、体裁の異なる第2巻以降の機関誌『産業福利』の誕生の由来を説き明かすと同時に、産業福利運動の成立過程を具体的に示しているのである。

■**注**（第5章）

（1）産業福利協会が協調会に及ぼした甚大な影響の一つは、直接的には、一九三六年四月の両者の合併によって、協調会が組織を再編成し、基本方針を見直したことである（堀口良一「産業福利協会について――戦前日本における労資協調と労働安全」、『社会政策学会誌』第19号、社会政策学会、二〇〇八年三月、二〇五～二〇七頁）。

（2）大原社会問題研究所編『日本労働年鑑　第18巻　昭和12年版』（復刻版）法政大学出版局、一九六九年、三八二頁。

（3）実際、産業福利協会を直接扱った論文として、梅田俊英「産業福利協会から協調会産業福利部へ」（梅田俊英・高橋彦博・横関至『協調会の研究』柏書房、二〇〇四年、二二七～二三九頁）や堀口良一「産業福利協会について――戦前日本における労資協調と労働安全」（『社会政策学会誌』第19号、社会政策学会、二〇〇八年三月、一九七～二一六頁）があるに過ぎない。

（4）産業福利協会が発行した機関誌『産業福利』（ただし、第1巻のみ機関紙）のうち、所在が不明であった第1巻が二〇〇七年七月に法政大学大原社会問題研究所の協調会研究会のメンバーにより「発見」された。「発見」の経緯については、梅田俊英「『産業福利』第1巻の「発見」とその意義」（『大原社会問題研究所雑誌』第591号、法政大学大原社会問題研究所、二〇〇八年二月、八四～八五頁）に詳しい。機関紙『産業福利』第1巻は、産業福利協会の設立趣旨（第1号、第4号）、改正前の会則（第1号）、原会員名簿（第1号）、第一回災害予防労働衛生講習会の内容（第10号）など、これまで不明であった重要な事実を多く含んでいる。これは、産業福利協会の実態の解明だけでなく、当協会に関係する戦前期の社会政策、労働行政、労務管理、安全運動などの分野の研究に少なからず寄与するだろう。

（5）武田晴爾の経歴については、「武田晴爾選集」刊行委員会編『武田晴爾選集　第三集』全日本産業安全連合会、一九六一年、

図表37　機関紙『産業福利』第1巻における会報記事・専門記事別記事数

（単位　編）

号数	会報記事	専門記事	計
1	18	2	20
2	16	13	29
3	13	14	27
4	8	16	24
5	6	12	18
6	6	12	18
7	6	15	21
8	4	18	22
9	11	17	28
10	6	22	28
11	5	19	24
計	99	160	259

四三五頁の「武田晴爾氏の経歴」参照。

（6）『産業福利』第4巻第1号、巻末「産業福利協会昭和二年度決算報告」。

（7）『産業福利』第1巻第1号、四頁。

（8）『産業福利』第1巻第2号、四頁。『産業福利』第2巻第5号、四四～四五頁。同第2巻第6号、五〇頁。同第2巻第7号、五五～五六頁。

（9）『産業福利』第1巻第2号、三頁、および同第1巻第3号、三頁。

（10）「産業福利協会の設立」、『産業福利』第1巻第1号、一頁。

（11）図表35の数値は図表37のとおり（資料4の「『産業福利』第1巻所収記事一覧」に基づいて作成）。

（12）機関紙『産業福利』一部の定価一〇銭は、その後、機関誌『産業福利』第2巻第9号まで維持され、同第2巻第10号から頁数の増加により二五銭に改められた。

（13）署名記事には、執筆者が明記されている七五の記事に、内容から執筆者が容易に判明する「産業福利協会会長挨拶」（第4号）および「福岡工鉱連合会発会式に於ける長岡社会局長官の告辞」（第7号）の二つの記事（ともに長岡隆一郎執筆）を含めた。

（14）『職員録』（内閣印刷局編集・発行）は、一九二六年七月一日現在のもの（一九二六年九月二八日印刷発行）を基本的に用い、補助的に一九二五年七月一日現在のもの（一九二五年九月二八日印刷発行）を参照した。

（15）ただし、産業福利協会の役員名簿は一九二七年七月時点であるため、この八名という数字は必ずしも正確ではない。たとえば、南俊治が一九二六年に協会理事を務めていた可能性はある。ただ、そうした可能性などを考慮に入れても、記事の執筆者は役員の過半数には及ばないであろう。

（16）図表36の作成は、執筆者および執筆数については機関紙『産業福利』第1巻の各号、社会局の役職等については『職員録』（一九二六年七月一日現在）三二頁および五八九頁、産業福利協会の役職については『産業福利』第2巻第7号、五六頁、に基づく。ただし、櫻田儀七については同『職員録』の社会局欄に登載されていないので、『職員録』（一九二五年七月一日現在）四二頁、に基づく。また、蒲生の社会局における役職は、社会局が蒲生に発令した一九二四年三月一〇日づけの辞令「第一部事務取扱ヲ嘱託ス」（資料3の辞令28、参照）をふまえた。なお、「労働者採用と身体検査の利益」（第1巻第11号）の執筆者「米国マツカナリー医学博士述蒲生訳」は「蒲生俊文」とした。

ちなみに、個人の署名記事で社会局職員以外が書いている記事は四つしかない。それは、濱口雄幸、澤清吉、菅原重太郎、「エム、アイ」がそれぞれ執筆したものである。ただし、「合衆国安全運動の中心たる「ナシヨナル、セーフチー、カウンシル」の総会」（第1巻第11号）を書いている「エム、アイ」は、「吾々産業福利の仕事をする者」という記述から判断して産業福利協会理事の色川三男と推測できるが、確証がないので、社会局職員執筆の記事から外した。

（17）ここでは、『職員録』（一九二六年七月一日現在）の社会局欄に監督職員として登載されていない秋村と櫻田を除いた。秋村は、当時、社会局に籍を置いていたが、工場監督官補を務めていたのは兼務先の警視庁であった。なお、社会局監督課『工場監督官職員録（一）』（職工問題資料Ａ626）工業教育会、一九二八年、二頁、によれば、秋村は、一九二八年一月に社会局に戻り、そこで工場監督官補兼鉱務監督官補に就いている。また、櫻田は一九二五年七月に社会局所属の工場監督官補を経て、一九二八年一月には北海道庁の技師として工場監督官に就いているが（前掲『工場監督官職員録（一）』四頁）、『職員録』（一九二六年七月一日現在）の社会局欄には見あたらない。

（18）それぞれ蒲生俊文『労働管理』巌松堂書店、一九二八年、二六七～二六八頁および二五四～二五六頁。ただし後者の掲載内容は多少違っている。

（19）社会局第一部（労働部）が産業福利協会の覇権を握っていたことは、産業福利協会の理事二二人中、一六人が労働部に籍を置いていたことに端的に示されている（『産業福利』第2巻第7号、五六頁の「本協会役員名」参照）。ちなみに、この一六人とは、河原田稼吉、吉阪俊蔵、君島清吉、北原安衛、北岡寿逸、成田一郎、長谷川透、木村清司、長谷川公一、宇都宮孝平、古瀬安俊、色川三男、鯉沼茆吾、數江雄二、大西清治、蒲生俊文である。

(20)『産業福利』第1巻第5号、四頁。

(21)『産業福利』第1巻第3号、一頁。

(22)河原田は「産業福利の必要及効果」(『産業福利』第2巻第2号、三頁)、蒲生は「産業福利施設の必要及効果」(『産業福利』第11巻第5号、協調会産業福利部、一九三六年五月、五頁)と、表記している。

(23)『産業福利』第1巻第1号、一頁。

(24)『産業福利』第1巻第3号、一頁。

(25)『産業福利』第1巻第10号、一〇頁。

(26)河原田稼吉「産業福利の精神」、『産業福利』第2巻第2号、九頁。この記事は、河原田の同講習会での「講演速記」である(同、一二頁)。

(27)山本通「B・シーボーム・ラウントリーの日本滞在記(１９２４年)――ラウントリー社と森永製菓の資本提携の企画について」、『商経論叢』第41巻第3・4合併号、神奈川大学経済学会、二〇〇六年三月、五四頁。

(28)ベンジャミン・シーボーム・ラウントリー(通例、単にシーボーム・ラウントリーと呼ばれているため、原語でもSeebohm Rowntree あるいはB. Seebohm Rowntreeと表記されることがある)の伝記Asa Briggs, *Social Thought and Social Action: A Study of the Work of Seebohm Rowntree, 1871–1954*, London: Longmans, 1961によれば、彼の日本訪問にかんする記述として、「１９２４年、彼は日本を訪れ、東京と大阪で労使関係(labour relations)についての講演は成功裏に終わる」(一八二頁)という以上の詳しい記述は見あたらない。なお、右記伝記の存在は、前掲山本論文に教えられた。

(29)*Poverty: A Study of Town Life* の邦訳は戦前から出版されており(たとえば、長沼弘毅訳『最低生活研究』高山書院、一九四三年)、原書は現在も新刊書で入手できる。

(30)ジョーゼフ・ラウントリーの自伝にはAnne Vernon, *A Quaker Business Man: The Life of JosephRowntree 1836–1925*, George Allen & Unwin Ltd. 1958(邦訳は佐伯岩夫・岡村東洋光訳『ジョーゼフ・ラウントリーの生涯』創元社、二〇〇六年)がある。

(31)筆者は未見であるが、英国ヨーク市にあるジョーゼフ・ラウントリー財団(Joseph Rowntree Foundation)およびヨーク大学(University of York)は、シーボーム・ラウントリーについての資料を保管している(この点について、経済史家の山本通氏および社会学者の武田尚子氏から教えられた)。

(32) 河原田「産業福利の精神」、『産業福利』第2巻第2号、九頁。なお、蒲生も、「ラオンツリーは『如何に良好なる労働状態の下に生産が実行されるかを努めるのが雇主の社会的義務である』と言った」（蒲生「産業福利の精神」、『産業福利』第11巻第5号、協調会産業福利部、一九三六年五月、一〇頁）と、ほぼ同じ記述をしている。
(33) 前掲山本論文、五九頁。
(34) 河原田稼吉『労働行政綱要』松華堂書店、一九二七年、四八九頁。
(35) 蒲生俊文「労働管理に関する一考察」、精神社編集・発行『精神』第2巻第12号、一九二五年一二月、一一〜一二頁。
(36) 蒲生俊文『安全運動三十年』奨工新聞社、一九四二年、一七頁。
(37)『産業福利』第1巻第5号、一〜二頁。
(38)『産業福利』第1巻第4号、一頁。
(39)『産業福利』第1巻第7号、三頁。
(40)『産業福利』第1巻第4号、一頁。
(41) 同、二頁。『産業福利』第1巻第5号、三頁。
(42)『産業福利』第1巻第8号、五頁。
(43)『産業福利』第1巻第4号、四頁。
(44) 同、三頁。

第6章 「産業福利の精神」

前章では、産業福利協会が推進する産業福利運動の実質的な担い手が、社会局嘱託の蒲生俊文および社会局労働部の工場監督官であったことを明らかにした。彼らが雑誌『産業福利』で提供していた知識や情報は、一見、相互に連関がなく、雑多なものに見えるが、実は産業福利運動の理念のもとに体系化されていた。

本章では、産業福利運動を指導した中心人物である河原田稼吉と蒲生に焦点をあてて、彼らが共有していた産業福利協会の理念である「産業福利の精神」について考察する。

第1節 河原田稼吉と蒲生俊文

前章で触れたように、河原田は内務官僚で、最初は警保局に勤めていたが、一九二二年に社会局が外局として新設された際、社会局第一部（のち労働部へ改称）に移り、工場法の改正作業などの社会政策に携わるなか、安全運動の実績をもつ蒲生を呼び寄せ、一九二五年に社会局の外郭団体として産業福利協会を立ち上げる。安全運動の主流が安全第一協会に始まる民間団体から産業福利協会に始まる官製団体へ移行し、蒲生も軸足を前者から後者へ移していった。それは、前者の活動が次第に衰えていったことや、後者が「産業福利協会組織以来日本に於ける産業災害予防の社会運動の主要機関となり著しき進歩を来し[1]」、そこに蒲生は活躍の場を見出したからである。

この点について、蒲生の内発的な動機を見ておく必要がある。蒲生は単に河原田に招かれたという受動的な理由や嘱託とはいえ社会局の職員として振舞うことに魅力を感じていたわけではない。彼は安全運動を盛んにし、その任務に専念できる場所を求めていたに過ぎない。これについて、二点指摘しておこう。

第一に、一九二三年の関東大震災のときに、九死に一生を得た体験がある。蒲生は、その日、病気で会社を休み家で休養していたため、震災で死傷せずに済んだ。他方、彼の同僚は平常どおり出勤していて亡くなったという。これについて彼は次のように語っている。

私は大正十二年〔一九二三年〕東京地方の大地震に当り同僚全部の圧死に遭い、私は只一人病を以て自宅に臥床して居たので助かつたことが深く心に刻み、遂に一身を安全運動に投入した。(2)

自分だけが偶然生き延びたという体験は、自らの僥倖に感謝する気持ちと、なぜ自分だけが助かったのかと自己を責める気持ちとが対峙し、不安定な心理状態をもたらすことがある。ここから抜け出す一つの方法は、他者に自己を捧げる生き方を選ぶことである。蒲生が震災後しばらくして東京電気を辞し、人生のすべてを安全運動に捧げる生き方を選んだのは、こうした理由からではないだろうか。

また、彼が東京電気で「一身を安全運動に投入」しようとしなかったのは、もはや彼の理解者がいなかったからでもある。すでに二年以上も前に彼の理解者であった上司の新荘は世を去っていた。それ以来、安全運動は継続できたが、かつてのように専念できる環境にはなかった。震災で同僚が亡くなったことは、新荘に続いて彼の安全運動をともに担ってきた味方の同僚を失ったことを意味した。

第二に、安全運動に専念することが「天の使命」だと自覚したことである。これには、あるアメリカ人女性との出会いが関係している。次の引用は、蒲生が米国の大学に招聘されて日本の安全運動について講演したときの内容の一部であるが、そのなかで、彼は「天の使命」について次のように述べている。

最初私が此安全運動を開始してより後片手間の仕事としてやつて来たことは前に申しました、然るに私が本来の使命に従つて、金儲も致さず、凡ての仕事を捨てて世の嘲笑をも顧みずして専心安全運動に没頭するに至つたに付きましては私は特に貴国〔米国〕に謝さねばならぬ事実があります、其は嘗て私が東京電気会社の福利部の主脳として働いて居つた時でありますが、ニユーヨークの方でミセス、ウツドと言ふＹＷＣＡの人が日本女工の状況視察に来られまして川崎と申す処にある私の工場を参観に来られたことがありました、私は親しく御案内をしましたが同氏が其後〔神の字欠如〕戸に行かれた時に私も神戸に用事が有つて参りまして再会しました、其時に同氏は私に日本に取つて最必要な仕事を御気付きになり乍ら何故万事を抛つて之に没頭しないのですかと質問されました、私は自分の勇気の無いことを恥ぢました、其の矢先に一九二三年の大震火災に際して其瞬間までも親しかつた同胞が幽明界を異にするに至つたあの驚くべき事実が私をして生命の全部を社会奉仕に献げしめるの念を強からしめるに至つたのでありまして、私が天の使命を自覚し没頭するに至たに付いては貴国に感謝し殊にミセス、ウツドに感謝しなければなりません。[3]（傍点引用者）

蒲生は「ウツド」の質問に「片手間」に安全運動を続けている自らの姿勢を「恥ぢ」、安全運動に専念することが自分に与えられえた「天の使命」だと覚悟したのである。関東大震災は、その天命を実行に移すよい機会であった。こうして蒲生は内発的な動機に促されて河原田の招きに応じたのである。蒲生と河原田は東京帝国大学法科大学を卒業しているが（蒲生が一九〇七年、河原田が一九〇九年）、学生時代から親交があったか否かは明らかでない。河原田は大学卒業後、内務省参事官兼秘書官から一九二二年に社会局第一部長に就任し、一九二五年には産業福利協会の設立に腐心し、そこを拠点に、いわゆる河原田＝蒲生体制を築く。一九二八年に台湾総督府総務長官に転出するまで、第一部長およびその後継ポストである労働部長として辣腕を揮(ふる)った。そして、一九三五年に協調会常務理事に就くや、協調会の組織改革を断行し、産業福利部を新設して再び蒲生を呼び寄せることになる。さらには、河原田が推進する産業報国運動に蒲生を巻き込むなど、蒲生と河原田の結びつきは非常に強いものがあった。

ところで、産業福利協会の目的は、産業福利協会会則の第1条にあるように、「工業災害ノ防止、労働衛生ノ改善及被傭者ノ福利ノ増進ヲ図リ且ツ労働法規ノ円満ナル施行ヲ助クル」ことにあった。つまり、安全第一協会の安全運動が一般社会を対象に「大危険を未発に防遏する」ことによって「不幸なる災厄を防御せんとする」ことが目的であったのに対し、産業福利協会の安全運動は労資を対象に「工業災害ノ防止」などによって労働者の「福利ノ増進」と「労働法規ノ円満ナル施行」を目的としていた。つまり、とくに工場法などを中心とする労働行政の一環として位置づけていた。

社会局の外郭団体として設立をみた産業福利協会は、当然のことながら、社会局（とくに第一部）の官僚によって組織されていた。協会の長である会長には社会局長官の長岡隆一郎(ながおかりゅういちろう)（一八八四～一九六二年）、次席には社会局第一部長の河原田が就き、他の職員も社会局に属していた。蒲生も嘱託として社会局に籍を置いていた。それゆえ、産業福利協会は社会局（とくに第一部）の「別働隊」であり、社会局のもう一つの顔であった。たとえば、蒲生は、次のように記している。

> 其後日本政府の社会局が産業災害予防の為めに特に尽力することになりまして私は同局の仕事に参加することになりました。〔…〕私共は法規（工場法等）の強制とは別に所謂安全運動の必要を痛感し其使命の重大なることを宣揚せんとするものであります、従て我々は社会局の別働隊として産業福利協会を組織して私は其常務理事を致して居ります。[4]（傍点引用者）

産業福利協会の形式上の長は会長を務めていた長岡であり、大学では蒲生の一年後輩にあたる。彼は東京帝国大学法科大学卒業後、内務省に入省した内務官僚である。そして、土木局長から一九二四年に社会局長官に就任し、警視総監に転出する一九二九年まで長く社会局長官を務めた。ただし、産業福利協会の実務は河原田が仕切っていた。実際、産業福利協会は一九二五年に内務省社会局の外郭団体として設立されたが、事務局は河原田が部長を務める社会局第一部に置かれたことからみても、実質上の長は河原田であった。

その後、河原田は転出したあと、協調会に入り、そこで安全運動を立ち上げることを企て産業福利協会を吸収し産業福利部を新設するが、そのとき蒲生を引き抜き、産業福利協会のときと同様に、河原田＝蒲生体制を敷き、河原田は蒲生に安全運動の全権を委ねて活躍させたのである。

第2節　河原田稼吉と蒲生俊文の同名論文「産業福利の精神」

一九二五年一一月に内務省社会局の外郭団体として設立をみた産業福利協会は、社会局長官として会長に就いていた長岡隆一郎が「産業労働者のためにする福利事業」は「事業主」の「当然の義務」[5]であると述べたように、労働者の福利増進を図ることを主要な目的の一つに発足した。実際、産業福利協会会則第1条には、「本会ハ工業災害ノ防止、労働衛生ノ改善及被傭者ノ福利ノ増進ヲ図リ且ツ労働法規ノ円満ナル施行ヲ助クルヲ以テ目的トス」と定められていた[6]。

そして、「如何に良好なる労働状態の下に生産が実行されるかを実現するのが傭主の社会的義務 Social obligation である」と説いたラウントリーの労働者福祉の思想を産業福利協会に持ち込んだのが、協会の会長で社会局局長の長岡とともに、協会の理事長で社会局第一部長（一九二六年四月から職名変更により労働部長）の河原田と同理事で社会局嘱託の蒲生であったことは前章で触れたとおりである。ラウントリーは一九二四年に来日し[7]、河原田と蒲生がラウント

図表 38　河原田稼吉および蒲生俊文の各同名論文「産業福利の精神」

研究資料

産業福利の精神

河原田稼吉

（一）産業福利の意義

産業福利協會が産業福利と稱するのは何を意味するのであるかと言ふことを先づ第一に述べて置く必要が有らうと思ひます。産業福利とは英語の Industrial Welfare でありまして福利施設とか福利増進事業なぞとも申すので異なるものでは有りません、我邦に於ても福利又は福祉施設とか福利増進事業なぞとも言ひ人に依つては厚生施設なぞ申すものもありますが要するに一つことであります。

一體福利施設とは如何なることを意味するものであるかと申すに、先づ第一に從來行はれて居る意見を一覧して見る必要があらうと思ひます。試に二三の定義を擧げて見ませう。

第一に英國政府の與へた定義に依りますと「福利施設とは勞働者に對する最善の雇傭狀態を目的とする管理者の施設」であります。而して「假令其の一部は工場法其他の法律の要求するところであつても、夫れは一般的最小限度を定むるに止まり、福利施設は更にその範圍が廣く而も勞働者の私事に亘らざる限り健康、安全、幸福、能率に關する一切の事項を含む」ものであると説明して居ります。

第二にフイリツポヴイツチの定義を見ますと「法律の規定又は雇傭契約の條件以上に勞働者の經濟上の地位の改善を圖り、且つ日常生活、衛生、教育、娯樂等に關する個人的の慾望を一層十分に滿足せしむることを目的とする企業者の永續的施設である」とあります。

産業福利の精神　一

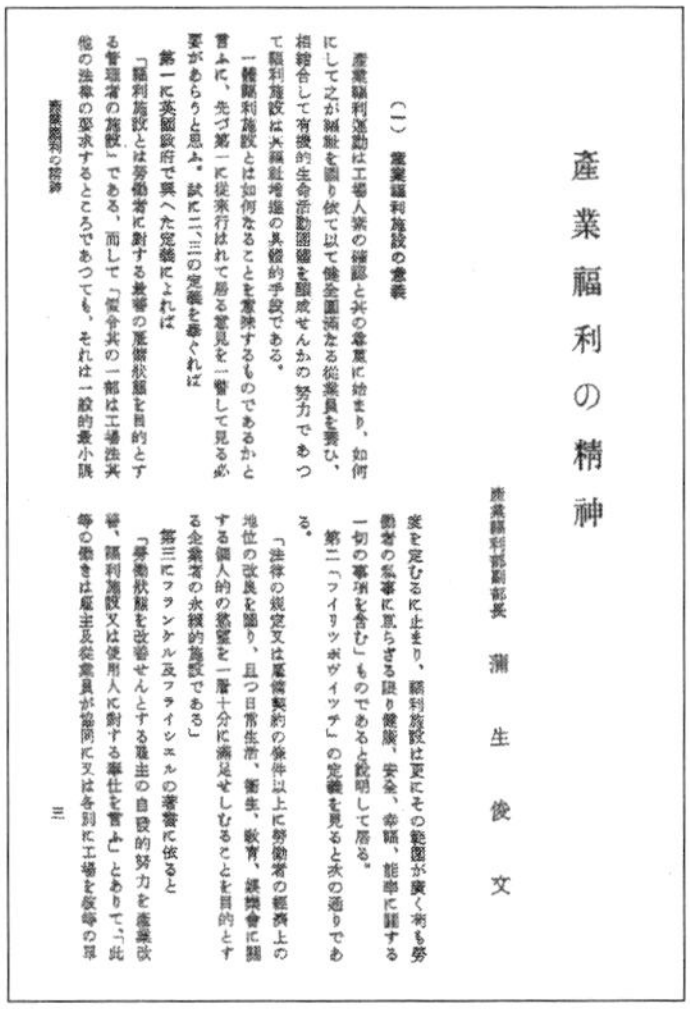
産業福利の精神

産業福利部副部長　蒲生俊文

（一）産業福利施設の意義

産業福利運動は工場人事の確認と其の意義に始まり、如何にして之が維持を圖り依て以て健全圓滿なる從業員を養ひ、相結合して有機的生命活動組織を醸成せんかの努力であつて福利施設は其福祉増進の具體的手段である。

一體福利施設とは如何なることを意味するものであるかと言ふに、先づ第一に從來行はれて居る意見を一瞥して見る必要があらうと思ふ。試に二、三の定義を擧ぐれば

第一に英國政府で與へた定義によれば

「福利施設とは勞働者に對する最善の雇傭狀態を目的とする管理者の施設」である。而して「假令其の一部は工場法其他の法律の要求するところであつても、それは一般的最小限度を定むるに止まり、福利施設は更にその範圍が廣く而も勞働者の私事に亘らざる限り健康、安全、幸福、能率に關する一切の事項を含む」ものであると説明して居る。

第二「フイリツポヴイツチ」の定義を見ると次の通りである。

「法律の規定又は雇傭契約の條件以上に勞働者の經濟上の地位の改良を圖り、且つ日常生活、衛生、教育、娯樂會に關する個人的の慾望を一層十分に滿足せしむることを目的とする企業者の永續的施設である」

第三にフランケル及フライシェルの著書に依ると

「勞働狀態を改善せんとする雇主の自發的努力を産業改善、福利施設又は使用人に對する奉仕を言ふ」とありて、「此等の働きは雇主及從業員が協同に又は各別に工場を改善の爲

産業福利の精神　三

出典：梅田俊英・高橋彦博・横関至編集・解題『協調会史料『産業福利』復刻版』第 1 巻、柏書房、2007 年、18 頁（左）。同第 10 巻、柏書房、2008 年、156 頁（右）

リーに強い関心を示した様子は、彼らの著述にも明確に現れている。たとえば、河原田は「ラウンツリー氏が我国に来朝したる際語つて居つた所であるが〔…〕」[8]と記し、蒲生も「先般、英国ヨーク市に於て、約七千人を雇傭する製菓会社長ラオンツリー氏が来邦された。〔…〕同氏が、〔内務省〕社会局に於て語つた中に〔…〕」[9]と書き残している。そして、彼らはラウントリーの語った思想を「産業福利の精神」と名づけ紹介している。すなわち、二人が別々に書いた同名論文「産業福利の精神」[10]が、それである（図表38、参照）。

この精神は、一九二五年一一月の産業福利協会の設立や一九三六年四月の協調会産業福利部の新設に理論的な基礎を与え、戦前期日本における産業福利運動の重要な理念として機能した。

そこで次に、この同名論文の主たる執筆者が蒲生であったことを論証するとともに、河原田がそれを自分の名前で公表した理由について検討する。

河原田と蒲生は、それぞれ同名の論文「産業福利の精神」を蒲生が編輯兼発行人を務める同じ雑

誌『産業福利』に発表している。[11] 河原田が発表したのは一九二七年二月号の『産業福利』誌上であり、蒲生は一九三六年五月号の『産業福利』誌上である。そして、両者は内容が酷似している。細かい点について補足すれば、河原田論文と蒲生論文の相違は、文体や若干の部分に限られており、それらは各人が加筆や修正を施した結果であると思われる。

発表時期に着目していえば、一般論としては、先に発表した河原田が真の執筆者であり、後に発表した蒲生は、それを書き写したのではないかと考えられよう。しかし、詳細に検討すれば、そうでないことがわかる。以下、これについて説明しよう。なお、以下において、河原田の「産業福利の精神」を河原田論文、同様に蒲生の「産業福利の精神」を蒲生論文と略記する場合がある。

まず、河原田の論文「産業福利の精神」は、その末尾に「産業福利協会主催工場災害予防及衛生講習会に於ける講演速記」である旨の断り書きがあり、[12] 実際、一九二六年「十月二十五日から一週間」開催された同講習会では、河原田が「産業福利の精神」という講習課目を担当している。[13] ちなみに、蒲生は同講習会では「安全第一運動」という講習課目を担当した。[14] したがって、河原田の講習課目の原稿を誰が執筆したかが明らかになれば、河原田論文の執筆者が判明するが、この講習課目の正確な内容について知る手がかりがない。そこで、ここでは、講習課目「産業福利の精神」と河原田の論文「産業福利の精神」が同一であるという前提で話を進めることにしよう。

河原田論文の執筆者が河原田であるか蒲生であるかを判断するには、彼らの別の著述に類似した内容があるか否かを調べればよい。ここで比較検討する著作は、河原田の『労働行政綱要』（松華堂書店、一九二七年六月）と蒲生の『労働管理』（巌松堂書店、一九二八年四月）である。河原田論文の発表後に刊行されたこの二つの著書に、河原田論文と内容が重複していたり、記述が類似する部分が存在するからである。そこで、河原田論文、蒲生論文および右記二著書を比較検討するために、一覧表「河原田および蒲生執筆の同名論文比較対照表」（資料5、参照）を作成した。ここでは、この一覧表をふまえて導き出される結論を示しておく。

まず、結論から示せば、河原田論文は、その大部分が蒲生によって執筆されたと考えるというものである。つまり、その実質的な執筆者は蒲生である。その主な論拠は二つある。第一は、蒲生の著書『労働管理』が河原田論文の約七割（字数換算）を含むのに対し、河原田の著書『労働行政綱要』は、その一割（字数換算）以下しか含まないことである。第二は、『労働行政綱要』が含むその一割の部分は、すべて『労働管理』に含まれていることである。

さらに、この結論を補強する他の三つの論拠を示しておく。

まず第一に、河原田論文で触れられ、『労働管理』にも記載がある二か所の文章が、一九二六年の講習会以前に刊行された蒲生の別の著作に見られる点である。この二か所の文章は、それぞれ河原田論文で「日本の或一工場に於ける一例」（資料5の文章番号22〜23）および「英のラオンツリー氏が先年日本に参つた時」（同文章番号24）という書き出しで始まる。前者は一九二六年九月に刊行された蒲生の著書『S式労働管理法』に、後者は一九二五年一二月に刊行された「労働管理に関する一考察」という蒲生論文に、それぞれ大変似た記述が見られる。実際、比較すれば次のとおりである。

まず、河原田論文の「日本の或一工場に於ける一例」に対応する蒲生の著書『S式労働管理法』の一節は、次のとおりである。

> 職工は其工場の職に安じ、生を楽むの風を生じ、隣り工場に罷業が起つて宣伝に来た時にも、自分達は会社に反対する理由が無いと言ふて断つた事が有つた。而して専心一意会社に尽し仕事に没頭して居た結果、製品の品質は良好であり、且つ仕事中に屢々発明する事が多かつた。一口に発明と言ふが、発明するに至るのは中々一朝一夕の工夫では出来ない。「ローマ」の成るは一日にして成に非ずと言はれて居る通りである。仕事をし乍ら発明をすると言ふ事実は如何に職工が職業に趣味を感じて居るかを示すものである。
> 〔…〕中に働く人の気分は根底から変つた。今迄側目も振らずに仕事に没頭した人は、仕事よりも先づ自身の身

の廻りを見廻し始めた。〔…〕今迄は自分の仕事だと信じて居た仕事は実は自分の仕事では無いと感じて来た。自分は生活の為めに只賃金を得るのが目的だと理解して来た。〔…〕自然に品値（ママ）〔質〕の低下を来したのは止むを得ない。〔…〕然るに品質低下では製品の市場に於ける声価を害し会社の信用を落すから、其処で検査係を増員して厳重に検査を励行した。処が〔…〕検査を励行する結果。パスする物がなくなれば（其は当然の結果であつた）製品の数が揃はない。然るに一方販売関係に於ては御得意との供給契約が有つて納入期限が定まつて居る。此の期限に納入を怠る時は、相当の賠償を為さなければならぬ。〔…〕其処で検査標準を低下して数を揃へることを計つた。之を製作する者から考へれば数を揃へさへすれば予定の賃金に有り付けるから、わざわざ熱心になつて優良品を作り出す必要はない。検査をパスする程度でよいと言ふことになるので、一般に製品の品質低下を来すのは当然招来された結果であつた。(15)

また、河原田論文の「英のラオンツリー氏が先年日本に参つた時」という書き出しで始まる一節に対応する蒲生論文「労働管理に関する一考察」の箇所は、次のとおりである。

ラオンツリー氏、嘗て曰く

我が社の製品が市場の競争に負けて来た時に、人員を減ずるか、又は賃金低下の外、原価逓減方法がないやうに思ふが、諸君名案あらば乞ふ提示せよと、労働者に計つたところが、労働者は協議上、能率増進法を考察（ママ）して、よく市場に勝つことが出来た。これは労働者が事業を自己の事業とし、責任を双肩に担つて居るからであつて、我と彼と一つであるからだ。(16)

とくに「日本の或一工場に於ける一例」は、河原田も知っていた可能性のあるラウントリーの話とは違い、蒲生しか知りえない内容[17]であることから、河原田論文を河原田が一人で書き上げたとはいえない。

第二に、「英のラオンツリー氏が先年日本に参つた時」という書き出しで始まる一節は、河原田論文と蒲生論文に加え、河原田の著書『労働行政綱要』および蒲生の論文「労働管理に関する一考察」にも含まれているが、『労働行政綱要』のみ独自の内容が含まれているのに対し、他の三つは、ほぼ同じ内容の記述になっていることである。実際、『労働行政綱要』では、

> 嘗て同会社〔ラウントリーが経営する会社〕の製品が市場に於て不利益の状態に陥つたときに、氏は職工代表者を集めて我社製品は目下世上に於て不利益の状態に在る、世間一般の方法に依れば人員淘汰を為すとか、賃金の低下を為すとかの外途がないが、若し諸君に名案あらば申出でられたいと申渡したところ、労働者は数日協議したる後各個人の生産能率を増加する方法を案出し、之を実行したる結果原価は非常に低下し、遂に市場に於て「品質優良にして価格は低廉」と云ふ名声を博し、競争に打勝つことが出来たと云ふことである。[18]（傍点引用者）

と記述されているが、とくに「労働者は数日協議したる後」および「「品質優良にして価格は低廉」と云ふ名声を博し」という説明は、河原田論文や蒲生の記述には見あたらない[19]。つまり、この部分にかんして、河原田論文の記述は自著である『労働行政綱要』の文章よりも、蒲生の文章に近い。つまり、河原田に書くことが可能な内容を、あえて蒲生が代わって書いていることを示している。

第三に、河原田および蒲生が、ともに「産業福利の精神」に引用している菜根譚の一節は、すでに「労働管理に関する一考察」という一九二五年の蒲生論文で次のように使われている。

菜根譚に

天一人を富まして以て衆人の困を済ふ、而かも、世反つて有する処を挟んで以て人の貧を凌ぐ、真に天の戮民なる哉

と、願はくば、我邦の工場主は、団体の有機的生命に自覚して、天の戮民たらざらんことを、是れ労働管理の根底に横はるべき根本精神である。[20]

そして、この一節の直前に、論文「産業福利の精神」において述べられている「日本の或一工場に於ける一例」および「英のラオンツリー氏が先年日本に参つた時」という書き出しで始まる一節の要点が記され、外国であれ日本であれ「労働管理の根底に横はるべき根本精神」は同じであり、また、菜根譚が書かれた昔も、工業が発展してきた今も、その「根本精神」は変わらないことを蒲生は説こうとしている。

すなわち、蒲生は工場主に「衆人の困を済ふ」役割を期待し、この役割を担おうとする自覚こそが労働管理の「根本精神」、つまり「産業福利の精神」だと述べている。加えて、この菜根譚の一節は蒲生の自著『労働管理』には記載されているが、河原田の自著『労働行政綱要』には見あたらない。このように、菜根譚と「日本の或一工場に於ける一例」とラオントリーの思想を結びつけながら、「産業福利の精神」を独自に体系化したのが蒲生であった。また、それを蒲生は、精緻な理論を組み立てるのではなく、海外の文献からの引用や内外の実例を示しながら、わかりやすく説いている。

以上から、河原田論文は、河原田の着想や記述が部分的に含まれているにせよ、その大部分は蒲生の筆に負うものであり、そこにおいて、蒲生はラウントリーに触発されつつも、その単なる模倣ではなく、豊富な実例を駆使し現場での経験をふまえて「産業福利の精神」を説こうとしたのである。

第3節　河原田と蒲生における「産業福利の精神」

同名論文「産業福利の精神」の主たる執筆者が蒲生であることを論証したことを受けて、この節では、なぜ河原田は蒲生が主として執筆した「産業福利の精神」を自分の名前で発表したのか、という点を中心に考察する。そのために、最初に、河原田と蒲生の関係について、必要な限りで整理しておこう。

河原田は第一高等学校を経て一九〇九年七月に東京帝国大学法科大学政治学科を卒業し[21]、同年一一月に内務省に入省した[22]。彼の官僚としての活動の舞台は、最初は主として警保局などの警察行政であったが、一九二二年一一月に社会局（外局）が設立されるや、その初代第一部長（のち労働部長）に就き、一九二八年六月に台湾総督府へ転出するまで、約五年八か月の長期にわたり活躍した[23]。河原田に対し、産業福利協会が設立された一九二五年一一月に社会局長官を務めていた長岡隆一郎は、河原田より約二年遅い一九二四年一二月に社会局に移ってきた、いわば新人であった[24]。したがって、一九二四年一一月六日に来日中のラウントリーを招いて開いた内務省社会局主催の昼食会[25]には、当時、同じ内務省勤めとはいえ、土木局長の職にあった長岡は出席するはずもない。これに対し、「ラウンツリー氏が我国に来朝したる際語つて居つた所であるが[26]」と、ラウントリーの談話を書き留めている河原田は、この昼食会に出席した可能性が高い。そして、また「同氏〔ラウントリー〕が、〔内務省〕社会局に於て語つた中に[27]」と記している蒲生も、そこに同席していたのではないだろうか。もっとも、河原田と蒲生の出席は、それを直接示す史料がないので、可能性以上のことはいえない。

産業福利協会は、ラウントリーの思想に刺激され、また彼が関係した英国の産業福利協会を模範として設立されたといってよい[28]。したがって、ラウントリーの一九二四年一一月の来日は、日本の産業福利協会の設立準備の起点であり、一年間の準備期間を経て、一九二五年一一月に設立に至るまで、河原田と蒲生が中心となって事が進められたと推測される。そもそも、蒲生は「内務省社会局が安全運動に力を注がんとする」意図[29]で一九二四年三月に嘱託として[30]

招かれたのであるが、この人事は河原田が尽力したとされている[31]。河原田が主導権を握る産業福利協会構想は、工場等における安全運動の指導者であった蒲生を味方につけ、二人三脚で進められたであろう。ラウントリーの来日は時宜にかなっていたといえる。

河原田と蒲生の人脈的接点は不詳であるが[32]、その思想的接点は、河原田の目指す労資協調と蒲生の取り組む安全運動が、それぞれ労働者福祉という共通点をもっていたことによる。つまり、河原田は産業福利運動を通して労資協調を実現し、蒲生は産業福利運動を通して安全運動を発展させようとしたのである。

しかしながら、実際、河原田自身が産業福利運動を立ち上げてから一〇年以上が過ぎた一九三六年七月の全国安全週間に際してのラジオ演説において、「〔工場鉱山の災害についての防止問題より〕更に大きな問題として産業界に於ける社会的安全の問題があります。どうしたら労働者側と資本家側とが渾然一体となつて産業の発達に邁進し得るかと云ふ問題であります[33]」と述べているように、労資協調は容易に実現するものではなかった。つまり、約十年前にこの「問題」を解決するため、河原田は産業福利協会を発足させ、活動を続けてきたのであるが、依然として、この「問題」は期待どおりに解決されずにいた。

容易に実現しない労資協調に執念を燃やす河原田は、このとき産業福利協会の理事長ではなく、協調会で「実質的に運営の中心を担った[34]」常務理事という役職に就いていた。そして、彼は、再度、「協調会は此度組織、内容を改めまして、産業福利運動の普及徹底と云ふことに邁進を致したい[35]」との思いで、協調会という組織を動員して労資協調を実現するために産業福利運動を盛り上げようと画策する。この画策とは、産業福利協会を協調会に吸収して協調会産業福利部を新設し、同時に、蒲生を抜擢することであった。そして、これは一九三六年四月に実現する。

蒲生が、「其〔産業福利協会の〕事業の凡てを継承し拡充する」ために「特設」された産業福利部[36]の副部長として「産業福利の精神」を機関誌『産業福利』に発表したのは、その直後のことであった。かつて河原田が産業福利協会の発足直後に発表した「産業福利の精神」は、そのまま産業福利部に「継承」され、産業福利部の基本理念として宣言されるに至ったのである。

河原田が「産業福利の精神」を発表した一九二七年二月当時、河原田は社会局労働部長として、産業福利協会の理事長の職にあり、協会の事実上の責任者を務めていたが、他方、蒲生は社会局嘱託として産業福利協会の理事ではなく幹事に過ぎなかった[37]。これに対し、蒲生が「産業福利の精神」を発表した一九三六年五月当時には、協調会の常務理事・河原田のもとに、蒲生は協調会の産業福利部副部長という要職に就いていた。もっとも、産業福利部には、社会局監督課長の北岡寿逸が部長の席を占めていたが、当時、彼は洋行中で、しかも国際労働機関帝国事務所長に転出が内定していたので[38]、産業福利部の事実上の責任者は蒲生であった。そして翌年には、北岡の転出を受けて蒲生は部長に昇格し、名実ともに蒲生が産業福利部の責任者となるのである。

産業福利運動における思想的共通点をもつ河原田と蒲生が、最初は産業福利協会において、次には協調会産業福利部において、組織者である河原田と実践家である蒲生が各々同じ役柄を演じるなかで同名論文「産業福利の精神」の執筆者のみ入れ替わったといってもよい。この入れ替えの理由は、何であろうか。また、なぜ河原田は自分の名前で「産業福利の精神」を発表したのであろうか。さらには、なぜ、約十年後に蒲生は「産業福利の精神」を掲載したのであろうか。実は、これらの疑問は、互いに関連がある。以下に、これらの疑問に対する答えを二点に整理して説明しよう。

まず、河原田が、一九二七年二月に、講習課目「産業福利の精神」の「講演速記」として論文「産業福利の精神」を発表したのは、それに先立つ講習課目「産業福利の精神」を担当したからであるというよりも、むしろ産業福利協会の事実上の責任者が河原田であったことによる。産業福利協会の理念を説く「産業福利の精神」の台詞は、協会の主役たる河原田が語る必要があった。上司の長岡は会長として産業福利協会に深い理解があったが、「新人」に過ぎず、河原田と蒲生が共同で練り上げた産業福利協会の理念を語るには、いわば舞台なれしていなかった。しかも、産業福利協会は河原田が部長を務める第一部（労働部）が覇権を握っていた[39]。他方、蒲生は語る実力はあっても、当時、産業福利協会の理事ではなかったため、その資格に欠けていた。蒲生はシナリオを書く役目に徹したといえる。

次に、蒲生が、一九三六年五月に、河原田が先に発表した論文「産業福利の精神」を再び機関誌に掲載したのは、新設された産業福利部の事実上の責任者が蒲生であることを組織の内外に示す効果を計算してのことであろう。それは河原田の計算だと推測できる。それゆえ、河原田ではなく、蒲生の名前で発表する必要があった。河原田は、当時、協調会全体の責任者であり、産業福利部だけの責任者ではなかった。加えて、蒲生がこの論文の主たる執筆者であったことから、蒲生は、たとえ気が進まなかったにせよ、掲載を拒む理由もなかったであろう。逆に、もし蒲生が主たる執筆者でなければ、実直な性格で文才のある蒲生が、河原田がかつて執筆した論文を借用することは考えられない。あるいは、「産業福利の精神」という同じ題名の論文を掲載するなら、蒲生は改めて書き直したであろう。

以上において、河原田と蒲生の同名論文「産業福利の精神」の主たる執筆者は蒲生であることを論証してきた。また、一九二七年二月に河原田が自分の名前で載せたのは、彼が産業福利協会の事実上の責任者であったからであり、また、一九三六年五月に蒲生が同じ論文を再び雑誌に掲載したのは、今度は、彼が産業福利部の事実上の責任者となったことを公に示す必要からであった。

とはいえ、産業福利協会は河原田と蒲生の意気投合において成立し、協会の理念としての「産業福利の精神」は、文章としては蒲生が大部分を執筆したにせよ、その成立過程においては両者の合作であった。実践家の蒲生が書いたシナリオを組織者である河原田が舞台上で読んだ（つまり、講習課目で説き、論文で発表した）に過ぎない。この意味で、二人は「融合帰一」（資料5の文章番号29）していたのである。

ところで、蒲生が同じ論文を再び掲載しなければならなかったことは、一〇年前に発表した「精神」はまだ実現せず、相変わらず説き続ける必要があったことを示している。これに関連して、産業福利協会の会長で、社会局長官を長く務めた長岡隆一郎は、社会局在任中の仕事を振り返って、次のように評している。

社会局在任中自分のやつた仕事は〔…〕今日から振返つて見ると私の自慢した仕事が如何に無意味のものであるかと云ふ事をしみじみと反省させられる。社会政策もよし、社会事業も宜しい。然れども之等は社会の貧富の懸隔を緩和し、貧乏線以下に呻吟する階級の生活を幾分向上するに非ざれば殆ど何の意味も為さない。然らば私がある方面からは白眼を以て睨まれ、社会の各所に摩擦を起してやつた仕事が、少しでも社会の改良に役立つて居たかと云へば、残念ながら今日では否と答へる外はない。貧富の懸隔に依る社会悪は全速力の自動車の走るが如く進んで行く。我々の仕事は自動車とマラソン競争をやるやうなもので、ギャップは日毎に増すばかりである。卒直(ママ)に云へば、私は若し之すら実行しなかつたとすれば事態はなほ悪くなつたであらうと云ふ自己弁解の下に、気休めの仕事をしたに過ぎないので、真に労多くして効少き結果に終つてしまつた。[40]（傍点引用者）

この一文をふまえるなら、産業福利協会や産業福利部も「気休めの仕事」といってよい。やらないより増し、というだけである。しかも、「白眼」視され「摩擦」を起こし、「労多くして効少き」「無意味」な仕事でもあった。協調会を去った河原田が、三度、蒲生を誘い、今度は産業報国運動へ向かうと、一九四一年三月に蒲生が去った協調会産業福利部は廃止となり、産業福利運動は終わりを告げる。河原田と蒲生によって担われていた「産業福利の精神」は、河原田と蒲生が産業福利運動から離れてしまうと存続できなかった。この意味で、「産業福利の精神」は産業界に根づかなかっただけでなく、河原田と蒲生以外の産業福利運動の他の担い手のなかにも容易に浸透しなかったのである。

■注（第6章）

（1）蒲生俊文「日本に於ける我が安全運動と其哲学」、芦野太藏編集・発行『安全の闘将　蒲生俊文先生』一九三〇年、一六頁。

（2）蒲生俊文「吾が安全運動の思出」、米国ナシヨナル・セーフテイ・カウンシル（蒲生俊文訳）『産業安全ハンドブック』日本安全研究所、一九五九年、一五二頁。
(3) 蒲生俊文「日本に於ける我が安全運動と其哲学」、前掲『安全の闘将　蒲生俊文先生』一〇頁。
(4) 同、一五～一六頁。
(5) 長岡隆一郎「労働者福利事業の精神」、『産業福利』第1巻第3号、一頁。
(6) 「産業福利協会会則」、『産業福利』第1巻第1号、一頁。
(7) ラウントリーの一九二四年の来日については、山本通「B・シーボーム・ラウントリーの日本滞在記（1924年）――ラウントリー社と森永製菓の資本提携の企画について」、『商経論叢』第41巻第3・4合併号、神奈川大学経済学会、二〇〇六年三月、五一～六六頁、参照。
(8) 河原田稼吉『労働行政綱要』松華堂書店、一九二七年、四八九頁。
(9) 蒲生俊文「労働管理に関する一考察」、精神社編集・発行『精神』第2巻第12号、一九二五年一二月、一一～一二頁。
(10) 河原田稼吉「産業福利の精神」、『産業福利』第2巻第2号。蒲生俊文「産業福利の精神」、『産業福利』第11巻第5号。
(11) 前掲河原田論文「産業福利の精神」、一～一二頁。前掲蒲生論文「産業福利の精神」、三～一三頁。
(12) 前掲河原田論文「産業福利の精神」、一二頁。
(13) 「第一回災害予防労働衛生講習会」、『産業福利』第1巻第10号、一〇頁。
(14) 同、一〇頁。
(15) 蒲生俊文『S式労働管理法』日東社、一九二六年、五頁および七～八頁。
(16) 前掲蒲生論文「労働管理に関する一考察」、一三～一四頁。
(17) この内容を蒲生しか知りえないのは、この「日本の或一工場に於ける一例」が、かつて蒲生が勤めていた東京電気の事例に他ならないからである。この点については、第9章第2節、参照。
(18) 河原田前掲書『労働行政綱要』四八九～四九〇頁。
(19) 河原田前掲論文「産業福利の精神」、蒲生前掲論文「産業福利の精神」および蒲生前掲書『労働管理』における該当部分の記述は、資料5の文章番号24を参照。
(20) 蒲生前掲論文「労働管理に関する一考察」、一四頁。なお、菜根譚の一節は、洪自誠著（今井宇三郎訳注）『菜根譚』（岩波文庫）岩波書店、二〇〇八年、二二二頁によれば、「天は一人を選んで財貨を授けて富者とし、多くの貧者を救い助けさせようとしたのに、世に出ると天の意図とは反対に、その財貨を頼みとして人の貧困をあなどり苦しめている。こういう連中こそ、ほんとうに天の罰を受けるべき罪人である」という意味である。

(21) 東京帝国大学編集・発行『東京帝国大学一覧 従大正元年至大正二年』一九一三年、一〇八頁。

(22) 秦郁彦編『日本官僚制総合事典 1868―2000』東京大学出版会、二〇〇一年、一九三頁。

(23) 大霞会編『内務省史 第4巻』原書房、一九八〇年、六五六頁。

(24) 同、六五七頁。

(25) 前掲山本論文、五九頁。

(26) 前掲『労働行政綱要』四八九頁。

(27) 前掲蒲生論文「労働管理に関する一考察」、一二頁。

(28) ラウントリーと英国産業福利協会の関係については、前掲山本論文（五四頁）に教えられた。また、日本の産業福利協会が英国のそれを模範としている点については、機関紙『産業福利』が創刊号で「英国産業福利協会会長ヨーク公殿下令旨」を記事として取り上げていることに端的に現れている（『産業福利』第1巻第1号、一頁）。

(29) 蒲生俊文『安全運動三十年』奨工新聞社、一九四二年、一七頁。

(30) 辞令に「蒲生俊文 第一部事務取扱ヲ嘱託ス 月手当百円給与 大正十三年三月十日 社会局」とある（資料3の辞令28、参照）。

(31) 中央労働災害防止協会編・発行『安全衛生運動史――労働保護から快適職場への七〇年』一九八四年、九一頁。

(32) 河原田と蒲生の交流が、いつ始まったかはわからないが、可能性の一つとして、日本安全協会（一九二一年設立）を通じて知り合ったことが考えられる。日本安全協会は蒲生が幹部を務めていた民間の安全運動団体で、一九二七年の役員名簿の評議員欄に河原田の名前が見られるので（「日本安全協会――昭和二年中の事業状況の概要」、『産業福利』第3巻第5号、一二六頁）、日本安全協会が両者の接点となった可能性がある。

(33) 河原田稼吉「安全運動と労資協調」、『産業福利』第11巻第8号、二二頁。

(34) 横関至「人事記録 協調会職員の動静」、梅田俊英・高橋彦博・横関至『協調会の研究』柏書房、二〇〇四年、一六六頁。

(35) 「東京に於ける本会新方針披露会の状況」の記事に含まれる「河原田常務理事挨拶」、『産業福利』第11巻第8号、七頁。

(36) 「協調会産業福利部の新設」、『産業福利』第11巻第5号、二頁。

(37) 一九二四年三月一〇日に社会局嘱託となった蒲生は、一九二五年一一月二六日に産業福利協会の幹事に就くが、理事ではなかった。彼が理事になるのは、一九二七年五月四日に理事兼幹事に昇格した時のことである。実際、辞令に「蒲生俊文　本会理事兼幹事ヲ依嘱ス　昭和二年五月四日　産業福利協会々長長岡隆一郎」とある（資料3の辞令31、参照）。

(38) 北岡寿逸は自伝で、「其の年（一九三六年）四月、〔…〕国際労働機関帝国代表事務所長、になる予定で〔…〕神戸を船出した」と述べている（北岡寿逸『我が思い出の記』一九七六年、一三四頁）。実際、北岡は一九三六年一二月八日から一九三九年三月三一日まで同所長を務めた（秦郁彦編『日本官僚制総合事典　1868―2000』東京大学出版会、二〇〇一年、一一四頁）。

(39) 社会局第一部（労働部）が産業福利協会の覇権を握っていた点については、一九二七年七月現在の名簿によれば、産業福利協会の理事二二人中、一六人が労働部に籍を置いていることに端的に示されている（「本協会役員名」、『産業福利』第2巻第7号、五六頁）。ちなみに、この一六人とは、河原田稼吉、吉阪俊蔵、君島清吉、北原安衛、北岡寿逸、成田一郎、長谷川透、木村清司、長谷川公一、宇都宮孝平、古瀬安俊、色川三男、鯉沼茆吾、數江雄二、大西清治、蒲生俊文である。

(40) 長岡隆一郎『官僚二十五年』中央公論社、一九三九年、三〇〇頁。

第3部
幸福増進運動

第7章　工場法と安全運動

これまで第1部と第2部で安全第一運動と産業福利運動を順に取り上げ、戦前期安全運動の主流を辿ってきた。とくに各運動の出発点となった安全第一協会と産業福利協会について詳しく検討することによって、それぞれの運動の実態が明らかになった。両者の運動には当然ながら異なる点もあるが、共通する重要な点は、安全第一協会が「社会ノ幸福ヲ増進スルコト」を目的に掲げ、産業福利協会も「被傭者ノ福利ノ増進」を目的に設立されたように、幸福の増進を共通目標とした運動であったことにある。すなわち、幸福増進運動として両者は繋がる。そこで、第3部での課題は、両者の運動を幸福増進運動として捉え直すなかで、改めて戦前期の安全運動について別の角度（工場法、能率増進、労務管理）から検討することにある。

本章では、農商務省[1]の官僚であった岡実（おかみのる）[2]が関係した工場法とその背後にある彼の職工保護の思想を分析することによって、岡における工場法と安全運動の思想的連関について考察する。工場法は労働者を対象とした産業福利運動だけでなく、当初から安全第一運動と密接に結びついていた。また、その背後に岡の人道主義が存在した。この工場法と安全運動の連関やその底流にある人道主義は、結果として蒲生俊文に継承されることになるので、蒲生の安全運動を論じる際に参考になる。

以下では、工場法について体系的に論じた岡の著書『工場法論』の改訂増補第三版[3]（一九一七年）および機関誌『安全第一』所収の彼の論文二篇「工場と安全第一」および「安全第一は生産第一なり――四月三日第一回総会に於ける講演」（ともに一九一七年）を取り上げる。これらの著書・論文は、ほぼ同時期に書かれたもので、一九一六年の工場法施行直後における岡の思想について、工場法と安全運動のそれぞれの側面から知る手がかりを提供しているからである。

第1節　岡実と蒲生俊文

工場法は一九一一年に公布され、一九一六年に施行された日本で最初の包括的な労働者保護立法で、戦後に制定される労働基準法の前身をなしている。ここで「包括的」というのは、それ以前に制定されていた一部の労働者を保護する他の法令とは異なり、業種や官民の地位を問わず、工場労働者（職工）一般を対象にしていたからである。たとえば、工場法以前に制定されていた法令として、「鉱夫」を対象にした一九〇五年制定の鉱業法や官立工場で働く「職工」や「人夫」を対象とした一九〇七年制定の勅令（官役職工人夫扶助令）などが存在したものの、一般の工場労働者を対象にした法令は、道府県レベルの規則は別にして、存在しなかった。実際、工場法制定以前には、工場の建設許可や工場労働者の募集等にかんする取締規則（庁府県令）を制定している道府県（東京府の場合は警視庁）もあったが、規制のない地域もあり、規制の内容も様々で、同じ職種でも地域差があり、全国的な統一性を欠いていた。したがって、工場法の制定は、国の行政責任を明確にするとともに、規制を国全体に及ぼす結果となり、民間の工場で働く労働者も国の責任の下に保護される時代に入ったといえる。

ここでは、工場法の制定が安全運動に与えた影響について考える。まず、全二五条の条文と附則から成る工場法の主な内容を、工場労働者の就業制限と労働災害の二つに敢えて分類してみよう。前者の就業制限についての具体的内容は、一二歳未満の就業禁止、一五歳未満および女性の一日一二時間就業時間制限・夜業禁止など、労働者の年齢や就業時間の制限である。また、後者の労働災害についての具体的内容は、工場設備の安全対策義務規定と労働災害が

図表39　工場法の構成

- 工場法
  - 就業制限
  - 労働災害
    - 予防（13条）
    - 補償（15条）

発生した場合の補償基準である（図表39、参照）。

したがって、工場法の制定は、安全運動との関連でいえば、工場で労働災害が起きないように安全対策を講じるよう工業主（工場主）を誘導した、あるいは、少なくとも誘導する法的根拠を与えたといえる。

ただし、実際には、誘導したというより、むしろ誘導しようとしたが中途半端に終わった。なぜなら、工場法第15条の「職工自己ノ重大ナル過失ニ依ラスシテ業務上負傷シ、疾病ニ罹リ又ハ死亡シタルトキハ工業主ハ勅令ノ定ムル所ニ依リ本人又ハ其ノ遺族ヲ扶助スヘシ」については、たしかに、条文中の「勅令」が「工場法施行令」として工場法施行と同年に出され、具体的な補償基準が定められたのに対し、工場法13条の「行政官庁ハ命令ノ定ムル所ニ依リ工場及付属建設物竝設備カ危害ヲ生シ又ハ衛生、風紀其ノ他公益ヲ害スル虞アリト認ムルトキハ予防又ハ除害ノ為必要ナル事項ヲ工業主ニ命シ必要ト認ムルトキハ其ノ全部又ハ一部ノ使用ヲ停止スルコトヲ得」について、条文中の「命令」は、結局、一九二九年に「工場危害予防及衛生規則」（内務省令）が制定されるまで、一三年間も放置されたからである。

農商務省が工場法制定の準備に着手したのは一八八二年のことであるが、工場法の公布および施行の後、一九二二年には工場法を管轄する部署は内務省社会局に移り、第13条の命令が制定された時には、すでに農商務省の手を離れていた。工場法の制定に長らく尽力し、その施行に責任者として立ち会った農商務省商工局長の岡は、工場法におけるこの不備を「余輩カ現代工業ノ一大欠陥トシテ最モ遺憾ニ堪ヘサル所ナリ」[4]と嘆じ、第13条の「命令」の速やかな制定とそれによる工場の安全化を願いつつも、一九一八年には農商務大臣と対立し官界を去ることになるが、その岡が「命令」の制定上の困難について、自書『工場法論　改訂増補第三版』で述べているところを要約すれば、次の三点となる。

第一は、費用負担の問題である。つまり、安全基準が厳し過ぎると「工業主ノ利害ヲ害スルコト大」であり、緩やか過ぎると「職工ノ身体生命ヲ危クシ其ノ健康ヲ害スノ恐アリ[5]」、というジレンマが存在すること。

第二は、客観性の問題である。つまり、諸外国の例を見ても、客観的な安全基準を定めることは容易でなく、「久シキニ亘ルノ研究及経験ノ結果」、辛うじて定めることができる場合もあるとはいえ、その「標準ヲ定メ難」いこと[6]。

第三は、安全意識の問題である。つまり、工業主、専門家、一般国民の安全に対する自覚と努力が必要であり、「一般ノ注意ヲ喚起セサルヘカラス〔…〕単ニ法律ノ力ノミヲ以テ克クスヘキニ非ス[7]」という性質のものであり、当事者の安全意識が欠けていれば、たとえ法令を制定しても実効性がないこと。とくに、「工業主カ危険予防ノ必要ヲ自覚[8]」することが肝心であること。

とりわけ、第三の工業主が安全意識を持っているか否かについては、法の力量の範囲を超えた問題であり、工場法の目的を達成するには、法制度を支える何らかの支援が必要だと岡は認識していた。

このように、労働者保護を目的としていた工場法において、就業制限や労災補償における年齢・就業時間や補償金額などの数値的な基準の明快さに比べ、労災予防の基準制定の困難さおよび不明快さは、明らかであった。実際、予防のための安全対策を講じるにしても、基準を定める際の複雑さ以上に、予防の本質そのものに由来する困難や不明快さを伴っていた。それは、いま右で要約した岡の三点の指摘が、実際上の問題としてあったからである。また、より本質的な問題としていえば、就業制限が年齢や時間という現在に対して規制が加えられ、あるいは労災補償が起きてしまった労働災害という過去に対して決定されるのに対し、労災予防は、未だ起きていない労働災害という未来に対して決定しなければならないという論理的に決定不能の状態に置かれていることがあった。つまり、予防は常に「これで十分だ」といえないという属性を本質として抱え込んでいる。

工場法が目的とした労働者保護を達成するには、就業制限や労災補償に加えて、労働者を労働災害から守るために安全な工場設備を整える必要があったが、工場法施行当時は、その実効性に欠けていた。「命令」が制定されなかったことは、たしかに「欠陥」であるが、この「欠陥」を「命令」の条文で埋め合わせるには、現実的に見て時期尚早であった。まず、条文の文言に力を与える必要があったからである。蒲生が起した安全運動は、まさに、放置されていた「命令」を制定するための必要な条件を整えていく地道な作業であった。

そして、岡が指摘した「命令」制定の困難について述べた三点のうち、前二者は、たしかに困難ではあっても官僚の判断で可能であるのに対して、第三の点は安全にかかわる当事者の意識改革が問題となっているため、「法律ノ力」[9]のみでは不可能であった。すなわち、当事者、とくに工業主の「注意ヲ喚起」[10]しなければならなかった。

当時の工業主の安全意識の低さの背景には、労働災害の原因を労働者の「不注意」や「過失」に求める一般的な傾向が存在したため、たとえ工場法が条文によって安全対策の義務を課しても、当事者の意識が変わらなければ実効性がともなわないという現実があった。こうしたなか日本で最初の安全運動が産声を上げたことは、とくに工業主の安全意識を先ず変えるべきだと痛感していた岡にとって好機であった。それは、一九一六年九月一日の工場法の施行から約半年後の一九一七年二月一一日に安全第一協会が設立に向けて発足したことであった。

岡は、安全第一協会の推進する安全運動に大きな期待を寄せていたが、この期待は、安全第一協会と直接かかわった次の二点に読み取ることができる。第一は、機関誌『安全第一』の創刊号（一九一七年四月号）への寄稿であり、これは「工場と安全第一」という題目で掲載された。第二は、一九一七年四月三日におこなわれた安全第一協会の設立総会への主賓としての招待であり、そのときの講演の内容が機関誌『安全第一』（一九一七年五月号）に「安全第一は生産第一なり――四月三日第一回総会に於ける講演」という題目で掲載された。そこで岡が語っている要点は、安全第一主義を採用すれば、労働災害が減るだけでなく、生産増や収益増にもつながるという点である。つまり、「労働能率の増進と災害の防止とは唇歯輔車の関係がある」[11]と岡が強調するように、安全対策に力を注げば生産能率も向上し、経営上も得策だという点であった。岡は、工業主に対して安全運動の利点を示すことで、工業主が安全に関心を向けることを望んでいた。それによって、岡は、安全第一協会の安全運動が工場法を補完することを期待していた。

さらに、岡の安全運動に対する関心の強さは、岡の著書『工場法論』にも形となって現れている。実際、岡は『工場法論』の初版を一九一三年に書いているが、安全運動が始まった直後の一九一七年九月に出された改訂増補第三版では、初版と比較して、その本文の分量が四八四頁から一一五二頁へと約二倍に増え、その増加したページの記述の中心は、工場設備などの安全にかんする事柄で占められていた。しかも、改訂増補第三版で加えられた新たな序文には、それ以前の版にはなかった「安全第一」という安全第一協会の標語を採り入れ、安全重視の生産が能率を向上させると強調している。

岡自身、安全第一協会の設立総会における講演で、「私は唯今商工関係の事務に従事致して居ります為に、最も安全第一と云ふ事に関係のある立場に居るのであります[12]」と述べているように、岡が安全第一協会と関係をもつことは自然な成り行きであった[13]。岡が安全第一協会の安全運動に示した期待は大きかった。

そして、この岡の期待に結果として応えたのが蒲生であった。岡が官界を去った一九二〇年代に安全運動は大きく進展し、その最も重要な成果として、一九二八年の安全週間の全国化（全国安全週間の開催）と一九二九年の工場危害予防及衛生規則（内務省令）の制定がある。とくに後者は、岡が農商務省在任中に果たせなかった工場法第13条の命令が出されたことで、工場法は法形式上、完結したことを意味する[14]。

ただし、工場設備の工夫や改良が容易なもの以外に、規則の第8条では、「作業場所ニハ事故発生ノ場合ニ於テ速ニ原動機又ハ動力伝導装置ノ運転ヲ停止シ得ベキ装置ヲ設クベシ」と規定しているように、設備の抜本的な安全対策を促すものもあった。これは、事故発生時に機械を止める装置が作業場になかった当時の一般的な状況が背景にあるが、細々とした具体的指示に従うためには、それを可能にする安全装置や安全設備の発達普及がなければ実効性が伴わない。当時、蒲生が活躍していた産業福利協会は、こうした事態に対応するため、一九三〇年一〇月二五日から一一月八日までの一五日間、東京府立東京商工奨励館にて産業安全衛生展覧会を主催し、各種の安全装置などを展示するメッセ（見本市）を開いて、これに対応しようとした。

記録によれば、産業安全衛生展覧会の入場者は一五日間で約一万四千人を数え、一日あたり平均千人程度にあたる。工場鉱山の経営者や幹部が目立ったという。この数が多いか少ないかは客観的に判断することは容易ではないが、主催者側の評価では、「本展覧会が目標とするところの多数の観覧者を迎へ得たるものと言ふことが出来る」[15]としている。ちなみに、一九一九年に東京教育博物館で開かれた災害防止展覧会は、六八日間で一八万三六〇五人が見学し、一日あたり二、七〇〇人であった。[16] これと比較すれば半分にも満たないが、産業安全衛生展覧会が工場鉱山の経営者や幹部を対象とした専門的な展覧会であったのに対し、災害防止展覧会は市民に対する「通俗教育」（社会教育）を目的に開かれた一般的な展覧会であったことを考慮すれば、「多数の観覧者」が入場し、展覧会として成功したといえるだろう。

蒲生は、岡と直接の繋がりを持っていなかったが、安全第一協会を通じて両者の思いは結びつくことになった。そして、農商務省商工局長の岡が果たせなかった課題を、産業福利協会嘱託の蒲生が果たしたといえる。

第2節　労働災害に対する見方の変化

労働災害の原因については、かつては労働者自身の不注意に求める考え方が支配的であり、それゆえ、不注意の結果であるとされた労働災害の責任も、労働者自身が負うのが当然だと考えられた。あるいは、仕方のないことだとされた。つまり、労働災害の損失は、その原因を招いたとされる労働者自身が負担すべきだとする考え方が当時は一般的であった。とくに工場法施行以前には、官立工場で働く職工や鉱夫（鉱業労働者）などの一部の労働者については、官役職工人夫扶助令（一九〇七年の勅令）や鉱業法施行細則（一九〇五年の農商務省令）などによって労働災害に対する扶助が規定されていたが、「大多数ノ工業労働者ハ只工業主ノ厚意ニヨリテ多少ノ救恤ヲ受クルコトアルノ外、何等秩序アル救済ヲ受クルコトヲ得サルノ有様[17]」であったという。たとえば、一九二二年に発表された菊池寛の小説『火華(ひばな)[18]』は、こうした状況を生々しく描写している。そこでは、労働災害に遭って片腕を失った職工の鉄造が会社の対応に不満を持ち、支配人に直談判する場面が、次のように描かれている。


　支配人は、鉄造のすさまじい権幕を見ると、鋭鋒を避けるやうに、

「まあ。そこへかけ給へ。君が合点が行くやうに、話すから。」

　支配人は、さう云つて、自分も腰をかけながら、鉄造にも椅子をすゝめた。

「慰藉料[19]に不足があると云ふ君の云ひ分だがね。そんなことを云へば、此方だつて云ひ分があるんだ。君は工場へ来て、二月と働いてゐないだらう。会社のために何の働きもしてゐないのだ。その上に、病院へ、三月近くも入院したのだらう。その費用だつて三百円や四百円になつてゐるんだからね。君と云ふものが、負傷したゝめ、会社は可なり損害を受けてゐるんだ。」

「ぢや、俺が怪我をしたのは、酔興にやつたと云ふんですか。」

　鉄造は、残つてゐる一本の手が、ぶる／＼顫へるやうな怒を感じた。

「いや、さうは云はない。が、負傷の原因は、君の過失だからね。明に、君の過失だからね。機械は、人間を傷けるやうに出来てゐないんだからね。はゝゝゝ。君が、注意して居れば、向ふから飛び付いて来るものぢやないんだからね。はゝゝゝ。これが、金剛砂の砥石が破裂したゝめに負傷したなど云ふのなら、問題は別で、責任は、会社にもあるんだが。君のは君の不注意でやられたんだから。[20]」（傍点引用者）

　右記文中にあるように、会社側は労働災害が労働者自身の不注意によって起きたのであるから、その責任は会社にはないと説明している。鉄造は、この説明に納得しなかったが、会社側は労働者の「過失」が原因だとして譲らなか

った。また、小説の別の場面でも、応対した事務員に、「君〔鉄造〕が、負傷したのを災難だと思つて、あきらめるんだね」[21]（傍点引用者）と語らせている。つまり、もし本人に「過失」がないのなら、それは「災難」とみなす他ないというのである。いずれも会社側が原因にかかわっているという認識はない。したがって、会社が恩恵として少額の見舞金などを支給することはあったが、それは決して賠償としてではなかった。労働災害が起きても、通例は、会社にその原因はなく、それゆえ責任もないという当時の一般的な社会状況を、この小説の一場面は如実に示している。

同様に、賀川豊彦（一八八八〜一九六〇年）も著書『死線を越えて』（一九二〇年）で、当時の劣悪な労働環境に触れるなかで、一一歳の少女が就業中に大火傷をした際に、会社側が「あれは自分の過失で火傷したのだから、会社としては出す金は無い」[22]と主張したことを書き留めている。

しかしながら、その一方で、この小説が描いている大正期の日本社会において、労働災害の処理をめぐる基本的な枠組みが大きく変わろうとしていた。具体的には、故意または過失がなければ責任は問われないとする過失責任の原則（民法第709条）が、労働災害にかんして根本的な修正が図られようとしていた。すなわち、責任論にかんして、たとえ労働災害の原因が労働者自身の不注意にある場合でも、その結果を労働者に負担させるのではなく、使用者側に負担させるための政策的立法措置がとられた。これは工場法第15条として結実する。また、これに関連する原因論では、多くの場合において労働者自身の不注意に労働災害の原因を求める見方が疑問視され、不注意の背後にある真の原因の発見とその除去という予防対策が求められた。これは工場法第13条に具体化される。

しかしながら、こうした責任論の根本的な転換を図るために、工場法の立案者たちは、過失責任の原則に例外を認めるための何らかの合理的で説得力のある理由を見出す必要に迫られていた。工場法の立案・制定に直接携わった農商務官僚の岡が求めた理由こそ、「弱者」としての職工という社会的様態であった。実際、岡は、これについて次のように説明する。

単純ナル個人主義若ハ契約自由ノ主義ヨリ之ヲ見ルトキハ、職工カ業務ニ因リテ負傷シ疾病ニ罹リ又ハ死亡スルコトアルモ、其ノ死亡ノ原因ニシテ工場主ノ故意又ハ過失ニ因ルニ非サル限リ、工場主ニ於テ何等賠償的ノ給付ヲ為スヲ要スルモノニ非サルナリ。之レ理論ノ示ス所ナリト雖理論ト実際トハ甚シク相背馳シ、事実ニ於テ職工ハ工場主ニ対シ対等ノ個人格トシテ自由意思ニ依リ契約ヲ為シ得ルモノニ非ス、換言スレハ法律上ハ兎モ角経済上ニ於テ職工ハ著シク、弱者ノ位置ニ在ルモノナルヲ以テ、就職ノ初ニ当リテ正当ニ其ノ欲スル所ヲ以テ工場主ヲ要約シ得サルヲ例トス、特ニ外国ニ於ケルカ如ク労働者ノ組合モ無ク、又婦女幼少年職工ノ多数ナル我国ニ於テハ、職工ト工業主トノ契約関係ハ地主ト小作人又ハ家主ト借家人トノ間ニ於ケルヨリモ尚一層ノ自由ヲ欠クモノアリ。[23]（傍点引用者）

つまり、形式上（法律上）はともかく、実際上（経済上）の関係において、職工（工場労働者）は著しく「弱者ノ位置」にあるので、対等な契約を結ぶことのできる社会的立場に立っていない「労働者ヲ保護セサルヘカラス」[24]と岡は論じた。

それでは、岡は、「弱者」としての職工を保護するための具体的な施策として何が必要だと考えていたのであろうか。これについて、岡は「職工保護ノ二大眼目ハ職工ノ使用ト工場設備ノ取締ニ在リ」[25]という。端的にいえば、「職工ノ使用」とは就業制限や扶助義務などを指し、「工場設備ノ取締」とは労働災害防止対策のことである。そして、この職工保護の目的を達成するために制定されたのが工場法であった。そこにおいては、「婦女幼少者ノ酷使」[26]を禁止・制限し、成人男性については「業務ニ習熟セル職工ヲ永ク其ノ工場ニ勤続セシムル」[27]ために、労働災害を予防し、もし労働災害が起きた場合には、その補償を企業に負担させるという内容が盛り込まれた。とくに、労災予防については工場法の第13条に、また労災補償については同法第15条に次のように規定された。

第十三条　行政官庁ハ命令ノ定ムル所ニ依リ工場及付属建設物並設備カ危害ヲ生シ又ハ衛生、風紀其ノ他公益ヲ害スル虞アリト認ムルトキハ予防又ハ除害ノ為必要ナル事項ヲ工業主ニ命シ必要ト認ムルトキハ其ノ全部又ハ一部ノ使用ヲ停止スルコトヲ得

第十五条　職工自己ノ重大ナル過失ニ依ラスシテ業務上負傷シ、疾病ニ罹リ又ハ死亡シタルトキハ工業主ハ勅令ノ定ムル所ニ依リ本人又ハ其ノ遺族ヲ扶助スヘシ

工場法は緩やかな規制に留まらざるを得なかったが、その制定・施行は「弱者ノ位置」にある労働者を保護する方向へ社会を動かす制度的枠組みとして重要な第一歩を印した。もっとも、女性や年少者に対する保護は、彼女らを労働市場の周縁に追いやり、補助的な就労形態あるいは家事労働へと導き、年少者を就学に専念させる傾向を促した。その結果、ますます成人男性を中心に据えた近代的労働形態が、工業化社会のいっそうの進展にともない定着していった。実際、工場法が制定された当時は、まだ女性労働者の割合が高かった（職工数の男女比は約四対六）が、「大正ノ新時代ニ入リ我工業界カ破天荒ノ大飛躍ト大変遷ヲ為サムトスル[28]」状況が生まれ、とくに第一次大戦を契機に重工化・機械化が進むと、男性労働者の割合が増加し始めた。岡は、この点について次のようにいう。

工場法施行後〔…〕我国ノ工業状態カ近時一大変遷ヲ経ツツアルノ一事ナリ。由来我国工業界ノ最モ顕著ナル現象ハ我国ニ於テハ繊維工業ヲ主トシ女工カ其ノ大部分ヲ占メタルニ在リ。然ルニ今ヤ此ノ形勢ハ著シキ変化ヲ呈シ機械工業及化学工業等新ナル工業ノ勃興急激ナルヨリ男工ノ数漸ク多キヲ加ヘントス[29]〔。〕（傍点引用者）

こうした重工業化の進展とともに男性労働者の比重が増すなか[30]、機械化された工場設備を備えた工場での労働災害が多発し始めた。この状況について、岡は次のように述べ、「平和的生産戦争ニ於ケル犠牲者」である被災労働者の

救済策を打ち出す必要を痛感していた。

工場労働者ノ就業中不慮ノ災害ニ罹リ為ニ身体ヲ傷害シ、一時的若ハ永久的ニ労働能力ヲ失ヒ甚シキハ遂ニ死ニ至ル者、若ハ就業後幾モナク諸種ノ疾病ニ冒サレ工場ヲ去リ又ハ死亡スル者年々幾万人ノ多キニ達スヘシ、此等ハ戦争ニ依ル死傷者ノ如ク世人ノ耳目ヲ聳動スルコト多カラスト雖、実ハ平和的生産戦争ニ於ケル犠牲者ニシテ最モ同情ヲ寄スヘキモノニ属ス。(31)（傍点引用者）

一九一七年という年は、日露戦争などによって死傷した軍人やその家族・遺族に対する貧困救済策として、軍事救護法が制定（施行は翌年）され、「弱者」としての戦争犠牲者を公的に扶助する道が開かれた年である。この制度の必要性は日露戦後から久しく叫ばれていたが、第一次大戦の最中、戦意喪失などを危惧する政府が「国民士気の振作を図らんとする趣旨」(32)で、ようやく法制化に踏み切ったという経緯がある。つまり、国家の戦争において生じた犠牲者は国家が公的に扶助すべきであるのと同様、企業の生産において生じた犠牲者は企業が扶助すべきであるとする考え方こそ、岡において、当然の論理的帰結であった。たとえば、岡は次のように工場主（資本家）の責任を明確に述べている。

〔…〕国家ハ資本家ヲ保護スルト同様ニ労働者ヲ保護セサルヘカラス、而シテ労働者ハ経済上ノ弱者ナルヲ以テ資本家以上ニ之ヲ保護セサルヘカラス、之カ保護ノ責ニ任スル者ハ政府ノミニ非ス其ノ直接ノ責任者ハ寧ロ之ヲ使用スル資本家ナリト云ハサルヲ得ス。(33)

また、こうした社会的弱者を国家や社会が保護し救済する義務を負うべきだとする社会事業（現在の社会福祉）が徐々に社会に浸透し始めていた。この意味で、工場法は福祉国家化する過程において社会に顕在化した「弱者」である職工を保護し救済すべきだとする福祉思想の上に立って制定された。岡は、この福祉思想を工場労働について具体化したのである。

第3節　工場法における救貧と防貧

この節では、岡における職工保護の思想を整理したあと、それが工場法および安全運動にどのように関係しているかについて検討する。

岡は著書『工場法論　改訂増補第三版』で、工場法制定の目的を次のように説明する。

工業ニ伴フ危険ハ之ヲ予防スルヲ得可シ、然レトモ之ヲ絶無ナラシムルコトヲ得ス、左レハ職工カ業務上負傷シ又ハ疾病ニ罹リタルトキ之ニ或ル程度ノ扶助ヲ与フルハ工業主ノ当ニ為スヘキ所ニシテ工業ノ経営ニ伴フ避クヘカラサル損失ト看做ス可キモノナリ。然ルニ工業主中何等ノ扶助ヲ為サス此ノ種業務上ノ損失ヲ職工自身、又ハ職工ノ親族友人其ノ他一般ノ公共経済ニ転嫁セシムルカ如キ者アリ不当ト謂ハサルヲ得ス、若シ此ノ転嫁ニシテ行ハレサランカ無告ノ窮民ヲ増加スルノ因トナルノミナラス、労働者ハ予メ危険多キ又ハ衛生上有害ナル工場ノ労働ヲ忌避シ工業ノ発達ヲ妨クルカ如キ結果ヲ来スノ虞ナシトセス。其ノ他職工ノ誘拐ヲ防止シ、不正ノ周旋業者ヲ制裁シ、職工ノ雇入解雇ニ伴フ弊害ヲ未然ニ防キ徒弟ノ収容及就業等ニ関シ一定ノ規則ニ従ハシムルカ如キハ、工業ノ振興ニ伴ヒ其ノ必要益々増大スヘキヲ以テ工場法ノ制定ハ洵ニ時運ノ急須ニ応スルモノト謂ハサルヲ得ス。(34)（傍点引用者）

ここで述べているように、岡は「工業ニ伴フ危険」は根絶できないが、予防は可能だとした上で、労働災害に対する手当てを工業主が責任をもって行なうべきだという。

当時、工業に従事することは危険なことであり、それゆえ工場での労働災害は不可避だとする認識が一般的であった。しかし、岡は根拠を示して、この危険を減少させ予防することは可能だという。実際、岡は、具体的な罹災率や罹病率にかんする統計数値を挙げ、それらが「本邦工場ニ於ケルモノハ外国ニ比較シテ高キ[35]」と結論し、その改善の具体策を工業主に提言する。ただし、この労働災害を予防するという考え方は工場法第13条として実を結んだが、それに実行力を持たせることは当分の間、見送られたため、岡は安全運動に期待を寄せざるを得なかった。この点については、次節で改めて取り上げる。

他方、労働災害を予防する措置を講じても、なお根絶できない労働災害の手当てを、どうするかという点について、岡は右記引用文中にあるように、「工業ノ経営ニ伴フ避クヘカラサル損失ト看做ス可キモノ」であって、「扶助ヲ与フルハ工業主ノ当ニ為スヘキ所」だとする。なぜなら、機械については、その修理は工業主の負担でおこなうのに、同じく工場で生産にかかわっている職工について負担しないとなると筋が通らないと、岡は次のように議論を展開する。すなわち、

夫レ職工ハ工業主ニトリテハ之ヲ生産用具ノ一種ト看做スヘキモノナリ、機械ニ破損ヲ生スレハ工業主ノ負担ニ於テ之ヲ修繕スルハ当然ナリ、然ルニ無償ニテ収容シタル職工ニ対シテハ、〔…〕速ニ一定ノ制度ヲ立テテ職工ノ病傷死ニ対シ、扶助ノ義務ヲ負担セシムルハ妥当ナリト信ス。[36]

そして、工場法第15条が規定する扶助の具体的内容については、さらに「勅令」（工場法施行令第4条から第20条まで）で具体的に定め、これは工場法と同じく一九一六年九月一日に施行された。このように、工場法が定める工場で働く

職工の労働災害補償については、たとえ職工の過失が原因であれ、「重大ナル過失」が原因でない限りは、工業主がその義務を負うことが法律上、明記された。これにかんして、職工の過失を原因とする場合でも、その責任を工業主に負わせる理由を、岡は次のように説明している。

> 工業主カ如何ニ周到ナル注意ヲ以テ危険予防其ノ他一般工場ニ関スル施設ニ力ヲ尽スモ、工場ニ於ケル一切ノ危険ノ原因ヲ除去スルコトヲ得ルモノニアラス、而シテ職工カ如何ニ細心ノ注意ヲ為シテ其ノ業務ニ従事スルモ長時間ニ互（ママ）〔亙の誤植か〕リ長年月ヲ通シテ或ハ単調無味ナル労働ニ従事シ、或ハ粉塵、瓦斯若ハ蒸気ノ為空気ノ汚染セル室内ニ於テ作業シ、或ハ過激ニシテ冒険的ナル労務ニ服スルニ当リテハ時ニ注意ヲ怠ルコトナキニ非ス、又冒険ヲ敢スルニ非サレハ仕事ノ進行ヲ期シ難キ場合ナキニ非サルヘシ。換言スレハ或ル程度ノ過失ト冒険トハ工業上ニ於ケル已ムヲ得サル凶事トシテ之ヲ認容セサルヘカラス、凡ソ工場ニ於ケル大小ノ災害ニシテ職工ノ過失ニ因ラサルモノハ甚タ稀ナリ、故ニ職工ニ過失アルノ故ヲ以テ工業主ニ扶助ノ義務ナシトセハ職工扶助ノ法規ハ其ノ効果ノ大半ヲ失ヒ名有ツテ実ナキニ至ルヘシ。[37]（傍点引用者）

つまり、岡は、労働災害の大半は「職工ノ過失」による以上、その「過失」ゆえに会社の責任逃れを許していては工場法の効果が失われてしまうと述べ、労働者の「過失」による労働災害を工業主に負担させる道を開いた。これによって、それまで官立工場での職工や民間の炭鉱労働者など一部の労働者に限られていた労災補償が、一般の工場労働者（ただし、常時使用する職工一五人未満の工場で働く労働者などは、適用除外とされた）にも広げられ、労働災害は会社が責任をもって予防し、また補償する枠組みが一般的となった。

しかし同時に、こうした工業主への労災補償の義務化は、被災労働者の「無告ノ窮民」化を防ぎ、さらにまた、危険で有害な工場労働を国民が忌避して工業の発達が阻害されないようにするためでもあった。たとえば、岡は次のようにいう。

〔…〕職工ハ固ヨリ窮民ニ非ス、然レトモ経済生活上予備、後備トモ謂フヘキ財産上ノ余裕少ナキ弱者タルハ疑フヘカラス、工業主タル者〔…〕工場生活ヲ為ス者ノ中ヨリ断シテ窮民ヲ社会ニ出スコトナカランコトヲ期スヘキナリ。[38]

すなわち、岡によれば、職工は窮民ではないが、「過度ノ労働」で健康を損ない、「工場設備ノ不完全」や「操業上ノ注意ヲ欠ク」ことにより「不慮ノ災害ヲ被リテ終身救治スヘカラサル不具者ト為ル者尠カラス」[39]と岡は認識していた。すでに一九世紀末に、在野では、松原岩五郎の『最暗黒之東京』（一八九三年）や横山源之助の『日本之下層社会』（一八九九年）などが貧困問題をルポルタージュしていたが、政府が「窮民」や「細民」などの生活困窮者について本格的な社会調査に乗り出すのは一九一〇年代に入ってからである。実際、一九一一年に内務省によって実施された「細民調査」が最初だとされている。[40] 一九一〇年代に入り、貧困問題が政府の取り組むべき政策として意識され始めたことを示している。岡は、こうしたなかで、職工の窮民化について次のように述べる。

是ヲ社会政策上ノ見地ヨリ見ルモ労働者ノ生計上唯一ノ資料ト為ルモノハ、身体ノ健康ト修得シタル職業トニシテ、彼等ハ父祖ノ遺産アルニ非ス親戚知人ノ頼ルヘキモノアルニ非ス只、健康ナル身体ヲ労役シテ衣食住ノ計ヲ為スノ外他ニ其ノ途ナキヲ常トス、是ヲ以テ心身ノ健康ハ労働者ニ取リテハ一層緊切ナル生存条件ニシテ若シ之ニ欠クル所アランカ、彼等及彼等ノ妻子ハ窮民ノ伍ニ入ルノ外ナキモノナリ、是ヲ以テ労働者ノ健康ヲ保全スルハ独リ彼等ヲ保護スル所以ノミニ非スシテ国家ノ繁栄進歩ヲ期スルカ為必要ナルコトトス若シ之ヲ放任センカ国家ハ多額ノ経費ヲ投シテ多数ノ貧民ヲ救助セテ〔サ〕ル可カラサルニ至ラン。[41]（傍点引用者）

つまり、岡は単に労働者保護だけでなく、「国家ノ繁栄進歩」という社会全体の見地からも保護の必要を見据えていた。これは、また、工業主が被災労働者を扶助しなければ、窮民の増加は最終的に公的扶助などの国家財政の負担増に跳ね返るからである。また、岡は、次のようにもいう。

大凡国家富源ノ涵養ハ潤沢ナル資本ノ適当ナル投下ト、健全ニシテ持久力アル熟練労働者ノ富贍ナル供給トヲ以テ其ノ最大要件トス、然ルニ従来我国富ノ増進ヲ説ク者労働供給ノ余リニ豊カナルコトヲ誇称スルト共ニ、資本ノ供給ヲ一層容易ナラシムルノ必要ノミニ重キヲ置キ、健全ニシテ持久力アル熟練労働者ヲ保護養成スルノ方面ニ於テハ比較的之ヲ寛仮シタル傾ナキヲ得ス。(42)

ここで岡が述べる「健全ニシテ持久力アル熟練労働者ヲ保護養成スル」ことは、岡の別の言葉でいえば「労働力ノ保全」であり、労働者の生活のためにも、国家の経済発展のためにも必要であるとする。さらに、岡は職工保護の別の理由として、公衆衛生の観点を挙げる。

加之労働者ノ健康ハ直接ニ国民一般ノ健康ニ影響ヲ及ホスヲ以テ国家衛生ノ基礎ハ之ヲ労働社会ニ置カサル可カラス、夫ノ各種ノ伝染病カ先ツ労働社会ニ発シテ然ル後一般ニ伝播スル事実ハ此ノ理ヲ説明シテ余リアルモノナリ〔。〕(43)

すなわち、労働衛生を確立することが一般国民の公衆衛生を確立することになるのだという。

以上で述べてきたように、岡において職工保護という政策の目的は、「弱者」である労働者を人道主義的な立場から保護するだけでなく、窮民の増加によって国家財政が悪化するのを防ぎ、労働力の浪費によって国家の経済発展が阻害されることを回避し、労働者の傷病によって国民全体の健康に悪影響を及ぼすことを食い止めることにもあった。これらは、すべて「国家ノ繁栄進歩」「国富ノ増進」「国家衛生ノ基礎」にかかわる国家的問題であり、国にとって看過できない問題であった。岡は労働者保護の目的を国家利益のなかに位置づけることによって、労働者を個人として保護・救済するのではなく、国家の枠組みのなかで公的に位置づけることによって、労働者保護の説得的な根拠を見出し得たのである。

労働災害の責任論にかんしては、一九一六年に施行された工場法の第15条が、「職工自己ノ重大ナル過失ニ依ラスシテ業務上負傷シ、疾病ニ罹リ又ハ死亡シタルトキハ工業主ハ勅令ノ定ムル所ニ依リ本人又ハ其ノ遺族ヲ扶助スヘシ」と規定し、さらに同時に施行された勅令（工場法施行令）の第4条から第20条において「職工又ハ其ノ遺族ノ扶助」の内容が具体的に定められたことで、一九一六年に制度的な枠組みが整う。これは、労働者に対する救貧制度として位置づけることができる。

他方、労働災害の原因論にかんしては、工場法の第13条が「行政官庁ハ命令ノ定ムル所ニ依リ工場及付属建設物並設備カ危害ヲ生シ又ハ衛生、風紀其ノ他公益ヲ害スル虞アリト認ムルトキハ予防又ハ除害ノ為必要ナル事項ヲ工業主ニ命シ必要ト認ムルトキハ其ノ全部又ハ一部ノ使用ヲ停止スルコトヲ得」と規定したが、条文の「命令」は同時に制定・施行されなかった。結局、一九二九年の工場危害予防及衛生規則（内務省令）まで待つ必要があった。これは、労働者に対するいわば防貧制度であったが、岡がいうように、防貧なき救貧は制度上の「欠陥」であった。岡は、次のようにいう。

而シテ我工場法ハ其ノ第十三条ニ於テ工場設備ノ改善ヲ強要スヘキ概括的規定ヲ存スルノミニシテ本条ニ基ク設備命令ハ未タ発布セラルルコト無ク、只僅カニ工場設置ノ認可又ハ許可、汽機汽罐ノ取締其ノ他特殊ノ工業ニ関スル庁府県令ノ存スルアルニ過キス、又専門家ニシテ自家ノ研鑽若ハ実地経験ノ結果ヲ公ニスルモノ甚タ尠ク、工業主中之ニ関シ其ノ範ヲ示スモノ亦甚多カラス、是レ余輩カ現代工業ノ一大欠陥トシテ最モ遺憾ニ堪ヘサル所ナリ。[44]（傍点引用者）

すなわち、工場法第13条に基づく「設備命令ハ未タ発布セラルルコト無」き結果、工場設備の安全上の取締りは当分の間、見送られた。この理由について、岡は次のように説明して、労働条件のような「形式的ノ取締」と異なり、災害予防は「実体上ノ取締」であり、それゆえ困難さがつきまとうと指摘する。

〔…〕工場ノ設備ニ関スル実体上ノ取締ニ付テハ工場ノ採光、換気、除塵、危害予防装置等衛生並除害ノ為ニ施設ヲ要スルモノ多キカ故ニ、若シ其ノ取締方法ニシテ厳ニ失センカ巨額ノ資本ヲ固定セシメ工業主ノ利益ヲ害スルコト大ニ、而カモ之カ取締ノ緩ニ流レンカ職工ノ身体生命ヲ危クシ其ノ健康ヲ害スノ恐アリ。[45]

つまり、工場設備に安全対策を施すよう「厳ニ」指導すれば経済的負担が過大で工業主の利益を大きく損ねることになり、他方で、「緩ニ」すれば労働者の安全を損ね健康を害する恐れがあるという。安全対策は当事者の利害を両立させることが難しい問題であるという点を指摘する。

また、何が安全の標準的な基準であるかを決めるのが難しいという問題もあるという。すなわち、安全について「其ノ標準ヲ定メ難ク、〔…〕各種ノ工業ニ対シテ取締ノ準則ナキヲ以テ工場設備ニ関スル実体上ノ取締ノ困難ナルハ我国ニ於テ殊ニ甚シキモノアリ」[46]という。そして、提案として、彼は、当面は「漸進主義」[47]をとって研究を進めるべきだという。

そもそも岡の認識では、工場法第15条が定める救貧制度としての扶助義務（労働災害補償）と工場法第13条が定める防貧制度としての安全対策（労働災害予防）は、いわば車の両輪の関係にあった。すなわち、「労働条件ニ関スルモノ」

と「危害、疾病又ハ公害ノ予防等ノ如ク工場ノ設備ニ関スルモノ」は「恰カモ車ノ両輪ノ如ク鳥ノ両翼ノ如ク等シク必要ニシテ欠クヘカラサル[48]」関係にあると岡はいう。車の両輪のひとつとして必要不可欠な工場の安全対策を促し、この「欠陥」を埋め合わせるものとして岡が期待を寄せたものこそ安全運動であった。しかも、岡は、この安全運動に法令の未整備を補う役割のみを期待したわけではない。岡は、災害予防が法令の制定だけでは十分に達成できないことをよく認識していたのであり、実際、次のようにいう。

> サレハ将来我国工業ノ経済状態其ノ他諸般ノ事情ヲ斟酌シ、漸ヲ追ヒテ適当ナル改良ヲ加ヘ欧米諸国ニ比シ特ニ多数ナル工場災害ヲ除去シ、工場疾病者ヲ減少セシムルコトニ付一般ノ注意ヲ喚起セサルヘカラス、而シテ是レ単ニ法律ノ力ノミヲ以テ克クスヘキニ非ス、工業主ハ勿論専門学者ノ努力並一般国民ノ自覚ニ挨ツヘキモノ甚タ多シ[49]。（傍点引用者）

このように、岡は、「単ニ法律ノ力ノミヲ以テ克クスヘキニ非ス」とする労働災害予防が効果的に実行されるためには、法の整備に加え、工業主や専門家の「努力」や一般国民の「自覚」が必要だと考えていた。とりわけ、次に引用するように、岡は当事者、とくに工業主の意識改革の必要性を痛感していた。

> 蓋シ法律制度ノ如何ニ拘ハラス工業主カ危険予防ノ必要ヲ自覚シ、自ラ其ノ方法ヲ研究シ且之ヲ実際ニ利用スルハ危害予防ノ実効ヲ挙クルニ於テ欠クヘカラサル要件ナルコトハ既ニ述フル所ノ如シ。近年米国ニ於テ諸種ノ大会社カ従来ニ於ケル如ク徒ラニ生産高ノ多カランコトヲ欲シテ人命ノ損傷ヲ考慮セサルハ単ニ人道ニ反スルノミナラス事業ノ経営上却テ不利ナルコトヲ自覚シ、生産第一（プロダクションファースト）主義ヲ捨テ安全第一（セーフチーファースト）主義ヲ採ルニ至リタルハ最モ悦フヘキ現象ナリトス[50]。（ルビ原文、傍点引用者）

図表 40　工場法における労働災害の補償と予防

	労働災害の補償（救貧）	労働災害の予防（防貧）
1916 年	工場法第 15 条・同施行令 （工場主の扶助義務）	工場法第 13 条 （実施規程を欠く） ↓ 安全運動による労働災害防止
1929 年		工場危害予防及衛生規則 （工場主の労働災害防止義務）

岡は安全運動に強い関心を寄せ、当時発足したばかりの安全第一協会の活動にも協力する。この安全運動は、一九二九年に工場危害予防及衛生規則(51)が施行されるまでの間、工場主に法律上、義務づけられていなかった安全対策を普及させ、主として工業主の安全意識を啓発する役割を担った。また、岡によれば、そうした補完的な役割だけでなく、「法律制度ノ如何ニ拘ハラス工業主カ危険予防ノ必要ヲ自覚」することこそが労働災害予防の必要不可欠な条件でもあったため、労働災害予防は、法令の整備による上からの（官の）取締りだけでなく、いわば下からの（民の）自発的な協力と一体となって成し遂げられるものであった。

これは、工場法施行の責任官庁である農商務省商工局（工務局）の局長を務めていた岡にとって防貧対策としての意義があったし、また、工場法第13条が予定する「命令」の制定の目処がつかないなかで、工場法の効果を半減させないために、大きな期待を担わされたのである。実際、岡は安全第一協会の活動に積極的に協力し、講演や寄稿などの支援を惜しまなかった。安全運動は法令の不備を補う形で登場し、工場法実施責任者である岡は、これを積極的に利用したのである（図表40、参照）。

第4節　岡における安全運動

岡の安全運動への期待は、前述した工場法の「欠陥」を補うことだけでなく、日本の工業化にも役立つことにも向けられていた。たとえば、次のように述べる。

> 此ノ間〔『工場法論』の初版を刊行した一九一三年から工場法が施行された一九一六年までの間〕我国ノ工業ハ駸々トシテ其ノ歩ヲ進メ、工場及職工ハ日ニ月ニ其ノ数ヲ増加シタリト雖。多数ノ工業主ハ依然「生産第一」ヲ旨トシ労働時間ヲ適度ニ制限シ、又ハ工場ノ設備ヲ完全ニシテ「安全第一」ノ主義ヲ実行スルハ即チ根底ニ於テ其ノ工場ノ生産能率ヲ多大ナラシムル所以ナルコトニ着目シタル者甚タ尠ク、従テ既ニ公布セラレタル工場法ノ明文ニ準拠シタル新施設トシテハ何等見ルニ足ルヘキモノナカリシナリ[52]。

この一文は『工場法論』の初版（一九一三年一〇月）になかったもので、改訂増補第三版（一九一七年九月）に追加された自序（第二）で述べられたものである。岡は、この新たに書き加えた序文のなかで、当時、日本で流行し始めた「安全第一」という言葉を用いて、安全重視が生産性を向上させると訴えた。

岡が『工場法論　改訂増補第三版』のなかで説く生産第一のための安全第一という考え方は、安全第一協会の場でも再論されている。「工場と安全第一」（『安全第一』第1巻第1号）という論文であり、また、安全第一協会の設立総会における「安全第一は生産第一なり」という演題の講演（『安全第一』第1巻第2号、一九一七年五月に掲載）である。具体的に見てみよう。まず、講演で岡は次のように述べる。

> 品質の向上及生産の増力と謂ふ積極的の点から見ても又材料の浪費を防ぎ悲惨なる工場災害を予防すると謂ふ消極的の見地から考へても工場の安全設備の攻究は極めて肝要である。〔…〕安全第一は生産第一であると謂ふことは洵に大なる真理である[53]。（傍点引用者）

また、論文「工場と安全第一」においても、岡は、「災害の予防と能率の増進とは、実に緊密なる関係がある[54]」と述べ、安全な労働環境を整備することで労働者の作業能率を向上させれば、収益が増大するという。岡は、その論拠として、いくつかの説得的な理由を列挙する。たとえば、労働災害の発生は職工の死傷を招き、その埋め合わせに新たに雇い入れた新入りの職工は作業に熟練していないので必然的に作業能率が低下するという理由や、また労働災害の発生は他の職工の心理的不安を惹起し、それが作業能率の減退を引き起こすという理由を挙げる。いずれも労働災害は作業能率を低下させるので、生産能率を上げて生産第一を実現するためには、労働災害を防止して安全第一を確立しなければならない、という。すなわち、岡はいう。

〔…〕労働能率の増進と災害の予防とは唇歯輔車の関係がある。何となれば工場には屢々災害が惹起せられて、職工が死傷すれば之を補充する為めに職工は絶へず移動する、従而訓練が不十分なるからして能率を最高に発揮すべき熟練職工は得られない。のみならず最初に述べたが如く災害の起つた当座は一般職工の心は非常なる恐怖に襲はれて甚しい動揺を来たし、能率は減退し工場の秩序は乱れ勝である。又縦ひ災害は起らないにせよ機械の危険部分は安全装置を欠いて居れば、職工の心は危害の予防に半注がれて居るからして、作業に対して熱中努力することが出来ない。従て能率の増進は達せられない。(55)

ここで岡が引き合いに出しているのは、テイラー（Frederick Winslow Taylor, 1856-1915）の科学的管理法である。テイラーの科学的管理法は次章で再び取り上げるが、岡は『工場法論』改訂増補第三版で新たに追加した本文のなかで、その一節を「学理的工場管理法」に割き、大きな関心を示していた。また、安全第一協会の機関誌上でも、「米国の「デラー」〔テイラー〕が其の名著学理的管理法に於て「エフイシエンシー」の増進と謂ふことを唱導して以来、我国に於ても、能率問題は大分喧しくなつて来た(56)」と指摘したあと、岡は次のようにいう。

万事に掛けて進取的独創的なる米国の工業界では、既に此の点に着眼し安全技師なる専門家が輩出し労働能率の増進には是非共工場の安全装置から研究解決して行かなければならぬと先鞭を付けたのは甚だ慧眼達識と云はねばならぬ。米国等の実例に徴するに工場に於て災害予防の為めに安全装置を設置することは職工保護と云ふよりも、寧ろ労働能率を増進し工業主の利益を増加せんとする動機から行はれて居り、其の結果は傭者被傭者共に甚しい幸福を享有して居るのである。(57)

しかしながら、岡は、米国では工業主の利益増加を図るために工場での災害予防に努め、結果として、労働災害が減り、職工も恩恵を受ける在り方とは別に、工業主が期待する水準に達しない職工に対して「自然ノ淘汰(58)」をおこなう在り方には批判的であった。岡は日本の工場経営者が単に「利益を挙げ」るだけでなく、「弱者たる職工を保護愛撫すると謂ふ独特なる情誼美風」が存在し、「独特なる仁慈」をもって「職工を保護」することを評価して、次のようにいう。

我国に於ては工業家は必しも利益のみを目的として工業を経営するに非ず、傍ら経済上の弱者たる職工を保護愛撫すると謂ふ独特なる情誼美風が存在する。余は我国の工業家に対して一方に於ては独特なる仁慈を以て職工を保護する為め、又他方に於ては堅実なる利益を挙げ事業の繁栄を策し国富の増進を計らんが為に所謂安全第一主義を実行し、工場災害を絶滅せんことを希望して已まない次第である。(59)

もっとも、岡によれば、工場における安全第一主義の実践は「国富の増進」にもつながるもので、職工の保護、工業主の利益増加および国富の増進という労働者・企業・国の誰もが満足するものだという。したがって、岡にとって、安全第一を図ることは、単に労働者個人あるいは一企業の私的な問題ではなく、国家的課題でもあった。ここでは岡の人道主義的側面ではなく、社会的・国家的観点から労働災害を捉える現実的な視点が強調されている。

岡は工場法の制定・施行を手がけるだけでなく、安全運動にも関心を示した。それは、安全運動が工場法を補完する役割を担ったためであり、労働災害の補償と予防が車の両輪の関係にあると、岡が位置づけていたためである。ここに、工場法の生みの親ともいえる岡の工場法制定の理念を見出すことができる。遡れば、工場法制定の出発点は、農商務省が内務省から分離独立した年の翌年一八八二年に始まるという[60]。それ以来、一九一一年の工場法の制定に至るまで三十年近くの年月が流れ、一九一六年の施行に至るまで三〇年以上が経過した。一九〇一年に農商務省に入り、「明治三十六年〔一九〇三年〕九月工務課長トナリ爾来今日ニ至ルマテ工場法ノ制定及実施ニ参与スルコト実二十有四年[61]」を費やしてきた岡は、「其ノ施行ノ事ニ従フノ幸運ヲ担フ[62]」ことになった。

したがって、岡は日本の工場法制定の経緯を振り返って、その目的が職工保護にあり、それが政治的利害を超えた、「純正ナル労働保護」にあったことを、次のように述べる。

> 本邦ニ於ケル工場法制定ノ必要ハ主トシテ政府及学者ニ依リテ提唱セラレタルモノニシテ、此ノ間何等労働者又ハ其ノ団体ノ交渉スルモノアルナク、又本問題ハ嘗テ政治上ノ党派問題トシテ取扱ハレタルコトナク、純正ナル労働保護ノ意義ニ於テ一貫シタルコト[63]。（傍点引用者）

しかしながら、岡が同時に指摘しているように、この「純正ナル労働保護」は、それ自体が独立した意義として存在するのではなく、その背後には国家的利益が存在し、この点について、岡は、次のようにいう。

> 〔…〕工業なるものは、最早や今日は単に国を富ますと云ふ上に於て奨励鼓吹するのみならず、一面に於ては国を護る、護国と云ふ事の上から申しましても、必要欠く可からざる一つの事業となつたのであります。即ち今回の戦争〔第一次世界大戦〕が新らしく其事を証明した如く、戦線にあつては兵士が働き、後方に在つては工業が活

動する即ち戦時に戦士の動員をすると共に、工業にも動員を行ふ、即ち有名な大工業大動員、此事を以て列国と相対峙すると云ふ事が最も顕著に今回の欧州戦乱に於て現はれて居るのであります。最早や一国を富まし、並びに護国の上からして工業の発達は止むべからざるものとしたならば、此工業を益々安泰なる地盤の上に、最も危険より遠ざかつて居る仕事として、一般の人士の喜んで工業に従事すると云ふ事に迄工業の位地を高める事が、即ち国を富まし、国を護る上よりして、甚だ必要なる事柄として現はれて来た事と存じます。(64)（傍点引用者）

すなわち、工業の発展は「国を富ます」という経済上の観点と「国を護る」という国防上の観点から必要性が説かれている。工場労働者は、単に私的な生活を営む必要から労働しているのではなく、こうした公的な役割を担っているとして、労働の果たす役割を公的な次元に位置づけたのである。そして、岡はさらに踏み込んで次のように述べる。

方今ノ国家ハ勇将猛卒ノミヲ以テ防衛スルコトヲ得ス、必スヤ其ノ背後ニ巨大ナル富ノ存在スルコトヲ必要トス、仮令幾百千万ノ貔貅幾百万噸ノ艋艟ヲ有スルモ戦線ノ背後ニ於テ之ヲ支持スヘキ工業アルニ非サレハ国防ノ目的ハ之ヲ達スルヲ得サルナリ。〔…〕工業ハ国富ヲ増進スルノミナラス之ヲ以テ国ヲ護リ之ヲ以テ国ヲ興スノ要具タリトセハ、吾人ハ其ノ害ノ大ナルヲ知ルト共ニ飽ク迄其ノ助長発達ヲ図ラサルヘカラス。彼ノ制服ヲ着シ銃砲ヲ提ケテ調練ヲ為シツツアル兵士ノミカ国防ノ責ニ任スルニ非ス、吾人ハ工場ヲ以テ平和ノ兵営ト為シ、工業主ヲ以テ平和戦ノ将帥ト為スナリ、是レ単ニ平和ノ時ニ於テ然ルノミナラス、有事ノ時ニ於テ特ニ然リトス、果シテ然ラハ職工ハ事実ニ於テ「護国ノ民」ニ外ナラサルナリ。(65)（傍点引用者）

つまり、工場は「平和ノ兵営」であり、工業主は「平和戦ノ将帥」であり、職工は「護国ノ民」であるという。これは総力戦の時代を背景にした国防の在り方を反映している。岡は、また次のようにいう。

〔…〕職工ハ機械ト異リ容易ニ之ヲ解雇シ無償又ハ僅少ノ費用ヲ以テ新規ノ者ヲ補充スルコトヲ得ルヲ以テ、工業主モ遽ニ職工待遇ノ改善ヲ迫ラルルコト鮮シ、然レトモ斯ノ如キハ国民ノ母タルヘキ婦女及人生ノ発育期ニ在ル幼少者ノ健康ヲ害シ、終生又恢復スルノ期ナキ心身上ノ欠陥ヲ生セシムルノミナラス、延イテ其ノ悪影響ヲ後世ニ波及シ軍国トシテ健全ナル壮丁ヲ招募スルコト能ハサルカ如キ事実ヲ我国ニ現出スルコトアラハ工業ノ勃興モ輸出貿易ノ伸張モ却テ国本ヲ危クスルノ素因ト為ルヘシ[66]。（傍点引用者）

ここには、「軍国」を意識しての職工保護があり、「軍国」のための工場法制定という目的を読み取ることができる。したがって、「純正ナル労働保護」という岡がいう工場法の人道主義的な目的は、党派や利害に左右されないという意味で「純正」であり、そうした私的な利益を超えた公的（国家的な）利益の点からみて、「純正」なものである。そして、それは「国富」という国家の経済的利害や「護国」「軍国」という国防的利害に結びついていた。

言い方を変えれば、岡は、工業主と職工との間に発生した社会的ジレンマ[67]を解消する手立てとして工場法を導入したともいえる。つまり、工場法施行前は、工業主も職工も安全に対する対策や配慮（協力）を払いたくないという傾向（非協力）を示していた。なぜなら、工業主にとっては、安全設備の導入や安全対策は費用負担が生じるためであり、職工にとっては、安全な作業を心がけていると作業能率が下がり受け取る賃金にも影響したからである。そして、その結果、工業主にとっては労働災害発生にともなう生産能率の低下や諸費用の発生などを、また職工にとっては被災による失業や自分自身の心身の損傷などを、それぞれリスクとして引き受けねばならなかった。しかし、工業主や職工の活動が国家の存亡に直結する総力戦の時代において、こうした事態は国家にとって見過ごせないものであった。

また、工業主と職工との間の私人間で発生した労働災害を放置することは、福祉国家へ移行するなかで徐々に困難さの形で救済しなくてはならないからである。

を増しつつあった。なぜなら、被災した労働者が自立して生活できなくなれば、最終的には国が生活困窮者を何らか

当時、日本では、自由放任社会から福祉社会へ転換しつつあった。たとえば、象徴的な事柄で示せば、戦前、厚生省は福祉行政の官庁として一九三八年に設立を見たが、その起源は一九一七年に設置された内務省地方局救護課にある。この小さな福祉行政組織は、のち内務省社会局を経て、厚生省へ発展する。初代救護課長であった田子一民（一八八一〜一九六四年）が、「もともと、救護課は軍人遺家族や傷病兵の救護を目的として新設されたのではあったが、わたしはこれをきっかけとして、一般の社会福祉のみならず、更に進んで労働、保険の方面にまで、その政策を発展させようと考えた[68]」と語っているように、救護課が設置された一九一七年は日本の福祉国家の幕開けといえる[69]。

「わが国では、第一次大戦期をはさんで、救貧から防貧へと徐々に思想的に転回を遂げていくが、そうはいってもまだまだ個人的責任を追及する風潮は強かった[70]」とされるなかで、岡の説いた救貧・防貧論としての工場法論は時代を先取りしていた。岡は一九一八年に上司であった農相と対立して官を去るが、岡がいた部署は、のちに内務省社会局へ受け継がれ、労働行政を担うようになる。実際、救護課は農商務省が管轄していた工場法関係の事務を吸収しながら組織を拡大して社会局となり、その社会局が産業福利協会を設立し、工場等における労働災害防止や労働者の福祉の増進に取り組み出す流れにつながっていく。

一九一〇年代は、社会的「弱者」としての職工という認識が誕生した時代である。農商務省の官僚であった岡は、これに職工保護の必要性を意識して工場法の制定および施行で応えようとした。その際、岡が職工保護を正当化する根拠として訴えたのは、弱者救済という人道主義と工場労働の国家的意義であった。これによって、岡は、職工を個人として救済する人道主義的観点によってだけではなく、国民として救済すべきだとする公的な側面を強調することで、工場主と職工との私人間の関係に国家が介入する論拠を見出した。工場法は、その具体的な帰結の一つであった。

そして、労働災害についても工場法に規程が盛り込まれたが、労働災害の予防についての義務化は、工場法施行に

遅れること一三年目に実現する。この間、民間の安全運動が代替機能を果たした。岡は、この安全運動に法の不備を埋め合わせる効果を期待し、側面的に協力した。

岡における職工保護の思想は、職を失った窮民としての元職工を救済するとともに(救貧)、窮民予備軍としての職工を、いかにして窮民化させないか(防貧)に力点が置かれていた。そして、この思想を制度化したものが工場法であり、工業主の被災職工に対する扶助義務(救貧)と災害予防への取り組み(防貧)を、いわば車の両輪として機能させる必要があった。この意味で、労働災害予防の具体的措置を義務づけることが遅れたことで、それを埋め合わせる形で展開した安全運動は、岡にとって、工場法に実効性を持たせるために必要不可欠なものであった。安全運動は、そもそも民間の自発的な取り組みで始められた運動であるが、工場法制定を契機とする面が多分にある。しかし、その反面で、結果的に、工場法の不備を補うべく機能した面があった。とりわけ、安全運動が労働災害予防運動として展開し、工場法の不備を補完するとともに、「工場危害予防及衛生規則」の制定やその内容に影響を及ぼした点である。つまり、工場法と安全運動は、相互に影響し合いながら、職工保護の思想を具体化していったといえる。そして、それは工場法による幸福増進運動であったといえる。

岡は、この具体化の主導的役割を担った官僚であり、工場法と安全運動は岡の職工保護の思想によって必然的に結びついていた。そして、それはまた、官僚の岡と民間人の蒲生を結果的に結びつけてもいた。この結びつきは、安全第一運動に続く産業福利運動においても継承され、より鮮明な形で展開することになる。

■注(第7章)

(1) 農商務省は一八八一年に内務省より分離独立によって設置され、一九二五年に農林省と商工省へ分離するまで存続した。

(2) 岡実は一八七三年九月奈良県に生まれ、一八九八年七月東京帝国大学法科大学政治学科卒業後、同月内務属、同年一二月文官高等試験合格、同月法制局参事官を経て、一九〇一年農商務省参事官に転じ、一九〇三年九月商工局工務課長を経て、一九〇五

年ベルギーをはじめ欧米各国を視察、一九一〇年六月工務局長、一九一二年一二月商務局長兼工務局長、一九一三年六月商工局長。この間、産業組合法、工場法、簡易保険法など社会立法の制定に努力し、工場法案を起草・成立させた。一九一八年四月法学博士、同年、第一次世界大戦中の米価騰貴対策をめぐって仲小路廉(なかしょうじれん)農相と意見が対立し、依願免本官、同年パリ平和会議随員、一九一九年第一回国際労働会議政府代表として出席し、八時間労働制にかんし日本の特殊事情を強調し例外を認めさせようと努力した。一九二〇年一〇月から一九二五年三月まで東京商大(現・一橋大学)講師。また、一九二二年一〇月大阪毎日新聞入社(東京日日新聞顧問)、一九二三年『エコノミスト』創刊に際して主筆、東京日日新聞編集主幹を経て、一九二九年四月大阪毎日新聞副社長、一九三三年一〇月から一九三八年九月まで同会長。一九三九年一一月没(国史大辞典編集委員会『国史大辞典　第2巻』吉川弘文館、一九八〇年、七五四頁。国史大辞典編集委員会『国史大辞典　第10巻』吉川弘文館、一九八九年、五九五~五九六頁。秦郁彦『日本近現代人物履歴事典』東京大学出版会、二〇〇二年、一一六頁。岡実『工場法論　改訂増補第三版』有斐閣、一九一七年、三六頁)。

(3)『工場法論』の初版は一九一三年、再版(第二版)は一九一六年に刊行された。初版と改訂増補第三版の本文の分量を比較すれば、初版四八四頁に対し、改訂増補第三版一一五二頁で、二倍以上に増えている。この理由は、主として、第一編第四章(工場法令ノ内容)の大幅な加筆および第一編第五章(工場設備)、同第六章(工場管理法)、同第七章(工場監督)の新規追加によるもので、岡実『工場法論　改訂増補第三版』有斐閣、一九一七年、自序(第二)三~四頁、に記されているように、「法律(工場法)制定後最近ニ至ル迄ノ各種調査材料ヲ整理スルト共ニ、更ラニ先進諸国ニ於ケル工場ノ設備並管理等ニ関スル実例及学説ヲ渉猟シテ旧工場法論ヲ増補訂正シ」たためである。

(4)前掲『工場法論　改訂増補第三版』七八七~七八八頁。

(5)同、七八六頁。

(6)同、七八七頁。

(7)同、七八八頁。

(8)同、七九二頁。

(9)同、七八八頁。

(10)同、七八八頁。

(11)岡実「工場と安全第一」、『安全第一』第1巻第1号、二〇頁。

（12）岡実「安全第一は生産第一なり――四月三日第一回総会に於ける講演」、『安全第一』第1巻第2号、一頁。

（13）また、こうした必然的な結びつきに加えて、人脈的なつながりが存在したことも推測できる。たとえば、工場法立案の基礎資料である『職工事情』（一九〇三年）の調査に尽力した窪田静太郎（一八六五～一九四六年）は岡の上司の一人であり、一九〇三年に「〔農商務省〕参事官岡実、窪田〔静太郎〕書記官ニ代リテ工務課長トナリ、本件〔工場法案の調査・立案・制定〕処理ノ任ニ当レリ」（前掲『工場法論　改訂増補第三版』三六頁）と仕事を引き継ぐことになるが、窪田は内田嘉吉とは帝国大学法科大学で同期卒業生（東京帝国大学編集・発行『東京帝国大学一覧　従大正元年至大正二年』一九一三年、七四頁）であったので、内田が窪田を介して岡と結びつきをもった可能性も考えられる。ちなみに、窪田静太郎は岡山県に生まれ、一八九一年に帝国大学法科大学法律学科を卒業後、内務省に入り衛生局長であった後藤新平のもとで「伝染病予防法」の制定（一八九七年）を手がけ、翌年に日本最初の社会保険法案である「労働者疾病保険法案」を立案している。一九〇〇年には農商務省にも籍を置いて「工場法」制定に尽力、そして一九〇三年には、草創期の衛生行政を仕切った初代衛生局長・長与専斎およびその有力な後継者として二度にわたり明治中期に衛生局長を務めた後藤新平の後を受けて内務省衛生局長（一九〇三～一九一〇年）に就き、明治後期の衛生行政をリードした（日本社会事業大学編集・発行『窪田静太郎論集』一九八〇年、年譜など）。また、後藤新平を介して窪田と内田は結びついていた。実際、窪田は一八九一年に内務省入省以来、後藤新平の指導のもとで衛生行政に取り組んできた有能な内務官僚であり、「工場職工の保護の必要を説くと同時に、労働者が病気になつた時、治療を受ける事が出来るやうに、又怪我癈疾に罹つた時に年金を与へる必要がある」（鶴見祐輔編著『後藤新平　第1巻』後藤新平伯伝記編纂会、一九三七年、八一七頁）と力説する後藤のアイデアを実現することに奮闘した。なお、後藤の窪田への影響関係については、窪田自身、一九二三年に雑誌『社会事業』に載せた論文「社会事業と衛生事務」で「私は当時後藤局長指導の下に此種の事業〔社会事業〕の必要なることを頭の中に叩き込まれ、其結果爾来私は官私色々の方面にも関係したが、一面に於ては社会事業の必要を痛切に感じて、又是と相俟って衛生事務の必要と云ふことも深く感得し、今に至るまで、時の許す限りに於て、是等専門家の驥尾に附して自分としては出来る丈けの力を尽して居る積りである」（日本社会事業大学編集・発行『窪田静太郎論集』一九八〇年、二八三頁）と述べているように、窪田は衛生局時代、上司である後藤の強い指導を受けていた。いずれにせよ、岡は「安全第一主義の〔…〕もっとも好意ある共鳴者」（中央労働災害防止協会編集・発行『安全衛生運動史――労働保護から快適職場への七〇年』一九八四年、四二頁）の一人であったことは間違いない。

（14）「工場危害予防及衛生規則」と同時に出された同施行標準（社会局長官依命通牒）では、より具体的で細かい安全基準が決められ、安全対策が単なる理念で終わらないように工夫した跡が見られる。たとえば、同規則施行標準の第29条は、浴場に石鹸を備え、湯の汚れが甚だしい場合は二槽式にして、一方で粉塵を洗い落とし、他方で洗い浄めよというように、きわめて具体的な指示をしている。

(15) 産業福利協会・産業安全衛生展覧会協賛会『産業安全衛生展覧会記念帖』産業福利協会、一九三一年、八頁。

(16) 椎名仙卓『大正博物館秘話』論創社、二〇〇二年、一八一頁。

(17) 前掲『工場法論　改訂増補第三版』六〇二頁。

(18) 小説『火華』は最初、一九二二年三月二六日から八月二三日まで『大阪毎日新聞』および『東京日日新聞』紙上に連載(菊池寛『菊池寛全集　第5巻』高松市菊池寛記念館、一九九四年、七九三頁)された。なお、大阪毎日新聞社は一九一一年東京日日新聞社を買収し、一九四三年に吸収して毎日新聞社となる。

(19) 鉄造が受け取った慰藉料は七〇円であった。鉄造は鉄工所の職工であったが、新入りの「鉄造に与へられた仕事は、素人でも出来る仕事」(菊池寛『火華』大阪毎日新聞社・東京日日新聞社、一九二二年、三一六頁)であったため、職工のなかでも高給の旋盤工が受け取る日給四~六円(同、三一六頁)には及ばなかったと思われるが、一~二円前後は受け取っていたであろう。『職工事情』によれば、一九〇一年ごろの調査として、鉄工に対して「重大なる廃疾となる負傷者に対して二十円以下」と定めている例が見られるが、当時の一般的な鉄工の日給が二〇~六〇銭であることから推測すると、およそ月給の一~三か月分に相当する。なお、引用は農商務省商工局『職工事情　中』(岩波文庫)岩波書店、一九九八年、四八頁および五〇頁、による。これと比較すれば、鉄造が受け取った七〇円は、とくに低かったわけではない。

また、「大多数ノ工場ハ何等ノ方法ヲモ設クルコトナク事アルニ当リ工場主ヨリ多少ノ扶助金ヲ支出シ、同時ニ職工中ヨリモ亦醵金シテ小額ノ金額ヲ給与スルヲ例トス、其ノ金額ハ即死或ハ重大ナル負傷ニ対シテモ通常二三十円多キハ五六十円ヲ出ササル実況ナリ」(前掲『工場法論　改訂増補第三版』二五〇~二五一頁)という当時の実態から見ても、決して見劣りする金額ではなかった。

ただし、工場法施行令(勅令)の施行(一九一六年)後は、第7条第3項が障害を残す職工に対して工業主が支給すべき扶助料として「従来ノ労務ニ服スルコト能ハサルモノ」へは「賃金百日分以上」と規定しているので、鉄造の推定日給から計算すると七〇円は過少であった。少なくとも鉄造の認識では、「七千円の間違ぢやないか」(前掲『火華』三二九頁)と思っていた。

(20) 前掲『火華』三三〇~三三一頁。

図表41　男工数および女工数の推移（1909～1934年）

（単位　人）

年	男工数	女工数	計
1909年	307,139 （38.4%）	493,498 （61.6%）	800,637
1914年	383,957 （40.5%）	564,308 （59.5%）	948,265
1919年	741,193 （46.0%）	870,797 （54.0%）	1,611,990
1924年	859,783 （48.0%）	929,835 （52.0%）	1,789,618
1929年	855,187 （46.9%）	969,835 （53.1%）	1,825,022
1934年	1,147,097 （53.0%）	1,016,356 （47.0%）	2,163,453

出典：農商務大臣官房統計課編『明治四十二年　工場統計表』慶応書房、1962年、44頁。商工大臣官房統計課編『大正十三年　工場統計表』慶応書房、1965年、8頁。同『昭和九年　工場統計表』慶応書房、1968年、13頁

(21) 同、三二七頁。
(22) 賀川豊彦『死線を越えて』改造社、一九二〇年、五三一頁。
(23) 前掲『工場法論　改訂増補第三版』二四九～二五〇頁。
(24) 同、一一五一頁。
(25) 同、五四四頁。
(26) 同、二一〇頁。
(27) 同、二〇九頁。
(28) 同、一一四九頁。
(29) 同、一一四七頁。
(30) 大正期前後の職工数および男工・女工の数と割合は、図表41のとおりである。工場法制定（一九一一年）前の一九〇九年で職工の男女比は約四対六であったが、工場法施行（一九一六年）後の一九一九年には男女比が五対五に近づくとともに、男工の実数が倍以上に増加し、男性労働者の比重が顕著に増した。なお、男工数が女工数を上回るのは一九三三～一九三四年で、男性労働者中心の工業化社会が到来するのは一九三〇年代のことである。
(31) 前掲『工場法論　改訂増補第三版』七八四頁。
(32) 山崎巌『救貧法制要義』良書普及会、一九三一年、三一五頁。
(33) 前掲『工場法論　改訂増補第三版』一一五一頁。
(34) 同、二一一頁。
(35) 同、二四三頁。
(36) 同、二五一～二五二頁。
(37) 同、六一〇～六一一頁。

(38) 同、九四九頁。
(39) 同、二〇九頁。
(40) 加瀬裕子「困窮者調査――救護法制定まで」、社会福祉調査研究会編『戦前日本の社会事業調査――貧困・生活問題調査史研究』勁草書房、一九八三年、七二～七三頁。
(41) 前掲『工場法論　改訂増補第三版』二五四～二五五頁。
(42) 同、二五四頁。
(43) 同、二五五頁。
(44) 同、七八七～七八八頁。
(45) 同、七八五～七八六頁。
(46) 同、七八七頁。
(47) 同、五四五頁。
(48) 同、七八五頁。
(49) 同、七八八頁。
(50) 同、七九二頁。
(51) 「工場危害予防及衛生規則」は全三六条からなる規則で、工場での安全および衛生に配慮した設備・装置などを備えること、安全のために必要な掲示をなすべきことなどの他、安全管理者・安全委員会や工場医などについての規定が設けられ、これにより具体的に労働災害（安全および衛生の両面）を予防することが工場主にはじめて義務づけられた。実は、この規則が定めている内容は、一九一七年に安全第一協会が始めた安全運動で訴えていた内容と重なっている部分が多い。
なお、蒲生は、農商務省商工局が管轄していた工場法関係の事務が引き継がれた内務省社会局に入り、そこで労働災害防止や労働福利厚生などについて実務的側面に携わることになる。「工場危害予防及衛生規則」が制定された一九二九年前後は、蒲生は社会局第一部の外郭団体として設立された財団法人産業福利協会の常務理事を務めていたので、彼の実務能力や安全運動での経験から、この規則の立案にかかわった可能性が考えられる。
(52) 前掲『工場法論　改訂増補第三版』自序（第二）一～二頁。
(53) 岡実「安全第一は生産第一なり――四月三日第一回総会に於ける講演」、『安全第一』第1巻第2号、九頁。

(54) 岡実「工場と安全第一」、『安全第一』第1巻第1号、一五頁。
(55) 同、二〇～二一頁。
(56) 同、二〇頁。
(57) 同、二一頁。
(58) 前掲『工場法論　改訂増補第三版』九一七頁。
(59) 岡実「工場と安全第一」、『安全第一』第1巻第1号、二一頁。
(60) 前掲『工場法論　改訂増補第三版』二頁。
(61) 同、金井序三頁。
(62) 同、自序（第二）三頁。
(63) 同、一三六～一三七頁。
(64) 岡実「安全第一は生産第一なり――四月三日第一回総会に於ける講演」、『安全第一』第1巻第2号、一～二頁。
(65) 前掲『工場法論　改訂増補第三版』五七三～五七四頁。
(66) 同、二一〇～二一一頁。
(67) 「社会的ジレンマ」とは、社会のメンバーが「協力」か「非協力」の一方を選べる、選んだ本人にとっては「非協力」のほうが利益が大きい、社会全体にとっては「協力」を選ぶほうが利益が大きい、の三条件を満たすような状況を指す。社会的ジレンマとは、言い換えれば、得すると思って「非協力」を選んだ本人にとって、結果的に損するような状況が発生してしまうことを意味する。よく挙げられる例としては、交通渋滞がある。電車通勤（協力）は面倒なので、楽で便利な車通勤（非協力）を皆が選ぶとすると、結果として交通渋滞が生じてしまい、楽で便利なはずの車通勤が楽でも便利でもなくなってしまう。これを解消するには、たとえば電車の運賃の引き下げやガソリン代の値上げなどの政策的インセンティヴの導入（外部からの強制力）を図る方法が考えられる。
(68) 田子一民『田子一民』「田子一民」編纂会、一九七〇年、一四九頁。
(69) 救護課が設置される以前から、きわめて限定的であるが恤救規則（一八七四年）に基づく生活困窮者への公的扶助などがあり、福祉行政がなかったわけではない。しかし、その内容の貧弱さのみならず、それを支える思想からいっても、救護課設置以前と以後で質的変化がある。つまり、恩恵的な福祉思想から義務的な福祉思想への変化である。この変化は一九一七年に突如として起きたものではなく、その少し前から徐々に始まっていたと理解すべきであろう。ここでは、象徴的な意味で一九一七年を取り上げた。

(70) 玉井金吾『防貧の創造——近代社会政策論研究』啓文社、一九九二年、五〇頁。

第8章　能率増進運動と安全運動

前章では、岡実の視点から工場法と安全運動の関係について論じたが、そこで明らかにした重要な結論の一つは、社会的「弱者」を保護すべきだとする岡の人道主義が、彼が制定・施行に尽力した工場法とその「欠陥」を埋め合わせるべく彼が期待を寄せた安全運動を結びつけていた点である。そして、蒲生俊文が取り組んだ安全運動は、この岡の期待に応える結果となった。実際、岡と蒲生は由来が違うとはいえ、同じ人道主義の立場に立って工場法の制定・施行や安全運動の普及に邁進したのである。そこで、本章では、蒲生の視点に戻って幸福増進運動について検討してみる。

本章では、安全運動において人道主義と能率増進が矛盾・対立する状況に陥るなかで、蒲生は安全運動が能率増進運動に還元できない独自の意義を持つことを主張し、この矛盾・対立の解消を産業福利運動に求めようとしたことを明らかにする。それによって、蒲生は安全第一運動と産業福利運動を通して、労働者の幸福増進を追求したのである。

第1節　人道主義としての安全運動

蒲生が取り組んだ安全運動の究極の目的は、「安全運動は所謂災害防止なる目的の実現に向つて努力すること(1)」にあり、それはまた、「安全運動は何処までも安全運動である(2)」という彼の言葉に集約される。つまり、安全運動は、まず何よりも、「災害防止」という「安全」そのものを追求することが目的であった。別の言葉でいえば、蒲生にとっての安全運動は「安全といふ中心目的達成の為の運動」[3]に他ならなかった。そして、この安全を追求することになる発端は、蒲生が勤務していた東京電気の工場で起きた職工の「感電即死事件」の体験にあり、彼の安全運動の原点は、この労災事故で亡くなった労働者とその遺族への同情と悲しみにあった。また、これと酷似した体験は三村起一にもあった。

蒲生がいかに労働者の生活実態を想像し、労働災害がもたらす悲哀を感じ取っていたかは次の文章によく現れている。

或は電撃に遇ひ、或は調帯に捲かれ、或は歯輪に挟まれ、或は圧機に囚はれ、或は起重機に触れ、其の他各種各様の災害に因りて或は即死し、或は負傷し、依て以て労働不能の不具者と為り、然らざるも悲惨なる現状に接触するもの誰か一片同情憐憫の情が無いであらうか。従業員は個人としては其の労働の成果に拠りて生活して居るのである。年老いたる母は其の手に縋つて生きて居る。其の妻も其の子も只一人の稼人たる彼に拠りて生活して居る。一朝不慮の災厄に接して或は其の生命を失ひ又は不具者となつて相率ゐて窮迫に陥るのは悲惨なことではないか。

工業は今日国家の活力及び国民の凡ての生活を織り出すところの最も大切なる力である。万人が其の為めに利益恩沢をこそ受くれ、其の為めに何人をも不具者にし又は生命を奪ふことは我々の良心の許さざるところである。[4]

当時、工場労働者と直接向き合っていた蒲生と三村の二人に共通する点の一つは、彼らが安全運動を始めた直接の動機が労働者を災害から守ろうとする人道主義にあった。さらに、彼らが被災労働者に対する以上に、残された家族、とりわけ未亡人に対して強い憐憫の情を示している点も共通している。当時の日本では、未亡人とは「自ら働いて生活の資を得るとしても、得る資は生きるべき人の口を糊する糧に充たぬといふ場合が多い[5]」なかで、「貞女両夫に見えず」と云ふ様な形式の思想が、あくまでも人々の頭に深くしみ入つて居る[6]」ために、「良人の死と云ふ事は直ちに明日の食物に差支へるといふ人々」や「路頭に迷ふと云ふ人々[7]」のことを意味した。それゆえ「弱者ノ位置」にある労働者の家庭のなかで、さらに弱者である未亡人は二重の意味で社会的に「弱者」であり、未亡人という名は、まさに「痛ましい名[8]」として受け止められていた。

したがって、工場労働者は、当時、劣悪な労働条件下で「弱者ノ位置[9]」に置かれていた上に、「産業災害の犠牲者が或は労働一部不能又は全部不能となり又は死亡し、本人若くは其の収入に依存しつつあつたところの家族が俄に収入の道に窮し、生活の最低限度の限界線を突破して陥没する者あることに想到するならば其の惨状測るべからざる[10]」状況に置かれていた。当時は、労働災害に対する補償が貧弱であり、公的な福祉制度も十分に整備されていなかっただけでなく、労働者本人においても万一のために貯蓄して備えるという観念も希薄であった。

さらに、労働災害は「工業固有の危険[11]」ゆえの不可抗力であると捉えられていた。蒲生は次のようにいう。

> 斯くして人間蔑視の時代には、災害の如きは工業固有の危険と称して当然工業活動には付きものであつて已むを得ざるものと認識したのであつたが、人は機械よりも偉大なりの確信のもとに災害防止の努力が、苟も今日の吾人の知識と技能との水準によつて、最小限度に於て其の半数を防止し得べく、大に努力するならば九十乃至九十八パーセント防止し得べしと唱導さる、今日に於て、安全問題を無視するが如きは、故なくして自ら生命を断つと其の愚は選ぶところなきものである[12]。（傍点引用者）

蒲生が安全運動に乗り出した一九一〇年代は、労働災害が「已むを得ざるもの」から「防止し得べし」ものへ転換し、「宿命観[13]」から脱し始めた時代であった。

しかしながら、費用のかかる安全設備の導入や労災補償の充実など、安全対策を実施する責任主体としての工場経営者の理解を得るのは容易ではなく、安全運動は人道主義的な意義だけでなく、経営者に対して安全の追求が経営に利益をもたらすことを訴えたり、さらには国益増進を掲げたりした。たとえば、「国家の重大資源[14]」である労働力の損失は「国家活力の破壊[15]」であり、「五十歳まで活動すべき従業員が二十歳にして不幸災禍に罹り死亡したと仮定すれば、残余三十年の活動力を国家は失ふのである[16]」という主張や、「国富の増進を計らんが為に所謂安全第一主義を実行し[17]」、その結果、安全運動が「国を富まし、国を護る[18]」という説明が、それである。

その他にも、「貧窮問題」や「犯罪問題」などの「社会問題解決の一端として、安全運動の問題を考へなければならぬ[19]」というように、安全運動の対象は、労働者、工場、経済、社会、国家へと広がり、そしてその目的も、人道主義、能率増進、社会問題の解決、国益増進などと多様化していった。

こうした状況のなかで、蒲生は災害防止としての安全が「最後の目的」ではないことすら主張している。

> 安全運動とか、災害防止とかいふと、災害を防ぐことのみに心をとられて、災害を防ぐためには作業能率は多少下がつてもやむを得ないといふやうに考へる人もありますが、これは大なる考へ違ひであります。〔…〕「安全」といふのは、決して、危険を避けるのが最後の目的ではなく、職場の人々が揃つて円滑に仕事を進め、大いに能率を上げるために、災害を防がうとするものであります[20]。（傍点引用者）

ここでは、安全運動の「最後の目的」は「円滑に仕事を進め」、「大いに能率を上げる」ことにあり、「危険を避ける」ことや「災害を防がうとする」ことは「最後の目的」ではなく、仕事の円滑化や作業能率の向上のための手段として位置づけられている。

このように安全運動の目的が多様化すれば、それだけ安全運動が人々を引きつける範囲が広がり運動を推進するには好都合な側面もあったが、その反面で蒲生が指摘するように、「災害予防の問題は主として経済問題として痛切に説かれ[21]」（傍点引用者）、「事業の能率経済を考慮する者は先づ災害予防に着手すべき[22]」だと声高に唱えられたため、安全は「経済問題」であり、ともすれば労働者のための安全は付随的な目的へと格下げされる恐れがあった。

蒲生によれば、安全運動における「経済問題」には二つの側面があった。第一は消極的な側面である。工場で安全運動を始める際に経営者が躊躇するのが、安全運動に取り組むことで「損を為ないか、其費用は何程で、幾何の節約が出来るか[23]」という消極的な姿勢があった。蒲生は、この点を掬い上げ、事故による被災者への「支払」、「病院の払ひ治療手当」、「負傷の為めに熟練職工が居なくなり、又は其代りに不熟練の職工が働く為めに起る処の生産の減少又は遅延[24]」などの経営上の損益を発生させるということについて例を挙げて説明し、これらの損失を「減ずる最も正確な方法は事故防止で有る[25]」と述べ、「経済問題」の消極面について論じた。これは実際、産業界にとって無視できない点であり、蒲生は、この経営上の「無益の浪費」について次のように述べている。

産業災害は〔…〕第一に扶助料の如き無用の支出があります、之は賠償責任の法理が過失責任論より結果責任論に進展するに従つて一層負担を増加すべき順序であります、又災害発生に原因する法律費の如き、災害に依る職工減退に起因する募集の如き、新入不熟練工の教育費の如き、不熟練工を雇用するに起因する能率減退の如き、災害発生に依る工場内一般の能率減退の如き、時間損失の如き、機械破損其他各種損失の如きは直接簡明に感知し得る事業家が負担しつゝある無益の浪費であります[26]。

第二は積極的な側面である。蒲生は「能率増進を来さんとすれば先づ我が安全第一で無ければならぬ[27]」と説き、安全運動が能率の増進を促し、それによって生産性の向上と利益の増加につながることを指摘して、「経済問題」の積極面についても論じた。

こうした「経済問題」の消極面（損失の削減）および積極面（能率の増進）の両面について説く蒲生の姿勢は、安全運動を始めた初期だけでなく、のちになっても繰り返し見られる。たとえば、一九二六年に刊行された『工場災害予防の話』のなかで、「工場災害予防の必要」の理由の一つとして、「能率及び経済上の理由」を挙げ、「能率増進」を図り、「無用の支出」や「無益の浪費」を除去するための安全運動の必要性を説明している。[28]また、一九四三年に刊行された『戦時下の産業安全運動』でも、「能率の増進」と「回避し得べき浪費」の除去にかんして、「安全運動は誠に現時工業活動の根底に於ける重大な要件である[30]」と指摘し、安全運動の「経済問題」に果たす役割の重要性を説いている。とくに、安全運動の目的に「能率増進」が掲げられたことは、ほぼ同時期に始まった能率増進運動からの影響も重なっていた。そこで、安全運動と能率増進運動の関係についての検討に移ろう。

第2節　人道主義と能率増進

日本は能率増進運動と安全運動を、ほぼ同時期に米国から受容した。安全第一協会が主導する安全運動は一九一七年に始まるが、日本で最初の本格的な安全運動が始まった時期は、科学的管理法が紹介され能率増進運動が普及し始めた時期と重なる。

たとえば、前章で少し触れたように、岡は一九一七年にテイラーの科学的管理法を取り上げて能率問題を議論している。[31]また一九一八年には、蒲生も、「安全第一なる語と共に能率増進と云ふ語は本邦に於ても大流行を成した[32]」と指摘している。

実際、テイラーの著書『科学的管理法』（*The Principles of Scientific Management*）は米国で一九一一年に刊行され、その邦訳は一九一三年に『学理的事業管理法』（崇文館から刊行）という題名で星野行則によって出版され、それは日本において能率増進運動が普及していくきっかけを作ったとされる。正確には、星野訳に少し先んじて、一九一二年に横河民輔が『科学的経営法原理』という題名で翻訳し刊行しているが、非売品だったため[33]、社会的影響力の点では星野訳がより重要な役割を果たしたと思われる。間宏によれば、「科学的管理法は、日本でも、十五（大正四）年以降、次第に普及され始め〔…〕科学的管理法を中心とした能率増進運動は、〔…〕着実にわが国に普及していった」という[34]。

こうして、安全運動の目的を「能率」の増進に求める在り方は、当時、流行し始めた能率増進運動を意識した結果でもあったが、この能率増進運動と安全運動の結合、あるいは安全運動の能率増進運動への接近は、その後の安全運動においても引き続き見られた。そして、「安全道の真髄を把握せんとする者、今日に於ては已に天下に充つるに至つた[35]」といわれるまでに安全運動が普及した一九四三年に蒲生が刊行した著書で、彼は次のように述べる。

苟も事業といふ以上は、能率といふことを考へざる者はない。能率問題を云為する者は必ず科学的管理論に論及するのである。科学的管理の祖テーラーの定義するところによれば、『科学的管理とは回避し得べき浪費を除去し、生産の過程及び方法の一般的改良並に生産物の正当なる且つ科学的なる配分に依つて雇主、従業員、及び社会全般の共同的利益を助長せんとするに在り』とある。即ち能率を増進せんとするものは、先づ回避し得べき浪費を除去するを以て先駆とするのである[36]。（傍点引用者）

ここでいう「浪費」とは、主として「産業災害[37]」を意味する。蒲生は、「災害を防止することが其れ自身が如何に工場能率経済の上に重大なる役割を演ずるか」という点や、「此の点（工場能率経済の点）から見て安全運動が如何に効果的であるか[38]」について説明しながら、安全運動によって「浪費」のなかで最大の位置を占める「産業災害」を減らすことが可能だという。こうして、安全運動の意義が「経済問題」、とくに「能率」の増進との関連で位置づけられ、それによって逆に、安全運動の重要性が説かれた。また、これは安全運動の初期の段階だけでなく、安全運動が全国的な広がりを見せた後でも見受けられた。

他方、一九〇八年に開始された米国の安全第一運動は、一九一〇年代を通して日本に受容され、安全運動が社会運動として広がり始める。そして、日本において、この二つの運動は重なり合い、ともに発展していった。

こうした事情は米国でも同じであった。安全運動における能率の概念と科学的管理法における能率の概念との関連性は、日本だけでなく、米国においても意識されていた。実際、米国の安全運動を推進したセイフティマンが安全と能率の結びつきを強く意識していた点について、米国の安全運動に詳しい上野継義は次のように指摘する。

> 〔米国においても〕安全運動は能率運動とも決して無関係ではなかった。セイフティマンは安全と能率とは矛盾しないという主張を繰り返しており、〔…〕安全の強調が現場の能率を阻害するのではないかと危惧する経営者やライン管理者を説得して安全運動を導入しようと努力していたセイフティマンにとって、「安全は能率である」という主張は経営者や現場ラインの管理者の協力をひきだすうえでの恰好の宣伝文句として利用されていたのであり、テイラーの科学的管理法と直接関係をもたない企業のセイフティマンにとってさえ重要な合言葉であった。[39]
>
> （傍点引用者）

引用文にある「セイフティマン」（safety man）とは企業の安全管理者で、セイフティマンたちは安全運動を推進するなかで一九一三年に「全国安全協議会」（ＮＳＣ）を設立し、組織的な防災活動の普及に精力的に取り組んだのである。[40] したがって、蒲生も「能率」の増進という経済問題が安全運動の普及に役立つことを意識し、安全と能率を結びつけて安全運動の意義を説いた点において、セイフティマンと共通していた。

それとともに、安全運動は科学的管理法の影響を受けた能率増進運動における「能率」の概念を援用していたが、科学的管理法における「能率」と安全運動における「能率」は微妙に異なる概念であった。上野継義の興味深い指摘によれば、「現場作業集団の権威構造に注意を払う安全運動の集団主義的な能率概念は、テイラーの個人主義的な能率概念とは本質的なところで相いれない部分があったと考えられ[41]」、「現場の意思疎通を円滑にしてとにかく安全を確保すること、これが安全運動の課題であり、労働災害による作業の中断を回避することが結果的に能率の向上にも結びついたわけで、労働者ひとりひとりから最大限の労力をひきだすような能率とは性格が異なっていた[42]」という。

この点については、蒲生もよく認識していた。蒲生は、「工業工程に於ける中絶〔作業の中断〕は作業能率を減少し、生産を減少し、生産原価――即ち修繕費、勤務回復費其他中絶によりて直接生じたる費用を除き――を増加すると言うて差支は無い[43]」と述べ、「中絶」の結果、発生する損益について注意を促すとともに、また逆に、「災害予防は〔…〕生産及び生産能率を増大し生産原価を減少する[44]」と述べている。そして、蒲生は、この「能率」の増進は集団主義的な方法によって効果的に遂行されるのだという。すなわち、

> 〔テイラーの科学的管理法における〕時間研究、動作研究の如き努力は作業の科学的処理に於て必需欠くべからざるものではあるが其等研究の依て以て発揚さるべき人の存在を無視しては折角の研究も徒労に帰することがある。先づ以て融合一致統一団体の出現を待ちて而して之と並行して後始めて各種末稍的研究努力が効を奏するのであ〔る[45]。〕（傍点引用者）

また、別の著書においても、蒲生は次のように述べる。

> 予防し得べき災害は甚しき浪費であり、著しき産業の負担である。財界不況の今日殊更に此浪費を思はざるを得ないのである、然も、此の浪費は組織的運動によりて排除することが出来ることは已に事実上の智識であ〔る[46]〕。（傍点引用者）

つまり、蒲生は、「能率」の増進は「融合一致統一団体」において出現し、安全運動という「組織的運動」により可能だと考えていた。上野が指摘しているように、安全運動の「能率」と科学的管理法による能率増進運動の「能率」は異なる概念であった。

さらに重要な点は、こうした集団主義的か個人主義的かという方法の違いとは別に、両者の目的が異なっていたことである。安全運動は労働者の「安全」の確保（労働災害防止）を直接の目的とするのに対して、科学的管理法は「能率」の増進（生産性の向上）を直接の目的としており、職場全体の一致協力の下に生み出される安全運動の結果としての「能率」は、科学的管理法の影響を受けた個人主義的な「能率」とは、原理的に相容れない概念であった。しかし、それにもかかわらず、安全運動が「能率」の増進にとって良好な結果を示し、能率増進運動と重なり合う部分が存在したことは安全運動を進める上で有利に働いた。ただし、蒲生にとって、安全運動は能率増進運動に還元できないので、能率増進を強調すればするほど、安全運動の直接の目的が忘却され、安全運動の理念から遠ざかる矛盾を抱えていた。それでは、「楯の半面」として両方とも無視できないと蒲生が考えていた「人道問題」と「経済問題」との矛盾を、蒲生はどのように認識していたであろうか。

いま見たように、能率増進運動は安全運動の重要な目的の一つである「経済問題」を達成する上で利用価値があり、互いに重なり合う部分があったが、両者が掲げる「能率」の概念に基本的な違いがあった。しかも、安全運動を能率増進運動に還元できないもう一つの理由は、「経済問題」の観点のみに安全運動の意義を求めるならば、合理的な経営者にとっての安全運動は単なる損得勘定となり、損失が生じる場合には安全運動は直ちに中止となる事態を招く恐れがあった。実際、こうした「経済的打算[47]」に立脚した安全運動を危惧して、蒲生は次のように述べる。

> 工業安全運動が、利に機敏なる工場主の立場より経営の問題として有利なることが具体的に証明されて居るが故に、一種の経済問題として取扱はれて居ることは周知のことではあるが、経済問題の解決は安全運動の直接正当

なる目的では無くして、只其実現に伴ふところの副産的好影響であるに止まる。斯くの如き工場主は、差当りに何等経済的利益の首肯し得べきものが無いならば、其努力を中止するであらう。[48]（傍点引用者）

すなわち、「経済問題」は「直接正当なる目的」ではないという。したがって、安全運動を進める便宜上、「経済問題」の側面を強調するにしても、安全運動が能率増進運動と同一視できない以上、能率の増進だけを前面に押し出して安全運動を進めることに限界があった。また、たとえ「経済問題」が経営者に説得力を持ち得たとしても、それは経営上の利益をもたらす限りにおいてであり、利益が出ない場合には安全運動の存在意義を根底から覆す恐れがあり、これは安全運動の理念として不安定であった。それでも、蒲生が認識していたように、「或雑誌は安全運動の人道的立場からの主張など言ふけちなことでは駄目だ。経済上重大なる意義を堂々と立論せよと論じて居た。熟々惟るに、之等は或は可成りに広い範囲に亘りての世人の安全運動に対する認識であるかも知れない[49]」と、現実において人道主義に対する社会の視線は冷たかった。

この点では、人道主義者の岡も蒲生と同じであり、岡は、「米国等の実例に徴するに工場に於て災害予防の為めに安全装置を設置することは職工保護と云ふよりも、寧ろ労働能率を増進し工業主の利益を増加せんとする動機から行はれて居〔る〕[50]」と述べ、「職工保護」という人道主義を軽視することに賛同できなかった。もちろん、岡の労働者保護思想の背後に、「事業の繁栄」（つまり、企業の経済的利益の追求）および「国富の増進[51]」といった人道主義的とはいえない動機も存在していたが、それにもかかわらず、岡は、「我国に於ては工業家は必しも利益のみを目的として工業を経営するに非ず、傍ら経済上の弱者たる職工を保護愛撫すると謂ふ独特なる情誼美風が存在[52]」し、その欧米にはない日本の「独特なる仁慈を以て職工を保護する為め〔…〕所謂安全第一主義を実行し、工場災害を絶滅せんことを希望して已まない[53]」と述べ、安全運動の意義が単なる経済的利害を越えた人道主義的な動機に基づいていることを強調している。岡も、蒲生と同様、安全運動が単に個人の自発性に期待して「仁慈を以て」おこなわれる慈善活動ではなく、法的および制度的な枠組みを整備するなかで社会的かつ組織的に解決すべき課題だと受け止めていた。岡の独自性は、「最モ同情ヲ寄スヘキモノ」[54]である被災労働者を保護し、過大に「工業主ノ利害ヲ害スルコト」[55]なく、工業化の推進により「国富ヲ増進スルノミナラス之ヲ以テ国ヲ護リ之ヲ以テ国ヲ興ス」[56]という工場労働者・工場経営者・国家の三者が、ともに共存可能な調整を政策上、実施することに意を注いだ点にある。

蒲生に話を戻すと、彼は「人道問題」に固執したが、それは「人道問題」が安全運動の「直接正当なる目的」であり、彼の安全運動の原点であったからである。安全運動は、その出発点から人道主義に強く動機づけられ、「弱者」たる労働者やその家族に対する福祉的な理念を掲げていた。蒲生が、安全運動は「労働福祉運動」[57]であると述べ、そこにおいて「福祉増進に痛心するの心的態度が無ければならない」[58]と説く所以である。実際、蒲生自身も安全運動を開始した当時、「東京電気株式会社の福利部の主脳として働いて」[59]いたのであり、のちに内務省の嘱託として安全運動に専念していた時の部署は財団法人産業福利協会であった。蒲生にとって、安全運動は労働者の「福祉」あるいは「福利」を増進するための運動を離れてはありえなかった。

「経済活動として見たる安全も、人道問題として見たる安全も、皆楯の半面」[60]であると確信していた蒲生が思い描いていたのは、「経済活動」を追求した結果として「人道問題」が解決されるのではなく、「経済活動」を追求することが、同時に「人道問題」の解決に結びつくような安全運動であり、逆にいえば、「人道問題」を解決することが、同時に「経済活動」の追求に結びつくような安全運動であった。そして、「経済活動」には「浪費」の削減と「能率」の増進が、「人道問題」には「危険」の回避（労働災害の防止）と労働者の「福祉」または「福利」の増進が、それぞれ重要な目的として置かれていた（図表42、参照）。

これらを比較すれば、前者の「浪費」の削減と「危険」の回避は消極的な目的であるのに対し、後者の「能率」の増進と労働者の「福利」または「福祉」の増進は積極的な目的であるといえる。つまり、安全運動は、「回避し得べき浪費」[61]の除去以上に、「生産及び生産能率を増大し生産原価を減少する」[62]という効果を、また、「災害防止なる目的

図表 42　安全概念における人道問題と経済活動の関係

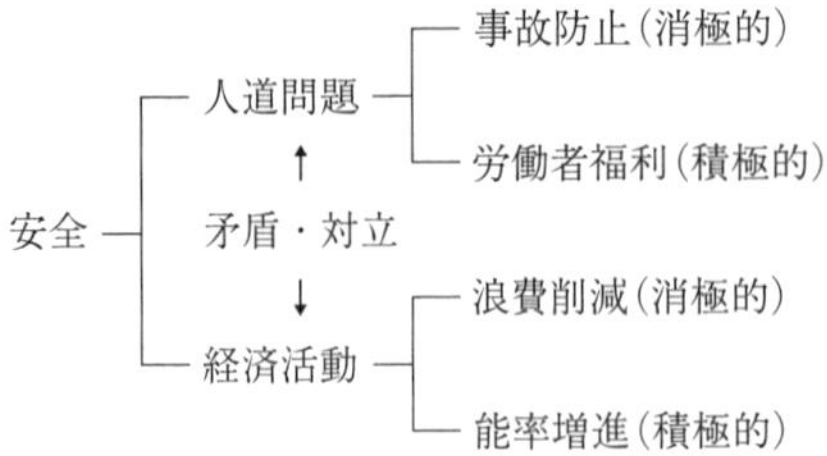

の実現に向つて努力すること」[63]以上に、「従業者の生命を防護し其健全を擁立せんとするところ」[64]に意義を見出そうとした。たしかに、それらは「安全」の積極的な意義として打ち出すには不足はなかった。これは安全運動に向けられた「消極的退嬰的」という批判に対する対応であり、「安全は積極的建設的の努力である」[65]ことを社会に示すことを意図していた。これについて蒲生は、一九四三年に刊行した著書で次のように述べている。

> 然しながら私が日本に宣伝普及させ指導し来つた安全運動は、米国等に於けるやうな単なる安全其の者を意図するものでは無かつた。彼等の安全は他の者を犠牲にしても先づ第一に安全といふ様な感じが深かつた。彼の安全の大家デ・ブロイスが其の著書の中に『第一に安全、第二に能率』と書いてゐるのを見ても明かである。処が我々は之とは趣を異にして全く日本独特のものであつた。若し安全が世間一般で考へて居た如く消極的退嬰的のものであつたとしたならば、其は吾人の積極的生活に向つて為すところが少いであらう。之を自動車災害の例にとれば、若し消極的に考へるならば、街路に出でざれば自動車に触るる虞なき故に外出を見合はすべく、又荷物自動車が店頭に突入した事故もある故に、奥に引込み居るがよしなどと考へるならば、現代生活は出来ないであらう。又其と同じく工場に於ても、機械に触るるが故に災害を生ずるとせば機械には近寄らず、又は工場は災害多きところ故工場へ行かないのが安全であるといふことになつて、安全努力本来の趣意を没却するに至るのである。安全は積

極的建設的の努力であることを確認しなければならぬ。[66]（傍点引用者）

このように、蒲生にとって、日本の安全運動は「能率」や他の「積極的生活」を犠牲にした上での「単なる安全其の者を意図する」ような「消極的退嬰的」な運動ではなく、「安全」の実現と「能率」の増進が同時に達成されるような「積極的」な運動であった。米国の安全運動が事実として蒲生の解釈するような運動であったか否かについては、ここではさして重要ではない。むしろ重要な点は、「世上多く安全第一は退嬰主義で、国民の元気を阻害し、国家有用の事業をして頓挫せしめるに至るかもしれないなどと大に悲観的気分[67]」が社会に蔓延するなかで、安全運動の「積極的建設的」意義を説き、日本の安全運動が「安全第一、能率第二」ではなく、「安全第一、能率第一」という二元主義に基づいていることを理解させることにあった。

この二元主義は、裏を返せば、安全運動が「他の者を犠牲にして[68]」成し遂げられるべきではないとすることから、「能率増進」のために「災害予防」が軽視されることへの歯止めにもなった。この「安全第一、能率第一」という二元主義は、蒲生の言葉でいえば、「人道問題」と「経済活動」の同時解決を意味する。彼は、安全運動の理念について、労働者を守る安全活動を「人道問題として見たる安全」、能率増進・利潤増大を招く安全活動を「経済活動として見たる安全」とそれぞれ呼び、両者を「安全」という言葉を用いて統一的に捉えていた[69]。そして、安全運動を通じて「能率」が増進し、経営者が経済的利益を獲得することと、労働者を事故から守り、「労働福祉運動[70]」によって労働者の福祉を増進することは両立可能であると彼は考えていた。

しかしながら、安全運動の目的が多様化すれば、短所として安全運動の理念が不明確になるだけでなく、複数の目的が競合対立し、その矛盾が顕在化した場合には安全運動の推進を阻害することにもなりかねない。つまり、この二元主義は、一方では経営者にも労働者にも恩恵を与える反面で、状況次第では利益相反関係に陥ってしまう危険性があった。たとえば、蒲生が指摘するように、「産業福利運動は金儲にならぬから之を宣伝しても工場主が積極的に付いて来ない。矢張り能率増進とか金儲けになることで無いと駄目[71]」という経営者（工場主）の意識は根強く、労働者の福利増進と能率増進の調和は容易ではなかった。

このため、誰のための安全運動かという視点で見ると、そこには経営者と労働者という異なる立場の利益が混在しているために、安全運動を推進していく過程で利害が一致しない場合が予想された。すなわち、安全運動の目的における「人道問題」と「経済活動」の二元的矛盾および対立である。安全運動が抱え込むこの矛盾・対立の背後に、経営者と労働者の対立が構造的に潜伏することが了解されることで、これを解消することが安全運動の重要な課題として浮かび上がってくる。つまり、安全運動の成否は労資関係に依存していることが鮮明になってきたのである。

蒲生が一九二五年から取り組み始める産業福利運動は、まさにこの矛盾を回避し、安全運動が労資双方にとって共通の利益を追求できる運動へ転換することを目指した試みであった。

■**注**（第8章）

（1）蒲生俊文『戦時下の産業安全運動』大日本雄弁会講談社、一九四三年、一九頁。
（2）同、一九一頁。
（3）同、一九頁。
（4）同、一四四〜一四五頁。
（5）三宅やす子『未亡人論』（叢書『青鞜』の女たち　第19巻）不二出版、一九八六年（初版、文化生活研究会、一九二三年）、三二頁。
（6）同、四頁。
（7）同、三二頁。
（8）同、一〇頁。
（9）岡実『工場法論　改訂増補第三版』有斐閣、一九一七年、二五頁。
（10）前掲『戦時下の産業安全運動』一五四頁。

(11) 同、一四三頁。
(12) 同、一四三〜一四四頁。
(13) こうした「宿命観」は、安全運動が始まる以前の米国でも、「労働者も経営者も信じて疑わなかった」し、「世間も承知して」いたという（上野継義「アーサー・H．ヤングとその時代――職場文化と職業意識に即して、1882〜1905」、『経済経営論叢』第33巻第4号、京都産業大学経済経営学会、一九九九年三月、二一九頁）。
(14) 蒲生俊文『安全運動三十年』奨工新聞社、一九四二年、九九頁。
(15) 同、九九頁。
(16) 前掲『戦時下の産業安全運動』一六五頁。
(17) 岡実「工場と安全第一」、『安全第一』第1巻第1号、二一頁。
(18) 岡実「安全第一は生産第一なり――四月三日第一回総会に於ける講演」、『安全第一』第1巻第2号、一〜二頁。
(19) 前掲『戦時下の産業安全運動』一五七頁。
(20) 蒲生俊文「災害の絶対防止」、労力新聞編輯部『必勝増産戦』先生書店、一九四三年、一四八頁。
(21) 蒲生俊文「日本に於ける我が安全運動と其哲学」、芦野太藏編集・発行『安全の闘将　蒲生俊文先生』一九三〇年、一七頁。
(22) 蒲生俊文『工場災害予防の話』産業福利協会、一九二六年、八頁。
(23) 蒲生俊文「経済より見たる安全組織」、『安全第一』第1巻第7号、一〇頁。
(24) 同、一一頁。
(25) 同、一一頁。
(26) 前掲『工場災害予防の話』六〜七頁。
(27) 蒲生俊文「事故の減少は能率の増進なり」、『安全第一』第2巻第7号、二九頁。
(28) 前掲『工場災害予防の話』六〜八頁。
(29) 前掲『戦時下の産業安全運動』一五〇頁。
(30) 同、一四六頁。
(31) 岡実「工場と安全第一」、『安全第一』第1巻第1号、二〇頁。岡実「安全第一は生産第一なり――四月三日第一回総会に於ける講演」、『安全第一』第1巻第2号、九頁。

(32) 蒲生俊文「事故の減少は能率の増進なり」、『安全第一』第2巻第7号、二九頁。
(33) 間宏監修・解説『日本労務管理史資料集　第一期第8巻（科学的管理法の導入）』五山堂書店、一九九〇年、解説七頁。
(34) 同、解説八〜九頁。
(35) 前掲『戦時下の産業安全運動』三頁。
(36) 同、一五〇頁。
(37) 同、一五〇頁。
(38) 同、一五二頁。
(39) 上野継義「合衆国労働統計局の安全運動批判――セイフティマンの安全思想の特質」、『商学論纂』第36巻第3・4号、中央大学商学研究会、一九九五年三月、一四一頁。
(40) 上野継義「革新主義期アメリカにおける安全運動と移民労働者――セイフティ・マンによる「安全の福音」伝道」、『アメリカ研究』第31号、アメリカ学会、一九九七年、二〇頁。
(41) 前掲「合衆国労働統計局の安全運動批判」、一四一頁。
(42) 同、一四二頁。
(43) 前掲『安全運動三十年』一二九〜一三〇頁。
(44) 同、一三〇頁。
(45) 蒲生俊文『新管理道』歴程社、一九三六年、六八〜六九頁。
(46) 前掲『安全運動三十年』二五頁。
(47) 同、二五頁。
(48) 蒲生俊文『新労働管理』（産業衛生講座第1巻）保健衛生協会、一九三七年、二八六頁。
(49) 同、二七三頁。
(50) 岡実「工場と安全第一」、『安全第一』第1巻第1号、二一頁。
(51) 同、二一頁。
(52) 同、二一頁。
(53) 同、二一頁。

(54) 岡実『工場法論　改訂増補第三版』有斐閣、一九一七年、七八四頁。
(55) 同、七八六頁。
(56) 同、五七三頁。
(57) 前掲『安全運動三十年』二五頁。
(58) 同、二七頁。
(59) 蒲生俊文「日本に於ける我が安全運動と其哲学」、前掲『安全の闘将　蒲生俊文先生』一一頁。
(60) 前掲『安全運動三十年』二〇一頁。
(61) 前掲『戦時下の産業安全運動』一五〇頁。
(62) 前掲『安全運動三十年』一三〇頁。
(63) 前掲『戦時下の産業安全運動』一九〇頁。
(64) 前掲『安全運動三十年』九六頁。
(65) 前掲『戦時下の産業安全運動』八三頁。
(66) 同、八二〜八三頁。
(67) 蒲生俊文「大乗安全第一と小乗安全第一」、『安全第一』第1巻第3号、五五頁。
(68) 前掲『戦時下の産業安全運動』八二頁。
(69) 前掲『安全運動三十年』二〇一頁。
(70) 同、二五頁。
(71) 前掲『新管理道』六八頁。

第9章　労務管理と安全運動

前章では、人道主義と能率増進という安全運動の理念上の矛盾を解消するため、蒲生俊文は産業福利運動に期待を寄せたことを述べた。この矛盾は、安全運動が工場法に動機づけられ、工場法の労働者保護の精神を受け継ぎながら展開していく過程で生じてきたものであり、第7章で検討したように、農商務省にいた岡実は「安全第一は生産第一である」と述べ、人道主義と能率増進が深刻な矛盾に陥るとは考えていなかった。

これに対し、安全運動に直接携わっていた蒲生は、この矛盾を過小評価せず、その克服の方法を模索していた。

本章では、蒲生が、こうした安全運動の理念上の矛盾を労務管理の一種である「S式労働管理法」を実践するなかで解決しようと試みたことを示し、この試みの底流に、労働者の福祉を実現しようとする人道主義的な考え方があったことを明らかにする。そして、彼が安全第一運動と産業福利運動を通して取り組んだ安全運動が、工場の内に福祉を実現し、さらには工場の外に福祉を広げていこうとする幸福増進運動であったことを指摘する。

第1節　人道問題と経済活動の両立

安全運動が「経済問題として取扱はれて居ることは周知のこと」[1]であるという現実の前に、「経済活動として見たる安全も、人道問題として見たる安全も、皆楯の半面」[2]だと捉える蒲生にとって、一九二九年に工場法の「欠陥」が解消し、「昭和のはじめ頃から」「安全運動が〔…〕全国的な運動となつた」[3]反面で、安全運動における「経済活動」と「人道問題」の矛盾は、どのように解決を見たのであろうか。

蒲生は、安全運動が経済活動を優先し、能率増進のみを目的するのではなく、安全を追求した結果として「経済活動」も「人道問題」も同時に解決されることを強く望んでいた。それは、この二者が、蒲生にとって、安全運動の必要不可欠な目的だったからに他ならない。これは、二つの目的が競合し並立するという意味で二元主義である。つまり、「人道問題」が軽視された安全運動は不完全であり、また「経済活動」を追求しない安全運動も非現実的であって、いわば、「安全第一、能率第二」という在り方が理想であった。

そして、この二元主義の矛盾の背後に労使の対立が存在することに蒲生は気づいていた。すなわち、工業主の利益増進を目的にした「経済活動」と労働者の福祉増進として位置づけられる「人道問題」は、労使の対立が表面化した場合には不調和をきたし、安全運動の成果を労使ともに享受できない。しかし、その反面、労使が協調関係にあれば、「経済活動」も「人道問題」も同時に解決できる。換言すれば、これは囚人のジレンマという状態に陥っていることを意味する。つまり、工業主にとって、労働者の安全運動への協力が得られれば、能率増進・利益増大に至るが、協力を継続的に得るためには、労働者の利益も配慮し、労働者の福利増進を果たす必要がある。もちろん、労働者に配慮しないことも選べるが、この場合、労働者も非協力的な姿勢に転じ、能率は減退し、結局、両者の取り分は減ってしまう。蒲生は、こうした状況を次のように的確に把握していた。

雇主が利潤を以て目的とし、従業員が賃金を以て目的とするのを非とするのでは無い。其は差当りに於て当然の関係であるが、此関係を是認しつつ之を超越するところに協働活動の最高目的を発見することが出来る。此最高目的を達成することによりて、始めて第一義的目的の完成が考へられる。分配の問題は未だ与へられざる大きさの菓子の分配に属する。其与へられざる菓子の大は只所謂最高目的の達成によりてのみ招来され、其目的を達成せずして相互に闘争対抗の世界に堕落するならば菓子の大きさは愈々小となり遂には零となることもあるであらう[4]。

ただし、一方が協力的で他方が非協力的という組み合わせは不安定で続かないため、労使協調によって安全運動が順調で、能率も増進し、その成果も大きい場合か、逆に労使対立によって安全運動は不調で、能率も減退し、その成果も貧しい場合の二つのみが、安定した状況として存在することになる。

安全運動は、工業主または労働者について、その一方の利益を追求する運動ではなく、両者のための運動であるべきだとする蒲生は、一方の利益だけを追求することは、却って互いの損失を招く結果に陥ることを認識していた。問題は、この「協力」を、どうすれば作り出せるかにあった。蒲生は、この容易に解けそうにない「安全」と「協力」の相互依存関係について、次のように述べている。

謂ふ迄も無く安全問題は使用者も被使用者も共に利する処こそあれ、何等害を受くるところなき普通の問題であつて、他の問題の如く之を挟んで相争ふが如きものとは其趣を異にして居る。従つて終局の目的に於いては両者間に相反し相排すべき筋合のものが無い。是れ両者相会し相頼りて努力し得る問題である。然かも此協力無くしては安全は完成されないのである[5]。

蒲生は、ここで、「安全」の問題は労使がともに「協力」できる問題だと述べる一方で、「協力」なくして「安全」は完成されないとも述べ、一方が他方の成立の必要条件だという。しかし、問題は「協力」の実現方法にあった。「協力の無いところに真実の安全運動は有り得ない[6]」とか、「協力が完成されないところには安全は完成されない[7]」と蒲生は繰り返し説くのであるが、この「協力」は、どのように実現できると蒲生は考えていたのであろうか。

〔雇主と従業員の〕両者を相融合せしむるものは両者の間に各々潜在するところの仮想的幽鬼を排斥して全面的に共同戦士として相倚り相助くべき精神的態度を訓致しなければならない。之には差当りに於て相争ひ相奪ふべき位地に置かれたる問題以外に、本質的に何れの点より見るも何ら両者に採りて反感の理由無く、相共に利益を受くべき問題を中心として常に相会し相謀るの美風を養ふことが捷径である。其問題は何であるか。安全の問題である。[8]（傍点引用者）

蒲生は、このように、「安全の問題」が労使双方を歩み寄らせ、協力的な関係に変え、「経済問題」と「人道問題」を同時に解決する道だと考えていた。蒲生が、「先づ以て安全運動を通じて協力の門戸を開き、茲に団体的生命に覚醒して表現意識を育成することを得ば、真実の円満且つ健全なる工業の発展を実現することは遠く無いであらう」[9]と述べるのは、このことを意味する。そして、蒲生は、この「協力の門戸を開」く方法は「従業者を組織すること」だとして、次のように述べる。

『安全は協力より』の語がある。安全運動の当初より、苟も其効果的方法に付きて先見の明ある管理者は已に安全運動の為めに従業者を組織することを考へたのであつた。之が円満にして健全なる人事関係を招来する第一歩となつたことは争はれない。其は我々が各地の識者先覚者と相提げて江湖に勧奨しつつある安全委員会の組織が其一である。[10]（傍点引用者）

ここに見るように、蒲生によれば、非協力と危険と非能率の悪循環を断ち切り、協力を樹立する方法は、「安全運動の為めに従業者を組織すること」にあった。そして、「安全委員会は運用宜しきを得れば其処に協力の精神が助長され[11]」、かつ「安全委員会を通じて有機的生命の自覚が起る[12]」のであり、「使ふ者と使はるる者との間に一律一体の気分が養はれる[13]」と蒲生は述べる。これは要するに、蒲生が東京電気で一九一五年に始めた「安全委員会」の経験をふまえたものであり、「従業者を組織」することの具体的な形であった。

このように安全委員会によって組織化された工場には労使の「協力」関係が発生し、「真実の安全運動」が起るが、この安全運動の成果は、「安全の討議に始りて、円満にして健全なる工場有機団体の出現[14]」にまで及ぶのである。ここで蒲生がいう「工場有機団体」とは、次のような事柄を意味する。

工場主は工場団体を通じて従業員と一体たり、従業員は工業（ママ）団体を通じて工場主と一体たり、二者帰一統合する時に生命は流れ合つて一律一体の妙用が発揮されるのである。斯くして工場団体の生命は其儘にして工場主並に従業員に発現し、工場主並に従業員の生命は有機的工場団体として発揚される[15]。

あるいは、別の箇所では、蒲生は次のように説明している。

凡そ工場と謂はゞ工場主と従業員とより成るところの一の団体である。然も只の工場主なるものなく又只の従業員なるものは無い。何々工場が有つて其工場の工場主であり、何々工場が有つて其工場の従業員である。工場を離れて工場主も従業者も共に有り得ない。苟も工場主と言ひ従業員と言ふ以上は其関係工場を前提とするのである。其工場は工場主だけでも成立しない。又従業員だけでも成立しない。両者は工場を中心として、工場を通じて相繫合するところに団体的生命が醸成される[16]。

蒲生のこの工場を通じて労使一体となる共同体の在り方を「統一団体主義」とも称し、図表43を示しながら次のよ

図表 43　蒲生俊文による統一団体主義の説明図

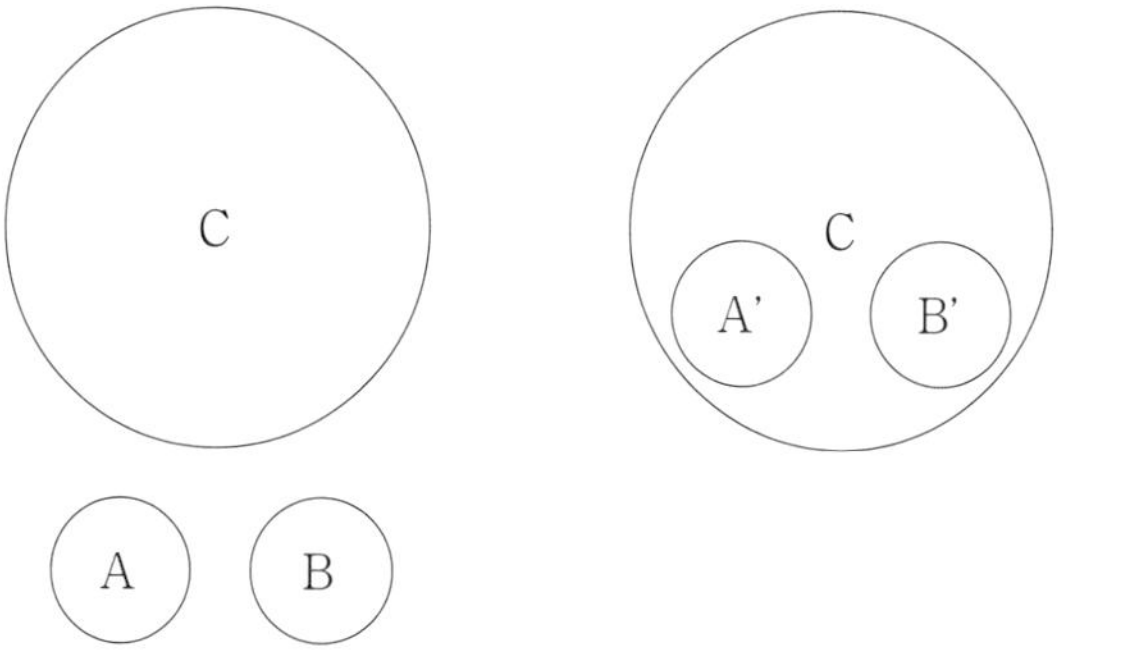

出典：蒲生俊文『労働管理』厳松堂書店、1928 年、4 頁

うに説明している[17]。

つまり、「凡そ人集りて団体を形成せば其集りたる人は団体を離れては存立の理由を発見することは出来ない」以上、工場という団体についても同様である。したがって、「雇主」をA（経営者）、「使用人」をB（労働者）、その「事業団体」をC（工場）とすれば、AとBはCに「帰一統合」される結果、AはA'となり、BはB'となるので「最早単独孤立のA又はBでは無」く、「CのA」であり「CのB」となるという[18]。

蒲生は、「工場は一の有機的生命活動団体なり[19]」と説いて、工場を通じて労使双方が「一丸となり融合一体[20]」となることを説いたが、それは、蒲生が考える安全運動の目的である「人道問題」と「経済活動」が両立可能な形で達成できるからに他ならなかった。

しかしながら、蒲生が次のように警告しているように、これは偏狭な意味での集団主義あるいは全体主義を意図するものではない。

> 総合的立場を強調するの余り其全体的観念に囚はれて之が内部構成の基本たる個の問題を忘却する処の担板漢がある。〔…〕個の充実健全を図らずして何処に全の充実健全を期待し得ようか[21]。

蒲生は、また、「我々は総合的立場に立ちて有機的生命の躍動を認識すると共に内部構成に反省し個々の充実健全を図ることが誠に楯の両面であることを識得しなければならぬ[22]」と繰り返し強調して、全体のなかへの個の消滅あるいは埋没ではなく、全体と個の両立あるいは調和を唱えている。蒲生は、これについて非常にわかりやすい比喩を用いて、次のように説明している。

手に槌を持つて物を打つ作業をすることを考ふるに、若し手と槌とが別々では上手に仕事は出来ない。始めは手と槌とが一体にならない。然しながら段々練習を積んで上手になつて来れば手は手にして手にあらず、槌は槌にして槌にあらず、手と槌とが物を打つといふ共通目的に融合一体となつて始めてホントウの仕事が出来るのである[23]。

つまり、手と槌が「融合一体」となることで「ホントウの仕事」ができるように、労使も「一丸となり融合一体」となることで工場が「有機的生命活動団体」に変わるのである。蒲生は、この在り方を、「全即ち個、個即ち全である[24]」とか、「一にして二、二にして一の妙境[25]」と要約している。

さらに、工場団体を通じて労使が一体となることは、単に安全運動を完成させるだけでなく、「個人生活が完成」することにも重要な意味があると、蒲生は次のように説明する。

安全といふ何れに取りても利益こそあれ何等の害なき、目前に於いて其儘相一致して其分担を異にする共通問題を中心として、両者が相依り相助くる処に自らして和かなる空気が養はれる。所謂自我心を超越して、共同生活の統一的帰趨に没入するところに両者の完全なる存在が保障されるのである。個人生活の中に団体生活の息吹が吹き込まれた時に個人生活が完成されて行くのである[26]。

そして、蒲生は、この「有機的生命活動団体を実現せんとする努力」を「産業福利運動[27]」と名づけ、安全運動は、能率増進運動と狭義の産業福利運動に分裂した形ではなく、両者を統合した広義の意味における産業福利運動として捉え直されるのである。

第2節　労務管理としての安全運動

それでは、「真実の安全運動」が上で述べてきたような理想的な形で実現するには、誰が「従業者を組織する」ことが望ましいと蒲生は考えていたのであろうか。

蒲生によれば、「従業者を組織する」のは「管理者」の役割であり、それは「管理者の人格の発露に基づく」「労働管理[28]」だという。つまり、蒲生においては、安全運動は「労働管理」のなかに組み込まれ、「管理者」である工業主が主導する運動として位置づけられる。ここでいう「労働管理」は「労務管理」と同義であるが、蒲生は「労働管理」という言葉を好んで用いている。蒲生が、「安全運動の源泉[29]」である「安全委員会という組織が、工場主の熱意を待ちて始めて有効に活躍し得る[30]」と述べるのは、こうした考え方に基づいている。

したがって、蒲生のいう「有機的生命活動団体」である工場においては、工業主が主導的に労働者に働きかけ、労働者に対して「情義」を示すべきだとされる。もし、そうでない場合は、労使の協力関係が築けないのだと、蒲生は次のように述べる。

〔東京電気の新荘社長の死後〕同氏に代つて当路者となつた人は世間普通の企業家であつた。世間並に首切も屢々実行し、策も屢々弄し而して中心人物と職工との間には世間並に形式が形式を重ねて頗ぶる縁遠い種々の人となつた。〔…〕今迄側目も振らずに仕事に没頭した人は、仕事よりも先づ自身の身の廻りを見廻し始めた。生活の不安がマザマザと目の前に推寄せて来て居るのだ。何時解雇されるかも分らぬ。今迄は自分の仕事だと信じて居た仕事は実は自分の仕事では無いと感じて来た。自分は生活の為めに只賃金を得るのが目的だと理解して来た。之はS氏〔新荘社長〕の時代に応用すれば誤りであるが此時代には正しい見解である。[31]

つまり、工業主側が最初に「情義」を示さなければ、労働者側は自衛策を採らざるを得ず、この場合、労使の協力関係が成り立たないという。囚人のジレンマに陥った労使の二者関係において、蒲生は、次に見るように、工業主の責任を重く見るのである。

> 世の中では兎角工場従業員に反省的教育を施すことを高唱する者は多いが、工場主に反省を促すことは差控へる傾がある。併し余をして言はしむれば、之は主客顛倒で、先づ以て工場主から手を付け（ママ）べき筋合のことが多いと考へる。[32]

実は、蒲生のこうした考え方は頭のなかで作り上げた単なる理想ではなく、東京電気に勤務していた時に体験した、ある労務管理の方法をふまえていた。蒲生は、これを「S式労働管理法」と呼んでいる。そして、これは上司の新荘のリーダーシップが可能にした。

蒲生は東京電気に勤務した一九一一年から一九二三年の期間中、一九一九年以降は「一切ノ人事並ニ労働問題ノ調査研究、福利増進事業ノ施設」を任され、労務管理を一手に引き受けていた（資料2の大正履歴書、参照）。それは、一九一九年から一九二一年まで社長を務めた新荘が蒲生に全幅の信頼を寄せたからに他ならない。そして、蒲生も新荘社長を敬愛し、この信頼によく応えようとした。しかしながら、新荘社長は一九二一年に病気で急逝し、新荘の方針は次の経営陣には引き継がれなかった。後ろ盾を失った蒲生は、まもなく東京電気を去ることになる。

蒲生は、新荘社長の下で実施した労働者に対する処遇を高く評価し、それを新荘社長の功績として次のように語っている。

〔…〕彼〔新荘社長〕は職工よりも早く出社し、職工よりも遅く退社して業務に精励すると共に、出来る丈け一日に一度は工場を巡回し、且つ職工に同情を訴へる者が有るときは、自由に社長室に這入つてザックバランに物語るのを喜んで迎へた。工場の監督者に種々の欠点が有ることを発見した時には其場で直に其監督者を呼び出して欠点の矯正を為さしめた。又職工の味方になつて直接腹蔵なき考を聴き、其正当合理的な考は之を直に社長に進達せしめ、誤解ある者は直に之を教示することを得る地位の人を働かした。

　団体に於ける福利施設は当局の恩恵にあらずして、経営者の義務であるとし、出来る丈け之が改善進歩を計つた。〔…〕

　加之ならず彼の最も根本的なる思想は、一端採用し雇傭した者は、本人の止を得ざる事情による要求か、悪事を為したので無ければ決して解傭（ママ）しないと言ふ一事であつた。彼は常に語つた。一端此の工場を喜び、此仕事に没頭し始めた各人は皆我経済戦に於ける戦友である。死生を共にすべきものである。故に決して本人の意思に反して解雇しない。必ず死ぬ迄使つてやる。若し其子供が長じて同じく此の工場に働く意思が有るならば之も使つてやる。其孫も使つてやる。斯くして三代も此工場に働くやうになれば工場と人とは一つに融合して人は工場であり、工場は人であることに成る。子供や孫は工場に出ない前から工場の事を知り、工場を我活動の舞台と心得るに至るに違ひない。斯くして始めて世界を敵としても驚くの必要が無くなると。〔…〕

　S氏〔新荘社長〕か（ママ）此の様な態度であつたから、職工は大に信頼し、業に安じた、一度或工場の一部の作業が大変下振に陥つた時、社長は其関係者たる技師及び職工を集めて、其市況を話し、世間一般の風潮に従へば工場一部を閉鎖し諸君を解雇する外は無いのであるが、私は其んなことはしたくない。自分も考へるが諸君自身如何なる仕事をすれば立ち行くかを調査研究して欲しいと。感激した彼等は熱心に研究した結果或種の仕事が市場の要求に合致することを知りて之を建議し、社長は之を採用して工場及び職工が立派に立つた事が有つた。〔…〕忠実業に服すと申すが、業と人がピッタリ一致しなくては能率増進とか何とか申しても多くは形式に止まりて真実の効績は挙らないものと私は確信する。

斯様な次第だから職工は其工場の職に安じ、生を楽むの風を生じ、隣り工場に罷業が起つて宣伝に来た時にも、自分達は会社に反対する理由が無いと言ふて断つた事が有つた。而して専心一意会社に尽し仕事に没頭して居た結果、製品の品質は良好であり、且つ仕事中に屢々発明する事が多かつた。〔…〕

「使ふ人、使はれる人」と言ふが、斯く別個のカテゴリーに属すること及其れのみを自覚すること又は認識することが已に離反の第一歩である。別個の「カテゴリー」に属すると共に同一団体の一部であることをも確認しなければならない[33]。

引用文中に「彼」あるいは「S氏」とあるのは、東京電気株式会社第七代社長を務めた新荘である。実際、引用文が指し示す事柄は事実と一致する。たとえば、「S氏は自然科学の間に育成された人[34]」であり「若年にして死亡した[35]」「会社の社長[36]」であることは新荘の履歴（第1章の注25、参照）と矛盾せず、また「彼の工場に働く職工は数に於ては約二千五百[37]」であることは、新荘が社長に就任した一九一九年の工員数が二、六一二人[38]であったことと合致し、その他においても事実と矛盾するいかなる箇所も見出すことができない。

このように、「誠にこわい人では有つたが、同時に誠に手頼に成る人[39]」であった新荘社長は「彼等〔職工〕の父[40]」であった。これは、工業主と労働者が父子関係にあるとみなす温情主義（パターナリズム）の一種である。実際、蒲生は、この父子関係について、続けて、次のようにいう。

労働形式変遷の道程は身分より契約へ進んだことは周知の事実である。契約は権利義務の関係である。〔…〕然し世上は一方向きには行かない。親と子との間は権利義務の関係であると同時に其関係は関係中の一小部分であることを知らなければならぬ。或人は「契約より身分へ」と提唱して居る。権利義務の関係から情義の関係への主張である。私は情義などと言ふのも物足らぬやうな気がする。仕事を挟んで両陣相対するのは上手で無い。両者はアマルガメートして仕事に相対する時が最も両者に取つて幸福な時であると思ふ。(41)

これを、同時期に温情主義を実践していた鐘紡（鐘淵紡績）の武藤山治（一八六七～一九三四年）と比較すると、両者の間の相違が浮き彫りになる。一八九四年に鐘紡に入社し、一九二一年から一九三〇年まで社長を務めた武藤は「家族主義」「温情主義」の鐘紡という社会的評価を得るが、(42) 一九二六年に刊行した『実業読本』で、武藤は次のように語っている。

店の主人や工場主等は、店員や従業員を他人の子供を預つて居ると思つて、家族同様に何処迄も親身の世話をせねばならぬ、かくすれば、自然と使はれる者と使ふものとの間に一種の情愛が出来て、仕事の成績も自然に良好となり、これが為めに要する費用は損失とはならぬのである。(43)

蒲生の場合も、武藤の場合も、工業主が率先して労働者に対して「情義」を示し、「親身の世話」をすることを勧めている点では共通しているが、その目的において異なっている。すなわち、蒲生は「〔労使の〕両者に取つて幸福」であることが目的だとするのに対し、武藤は「仕事の成績も自然良好となり、〔…〕〔経営者にとって〕損失とはならぬ」点が重要であったと思われる。

この相違は、経営責任を負う立場にいたか否かに関係していたのではなく、両者の基本的な考え方の違いに基づいていた。実際、経営責任を負う立場にいた東京電気の新荘社長は、蒲生と同じ考え方に立って「S式労働管理法」を実行したのであり、この意味で、武藤と蒲生の相違は立場上の相違によるものではない。つまり、武藤は、労働者を上手に働かせる方法として「温情」を捉え、あくまでも経営手法の問題と考えていたのに対し、蒲生は、武藤と違い、「温情」を工業主の社会的義務として捉え、社会正義の問題のなかに位置づけていたのである。この意味で、計算高い武藤に比べ、蒲生の労働者に対する姿勢は良心的で誠実であった。

ちなみに、「能率の父」と呼ばれ、能率の概念の普及に努力した上野陽一（うえのよういち）（一八八三〜一九五七年）は、温情主義の必要性について、次のように述べている。

最近アメリカにおいて、工場の福利施設が重んぜられるやうになつたことは、特に注意すべき点であつて、最初テーラー式は「急がせ式」であるとの批難のあつたのに比べて見ると、そこに我国の温情主義とでもいふべきものが加味されてきたことを窺ふことができる。この点から観察して見ると、アメリカは最初科学・測定・理智の方面から出発して、後、感情的影響の重大なることを知るに至つたといふべく、日本は温情主義から出発して、最近科学や測定の不足であつたことに気づき、大に科学的管理の力をかりようとしてゐるといつてよい。科学と温情とは、一方を省くわけにいかない。温情の背景に加ふるに、科学的の統制を以てして、初めて能率の増進を期し得べきである。(44)

また、「労働争議が国家的見地から見て、どれだけ日本の産業の発展を妨害してゐるかは、実に意想の外である。能率方法の実施は労資の科学的協調方法であるから、真に能率方法の実施が徹底すると、労働争議はなくなるべきである。争議は労資の利害の相反するやうな管理法を行つてゐる工場の産物である(45)」と述べていることから考えると、上野においては、能率の徹底によって労使協調が実現するのである。上野は、武藤とも蒲生とも異なった見方をしていた点は興味深い。

第3節　福祉施設としての工場

蒲生は東京電気に入社して以来、労働者の労働災害防止活動に率先して取り組み、労働者の福利厚生に力を注ぎ、労働者の福祉を増進することに腐心してきた。しかし、その反面で、労働者の福祉を合理的に設計しようとする蒲生の思想の枠組みは、当時の多くの思想にも共通して見られる点であるが、人間を規律によって統制しようとする管理主義的な側面と無縁ではなかった。実際、蒲生が構想した「工場コロニー」の建設について触れた一文には、こうした側面が端的に現れている。

余が常に考へて居たのは、工場コロニーの問題である。所謂工場従業者を以て一部落を作り一社会を形成することである。〔…〕工場コロニーは、成るべく都会地を離れた処に位置するのがよろしい。都会地の悪風習が多くの悪感化を与へない清浄なる処女地を余は望む。〔…〕而して、茲に社宅又は月賦販売住宅を造り、学校・浴場・理髪店・公園地・病院・神社・寺院・公会堂・食料品市場・娯楽場・倶楽部・演芸場其他、社会公共的施設を完備して、茲に一社会を形成し、共存共栄と教化と共楽との充分なる努力を為し、而して、工場通勤者のみならず、其家族の日常の便宜の為めに電車、自動車等の交通機関を設置し、又は既設機関を利用し、或は無料又は其費用の補助を為して以て其行動の円滑を計つたならば、若し其方法にして正しきを得ば、蓋し多数者の幸福なる生活を実現し得、工場に強固なる団体労働を望むことが出来るであらう。[46]（傍点引用者）

ただし、ここで興味深い点は、蒲生が「工場コロニー」を決して管理主義的な発想の下に構想しているのではなく、労働者の「幸福なる生活を実現」し、「工場に強固なる団体労働」をもたらすための最も合理的な制度として思い描いている点である。蒲生の意図は、労働の場である「工場」を苦役の場ではなく、生活の場である「コロニー」と一体となった楽園にすることにあった。それゆえ、「工場」と「コロニー」は結びつき、工場における労働と家庭における私生活は互いに関連し合うこととなる。次の文章は、この点を明確に述べている。

工場内の生活と工場外の生活とが全然相反する処の「カテゴリー」に入るに至つては工場内の努力は全く水泡に帰するであらう。何となれば工場外の生活は工場内の生活よりも、之により強き刺激を与へる処の種々の「インフルエンス」が多いからである。[47]

つまり、工場外の生活（家庭生活）が工場内の生活（労働）に及ぼす悪影響を蒲生は心配する。しかし、この短所は、裏を返せば、工場外の良き生活が工場内の労働に良き影響を与えるという長所にも転ずることになる。したがって、工場外の生活（家庭生活）も労務管理の範囲に入ることを意味する。実際、「工場生活は家庭生活の延長[48]」であり、「家庭の円満を欠くことが間接に工場作業に影響して能率のみならず災害を生ずることがありますから此点では夫婦共同責任[49]」であることから、「従業員と家庭とが一体となることが必要[50]」であり、それゆえ、「職工の生活に入り込む所の凡ての問題は常に我〔管理者の〕問題[51]」であると捉えられる。

これは、融合一体化した工業主と労働者の関係は「一方の幸福は他方の幸福となり、他方の悲哀は一方の悲哀となる関係[52]」に他ならず、その論理的帰結として、「雇主は職工の生活までも考慮[53]」する必要があると蒲生が認識していたためであるが、この「考慮」には両義的な側面があった。つまり、工業主にとっての労働力の維持・向上のための管理的な側面と、労働者にとっての生活保障的な側面である。たとえば、中年以降、労働者の作業能率が下がり、それにともない賃金も低下する反面、結婚、出産、養育、子どもの数の増加と出費が増加するなかで、蒲生は生活給的な新しい給与体系を提案している。実際、当時一般的に見られた作業能率に比例した「出来高払」を「生活を保障する」定額制の「月給制度」に改めるべきだと、蒲生は次のように論じている。

見よ徒らに提供さるる労務との比例の正確さに専念し、賃金誘因と能率との関係に没頭しつつあることに覚醒せざるものの多きことよ。然かも我邦には已に此事に想到して、出来高払を排して定額日給制度を採用し、又定額日給制度を排して月給制度を採用して居る工場も多くなりつつある。人或は曰く、月給制度などにしてしまつたら労働者は怠けて仕方があるまいと。是は思はざるの甚しきものであつて我邦に於いて其好成績を得つつあることは已に諸方の工場に於いて実験済のことである。其与へらるるところの報酬は、其本務を完結する為めに労働する日々の生活を保障する経済的基本であるとすれば、其労働者は其賃金のために従事するのでは無くて、其本務、夫は有機的生命活動団体としての工場組織成分の一生命体として、工業の最高究極目的の達成に参加するものであつて、工業界に在るところの凡ての者が此使命に覚醒し得るに至らば、工業を打つて一丸として工業報国の誠を実現することが出来る〔…〕(54)。

右に述べてきた蒲生の「工場コロニー」の考え方は想像上のものではなく、蒲生の体験をふまえているように思われる。

実際、蒲生が東京電気に入社する直前の一九〇八年から一九一〇年にかけて、東京電気は東京都心の東京市芝区三田四国町にあった本社工場から郊外の神奈川県橘樹郡御幸村（現・神奈川県川崎市幸区堀川町）に新工場（川崎工場）を建設し、一九一三年には本社機能をここに移して、東京電気の本拠地として稼働させた(55)。当地は現在の大都会の景観（現在のJR東海道本線川崎駅西口に面した一帯）からは想像することは困難であるが、「当時にあつては付近一帯見渡す限

図表 44　建設当初の東京電気川崎工場

出典：安井正太郎編『東京電気株式会社五十年史』東京芝浦電気株式会社、1940 年、112 頁

り畑と沼地とが打続いた茫々たる相模野の一部に過ぎなかった[56]」のであり、まさに蒲生が期待したとおり、「都会地を離れた処に位置[57]」した「理想的工場地帯[58]」であった（図表44、参照）。東京電気は、この「清浄なる処女地[59]」に「理想的工場の建設を目標に工事を進めた[60]」のである。蒲生は、この川崎工場に工場コロニーの原風景を見ていたのではないだろうか[61]。

蒲生は、工場コロニーの建設が、「多数者の幸福なる生活を実現[62]」する限りにおいて、「正しい」「方法[63]」であると信じていた。蒲生においては、労使の融合一体が見られる「有機的生命活動団体の実現こそは真実の労働管理職能の完成[64]」であって、「産業福利運動とは個々の分子の充実完成を通じて、全体の有機的生命団体化を招来せんが為めの管理活動[65]」であった。また、「有機的団体の活動生命の躍動に到達し、工場主も従業員も其生命の律動的行進に融合したる時に、確然と安全運動本来の真諦を悟得し得るであらうことを主張するものである[66]」とも述べていることから、蒲生のいう「労働管理」は、工場を「有機的生命活動団体」（あるいは「有機的生命団体」、「有機的団体」）として実現することが究極の目的であり、この目的を目指す運動が、産業福利運動であり安全運動であった。言い換えれば、安全運動は、能率増進運動を超えた産業福利運動であり、労働管理の重要な一部を成すと蒲生は考えていたのである。

結局、蒲生は、安全運動における二元主義の矛盾は、S式労働管理法の実践によって克服できると考えていた。彼が安全運動だけでなく日本における労務管理の先駆けである理由は、ここにある。
ただし、この労務管理の方法は、一種の温情主義(パターナリズム)であり、工業主に「情義」が欠けているか、不足していれば成り立たない。この点、蒲生が勤めていた時代の東京電気は、静穏であった。実際、蒲生は東京電気に勤務していた時期を振り返り、次のように述べている。

余は嘗て、十数年自ら労務管理の衝に当り、其間一回も労働争議を生じなかつた。従業員は単に賃金の末に拘泥して、日常職務を放却することは無かつた。周囲皆ストライキの暴風に襲撃された時にも、周囲の勧誘を退けて独り平然として職務に没頭したのは我が愛する処の従業員であつた。工場と従業員と一体となつて其進展に邁進したのは今は夢の昔話である。余が去つた後の彼等〔従業員〕の天地の変化は説明を待たない。[67]

このように東京電気において一時期、労使関係が順調であったのも、新荘社長および蒲生の個人的資質によるところが大きい。この意味で、安全運動の二元主義の矛盾は克服可能だとしても、その可能性は決して大きくはなかったといえる。
菊池寛は小説『火華』（一九二二年）で、次のように書いている。

家族達が、何にもしないで、贅沢に暮らしてゐる、資本金一千万円の南條製作所の仕事を、支配人に委し切りで、〔社長の〕父は毎日のやうに飛びあるいてゐる。重役になつてゐる会社へ顔を出すのでもない。倶楽部から料理屋へ、料理屋から待合へ、待合から妾宅へ、父の日課は、定まつてゐた。それでゐて家の富が、年ごとに殖えて行くことが、〔南條家の次男の〕淳の目にもよく分かつた。〔…〕
富、あそび暮らしながら、年ごとにふえて行く富に酔うて、踊りくるうてゐるやうな、父や兄や姉の姿が悲か

つた。〔…〕
大崎にある宏大な南條製作所。その赤煉瓦の塀にそうて、幾棟もの棟割長屋がある。そこには、ことごとく製作所の職工がすんでゐる。淳は少年時代には、よく工場へ父につれられていつたので、その長屋の生活の有様を、ハツキリと覚えてゐる。自分の家の贅沢な生活、父や兄や姉の、王侯貴女のやうな豪奢。さうした贅沢豪奢を考へるごとに、淳の目には、その棟割長屋の有様が、マザ〲と浮かんでくる。そして、そこに住んでゐる人達に対して何だか済まないやうな気がして、たまらない(68)。

ここには、工場労働者に対して良心の呵責を抱いた人間心理が、工場主の次男である淳の目を通して描写されている。一方で、日々努力しなくとも金が儲かる資本家と、他方で、努力して働いても貧困から抜け出せない労働者のそれぞれの姿が対照的に描かれている。

同様に、こうした労使の対照的な姿は、同じころに書かれた賀川豊彦の『死線を越えて』にも記録されている。賀川は、そのなかで「職工は朝から晩まで働いて五十銭か一円しか儲らないのに、あなた〔支配人の森岡〕は、毎晩々々、年増の芸者に浸り込んで(69)」いると労働者に語らせる「会社〔神戸燐寸会社〕の職工虐待振りと重役の芸者や娼妓に発展する有様(70)」を次のように描いている。

此処の乾燥室は三ケ月に一度位いは必度火が出るのです。そして毎度二三人の火傷するものが出るのですが、そんな時でも、会社の遣り口の非道いのには驚くのです。去年の春なども、或おかみさんが乾燥室の火事で焼け死んだのですが……その時はそれでも二十円だけの見舞金が出たのですが……タツタ二十円で追払はれたのですよ……その癖に森岡と云ふ支配人は職工あがりだそうですが、毎晩のように年増の芸者をあげて酔ひ潰れて居るのですから仕方がありませんなア――(71)。（傍点原文）

蒲生が職場で職工の「感電即死事件」に衝撃を受けた時も、社会の状況は同じであった。蒲生が東京電気の管理職として勤務していた一九一〇年代に、労働災害に胸を痛めたのは、管理職としての責任を痛感したからでもある。実際、蒲生自身、「災害を未然に防止して従業員を悲惨なる運命から救ふのは管理者の責任であると感じた[72]」と告白している。そして、「工場従業者が災害及び疾病の為めに多大の犠牲を払ひつつあることを考へたならば之を捨てては置けないのである[73]」という蒲生の実直で純粋な心情が安全運動へ没入する契機をなしたことは疑い得ない。そして、この蒲生の心情は、長年にわたり工場法の制定に「全力ヲ傾注[74]」してきた岡が、社会的「弱者ノ位置」にあるがゆえに、「労働者ヲ保護セサルヘカラス[75]」と訴えた心情と共通するものがあった。

以上述べてきたことを要約しておこう。

工場労働者の保護を目的とした工場法は、この心情を法制化したものだといえる。それだけに、工場法施行時に第13条の「命令」を制定できなかったことは、工場法の責任者である岡にとって「欠陥」と映った。岡が官界を去ったあと、心情を同じくする蒲生が安全運動によって岡の志を引継ぐことになったのは、単なる偶然に過ぎない。しかし、一九二九年に「欠陥」を解消し得たのは、工場法と安全運動を結びつける労働者保護という共通の目的が存在したからである。

他方、工場法の一定の完結とは別に、蒲生は「真実の安全運動」を実現するために、「人道問題」と「経済問題」の矛盾を解決しなければならなかった。蒲生によれば、この二元主義の矛盾の背後にある労使の対立関係を協力関係に転じることができれば、二元主義の矛盾は克服され、労使が融合一体となった有機的組織が実現し、労使がともに「幸福」を手にすることができるはずであった。それは、蒲生が新荘社長の下で体験したS式労働管理法の実践に他ならなかった。S式労働管理法は、労働者の「幸福」を、工業主の「温情」としてではなく、むしろ「社会的義務」として実現しようとするものであったが、実際には工業主の「人格の発露に基づく[76]」ものであったがゆえに、この労務管理の方式は、工業主の「人格」に依存するという不安定な要素を抱え込んでいた。
とはいえ、これによって、安全運動を単なる能率増進運動に還元する危機を回避し、広義の産業福利運動として位置づけるなかで、工場を「有機的生命活動団体」に変え、労使の「共存共栄」を実現する可能性を示すことができたのは、蒲生の安全思想の一つの到達点であった。

以上、述べてきたように、工場法の「欠陥」を埋め合わせる役割を果たした安全運動は、「人道問題」と「経済問題」の矛盾を抱えていたが、蒲生は、それをS式労働管理法の実践という新しい視点の導入によって克服しようとした。こうした一連の営みは、蒲生が、労働者の「福祉」を実現するという視点から安全運動に取り組み始めたことの必然的帰結であった。

さらにいえば、この安全思想の射程は、工場のなかに「福祉」を実現しようとする産業福利運動を越えて、社会全体に「福祉」を広げようとする社会運動にまで及んでいた。実際、「工業が此世に存在する所以のものは〔…〕国家社会の円満健全なる生長発達を究極目的として其処に生存繁栄の理由を存し、工業の価値は〔…〕如何に国家社会の福祉の増進に貢献しつつありやの功績に於いて存すべき」[77]だと蒲生が述べているように、工場を取り囲む「国家社会」のなかで「福祉の増進」を追求していくことが、工業の究極目的であり、工業の目的は工場のなかだけで完結するものではなかった。それゆえ、蒲生の安全運動は、工場から社会へ、労働者から国民全体へ「福祉」を押し広げていく幸福増進運動でもあった。

この意味で、安全運動の出発点となった安全第一協会が設立された一九一七年に福祉行政を扱う国の初めての行政機関が内務省地方局に「救護課」という名称で設置されたことは象徴的である。なぜなら、救護課は、のちに内務省社会局を経て、厚生省へと発展するように、福祉行政の原点だからである。

工場法、安全運動、労務管理という流れは、蒲生を媒介として、岡、蒲生、新荘という連携のなかで展開したが、その底流には、労働者の「福祉」を実現しようとする共通の志向が存在した。工場法の制定に尽力した官僚の岡、安全運動を主導した蒲生、東京電気でS式労働管理法を実践した新荘の三者は、皆、工場という場所において偶然の繫がりを持ったが、それは労働者の「福祉」を実現しようとする共通の志によって必然的に結びついていたのである。それは、「福祉」誕生の現場の一つが、工場にあったことを証左するものである。

■注（第9章）

（1）蒲生俊文『新労働管理』（産業衛生講座第1巻）保健衛生協会、一九三七年、二八六頁。
（2）蒲生俊文『安全運動三十年』奨工新聞社、一九四二年、二〇一頁。
（3）上野義雄『工場安全』（労務管理全書第15巻）東洋書館、一九四二年、一四四頁。
（4）前掲『新労働管理』六四頁。
（5）同、二六一頁。
（6）同、二六五頁。
（7）同、三四八頁。
（8）同、六四頁。
（9）同、二七一頁。
（10）同、二六〇～二六一頁。
（11）同、三四八頁。
（12）同、三四九頁。
（13）同、三四九頁。
（14）同、二六一頁。
（15）同、二一三頁。
（16）前掲『安全運動三十年』九三頁。
（17）同様の説明は、蒲生俊文「日本に於ける我が安全運動と其哲学」、芦野太蔵編集・発行『安全の闘将　蒲生俊文先生』一九三〇年、一八～一九頁、および蒲生俊文『戦時下の産業安全運動』大日本雄弁会講談社、一九四三年、一四七～一四九頁、にも見られる。
(18) 蒲生俊文『労働管理』巌松堂書店、一九二八年、三〜四頁。
(19) 前掲『安全運動三十年』九二頁。
(20) 同、九五頁。
(21) 同、九五頁。
(22) 同、九五頁。
(23) 前掲『戦時下の産業安全運動』一四八頁。
(24) 前掲『安全運動三十年』九五頁。
(25) 前掲『戦時下の産業安全運動』一四八頁。
(26) 前掲『新労働管理』三四九頁。
(27) 同、二一二〜二一三頁。
(28) 同、四四四頁。
(29) 同、三四七頁。
(30) 同、三四七頁。
(31) 蒲生俊文『S式労働管理法』日東社、一九二六年、六〜七頁。
(32) 前掲『新労働管理』七七頁。
(33) 前掲『S式労働管理法』二〜六頁。
(34) 同、一頁。
(35) 同、六頁。
(36) 同、二頁。
(37) 同、二頁。
(38) 東京芝浦電気株式会社編集・発行『東芝百年史』一九七七年、六二四頁。
(39) 前掲『S式労働管理法』、六頁。
(40) 同、二頁。

(41) 同、八～九頁。
(42) 入交好脩『武藤山治』(人物叢書　新装版) 吉川弘文館、一九八七年、一三一頁によれば、「武藤山治に代表される鐘淵紡績会社は、その『家族主義』と『温情主義』との基づく従業員の優遇で有名であったことは一般に認められている」と評価されている。
(43) 武藤山治『実業読本』日本評論社、一九二六年、一四五～一四六頁。
(44) 上野陽一「産業能率」、長谷川良信編『社会政策大系　第5巻』大東出版社、一九二六年、一一～一二頁。
(45) 同、一〇七頁。
(46) 前掲『新労働管理』四三三～四三四頁。
(47) 同、一九六頁。
(48) 前掲『安全運動三十年』三一一頁。
(49) 蒲生俊文『工場災害予防の話』産業福利協会、一九二六年、三九頁。
(50) 前掲『安全運動三十年』三一一頁。
(51) 前掲『新労働管理』四六三頁。
(52) 同、四六四頁。
(53) 同、四六四頁。
(54) 同、一七〇～一七一頁。
(55) 安井正太郎編『東京電気株式会社五十年史』東京芝浦電気株式会社、一九四〇年、一一〇～一一一頁。東京芝浦電気株式会社編集・発行『東芝百年史』一九七七年、二五六頁。
(56) 前掲『東京電気株式会社五十年史』一一〇～一一一頁。
(57) 前掲『新労働管理』四三三頁。
(58) 前掲『東京電気株式会社五十年史』一一〇頁。
(59) 前掲『新労働管理』四三三頁。
(60) 前掲『東京電気株式会社五十年史』一一一頁。
(61) 蒲生自身も、結婚してから自宅を鶴見から川崎に移している(「川崎に良い借家が見つかり、引越した。会社が近いので俊文の通勤が楽になった」と、妻の蒲生純子が回想している（蒲生純子『たのしく美しかりし日日』一九七五年、二七頁）。

(62) 前掲『新労働管理』四三四頁。
(63) 同、四三三頁。
(64) 同、五七頁。
(65) 同、六二頁。
(66) 同、二八七頁。
(67) 同、七頁。
(68) 菊池寛『火華』大阪毎日新聞社・東京日日新聞社、一九二二年、九八頁、一〇〇頁および一〇五頁。
(69) 賀川豊彦『死線を越えて』改造社、一九二〇年、五三七頁。
(70) 同、五三五頁。
(71) 同、五三五〜五三六頁。
(72) 前掲『安全運動三十年』四頁。
(73) 前掲『新労働管理』二八八頁。
(74) 岡実『工場法論　改訂増補第三版』有斐閣、一九一七年、自序（第二）三頁。
(75) 同、一一五一頁。
(76) 前掲『新労働管理』四四四頁。
(77) 同、二八三頁。

終章　総括と展望

総括

労働災害は不可避で、被災した労働者あるいはその遺族が災害補償を要求する正当な権利を有していなかった時代は遠い過去のことではない。百年ほど前までは、労働災害に見舞われるのは本人の不注意でなければ「不運」のせいだとする社会の一般的風潮があり、それゆえ企業がささやかな額の見舞金を被災した労働者や遺族に出すことはあっても、それは義務からではなく善意からに過ぎなかった。それは、工場労働は「工業固有の危険」(1)をともなう作業だとする社会的な了解が前提としてあったからである。本書で論じた中心人物である蒲生俊文が突き崩そうとしたものこそ、この前提に他ならない。彼は、誰でもが安全を望んでいる社会において皆が賞賛する行為を人一倍努力して遣り遂げたのではなく、誰も思ってもみなかったことを皆が嘲笑するなかで推し進めていったのである。実際、蒲生が安全運動を始めたころは、「安全狂」とマスコミから揶揄されたのである。(2)

蒲生が取り組んだ近代日本の安全運動は、社会が安全になるための社会運動であるよりは、むしろ社会が異質なものとみなしていた安全を違和感なく受容するための調整作業であった。そして、この作業に取り組んだ最初の団体が安全第一協会であり、その運動に力を発揮したのが雑誌『安全第一』であった。蒲生は内田嘉吉と並んで健筆を揮(ふる)った。しかも、内田が安全運動から離脱したあとも、産業福利協会を拠点に安全運動にかかわり続けた。蒲生は、安全運動の先駆者たちのなかで、他の誰よりも長期間にわたり安全運動にかかわり、しかも、その運動の理論的指導者として誰よりも多くの著述や講演などに取り組んだ。この意味で、蒲生は、この事業に取り組んだ最大の功労者であり、蒲生の足跡を辿ることは、そのまま戦前期日本の安全運動の基本線を描くことを意味する。

本書は、こうした認識のもとに、日本において「安全第一」という標語とともに誕生した安全運動の軌跡を辿ってきた。それを要約すれば、次のとおりである。

近代日本の安全運動は足尾銅山を皮切りに、東京電気や住友伸銅所などで始まるが、東京電気で安全運動を始めていた蒲生は、一九一七年に安全第一協会の設立に参画し、企業の枠を超えた安全運動へ入っていく。蒲生が、足尾銅山の小田川全之や住友伸銅所の三村起一と違い、戦前期日本の安全運動において特権的地位を占めているのは、まさにこの点にある。

蒲生は安全第一協会のなかで会頭の内田と並ぶ最も重要な活動家であったが、一企業の従業員に過ぎない蒲生が企業外の活動に力を注ぐことができたのは、東京電気の上司である新荘吉生の理解と支援ゆえであった。それゆえ、機関誌『安全第一』への寄稿や協会の講演活動などにおいて精力的に活動できた蒲生は、安全第一協会の役員のなかで最年少でありながら、内田に次ぐ重要な地位を占め、安全運動の理論的支柱を担っていた。

安全第一協会は一九一九年に災害防止展覧会や安全週間で実績を残したあと、とくに芳しい成果を挙げずに先細りするが、安全運動を社会に根づかせた功績はきわめて大きい。安全運動が一九二五年に設立される産業福利協会で再び始まったのも、安全第一協会が築いた安全運動に対する社会的関心が高まっていたためである。

安全運動の誕生期における安全思想は機関誌『安全第一』を通して知ることができるが、最大の理論家であった蒲生の記事を手がかりに検討すれば、それは次のように整理できる。

安全思想の要点は、事故や災害の原因を個人の不注意に求めるのではなく、個人を取り巻く環境の改善や組織的な予防の取り組みを通して事故や災害をなくそうという点にある。したがって、安全は本人だけの問題ではなく社会的な問題であり、個人や社会は他人の安全にも積極的に行動しなければならず、安全は社会的義務である、という点にあった。この意味で、安全運動は、一般大衆を啓蒙し、その協力を取りつけながら進めていく社会運動であった。安全運動は、個人の努力の範囲だけで事故を防ぐことができない事態を、どうすれば回避できるかがテーマとなった社会運動であり、一九一九年の災害防止展覧会と安全週間は、その具体的な形であった。

安全第一協会から日本安全協会へ至る安全運動が衰退するなか、一九二五年に始まる新しい安全運動が産業福利運動であった。これは内務省社会局の外郭団体である産業福利協会を拠点にした官製運動で、官僚の河原田稼吉が主導し、蒲生が協力する形で続けられた。産業福利協会は安全第一協会から多くを受け継ぎながらも、安全第一協会が一般社会を相手に格闘したのとは違い、産業福利協会は既存の地方工場等経営者団体を全国規模で組織化し、工場等の経営者や幹部たちを相手に労働災害防止や労働者の福祉事業の必要と方法を具体的に説くことが中心的な課題であった。これは社会局の労働行政を側面から支える活動であり、安全運動もその枠組みのなかに位置づけられた。こうした制約はあったものの、安全第一協会が年間経費〇・三万円程度の事業しか展開できなかったのに対し[3]、財政面で豊かな産業福利協会は年間六万円近い事業費を使い[4]、多くの事業を営むことができた。たとえば、機関紙・機関誌『産業福利』の発行、安全週間（のち全国化）、産業福利講習会（災害予防労働衛生講習会）、産業安全衛生展覧会、全国産業安全大会などの開催である。

産業福利協会に始まる官製安全運動の流れは、一九三六年から協調会に拠点を移し、その産業福利部で続けられたが、河原田と蒲生が指導する体制に変化はなかった。この体制を支えていたのは産業福利運動の指導理念である「産業福利の精神[5]」であった。それは、労働者が仕事に没頭し、平和に幸福に働ける状況を工場主が作り、その結果として事業が発展するような労資の「融合帰一」という理念を指し[6]、労資協調と労働安全を同時に追求することによって、工場を苦役の場から福祉の場にすることに狙いがあった。すなわち、労働者が安全に働ける状況を作り出すことは工場主の「社会的義務[7]」であり、その自覚を促すことが官製安全運動の重要な課題であった。

そして、この課題を遂行するための一つの有効な媒体（メディア）が機関紙・機関誌『産業福利』であった。第2巻以降の原型となっている第1巻を手がかりに、産業福利運動の活動を概観すれば、社会局（とくに労働部）の技術系の工場監督官や鉱務監督官が中心となって、実際的な安全対策を工場等の責任者に理解させ実行させることが重要な任務であったことがわかる。これは「産業福利の精神」を具体的な形で啓蒙する活動に他ならなかった。

とはいえ、この精神は容易に根づかなかった。労資双方から反発を受け、一九四一年に協調会産業福利部は廃止となり、産業福利運動は終わりを告げる。「産業福利の精神」は産業界に根づかなかっただけでなく、河原田と蒲生以外の産業福利運動の担い手のなかにも容易に浸透しなかった。

産業福利協会が目指したのは、労働者と資本家から成る産業社会の発展と労資双方の幸福の増進であったが、この課題は安全運動の誕生に先立って工場法が取り組んでいた。河原田は安全運動を労資協調政策の重要な手段だと捉え、労働問題の解決に利用しようとしたが、安全運動の背後にある労働問題は安全運動にとっても無視できない問題であった。安全運動と労働問題の関係は、河原田が一九二〇年代に注目する以前から、工場法の生みの親である官僚の岡実が関心を示していた。それは法令の内容が安全運動と連動していたためである。

安全運動は米国の安全第一運動を内発的に摂取する形で成立したが、それを促したのは工場法の制定であった(8)。そして、工場法の制定が安全運動を促す図式の裏側に、それらに取り組んだ岡や蒲生らの時代を汲み取る感受性を見ることができる。岡は「弱者」としての職工を工場法によって保護すべきだと確信していたし、蒲生も被災した職工への「涙」から安全運動を始めた。両者に共通するのは、職工が個人の自由意思で劣悪で危険な労働に従事した結果、貧困に喘（あえ）いでいたり負傷したりするわけではないのに、その責任を負わされている不条理への憤りと憐憫であった。いわば、それは個人の努力の問題ではなく、社会の構造的な問題であった。この一九一〇年代に岡と蒲生が見通した社会の構造的な欠陥は、のちに柳田國男が『明治大正史　世相篇』で「人を不幸にする原因の社会に在ることを教へた(9)」と書き記すなかで再確認されることになる。

したがって、当時の工業化を背景にした社会の変化は、一方で、労働者保護立法として工場法を成立させるとともに、他方で、労働災害を未然に防ごうとする安全思想とその実践である安全運動の誕生を促した。それは急激な工業化が引き起こした社会問題への反応でもあった。このとき誕生した「安全第一」の思想と実践は、それゆえ、まず何よりも労働災害に対して向けられたのである。安全第一協会に始まる社会生活全般の安全運動が先細るなか、労働災害を対象とした安全運動が産業福利協会の発足とともに続けられたのは時代の要請でもあった。

労働災害は「不注意」や「過失」といった労働者個人の問題ではなく、企業や組織全体の問題であるという認識の広がりは、従来、社会通念として了解されてきた事故の原因は労働者自身にあるとする前提の再検討を迫るものであった。つまり、災害の原因と責任の関係を根本的に修正する必要があった。機関誌『安全第一』に掲載された諸統計や事故彙報は、事故が個人的な事情で生起する例外的で個別的な現象ではなく、個人を超えたところで生起する集団的で社会的な現象として遍在することを人々に実感させた。また、安全第一協会が企画・運営した災害防止展覧会や安全週間は、安全の問題が社会を動員して取り組む問題であることを社会に印象づけた。

すぐれて組織的な営みである安全運動の狙いは、蒲生がいうように、災害の予防にある。安全運動の目標は、「未だ雨降らざるに先づ雨具の用意をする」[10]ことであり、「凡て災害を未然に防止する」[11]ことにあったが、この事前予防は事後救済と密接不可分であった。なぜなら、事後救済の責任が回避可能であり続ける限り、事前予防に取り組む誘因（インセンティヴ）の多くは失われるからである。

工場法の制定によって、事後救済の責任は被災労働者本人ではなく、企業や社会が負担すべきだという規程が定められると、企業や社会は、その負担を軽減するために事前予防に取り組まざるを得なくなった。つまり、工場法の法制化は安全運動を促したといえる。しかし、一九一六年に施行をみた工場法において、その第15条（労働災害の補償）に対して、その第13条（労働災害の予防、つまり安全対策）は一九二九年の工場危害予防及衛生規則（内務省令）などで具体的な規程が定められるまで、実質的に施行停止の状態にあった。「車ノ両輪」[12]の関係にある第13条と第15条の片方が施行されない状態は、労働災害に対する工場法の実効性を半減させてしまう結果となった。岡は工場法のこの「欠陥[13]」を埋め合わせるものとして当時誕生した安全運動に期待を寄せたのである。安全第一協会にもかかわり、安全運動の重要性を認識していた岡は一九一八年一〇月に官界を去るが、安全運動を安全第一協会から受け継いだ産業福利協会で活躍していた蒲生は工場法の「欠陥」を補うべく努力したといえる。

岡の人道主義は工場法に結実したが、蒲生の人道主義は安全運動のなかで展開された。これは三村起一も同様である。ただし、岡が人道主義以外に、資本家の利益や国家的利益などに訴える必要があったように、蒲生も経営上の利益に訴えて安全運動を進めざるをえなかった。したがって、安全運動は人道主義に発したものであるが、それが社会に普及し展開していくためには、蒲生のいう「楯の半面」である「経済活動として見たる安全[14]」を避けて通ることはできなかった。現実問題として人道主義も経済活動も安全運動の不可欠な要素であった。しかし、とくに能率増進運動が日本にもたらされるなかで、能率増進のための安全運動が強調されれば、それだけ人道主義として安全運動の意義が失われる恐れがあった。蒲生は経済活動という現実を無視せずに、どのようにして運動の原点である人道主義を安全運動の目的として正当に位置づけることが可能かという困難な課題に直面していた。

蒲生が一九二五年から取り組み始める産業福利運動は、まさにこの矛盾を回避し、安全運動が労資双方にとって共通の利益を追求できる運動へ転換することを目指した試みであった。労資の「協力無くしては安全は完成されない[15]」と蒲生がいうように、安全運動は労資の一方の利益を追求するゼロサム・ゲームではなく、労資協調によって囚人のジレンマを克服し双方が利益を得る幸福増進運動であった。問題は、この「協力」を、どのように作り出すかにあった。蒲生によれば、それは企業の労使双方にとって歩み寄ることが可能な「安全」の問題で「協力」することだという。すなわち、「協力」は「安全」によって作り出され、その「協力」によって「安全」は「完成」するという。この相互依存関係にある「安全」と「協力」を作り出すことは実際上、容易ではなく、それは「使ふ者と使はるゝ者との間に一律一体の気分[16]」が生じ、工場全体に「有機的生命の自覚[17]」が起こったときに可能だと蒲生はいう。このように蒲生は、「有機的生命活動団体[18]」となった工場を通じて労使双方が「融合一体[19]」となるべきことを説いたが、この「融合一体」は、「我々は総合的立場に立ちて有機的生命の躍動を認識すると共に内部構成に反省し個々の充実健全を図ることが誠に楯の両面であることを識得しなければならぬ[20]」と彼がいうように、全体のなかへの個の消滅あるいは埋没ではなく、全体と個の両立あるいは調和を意味した。そして、この「融合一体」は「管理者」(工場主)がその「人格の発露」に基づいて「従業者を組織」することによって実現し[21]、それによって工場が「有機的生命活動団体[22]」となるという。

蒲生のこの発想の原点には、東京電気での体験があった。それは、彼の理想の上司であった新荘吉生の「人格の発露」に基づく「S式労働管理法」であり、彼はこれをモデルに労使関係を「一方の幸福は他方の幸福となり、他方の悲哀は一方の悲哀となる関係[23]」に変え、それによって日本のすべての工場を苦役の場から楽園に変えようとしたのである。これは産業福利運動の核心をなす理念であり、決して能率増進運動に還元できないものであった。

産業福利運動のモデルとなったS式労働管理法は、労働者の「幸福」を経営者の「温情」としてではなく「社会的義務」として実現しようとするものであったが、それは経営者の「人格」に依存していたため、その成否はきわめて危ういものがあった。実際、当時の経営者一般の安全運動や産業福利運動に対する関心は労働者の安全確保や厚生福利の増進ではなく、それらを通じて工場内に一定の秩序を保ち、労働者が規律正しく作業に従事することで作業能率を向上させる経営管理の一形態として機能することにあったからである。労働争議が激化しつつあった当時の経営者は、いかにして工場労働者を統制するかという課題に直面しており、経営者側にとっての安全運動や産業福利運動の本質は、労働者の利益に表面的に配慮する施策を通じて、労働者があくまで自らの意思に従って行動した結果が、そのまま経営者の意思に合致するよう仕向けるという、より洗練された権力の行使に他ならなかった。もっとも、こうした労働者に対する新しい管理法は経営効率の改善によって企業の利潤を増大させる成果を経営者に一方的にもたらしただけでなく、労働者にとっても労働環境や労働条件の改善といった形での褒賞に結びついた点は否定できない。

すなわち、安全運動や産業福利運動は限定的にせよ労働者の懲罰的管理の限界点において温情的雇用関係へ移行する動きを促進したのである。

こうした産業界の現実の前に、新荘亡き後、蒲生は東京電気を去らざるを得なかった。そして、東京電気を離れて産業福利協会および協調会産業福利部を拠点に一〇年以上にわたり産業福利運動に邁進するが、それは新荘のような人格的経営者を養成しようとする努力でもあった。

一九一四年に起きた「感電即死事件」で流した「涙」は、蒲生の安全運動の出発点であり、かつ産業社会である限りなくならない労働災害を防止するために安全運動に取り組み続ける原動力でもあった。それゆえ彼の安全運動上の立場は、労働者、資本家、国家などの個別の利害を超え、より広い視点から福祉が誕生した時代の精神を体現している。「社会ノ幸福ヲ増進スルコト」（安全第一協会会則第1条）を目指した安全第一協会や労働者の「福利ノ増進」（産業福利協会会則第1条）を重要な目的としていた産業福利協会などで奮闘した蒲生は、社会や工場に福祉（「幸福」や「福利」）をもたらそうとした点で彼が生きた時代を超えて、その精神は現代の福祉社会でも生き続けている。

安全第一運動や産業福利運動は社会や工場に「幸福」や「福利」を生み出し、周囲に広げていこうとする幸福増進運動であった。そして、蒲生が安全第一運動でも産業福利運動でも一貫して取り組んだのは労働災害防止運動であった。それは、近代日本における「安全第一」の誕生をもたらし、工場における福祉の誕生を告げるものであった。

展望

本書で設定した課題は、近代日本における安全運動の誕生過程について、その思想と活動を蒲生に焦点をあてて解明することであった。以下では、本書の特徴を簡潔に整理したうえで、本書がこの課題に取り組んだことで見えてきた新たな課題について言及し、今後の展望を描いてみよう。

まず、本書は戦前期に対象を限定しているとはいえ、日本の安全運動にかんする初めての実証的研究である。序章の課題において述べたように、日本の安全運動にかんする研究について先行研究の蓄積は乏しく、また基本的な事実が未解明のまま残されているのが現状である。とくに、協調会研究会の研究も含め、先行研究は、これまで安全運動の最重要人物（蒲生）や最初の安全運動団体（安全第一協会）の実態を明らかにしてこなかった。

また、本書では新資料を利用することで明らかにできた点が多い。すなわち、所在が不明であった機関誌『安全第一』、機関紙『産業福利』（第1巻）、蒲生俊文関係資料などの新資料を利用することで、日本における安全運動の誕生過程に初めて足を踏み入れることができた。また、それによって、安全第一協会や産業福利協会の活動が初めて明らかになり、それらの団体を出発点とする安全第一運動と産業福利運動が戦前期日本の安全運動の主流を形成していたことが確認できた。

そして、安全運動にかかわった期間の長さの点でも、思想や実践における徹底した取り組みの点でも、蒲生が戦前期日本の安全運動を代表する人物であることを本書において示すことができたと思う。すなわち、彼の活動の足跡を辿ることは戦前期安全運動の基本線を描くことになる、という点である。

ところで、蒲生に焦点をあてて論じることの意義は第1章で述べているが、これは蒲生以外の人物を軽視ないし無視することを正当化するものではない。したがって、本書が蒲生を中心に戦前期に限定して安全運動を論じたことから、本書で扱えなかった課題は少なくない。こうした課題の幾つかを以下に具体的に列挙してみよう。

第一に、本書は蒲生を中心に論じたが、これによって抜け落ちた部分は当然のことであるが、少なくない。安全運動は多くの人物によって担われているので、内田や河原田、あるいは第5章第1節で触れた武田晴爾などを取り上げて論じることは、今後の課題である。これによって安全運動の多様な姿を総合的に理解することができるだろう。

第二に、足尾銅山、東京電気、住友伸銅所などの先駆的な安全運動を個別に解明する作業は、東京電気については本書の課題の範囲で論じているが、本書が対象とする社会的安全運動には含まれないので、完全に洩れてしまった。

しかしながら、これらの企業内安全運動がなければ安全第一協会も生まれなかったに違いない。また、その活動も成り立たなかったことを考えれば、経営史などの分野で、こうした視点からの研究が今後、期待される。

第三に、安全運動の重要な事業の一つである安全週間について検討を掘り下げることは、社会的安全運動を論じる際に重要なテーマとなるが、本書では扱えなかった。ただし、本書では、一九一九年に始まる安全週間が、どのように誕生し、誰が担い、どの団体が関係したのかについては、ある程度、明らかにしておいたので、今後の解明作業にとって役に立つのではないかと思われる。

第四に、日本の安全運動団体が模範とした海外の諸団体、とくに米国のNSCや英国の産業福利協会については全く扱えなかった。また、本書に登場したW・H・キャメロン、「ミセス、ウッド」、シーボーム・ラウントリー、オリヴァー・シェルドンなどの外国人についても、ほとんど論じることができなかった。安全第一協会や産業福利協会の設立に大きな影響を与え、また蒲生にも強い感化を及ぼした個人や団体について研究する必要性を痛感している。今後の課題としたい。

第五に、労働衛生の分野は本書で全くといってよいほど触れることができなかった。本書が扱った安全団体や蒲生も労働衛生について触れていないわけではないが、決して中心的な扱いではない。そのため、本書でも、ほとんど言及しなかった。労働安全と労働衛生の分野は、実際の運動だけでなく、学術研究においても、それぞれ分業化されているのが現状である。労働衛生にかんしては、たとえば研究として三浦豊彦『労働と健康の歴史』[24]（労働科学研究所出版部）が刊行されており、また団体として労働科学研究所（一九二一年設立）が戦前から活動を続けているので、継続的な研究の蓄積があるものと思われる。

第六に、労働政策や労働問題との関係で論じる視角からの研究である。蒲生が拠点とした産業福利協会は社会局の労働政策を推進する団体であり、またもう一つの拠点である協調会も労資協調を目的にしていた。当時の社会局行政や協調会の活動の解明にとって、産業福利協会および協調会産業福利部の研究は不可欠であろう。これについて、協調会の視点から取り組んでいる例として、法政大学大原社会問題研究所の梅田俊英、高橋彦博、横関至の研究[25]が挙げられる。

第七に、蒲生が労務管理の先駆者でもあることから、蒲生にかんする研究は労務管理史の研究にとっても有益だと思われる。たとえば、裴富吉は近代日本の労務管理史の系譜を主流派の労働科学系（暉峻義等など）および心理学系、マルクス主義系、その他の四つに分類したうえで、蒲生を最後の系譜を「代表する論者の1人」に挙げている。[26]実際、『産業管理の哲学』（人格社、一九三〇年）は、オリヴァー・シェルドン[27]（Oliver Sheldon, 1894-1951）の *The Philosophy of Management*[28]を「労務管理の先駆的な研究者、蒲生俊文氏[29]」が翻訳したもので、戦後に出た二種類の訳書[30]に四〇年以上も先行している。また、それ以外に、安全運動が科学的管理法と接点を有していることや、安全運動が労務管理として機能していることは興味をひきつける点ではないだろうか。

第八に、安全運動の誕生が現在の「安全で安心な社会[31]」の原点であることから、そこからわれわれが住む社会の枠組みが見えてくるだろう。こうした問題関心から筆者は交通安全におけるシートベルトの強制着用の問題を取り上げて現代社会の安全の在り方を論じたことがあるが[32]、今後、さらに議論を広げるとともに、深める必要があると感じている。

第九は、内田嘉吉が関心を抱いていた優生運動と安全運動の関連である[33]。筆者は西南学院大学教授・山崎喜代子が主宰する研究会「生命倫理の学際的研究」（西南学院大学学術研究所二〇〇六年度分科会）に参加し、日本へ優生学を早い段階で紹介した海野幸徳（一八七九～一九五五年）と蒲生を比較しながら優生と安全の関連について論じたことがあるが[34]、この視角からの研究は少ない。

最後に、より包括的な視点からの研究課題として、福祉社会の在り方を歴史的あるいは思想史的に論じる方向について言及してみたい。安全運動の誕生と発展は福祉社会の誕生と発展に重なっている。本書が対象とした安全運動は、安全第一運動であれ産業福利運動であれ、幸福増進運動として捉え直すことができる。福祉とは幸福を意味し、したがって、福祉社会は、社会のさまざまな領域において幸福を増進させる運動をともなっている。本書は主として工場における幸福増進運動について論じたに留まるが、それにもかかわらず、いずれの領域であれ福祉社会が「人道問題」（理想）と「経済活動」（現実）の矛盾を抱えている点は同じであろう。工場における経営者と労働者の関係は、国家における政府と国民の関係と構造的に類似している。本書において実証した具体的な成果が、こうした包括的な研究への手がかりを提供しているとすれば、本書は、福祉社会全体を視野に入れた幸福増進運動にかんする新たな課題への序章を書き上げたに過ぎない。本書をもって、筆者の研究の新たな出発点としたい。

■**注**（終章）

（1）蒲生俊文『安全運動三十年』奨工新聞社、一九四二年、三頁。
（2）同、六頁。
（3）『安全第一』第1巻第9号、五〇～五二頁。『安全第一』第2巻第5号、六〇～六一頁。
（4）『産業福利』第4巻第1号、産業福利協会昭和二年度決算報告。協調会産業福利部編集・発行『昭和十一年産業福利年報』一九三七年、一九～二〇頁、財団法人産業福利協会昭和十年度歳入歳出決算書。
（5）河原田稼吉「産業福利の精神」、『産業福利』第2巻第2号、九頁。蒲生俊文「産業福利の精神」、『産業福利』第11巻第5号、一一頁。
（6）同。
（7）前掲河原田稼吉「産業福利の精神」、九頁。前掲蒲生俊文「産業福利の精神」、一〇頁。
（8）こうした安全運動と工場法の関係は米国においても同様である。上野継義が明らかにしているように、米国では一九〇八年の連邦労働災害補償法とそれに続く州労働災害補償法という「外圧」が安全運動の推進に貢献した（上野継義「イリノイ製鋼社における安全委員会活動と雇用管理の近代化――1907～1916年」、経営史学会編『経営史学』第29巻第1号、東京大学出版会、一九九四年四月、一四～一五頁）。
（9）柳田國男編著『明治大正史　第4巻　世相篇』朝日新聞社、一九三一年、三九八頁。
（10）蒲生俊文「盲目の悲哀」、『安全第一』第1巻第4号、五七頁。

(11) 蒲生俊文「水戸大火雑感」、『安全第一』第2巻第5号、一三三頁。
(12) 岡実『工場法論　改訂増補第三版』有斐閣、一九一七年、七八五頁。
(13) 同、七八七頁。
(14) 前掲『安全運動三十年』二〇一頁。
(15) 蒲生俊文『新労働管理』（産業衛生講座第1巻）保健衛生協会、一九三七年、二六一頁。
(16) 同、三四九頁。
(17) 同、三四九頁。
(18) 前掲『安全運動三十年』九二頁。
(19) 同、九五頁。
(20) 同、九五頁。
(21) 前掲『新労働管理』四四四頁。
(22) 同、二一三頁。
(23) 同、四六四頁。
(24) 三浦豊彦『労働と健康の歴史』（労働科学研究所出版部）は、以下のように、第5巻を除く第1巻から第7巻まで刊行されている。『労働と健康の歴史　第1巻――古代から幕末まで』（労働科学叢書46）一九八一年。『労働と健康の歴史　第2巻――明治初年から工場法実施まで』（労働科学叢書52）一九八三年。『労働と健康の歴史　第3巻――倉敷労働科学研究所の創立から昭和へ』（労働科学叢書56）一九八四年。『労働と健康の歴史　第4巻――十五年戦争下の労働と健康』（労働科学叢書62）一九八一年。『労働と健康の歴史　第6巻――労働衛生通史』（労働科学叢書88）一九九〇年。『労働と健康の歴史　第7巻――古典的金属中毒と粉塵の健康影響の歴史』（労働科学叢書92）一九九二年。
(25) この研究の成果として、とくに、梅田俊英・高橋彦博・横関至『協調会の研究』柏書房、二〇〇四年、および『大原社会問題研究所雑誌』第598号（特集・協調会『産業福利』復刻記念号）、二〇〇八年九月、一～五〇頁、参照。後者は筆者もかかわった。
(26) 裴富吉『労働科学の歴史――暉峻義等の学問と思想』白桃書房、一九九七年、二六一～二七九頁。
(27) 本書において主に第6章で言及するラウントリーの片腕として会社の経営にかかわった人物であり、蒲生は彼の *The Philosophy of Management* を通読して、「我が言はむと欲する処を一層精密に、一層広汎に、而して一層理論的に論じ去るものあることを観取」したと語っている。オリバー・シエルドン（蒲生俊文訳）『産業管理の哲学』人格社、一九三〇年、訳者序文一頁、参照。

(28) 原書は一九二三年に初版が出ているが、蒲生が訳した版は不明である。なお、原書の復刻版は米国の BiblioLife 社から出ている。

(29) 企業制度研究会訳『経営のフィロソフィー』（企業の社会的責任シリーズⅠ）雄松堂書店、一九七五年、訳者あとがき二八一頁。

(30) 田代義範訳『経営管理の哲学』未来社、一九七四年。企業制度研究会訳『経営のフィロソフィー』（企業の社会的責任シリーズⅠ）雄松堂書店、一九七五年。

(31) 「安全で安心できる社会」は一九九〇年ごろから使われるようになった表現で、たとえば第一三次国民生活審議会の答申（一九九二年一一月二五日）で使われている。

(32) 堀口良一「文化としての安全――安全の強制を考える」、近畿大学日本文化研究所編『日本文化の中心と周縁』風媒社、二〇一〇年、一〇一～一二〇頁。

(33) 「私は『安全第一』の主義を、ひろく公衆衛生の方面にも及ぼして、我が国民の衛生思想が、もつと進歩するやうに努めてみたい」（内田嘉吉『安全第一』丁未出版社、一九一七年、二二頁）と語っていた内田は、一九三〇年に設立される日本民族衛生学会の設立発起人に名を連ね（『民族衛生』第1巻第1号、日本民族衛生学会、一九三一年三月、「会員名簿」九八頁）、優生学に関心を示していた。

(34) その成果として、堀口良一「優生の論理と安全の論理」、山崎喜代子編『生命の倫理2――優生学の時代を越えて』九州大学出版会、二〇〇八年、二二七～二四六頁、がある。

文献一覧（著者アルファベット順）

芦野太藏（扶桑禅客）「先生の人となり」、芦野太藏編集・発行『安全の闘将　蒲生俊文先生』（非売品）、一九三〇年

安全第一協会編集・発行『安全第一』（安全第一協会機関誌）第1巻第1号〜第3巻第3号、一九一七年四月〜一九一九年三月

安全第一協会「安全第一協会設立趣旨」、『安全第一』第1巻第1号、七四〜七五頁

安全第一協会「安全第一協会々則」、『安全第一』第1巻第1号、七五〜七六頁

〔安全週間仮事務所〕『安全週間報告』一九一九年

朝日新聞社『朝日新聞　復刻版　50　大正5年8月』日本図書センター、一九九〇年

朝日新聞社『朝日新聞　復刻版　51　大正5年9月』日本図書センター、一九九〇年

裴富吉（ベエフギル）（Bae, Boo-Gil）『労働科学の歴史――暉峻義等の学問と思想』白桃書房、一九九七年

Briggs, Asa. *Social Thought and Social Action: A Study of the Work of Seebohm Rowntree, 1871-1954*, London: Longmans, 1961

培風館編集・発行『災難は避けられる――災害防止展覧会説明書』一九一九年

中央労働災害防止協会編集・発行『日本の安全衛生運動――五十年の回顧と展望』一九七一年

中央労働災害防止協会編集・発行『安全衛生運動史――労働保護から快適職場への七〇年』一九八四年

中央労働災害防止協会編集・発行『中央労働災害防止協会二十年史』一九八四年

道元『正法眼蔵　四』（岩波文庫）岩波書店、一九九三年

不二出版編集部復刻『復刻版　安全第一』第1巻（第1巻第1号〜第1巻第5号、一九一七年四月〜八月）、不二出版、二〇〇七年（初版、安全第一協会編集・発行『安全第一』一九一七年四月〜八月）

不二出版編集部復刻『復刻版　安全第一』第2巻（第1巻第6号～第2巻第2号、一九一七年九月～一九一八年二月）、不二出版、二〇〇七年（初版、安全第一協会編集・発行『安全第一』一九一七年九月～一九一八年二月）
不二出版編集部復刻『復刻版　安全第一』第3巻（第2巻第3号～第2巻第8号、一九一八年三月～八月）、不二出版、二〇〇七年（初版、安全第一協会編集・発行『安全第一』一九一八年三月～八月）
不二出版編集部復刻『復刻版　安全第一』第4巻（第2巻第9号～第3巻第3号、一九一八年九月～一九一九年三月）、不二出版、二〇〇七年（初版、安全第一協会編集・発行『安全第一』一九一八年九月～一九一九年三月）
不二出版編集部（堀口良一解説）『『安全第一』解説・総目次・索引』（不二出版編集部復刻『復刻版　安全第一』別冊）不二出版、二〇〇七年
蒲生純子（蒲生俊仁編）『たのしく美しかりし日日』（非売品）一九七五年
蒲生俊文「辞令」（44通）一九〇八～一九六三年
蒲生俊文「履歴書」（3通）一九二一～一九五八年
蒲生俊文「工場の一隅より」、『安全第一』第1巻第1号、三六～三九頁
蒲生俊文「大乗安全第一と小乗安全第一」、『安全第一』第1巻第3号、五四～五六頁
蒲生俊文「盲目の悲哀」、『安全第一』第1巻第4号、五六～六〇頁
蒲生俊文「照顧脚下」、『安全第一』第1巻第5号、五三～五五頁
蒲生俊文「安全第一と照明」、『安全第一』第1巻第6号、二〇～二八頁
蒲生俊文「経済より見たる安全組織」、『安全第一』第1巻第7号、一〇～一三頁
蒲生俊文「火災防止は各人の義務」、『安全第一』第1巻第8号、一三～一七頁
蒲生俊文「投光器と安全第一」、『安全第一』第2巻第1号、一七～二三頁
蒲生俊文「小規模工場に於ける事故防止問題」、『安全第一』第2巻第2号、五～一二頁
蒲生俊文「湿度――熱及事故」、『安全第一』第2巻第3号、九～一三頁
蒲生俊文「禁煙論（一）」、友愛会編集・発行『労働及産業』（友愛会機関誌）第7巻第3号（通巻第79号）、一九一八年三月、四九～五〇頁（二〇一～二〇二頁）
蒲生俊文「工場火災と安全第一」、『安全第一』第2巻第4号、二六～三一頁

蒲生俊文「水戸大火雑感」、『安全第一』第2巻第5号、二八～三三頁
蒲生俊文「合衆国金属精煉会社『クローム』工場に於ける事故防止事業」、『安全第一』第2巻第6号、一八～二三頁
蒲生俊文「事故の減少は能率の増進なり」、『安全第一』第2巻第7号、二九～三一頁
蒲生俊文（蒲生大愚）「倉庫と煙草」、『安全第一』第2巻第7号、三五～三七頁
蒲生俊文「安全第一運動」、『安全第一』第2巻第8号、二八～三一頁
蒲生俊文「工場衛生私論」、『安全第一』第2巻第9号、九～一三頁
蒲生俊文「織物工場に於ける衛生と換気」、『安全第一』第2巻第10号、六～一八頁
蒲生俊文「安全委員会の組織」、『安全第一』第2巻第11号、三二～四一頁
蒲生俊文「安全委員会の組織（二）」、『安全第一』第2巻第12号、九～一三頁
蒲生俊文「災害の予防」、『安全第一』第3巻第1号、二三～二九頁
蒲生俊文「身体検査と仕事の関係」、『安全第一』第3巻第2号、一～一四頁
蒲生俊文「照明と安全第一」、『安全第一』第3巻第3号、九～一一頁
蒲生俊文「労働管理に関する一考察」、精神社編集・発行『精神』（精神社機関誌）第2巻第12号、一九二五年一二月、九～一四頁
蒲生俊文『工場災害予防の話』産業福利協会、一九二六年
蒲生俊文『S式労働管理法』（工場パンフレット№412）日東社、一九二六年
蒲生俊文「先人を憶ふ」（草稿）、一九二七年
蒲生俊文『労働管理』巌松堂書店、一九二八年
蒲生俊文「日本に於ける我が安全運動と其哲学」、芦野太藏編集・発行『安全の闘将　蒲生俊文先生』一九三〇年
Gamoh, Toshibumi. *Industrial Life in Japan*. 産業福利協会、一九三四年
蒲生俊文「産業福利の精神」、『産業福利』第11巻第5号、三～一三頁
蒲生俊文『新管理道』歴程社、一九三六年
蒲生俊文『新労働管理』（産業衛生講座第一巻）保健衛生協会、一九三七年
蒲生俊文『安全運動三十年』奨工新聞社、一九四二年
蒲生俊文『戦時下の産業安全運動』大日本雄弁会講談社、一九四三年

蒲生俊文「災害の絶対防止」、労力新聞編輯部『必勝増産戦』先生書店、一九四三年、一四一～一五〇頁
蒲生俊文「吾が安全運動の思出」、米国ナショナル・セーフティ・カウンシル（蒲生俊文訳）『産業安全ハンドブック』日本安全研究所、一九五九年、一五〇～一五七頁
蒲生俊仁作成「墓誌」一九六七年
蓮沼門三全集刊行会編『蓮沼門三全集　第十二巻』財団法人修養団、一九七二年
秦郁彦編『日本官僚制総合事典　1868―2000』東京大学出版会、二〇〇一年
秦郁彦『日本近現代人物履歴事典』東京大学出版会、二〇〇二年
間宏監修・解説『日本労務管理史資料集　第一期第8巻（科学的管理法の導入）』五山堂書店、一九九〇年
飛騨人物事典編纂室編『飛騨人物事典』高山市民時報社、二〇〇〇年
彦根正三編『改正官員録』博公書院、第49冊（明治一六年四月）、一八八四年（国立国会図書館近代デジタルライブラリーで公開されている同書中の「各裁判所」の項目、191／318コマによる）
保険六法新聞社編集・発行『週刊保険六法』一九七七年六月一七日
堀口良一『生と死の社会史――生きる義務と死ぬ義務』春風社、二〇〇〇年
堀口良一「近代日本における安全運動――その誕生・背景・思想」、近畿大学教養部編『近畿大学教養部紀要』第32巻第1・2合併号、二〇〇〇年一二月、七七～九五頁
堀口良一「蒲生俊文と安全運動」、近畿大学法学会編集・発行『近畿大学法学』第49巻第2・3合併号、二〇〇二年二月、一二七～一六三頁（四五二～四一六頁）
堀口良一「機関誌『安全第一』に見る蒲生俊文の安全思想」、近畿大学法学会編集・発行『近畿大学法学』第50巻第1号、二〇〇二年七月、一～六七頁（二二六～一六〇頁）
堀口良一「安全第一協会の機関誌『安全第一』総目次」、近畿大学法学会編集・発行『近畿大学法学』第50巻第4号、二〇〇三年三月、三九～七九頁
堀口良一「工場法と安全運動――岡実における職工保護の思想」、近畿大学法学会編集・発行『近畿大学法学』第51巻第2号、二〇〇三年一一月、二三～五七頁（八八～五四頁）
堀口良一「岡実の「安全第一」に関する論文2篇」、近畿大学法学会編集・発行『近畿大学法学』第52巻第2号、二〇〇四年九月、一～

一九頁（五六～三八頁）
堀口良一「「安全」概念の多様化とその矛盾——蒲生俊文の安全思想を中心に」、近畿大学法学会編集・発行『近畿大学法学』第52巻第3・4合併号、二〇〇五年三月、四五～七一頁（一八八～一六二頁）
堀口良一「機関誌『安全第一』に掲載された蒲生俊文の論説記事（一）」、近畿大学法学会編集・発行『近畿大学法学』第53巻第1号、二〇〇五年七月、一～二四頁（一九八～一七五頁）
堀口良一「工場法・安全運動・労務管理——蒲生俊文を中心にして」、近畿大学法学会編集・発行『近畿大学法学』第53巻第2号、二〇〇五年一一月、六七～一〇二頁（四三八～四〇三頁）
堀口良一「機関誌『安全第一』に掲載された蒲生俊文の論説記事（二・完）」、近畿大学法学会編集・発行『近畿大学法学』第53巻第2号、二〇〇五年一一月、三四一～三六六頁（一六四～一三九頁）
堀口良一「機関誌『安全第一』に掲載された蒲生俊文の翻訳記事（一）」、近畿大学法学会編集・発行『近畿大学法学』第54巻第1号、二〇〇六年六月、三八一～四三二頁
堀口良一「機関誌『安全第一』に掲載された蒲生俊文の翻訳記事（二・完）」、近畿大学法学会編集・発行『近畿大学法学』第54巻第2号、二〇〇六年九月、二九五～三四四頁（七〇～二一頁）
堀口良一「災害防止展覧会の出品物および出品者一覧」、近畿大学法学会編集・発行『近畿大学法学』第54巻第4号、二〇〇七年三月、三一三～三五〇頁
堀口良一「産業安全衛生展覧会の出品物および出品者一覧」、近畿大学法学会編集・発行『近畿大学法学』第55巻第1号、二〇〇七年六月、一七三～二〇〇頁
堀口良一「解説——雑誌『安全第一』について」、不二出版編集部『『安全第一』解説・総目次・索引』不二出版、二〇〇七年、五～二三頁
堀口良一「安全第一協会について」、近畿大学法学会編集・発行『近畿大学法学』第55巻第3号、二〇〇七年一二月、一～三一頁
堀口良一「産業福利協会について——戦前日本における労資協調と労働安全」、社会政策学会編『社会政策学会誌（子育てをめぐる社会政策——その機能と逆機能）』第19号、法律文化社、二〇〇八年三月、一九七～二一六頁
堀口良一「優生の論理と安全の論理」、山崎喜代子編『生命の倫理2——優生学の時代を越えて』九州大学出版会、二〇〇八年、二二七～二四六頁

堀口良一「河原田稼吉と蒲生俊文の「産業福利の精神」について」、近畿大学法学会編集・発行『近畿大学法学』第56巻第1号、二〇〇八年六月、三七～八一頁
堀口良一「『産業福利』第1巻所収記事の分類」、近畿大学法学会編集・発行『近畿大学法学』第56巻第1号、二〇〇八年六月、一一五～一三〇頁
堀口良一「『産業福利』第1巻について――誰が誰に何を書いたか」、法政大学大原社会問題研究所編集・発行『大原社会問題研究所雑誌』第598号、二〇〇八年九月、二五～三七頁
堀口良一「文化としての安全――安全の強制を考える」、近畿大学日本文化研究所編『日本文化の中心と周縁』（近畿大学日本文化研究所叢書5）風媒社、二〇一〇年、一〇一～一二〇頁
堀口良一「蒲生俊文の履歴書および辞令」、近畿大学法学会編集・発行『近畿大学法学』第58巻第1号、二〇一〇年六月、九五～一三九頁
堀口良一「蒲生俊文「日本に於ける我が安全運動と其哲学」他」、近畿大学法学会編集・発行『近畿大学法学』第58巻第4号、二〇一一年三月、五一～六九頁
堀口良一「蒲生俊文の墓誌」、近畿大学法学会編集・発行『近畿大学法学』第58巻第4号、二〇一一年三月、七一～七五頁
堀口良一「蒲生俊文の著作目録」、近畿大学法学会編集・発行『近畿大学法学』第59巻第1号、二〇一一年六月、三三～六一頁
堀口良一「記事「蒲生俊文、人と生涯」」、近畿大学法学会編集・発行『近畿大学法学』第59巻第1号、二〇一一年六月、六三～六九頁
堀口良一「蒲生俊文小伝」、近畿大学法学会編集・発行『近畿大学法学』第59巻第2・3合併号、二〇一一年一二月、八一～一一五頁
堀口良一「蒲生俊文の俸給」、近畿大学法学会編集・発行『近畿大学法学』第59巻第4号、二〇一二年三月、九七～一一八頁
堀口良一「共同体の危機と再生――人柱伝説と「安全第一」から考える」、近畿大学日本文化研究所編『危機における共同性』（近畿大学日本文化研究所叢書7）風媒社、二〇一二年、二一一～二三一頁
法政大学大原社会問題研究所編集・発行『大原社会問題研究所雑誌』第598号（特集・協調会『産業福利』復刻記念号）、二〇〇八年九月
洪自誠（応明）（Hung, Ying-Ming）（今井宇三郎訳注）『菜根譚』（岩波文庫）岩波書店、二〇〇八年
五十嵐栄吉『大正人名辞典　上巻』日本図書センター、一九八七年
入交好脩『武藤山治』（人物叢書　新装版）吉川弘文館、一九八七年
石田潤一郎解説『復刻版　東京百建築』不二出版、二〇〇八年（初版、黒田鵬心編輯『東京百建築』建築画報社、一九一五年）
伊東信止郎著・発行（内田嘉吉校閲）『鉄道と安全第一』一九一七年

賀川豊彦『死線を越えて』改造社、一九二〇年
加瀬裕子「困窮者調査――救護法制定まで」、社会福祉調査研究会編『戦前日本の社会事業調査――貧困・生活問題調査史研究』勁草書房、一九八三年、七二～九三頁
川田順『続住友回想記』中央公論社、一九五三年
川田順「私の履歴書」、日本経済新聞社編集・発行『私の履歴書　第十六集』一九六七年（初版、日本経済新聞社、一九六二年）、一三三～一九一頁
河原田稼吉『労働争議調停法』警察講習所学友会、一九二六年
河原田稼吉『労働行政綱要』松華堂書店、一九二七年
河原田稼吉「産業福利の精神」、『産業福利』第2巻第2号、一～一二頁
河原田稼吉「福利施設の必要と其の労働政策上の地位――福岡市に於ける災害予防労働衛生講習会に於ける講演」、『産業福利』第3巻第1号、一～一二頁
河原田稼吉「安全運動と労資協調」、『産業福利』第11巻第8号、一九～二一頁
河原田稼吉「協調会の新方針に就いて」、協調会編集・発行『社会政策時報』（協調会機関誌）第187号、一九三六年四月、一～五頁
菊池寛『火華』大阪毎日新聞社・東京日日新聞社、一九二二年
菊池寛『菊池寛全集　第5巻』高松市菊池寛記念館、一九九四年
北岡寿逸『我が思い出の記』一九七六年
国史大辞典編集委員会『国史大辞典　第2巻』吉川弘文館、一九八〇年
国史大辞典編集委員会『国史大辞典　第10巻』吉川弘文館、一九八九年
故内田嘉吉氏記念事業実行委員編集・発行『内田嘉吉文庫稀覯書集覧』一九三七年
協調会産業福利部編集・発行『産業福利』（産業福利部機関誌）第11巻第4号～第16巻第3号、一九三六年四月～一九四一年三月
協調会産業福利部編集・発行『昭和十一年産業福利年報』一九三七年
協調会産業福利部編集・発行『昭和十二年産業福利年報』一九三八年
町田辰次郎編『協調会史――協調会三十年の歩み』「協調会」偕和会、一九六五年
松井栄一・曾根博義・大屋幸世監修『近代用語の辞典集成　38』（復刻版）大空社、一九九六年（同書所収の「秘密辞典」の初版、自笑

軒主人『秘密辞典』千代田出版部、一九二〇年）

松尾尊兊『大正時代の先行者たち』（同時代ライブラリー）岩波書店、一九九三年

三村起一「私の履歴書」、日本経済新聞社編集・発行『私の履歴書　第十七集』一九六七年（初版、日本経済新聞社、一九六二年）、三〇九～三七九頁

三菱合資会社地所部『収支證書　大正六年四月～大正七年四月』三菱史料館所蔵資料、一九一七～一九一八年

三菱地所株式会社社史編纂室『丸の内百年のあゆみ――三菱地所社史　上巻』三菱地所、一九九三年

三浦豊彦『労働と健康の歴史　第1巻――古代から幕末まで』（労働科学叢書46）労働科学研究所出版部、一九八一年

三浦豊彦『労働と健康の歴史　第2巻――明治初年から工場法実施まで』（労働科学叢書52）労働科学研究所出版部、一九八三年

三浦豊彦『労働と健康の歴史　第3巻――倉敷労働科学研究所の創立から昭和へ』（労働科学叢書56）労働科学研究所出版部、一九八四年

三浦豊彦『労働と健康の歴史　第4巻――十五年戦争下の労働と健康』（労働科学叢書62）労働科学研究所出版部、一九八一年

三浦豊彦『労働と健康の歴史　第6巻――労働衛生通史』（労働科学叢書88）労働科学研究所出版部、一九九〇年

三浦豊彦『労働と健康の歴史　第7巻――古典的金属中毒と粉塵の健康影響の歴史』（労働科学叢書92）労働科学研究所出版部、一九九二年

宮城県選挙管理委員会編集・発行『選挙の記録　昭和三五年刊』一九六一年

三宅やす子『未亡人論』（叢書『青鞜』の女たち　第19巻）不二出版、一九八六年（初版、文化生活研究会、一九二三年）

宮崎惇（棚橋源太郎先生伝記編集委員会編）『棚橋源太郎――博物館にかけた生涯』岐阜県博物館友の会、一九九二年

森杲「Ralph W. Hidy 教授のグレート・ノーザン鉄道社史研究（Manuscript）1」、札幌大学経済学会『経済と経営』第21巻第1号、一九九〇年六月、一〇七～一六三頁

森杲「Ralph W. Hidy 教授のグレート・ノーザン鉄道社史研究（Manuscript）2」、札幌大学経済学会『経済と経営』第21巻第2号、一九九〇年一一月、一五一～二二七頁（三一五～三九一頁）

森杲「Ralph W. Hidy 教授のグレート・ノーザン鉄道社史研究（Manuscript）3」、札幌大学経済学会『経済と経営』第21巻第3号、一九九一年一月、一二三～二〇八頁（五一五～六〇〇頁）

武藤山治『実業読本』日本評論社、一九二六年

長岡隆一郎「労働者福利事業の精神」、『産業福利』第1巻第3号、一頁
長岡隆一郎『官僚二十五年』中央公論社、一九三九年
内閣印刷局編集・発行『職員録　大正三年　甲』一九一四年
内閣印刷局編集・発行『職員録』（一九二五年七月一日現在）一九二五年九月二八日
内閣印刷局編集・発行『職員録』（一九二六年七月一日現在）一九二六年九月二八日
内閣印刷局編集・発行『職員録　昭和二年七月一日現在』一九二七年九月
中野秀雄『東洋汽船六十四年の歩み』東洋汽船株式会社、一九六四年
National Safety Council. *Handbook of Accident Prevention*. 2en ed. 1958
米国ナショナル・セーフティ・カウンシル（蒲生俊文訳）『産業安全ハンドブック』日本安全研究所、一九五九年
日外アソシエーツ編集・発行『20世紀日本人名事典　あ〜せ』二〇〇四年
日外アソシエーツ編集・発行『20世紀日本人名事典　そ〜わ』二〇〇四年
日本安全協会編集・発行『安全』（日本安全協会機関誌）第1巻第1号（創刊号）、一九二三年四月
日本大辞典刊行会編『日本国語大辞典　第1巻』小学館、一九七二年
日本経営史研究所編『沖電気一〇〇年のあゆみ』沖電気工業、一九八一年
日本経営史研究所編『進取の精神――沖電気120年のあゆみ』沖電気工業、二〇〇一年
日本国語大辞典第二版編集委員会、小学館国語辞典編集部編『日本国語大辞典　第二版　第1巻』小学館、二〇〇〇年
日本公衆衛生協会編集・発行『公衆衛生の発達――大日本私立衛生会雑誌抄』一九六七年
日本民族衛生学会編集・発行、日本民族衛生学会機関誌『民族衛生』第1巻第1号、一九三一年三月
日本社会事業大学編集・発行『窪田静太郎論集』一九八〇年
農商務大臣官房統計課編『明治四十二年　工場統計表』慶応書房、一九六二年（初版、農商務大臣官房統計課編纂・発行、一九一一年）
農商務省商工局『職工事情　中』（岩波文庫）岩波書店、一九九八年（初版、農商務省商工局、一九〇三年）
野依智子「安全運動における炭鉱資本の教化活動の展開――炭鉱主婦会による生活改善活動を中心に」、日本社会教育学会編集・発行『日本社会教育学会紀要』第39号、二〇〇三年六月、四三〜五二頁
野依智子「炭鉱資本における教化活動としての安全運動の構造と展開」、九州大学石炭研究資料センター編集・発行『エネルギー史研究

――石炭を中心として』第19号、二〇〇四年三月、一～二八頁

野依智子「労働衛生政策としての「工場体育」の変容に関する一考察――１９３０年代の雑誌『産業福利』を中心に」、法政大学大原社会問題研究所編集・発行『大原社会問題研究所雑誌』第607号、二〇〇九年五月、六二～七四頁

野依智子『近代筑豊炭鉱における女性労働と家族――「家族賃金」観念と「家庭イデオロギー」の形成過程』明石書店、二〇一〇年

小田川全之「工業と安全第一――四月三日第一回総会に於ける講演」、『安全第一』第１巻第２号、一〇～一六頁

小川鼎三・酒井シヅ校注『松本順自伝・長与専斎自伝』（東洋文庫）平凡社、一九八〇年（「長与専斎自伝」の初版、長与専斎『松香私志』一九〇二年）

荻野喜弘「戦前期日本の安全運動と炭鉱」、『産業経済研究』第19巻第４号、久留米大学産業経済研究会、一九七九年三月、一～四一頁（二八三～三二三頁）

大原社会問題研究所編『日本労働年鑑　第18巻　昭和12年版』（復刻版）法政大学出版局、一九六九年（初版、一九三八年）

岡実『工場法論』（初版）有斐閣書房、一九一三年

岡実『工場法論　改訂増補第三版』有斐閣、一九一七年

岡実「工場と安全第一」、『安全第一』第１巻第１号、一五～二一頁

岡実「安全第一は生産第一なり――四月三日第一回総会に於ける講演」、『安全第一』第１巻第２号、一～九頁

大蔵省印刷局編集・発行『職員録　昭和35年版（上）』一九五九年

大蔵省印刷局編集・発行『職員録　昭和36年版（上）』一九六〇年

大蔵省印刷局編集・発行『職員録　昭和37年版（上）』一九六一年

大蔵省印刷局編集・発行『職員録　昭和38年版（上）』一九六二年

大蔵省印刷局編集・発行『職員録　１９６４上』一九六三年

大槻文彦『言海』六合館、一八九八年

大山恵佐『努力と信念の世界人　星一評伝』大空社、一九九七年（初版、共和書房、一九四九年）

ラウントリイ，Ｂ・Ｓ（長沼弘毅訳）『最低生活研究』高山書院、一九四三年（原著 B. Seebohm Rowntree, *Poverty: A study of Town Life*, 1922）

災害防止調査会編『日常生活災害防止法』南北社、一九一九年

佐藤進「田子一民と山崎巌」、佐藤進編『田子一民・山崎巌集』（社会福祉古典叢書5）鳳書院、一九八二年
産業福利協会編集・発行『昭和八年産業福利年報』一九三四年
産業福利協会編集・発行『昭和十年産業福利年報』一九三六年
産業福利協会・産業安全衛生展覧会協賛会『産業安全衛生展覧会記念帖』産業福利協会、一九三一年
産業福利協会編集・発行『産業福利』（産業福利協会機関紙）第1巻第1号～第1巻第11号、一九二六年一月～一二月
産業福利協会「産業福利協会会則」、『産業福利』第1巻第1号、一頁
産業福利協会編集・発行『産業福利』（産業福利協会機関誌）第2巻第1号～第11巻第3号、一九二七年一月～一九三六年三月
三省堂編修所編『コンサイス日本人名事典』改訂新版、三省堂、一九九三年
社会局労働部『我国ニ於ケル産業災害予防ノ概況』（労働保護資料第28輯）社会局労働部、一九二八年
社会局監督課『工場監督官職員録（一）』（職工問題資料Ａ626）工業教育会、一九二八年
Sheldon, Oliver. *The Philosophy of Management*. Charleston: BiblioLife, 2009 [1st ed. 1923]
シエルドン，オリバー（蒲生俊文訳）『産業管理の哲学』人格社、一九三〇年（原著 Sheldon, Oliver. *The Philosophy of Management*）
シェルドン，オリバー（田代義範訳）『経営管理の哲学』未来社、一九七四年（原著 Sheldon, Oliver. *The Philosophy of Management*）
シェルドン，オリバー（企業制度研究会訳）『経営のフィロソフィー』（企業の社会的責任シリーズⅠ）雄松堂書店、一九七五年（原著 Sheldon, Oliver. *The Philosophy of Management*）
椎名仙卓『大正博物館秘話』論創社、二〇〇二年
下中邦彦編『日本人名大事典（新撰大人名辞典）第1巻』（覆刻版）平凡社、一九七九年（初版、一九三七年）
下中邦彦編『日本人名大事典　現代』平凡社、一九七九年
尚学図書編『国語大辞典』小学館、一九八一年
商工大臣官房統計課編『大正十三年　工場統計表』慶応書房、一九六五年（初版、商工大臣官房統計課編纂・発行、一九二六年）
商工大臣官房統計課編『昭和九年　工場統計表』慶応書房、一九六八年（初版、商工大臣官房統計課編纂・発行、一九三六年）
季武嘉也「大正期における後藤新平をめぐる政治状況」、史学会『史学雑誌』第96巻第6号、山川出版社、一九八七年、一～三一頁（九七九～一〇〇九頁）
住友金属工業株式会社社史編集委員会編『住友金属工業最近十年史　昭和42～52年』住友金属工業、一九七七年

田子一民『田子一民』「田子一民」編纂会、一九七〇年
大霞会編『内務省史　第1巻』原書房、一九八〇年
大霞会編『内務省史　第2巻』原書房、一九八〇年
大霞会編『内務省史　第4巻』原書房、一九八〇年
高橋彦博「産業福利運動の機関誌『協調』について」、梅田俊英・高橋彦博・横関至編集・解題『協調会史料『産業福利』復刻版』別巻、柏書房、二〇〇七年、一一～三三頁
高橋彦博「協調会史における「産業福利部」の位置」、法政大学大原社会問題研究所編集・発行『大原社会問題研究所雑誌』第598号、二〇〇八年九月、一～一二頁
高山市編輯・発行『高山市史　上巻』一九八一年（原著一九五二）
「武田晴爾選集」刊行委員会編『武田晴爾選集　第三集』全日本産業安全連合会、一九六一年
玉井金吾『防貧の創造――近代社会政策論研究』啓文社、一九九二年
谷元二編『昭和人名辞典　第1巻　東京篇』日本図書センター、一九八七年（初版、谷元二編『大衆人事録　東京篇　第十四版』帝国秘密探偵社、一九四二年）
逓信省編集・発行『逓信省五十年略史』一九三六年
東京市編集・発行『第一回国勢調査ノ結果ニ依ル東京市世帯数及人口』一九二二年
東京芝浦電気株式会社編集・発行『東芝百年史』一九七七年
東京芝浦電気株式会社総合企画部社史編纂室編纂『東京芝浦電気株式会社八十五年史』東京芝浦電気株式会社、一九六三年
東京帝国大学編集・発行『東京帝国大学一覧　従大正元年至大正二年』一九一三年
〔東芝編〕「第七代社長　新荘吉生氏略年譜」東芝所蔵資料、作成年不明
鶴見祐輔編著『後藤新平　第1巻』後藤新平伯伝記編纂会、一九三七年
鶴見祐輔編著『後藤新平　第3巻』後藤新平伯伝記編纂会、一九三七年
内田嘉吉「『安全第一』協会設立の大急務」、実業之日本社編集・発行『実業之日本』第19巻第17号（大正五年八月十五日号）、一九一六年八月一五日、一九～二二頁（目次における表題は「セーフテイ、ファースト」）
内田嘉吉『安全第一』丁未出版社、一九一七年

内田嘉吉「安全第一に就て」、『安全第一』第1巻第1号、二～一一頁（本文における表題は「安全第一」）
内田嘉吉「講演会開会の辞――六月十日保険協会に於て」、『安全第一』第2巻第7号、一～一四頁
上田正昭・西澤潤一・平山郁夫・三浦朱門監修『日本人名大辞典』講談社、二〇〇一年
上野継義「20世紀初頭米国鉄鋼業における安全運動の起源――1905～1910年」、『北海道情報大学紀要』第5巻第1号、北海道情報大学紀要委員会、一九九三年九月、一～二八頁
上野継義「イリノイ製鋼社における安全委員会活動と雇用管理の近代化――1907～1916年」、経営史学会編『経営史学』第29巻第1号、東京大学出版会、一九九四年四月、一～三〇頁
上野継義「安全運動の歴史的起点とセイフティマンの擡頭――アメリカ鉄鋼業における安全管理者の出自と安全運動の性格」、『北海道情報大学紀要』第6巻第1号、北海道情報大学紀要委員会、一九九四年九月、一七～三七頁
上野継義「合衆国労働統計局の安全運動批判――セイフティマンの安全思想の特質」、『商学論纂』第36巻第3・4号、中央大学商学研究会、一九九五年三月、一〇九～一四六頁
上野継義「革新主義期アメリカにおける安全運動と移民労働者――セイフティ・マンによる「安全の福音」伝道」、『アメリカ研究』第31号、アメリカ学会、一九九七年三月、一九～四〇頁
上野継義「アーサー・H．ヤングとその時代――職場文化と職業意識に即して、1882～1905年」、『経済経営論叢』第33巻第4号、京都産業大学経済経営学会、一九九九年三月、二〇一～二二二頁
上野陽一「産業能率」、長谷川良信編『社会政策大系　第五巻』大東出版社、一九二六年、一～一〇八頁（ただし、上野陽一執筆部分の頁数）
上野義雄『工場安全』（労務管理全書第15巻）東洋書館、一九四二年
梅田俊英「産業福利協会から協調会産業福利部へ」、梅田俊英・高橋彦博・横関至『協調会の研究』柏書房、二〇〇四年、二二七～二三九頁
梅田俊英「復刻版『産業福利』について」、梅田俊英・高橋彦博・横関至編集・解題『協調会史料『産業福利』復刻版』別巻、柏書房、二〇〇七年、五～一〇頁
梅田俊英「『産業福利』第一巻と最終号について」、梅田俊英・高橋彦博・横関至編集・解題『協調会史料『産業福利』復刻版』第23巻、柏書房、二〇〇八年、五～一〇頁

梅田俊英「『産業福利』第1巻の「発見」とその意義」、法政大学大原社会問題研究所編集・発行『大原社会問題研究所雑誌』第591号、二〇〇八年二月、八四～八五頁

梅田俊英「協調会産業福利部と『産業福利』について」、法政大学大原社会問題研究所編集・発行『大原社会問題研究所雑誌』第598号、二〇〇八年九月、一三～二四頁

梅田俊英・高橋彦博・横関至（法政大学大原社会問題研究所編）『協調会の研究』柏書房、二〇〇四年

梅田俊英・高橋彦博・横関至編集・解題（法政大学大原社会問題研究所監修）『協調会史料『産業福利』復刻版』第1巻（一九二七年一月～一二月）、柏書房、二〇〇七年

梅田俊英・高橋彦博・横関至編集・解題（法政大学大原社会問題研究所監修）『協調会史料『産業福利』復刻版』第2巻（一九二八年一月～一二月）、柏書房、二〇〇七年

梅田俊英・高橋彦博・横関至編集・解題（法政大学大原社会問題研究所監修）『協調会史料『産業福利』復刻版』第3巻（一九二九年一月～一二月）、柏書房、二〇〇七年

梅田俊英・高橋彦博・横関至編集・解題（法政大学大原社会問題研究所監修）『協調会史料『産業福利』復刻版』第4巻（一九三〇年一月～一二月）、柏書房、二〇〇七年

梅田俊英・高橋彦博・横関至編集・解題（法政大学大原社会問題研究所監修）『協調会史料『産業福利』復刻版』第5巻（一九三一年一月～一二月）、柏書房、二〇〇七年

梅田俊英・高橋彦博・横関至編集・解題（法政大学大原社会問題研究所監修）『協調会史料『産業福利』復刻版』第6巻（一九三二年一月～一二月）、柏書房、二〇〇七年

梅田俊英・高橋彦博・横関至編集・解題（法政大学大原社会問題研究所監修）『協調会史料『産業福利』復刻版』第7巻（一九三三年一月～一二月）、柏書房、二〇〇七年

梅田俊英・高橋彦博・横関至編集・解題（法政大学大原社会問題研究所監修）『協調会史料『産業福利』復刻版』別巻（解題・『産業予防ポスター集』）、柏書房、二〇〇七年

梅田俊英・高橋彦博・横関至編集・解題（法政大学大原社会問題研究所監修）『協調会史料『産業福利』復刻版』第8巻（一九三四年一月～一二月）、柏書房、二〇〇八年

梅田俊英・高橋彦博・横関至編集・解題（法政大学大原社会問題研究所監修）『協調会史料『産業福利』復刻版』第9巻（一九三五年一

月～一二月）、柏書房、二〇〇八年
梅田俊英・高橋彦博・横関至編集・解題（法政大学大原社会問題研究所監修）『協調会史料 『産業福利』復刻版』第10巻（一九三六年一月～六月）、柏書房、二〇〇八年
梅田俊英・高橋彦博・横関至編集・解題（法政大学大原社会問題研究所監修）『協調会史料 『産業福利』復刻版』第11巻（一九三六年七月～一二月）、柏書房、二〇〇八年
梅田俊英・高橋彦博・横関至編集・解題（法政大学大原社会問題研究所監修）『協調会史料 『産業福利』復刻版』第12巻（一九三七年一月～六月）、柏書房、二〇〇八年
梅田俊英・高橋彦博・横関至編集・解題（法政大学大原社会問題研究所監修）『協調会史料 『産業福利』復刻版』第13巻（一九三七年七月～一二月）、柏書房、二〇〇八年
梅田俊英・高橋彦博・横関至編集・解題（法政大学大原社会問題研究所監修）『協調会史料 『産業福利』復刻版』第14巻（一九三八年一月～六月）、柏書房、二〇〇八年
梅田俊英・高橋彦博・横関至編集・解題（法政大学大原社会問題研究所監修）『協調会史料 『産業福利』復刻版』第15巻（一九三八年七月～一二月）、柏書房、二〇〇八年
梅田俊英・高橋彦博・横関至編集・解題（法政大学大原社会問題研究所監修）『協調会史料 『産業福利』復刻版』第16巻（一九三九年一月～六月）、柏書房、二〇〇八年
梅田俊英・高橋彦博・横関至編集・解題（法政大学大原社会問題研究所監修）『協調会史料 『産業福利』復刻版』第17巻（一九三九年七月～一二月）、柏書房、二〇〇八年
梅田俊英・高橋彦博・横関至編集・解題（法政大学大原社会問題研究所監修）『協調会史料 『産業福利』復刻版』第18巻（一九四〇年一月～六月）、柏書房、二〇〇八年
梅田俊英・高橋彦博・横関至編集・解題（法政大学大原社会問題研究所監修）『協調会史料 『産業福利』復刻版』第19巻（一九四〇年七月～一二月）、柏書房、二〇〇八年
梅田俊英・高橋彦博・横関至編集・解題（法政大学大原社会問題研究所監修）『協調会史料 『産業福利』復刻版』第20巻（一九四一年一月～一二月）、柏書房、二〇〇八年
梅田俊英・高橋彦博・横関至編集・解題（法政大学大原社会問題研究所監修）『協調会史料 『産業福利』復刻版』第21巻（一九四二年一

月〜一二月）、柏書房、二〇〇八年
梅田俊英・高橋彦博・横関至編集・解題（法政大学大原社会問題研究所監修）『協調会史料『産業福利』復刻版』第22巻（一九四三年一月〜一九四四年一月）、柏書房、二〇〇八年
梅田俊英・高橋彦博・横関至編集・解題（法政大学大原社会問題研究所監修）『協調会史料『産業福利』復刻版』第23巻（解題／補遺／『産業福利』総目次）、柏書房、二〇〇八年
宇都宮市史編さん委員会編『宇都宮市史　近・現代編Ⅰ』宇都宮市、一九八〇年
臼井勝美・高村直助・鳥海靖・由井正臣編『日本近現代人名辞典』吉川弘文館、二〇〇一年
ヴァーノン，アン（佐伯岩夫・岡村東洋光訳）『ジョーゼフ・ラウントリーの生涯——あるクエーカー実業家のなしたフィランソロピー』創元社、二〇〇六年（原著 Anne Vernon, *A Quaker Business Man: The Life of Joseph Rowntree 1836-1925*, Sessions Book Trust. York, 1987 [1st ed. 1958]）
山本通「B・シーボーム・ラウントリーの日本滞在記（１９２４年）——ラウントリー社と森永製菓の資本提携の企画について」、『商経論叢』第41巻第３・４合併号、神奈川大学経済学会、二〇〇六年三月、五一〜六六頁
山崎巌『救貧法制要義』良書普及会、一九三一年
柳田國男編著『明治大正史　第４巻　世相篇』朝日新聞社、一九三一年
安井正太郎編『東京電気株式会社五十年史』東京芝浦電気株式会社、一九四〇年
横関至「人事記録　協調会職員の動静」、梅田俊英・高橋彦博・横関至『協調会の研究』柏書房、二〇〇四年、一六五〜一九八頁
横関至「『産業福利研究会による『産業福利』の発行継続」、梅田俊英・高橋彦博・横関至編集・解題『協調会史料『産業福利』復刻版』別巻、柏書房、二〇〇七年、三三〜四八頁
横関至「蒲生俊文の「神国」観と戦時下安全運動」、法政大学大原社会問題研究所編集・発行『大原社会問題研究所雑誌』第598号、二〇〇八年九月、三八〜五〇頁
友愛会編集・発行『労働及産業』通巻第79号、一九一八年三月（法政大学大原社会問題研究所・総同盟五十年史刊行委員会編『友愛会機関誌　労働及産業（7）』日本社会運動史料機関誌篇、法政大学出版局、一九七六年、による）
湯沢三千男「財団法人産業福利協会の事業」、『産業福利』第４巻第５号、一〜四頁
全日本産業安全連合会編集・発行『安全運動のあゆみ』一九六二年

あとがき

『安全第一の誕生――安全運動の社会史』は、どのように安全運動が誕生したかという歴史的な視点と、なぜ安全運動が誕生したかという思想的な視点で書かれている。筆者は本書において、具体的な事実の解明とともに、どういう思想に支えられて安全運動が誕生したかを解き明かしたかった。

安全運動や蒲生俊文について調べ始めたのは一九九九年に遡る。それは工事現場で必ず目に入る緑十字の安全旗と「安全第一」の標語が、いつ誰によって作られたのか、という素朴な疑問に由来する。既存の資料を集めることから出発したが、中央労働災害防止協会が刊行していた大部の『日本の安全衛生運動』や『安全衛生運動史』などに出会い、多くを教えられた。しかし、これらの文献は蒲生を英雄視している印象を受けた。私には、それが不満であった。とはいえ、学術論文などは皆無に近い状態で、研究の糸口が見つからず途方に暮れていた。

こうしたなか、まったくの偶然という他ないが、近隣の公共図書館（大阪府吹田市立図書館）で何気なく自然科学系の本棚を物色していたときに、『海洋の科学』（ＮＨＫブックス）という本の背表紙にあった「蒲生俊敬」という著者名が目に飛び込んできた。私は著者が蒲生俊文の近親者であることを直感した。早速、著者の蒲生俊敬氏に直接電話で確かめたところ、孫であることがわかった。そればかりでなく、保管している資料を送ってくれるという。事実、それ以来、惜しみなく資料を提供してもらうことができたのは僥倖という他ない。

蒲生俊敬氏は、資料の利用に際して何の条件も注文もつけなかった。それは氏が私を学者として信頼してくれたからだと思う。それゆえ、氏の信頼に応えるべく、蒲生俊文を英雄視するのではなく、事実に向き合って描くことが私の務めだと肝に銘じて取り組み始めた。

本書は日本の安全運動の誕生過程を扱った本であり、その中心に蒲生俊文がいた。安全運動は、福祉国家の台頭と歩調を合わせて発展してきたもので、時代精神を反映している分、それだけ安全運動は時代的制約を被っている。蒲生は強靭な精神と旺盛な活動によって長年に及ぶ安全運動を支えてきたが、それは彼の実直な性格によるところが大きい。そして、この彼の性格は楽天的でもあった。楽天的であるがゆえに多くの困難を乗り越え前進することができたし、実際に多くの人命を救い、社会の幸福を増進させることに貢献した。しかし、この楽天主義は、同時に、安全運動の限界を設定することになった。彼の「涙」から出発した安全運動は事故をなくす取り組みである予防に努力を傾けることになったが、それにもかかわらず、事故に遭う人がいなくなったわけではない。どれだけ努力しても事故は起こってしまうものだ。そして、すでに事故に遭ってしまった人にとって必要なものは、予防ではなく救済である。蒲生は、この救いの問題を、どのように考えていたであろうか。恐らく、彼が大量に書き残した詩歌のなかに手がかりが見つかるかもしれない。

現在の安全運動も予防については雄弁であるが、救済については寡黙である。同様に、われわれは幸福について多くを語るが、不幸については沈黙しがちである。福祉社会は幸福増進を目指す社会であり、本来は不幸な人を救済しようと努める社会であったはずであるが、現実は、むしろ不幸な人が見えにくい社会を築こうとしている。こうした福祉社会は、結果的に福祉を必要とする人を隠蔽し排除しようとしていないだろうか。筆者は、心の底から敬愛して止まない米国の作家、というよりは知的障害の娘とともに人生を格闘して生き抜いた一人の母パール・バック（Pearl S. Buck）の洞察力に満ちた次の言葉を思い出さずにはいられない。彼女は、赤裸々に心情を吐露した自伝的エッセー *The Child Who Never Grew*（邦訳『母よ嘆くなかれ』）のなかで、世のなかに「終わることのない深い悲しみに耐えて生きている人の何と多いことか」と、驚きとともに共感をもって書き留めている。

安全運動が幸福増進運動の一翼を担い、福祉国家のなかで成長してきた反面で、救済や不幸への関心が薄れているとすれば、そこに一種の楽天主義が蔓延しているためかもしれない。安全運動の限界は、この楽天主義に根ざしているように思われるが、それはまた、われわれの生きている時代的制約でもある。「安全で安心な社会」という言い回しにみられるように、安全に安心が付け加わったのは、安全が依拠する楽天主義への不満の表明であろう。われわれも、また、蒲生が生きた時代と同じ限界を共有し、その課題に直面しているといえる。

堀口良一

二〇一一年九月九日

著者紹介

堀口良一（ほりぐち・りょういち）

1960年大阪市生まれ。大阪外国語大学フランス語学科および京都大学法学部卒業。京都大学大学院人間・環境学研究科博士後期課程単位取得退学。京都大学博士（人間・環境学）。社会史・安全文化。現在、近畿大学法学部教授、同大学日本文化研究所研究員兼任。
著書に、『『安全第一』解説・総目次・索引』（不二出版、2007年）、『生命の倫理2――優生学の時代を越えて』（山崎喜代子編、九州大学出版会、2008年）、『日本文化の中心と周縁』（近畿大学日本文化研究所編、風媒社、2010年）、『危機における共同性』（近畿大学日本文化研究所編、風媒社、2012年）、他。

安全第一の誕生――安全運動の社会史〔増補改訂版〕

2011年12月30日　初版第一刷発行
2015年 3 月20日　増補改訂版第一刷発行
2017年 2 月20日　増補改訂版第二刷発行
定価（本体2,700円＋税）

著　者――――堀口良一
発行者――――細田哲史
発行所――――不二出版株式会社
〒113-0023　東京都文京区向丘1-2-12
電話03-3812-4433　振替00160-2-94084
組　版――――冬 弓 舎
装幀者――――杉本昭生
印刷・製本所―モリモト印刷

ISBN978-4-8350-7667-6

索　　引

（　）は項目の説明、また、〔　〕内の語は項目に含まれる。
なお、資料篇については索引から除いた。

【か】

【さ】

【た】

【な】

【は】

【ま】

【や】

【ら】

【わ】

資料篇

資料1　蒲生俊文略歴・小伝

蒲生俊文の晩年の肖像

出典：蒲生俊敬氏所蔵

年	満年齢	月　日	履　　歴
1883（明治16）年	0	4月9日	出生
1888（明治21）年	5	4月	茨城県下妻尋常小学校入学
1892（明治25）年	9	4月	茨城県龍ヶ崎高等小学校入学
1895（明治28）年	12	3月	同3学年修了
		4月	東京市私立錦城中学校入学
1898（明治31）年	15	9月	山形県荘内中学校4学年に転校
1900（明治33）年	17	3月	同卒業
		7月	仙台市第二高等学校一部英法科入学
1903（明治36）年	20	7月	同卒業
		9月	東京帝国大学法科大学政治学科入学
1907（明治40）年	24	7月	同卒業
1908（明治41）年	25	3月2日	東京市事務員（5級俸）として勧業課勤務
		3月13日	統監府属（5級俸）兼大蔵属として大蔵省主税局勤務、また韓国政府度支部事務嘱託を併任
		3月28日	東京市事務員を依願退職
		4月11日	大蔵省主税局勤務
1909（明治42）年	26	1月	度支部の命により財務行政調査のため東京、横浜、泰野、大阪、神戸の諸官庁および不動産銀行に出張
		5月	統監府属兼大蔵属を依願退職

		5月18日	度支部事務嘱託を依願退職
1911（明治44）年	28	12月23日	東京電気株式会社に書記（月給50円）として入社、庶務掛勤務
1913（大正2）年	30	2月12日	東京電気工業部庶務課長として工業部長秘書事務、労働問題の調査研究、福利増進事業の施設に従事
		8月1日	東京電気の月給65円
		12月1日	東京電気の年俸1,000円
1914（大正3）年	31		東京電気内に安全運動を創設
		5月22日	長谷場純子（すみこ）と結婚
		10月16日	東京電気工業部購買課長兼庶務課長
1915（大正4）年	32		社会に率先して東京電気内に工場安全委員会を創設
		12月1日	東京電気の年俸1,100円
1917（大正6）年	34	2月	内田嘉吉らと安全第一協会を総轄し理事として専らその衝にあたり、雑誌『安全第一』を発行、安全運動の社会化に努力
		12月1日	東京電気の年俸1,250円
1918（大正7）年	35	12月1日	東京電気の秘書課人事係長（年俸1,430円）
1919（大正8）年	36	4月	東京電気組織変更により秘書課人事係長として直接社長監督のもとに一切の人事、労働問題の調査研究、福利増進事業の施設に従事
		5月	文部省教育博物館が災害防止展覧会を開催するため、同館長の協力要請により、忠告の任に当たる。また、開催期間中、広く社会の賛助を得て、東京市および隣接町村を区域として日本で最初の安全週間を実施、このとき緑十字の安全マークを定める。
		7月	中央災害防止協会設立とともに幹事に就任
		8月	橘工場協会副会長就任
1920（大正9）年	37	10月	神奈川県工場懇話会所属の工場に安全日実行の委員長として立案施設に当たる。
1921（大正10）年	38	3月1日	財団法人協調会事務嘱託
		3月	東京工場懇話会所属の工場に安全日実行委員、川崎町町会議員選任
		4月	協調会社会政策講習所の講師として「災害予防」を講ずる。川崎町学務委員選任
		9月1日	東京電気の年俸1,850円
		9月	東京電気重役直属従業者福利係長として一切の福利事業、職工に関する一切の事務、労働問題および関連する一切の問題を担当し、会社ならびに工場経営に対し助言の責に任ず。

1922（大正11）年	39	4月	明治大学講師として法学部の労働法講座（「労働保護法規」）、商学部の工場管理講座（「労働管理」「工場管理」）を担任（1947年3月まで）
		7月	東京電気組織変更により総務部福利課長（職責同じ）
1923（大正12）年	40	10月5日	帝都復興院事務嘱託（月手当200円）
		11月30日	東京電気依願退職
		12月1日	東京電気総務部事務嘱託（1924年3月31日まで、4か月分として600円支給）
1924（大正13）年	41	2月23日	帝都復興院退職
		3月10日	内務省社会局第一部事務取扱（月手当100円）として同監督課勤務
1925（大正14）年	42	11月26日	産業福利協会幹事、産業福利協会（のち財団法人）にて安全運動、産業福利施設を指導
1927（昭和2）年	44		国際労働総会委員付として渡欧し、専ら欧米各国の安全衛生博物館を調査、また米国全国安全大会に出席
		3月31日	産業福利協会の月手当50円
		5月4日	産業福利協会理事兼幹事
1928（昭和3）年	45		1道3府21県連合安全週間の立案、趣旨宣布のため各府県を巡回。このとき緑十字を全国安全マークと決定。
1929（昭和4）年	46		全国安全週間の立案指導に当たる。財団法人産業福利協会常務理事
1930（昭和5）年	47	12月18日	財団法人産業福利協会より事務勉励につき540円賞与
1932（昭和7）年	49		米国の例に倣い全国安全大会を開催
1936（昭和11）年	53	3月31日	財団法人産業福利協会と財団法人協調会の合併にともない、財団法人協調会産業福利部副部長就任（年俸2,800円）、協調会産業福利部で安全運動、一般福利施設を総括。
		7月10日	財団法人協調会産業福利部長代理
		10月1日	財団法人協調会産業福利部委員
1937（昭和12）年	54	3月31日	財団法人協調会産業福利部長に就任（年俸3,000円）
		4月30日	財団法人協調会評議員・常議員・理事、また常務理事就任、産業福利部長再任
1941（昭和16）年	58	3月31日	財団法人協調会産業福利部と大日本産業報国会の合併にともない、大日本産業報国会中央本部事務局労務局安全部長に就任（年俸4,800円）
		9月4日	大日本産業報国会安全委員会委員

		12月6日	大日本産業報国会理事
戦後			大日本産業報国会中央本部理事であったことにより公職追放。ＧＨＱ労働顧問委員会の特別労働顧問として勤務。全国産業安全連合会顧問・名誉会員、日本安全衛生協会会長、日本安全研究所所長
1950（昭和25）年	67	7月	労働大臣功労賞受賞
1957（昭和32）年	74	11月	藍綬褒章受賞
1958（昭和33）年	75	10月	米国全国安全大会に招かれ、また産業衛生専門視察団に参加して渡米
1959（昭和34）年	76	4月	総理府の産業災害防止対策審議会委員（1964年3月31日まで）
1964（昭和39）年	81		勲二等瑞宝章
1966（昭和41）年	83	9月9日	死去、贈正四位

出典：資料2／資料3／「財団法人産業福利協会の設立」、『産業福利』第4巻第3号／大蔵省印刷局編集・発行『職員録　昭和35年版（上）』1959年、70頁／大蔵省印刷局編集・発行『職員録　昭和36年版（上）』1960年、71頁／大蔵省印刷局編集・発行『職員録　昭和37年版（上）』1961年、74頁／大蔵省印刷局編集・発行『職員録　昭和38年版（上）』1962年、75頁／大蔵省印刷局編集・発行『職員録　1964上』1963年、76頁／全日本産業安全連合会編集・発行『安全運動のあゆみ』1963年、150-152頁／蒲生俊仁作成「墓誌」1967年／蒲生純子『たのしく美しかりし日日』1975年、25頁

蒲生俊文小伝

はじめに

蒲生俊文（がもう としぶみ）（1883-1966 年）は日本の安全運動史において最初に想起されるべき人物である。しかし、彼についての本格的な伝記は、まだ書かれていない。実際、いくつかの短い評伝などがあるが、これらは彼の生涯を詳しく辿ったものではない。

本稿では、こうした欠落を多少とも補う作業として、蒲生俊文の伝記を安全運動史との関わりにおいて略述する。すでに論文「蒲生俊文と安全運動」（『近畿大学法学』第 49 巻第 2-3 号、2002 年 2 月、127-163 頁）において彼の生涯について触れたことがあるが、以下では、その後の調査で明らかになった点を含め、彼が安全運動を開始するまでの前半生も含めて述べてみたい。

小伝について記述する前に、過去に書かれた蒲生の評伝に関する資料について整理しておきたい。

まず、蒲生自身は自伝を著していないが、

(1) 履歴書 3 通

(2) 辞令各種

が残されている。ともに、論文「蒲生俊文の履歴書および辞令」（『近畿大学法学』第 58 巻第 1 号、2010 年 6 月、95-139 頁）で紹介しているので参照されたい。

次に蒲生の近親者が彼の略歴を書き留めている。年代順に並べれば、以下のとおりである。

(3) 「先生の人となり」1930 年

(4) 「墓誌」1967 年

(5) 「蒲生俊文、人と生涯」1977 年

(3)は蒲生俊文が存命中に俊文の親族である芦野太藏が書いたもので、彼が編集・発行した『安全の闘将　蒲生俊文先生』（1930 年、非売品）のなかに「先生の人となり」（22-24 頁）として収められている。なお、「先生の人となり」は、論文「蒲生俊文「日本に於ける我が安全運動と其哲学」他」（『近畿大学法学』第 58 巻第 4 号、2011 年 3 月、51-69 頁）にて全文を読むことができる。

(4)は俊文の長男・俊仁が作成したもので、俊文の一回忌の際に建立する予定であった墓誌の文案として作成されたが、実際には何らかの事情で墓誌は建てられなかった。その全文は論文「蒲生俊文の墓誌」（『近畿大学法学』第 58 巻第 4 号、2011 年 3 月、71-75 頁）を参照されたい。

(5)は、保険六法新聞社編集・発行『週刊保険六法』の記事「蒲生俊文、人と生涯」（1977 年 6 月 17 日、607 号、5 頁）である。この記事は末尾で、「蒲生俊文の長男俊仁氏ら関係者の話と、中災防編「日本の安全衛生運動」を参考にしてまとめました」と断っているように、名目上の執筆者は記者ではあるが、記述内容について俊仁に負うところが少なくない。

なお、文中の「日本の安全衛生運動」は、中央労働災害防止協会編集・発行『日本の安全衛生運動――五十年の回顧と展望』1971年を指す。なお、同記事は現在入手が困難であるが、論文「記事「蒲生俊文、人と生涯」(『近畿大学法学』第59巻第1号、2011年6月、63-69頁)に全文が掲載されているので、参照されたい。

3番目に、人名事典における記述として唯一のものと思われるが、次のものがある。

(6) 『大衆人事録　東京篇　第十四版』(谷元二編、帝国秘密探偵社)に登載された「蒲生俊文」の項目、1942年

ここには、次のように記されている[(1)]。

蒲生俊文　協調会常務理事　産業福利部長　杉並区馬橋一ノ九　電中野六二二二【閲歴】岐阜県俊孝長男明治十六年四月九日生る同四十年東大政治科卒業東京電気庶務課長産業福利協会常務理事を経て昭和十二年五月現職就任　宗教浄土宗　趣味読書和歌俳句　【家庭】妻純子(明二二)鹿児島県長谷場源四郎二女神戸女学院卒　長男俊仁(大一〇)　二女智惠子(昭元)

蒲生は1942年発行の『大衆人事録』では「協調会常務理事　産業福利部長」となっており、蒲生の辞令と照らし合わせると、それは1937年4月30日であることが判明する[(2)]。また、1942年の段階では、蒲生は大日本産業報国会に移り労務局安全部長や理事を務めていたことから[(3)]、『大衆人事録』の記載内容は、それ以前の版のものを踏襲したようである。

4番目に、筆者が著したものとして、次のものがある。

(7) 「蒲生俊文と安全運動」、2002年

(8) 「蒲生俊文の著作目録」、2011年

(7)は蒲生の伝記が主題ではないが、それを部分的に含む論文である(堀口良一「蒲生俊文と安全運動」、『近畿大学法学』第49巻第2-3号、2002年2月、127-163頁、参照)。(8)は伝記ではないが、蒲生の著作物を一覧表にしたもので、網羅的ではないが現段階では唯一の目録である(堀口良一「蒲生俊文の著作目録」、『近畿大学法学』第59巻第1号、2011年6月、33-61頁、参照)。

最後に、蒲生の伝記が主題ではないが、次の文献が部分的に彼に言及している。

(9) 全日本産業安全連合会編集・発行『安全運動のあゆみ』1963年

(10) 中央労働災害防止協会編集・発行『日本の安全衛生運動――五十年の回顧と展望』1971年

(11) 中央労働災害防止協会編集・発行『安全衛生運動史――労働保護から快適職場への七〇年』1984年

(12) 鎌形剛三編著『エピソード安全衛生運動史』中央労働災害防止協会、2001年

(1)から(12)は、本格的な伝記がないなかで、蒲生の生涯を知る手がかりとなる貴重な資料である。とくに、(3)「先生の人となり」、(4)「墓誌」および(5)「蒲生俊文、人と生涯」

は、蒲生の近親者だけが身近に知りえた事柄を含んでいる。本稿では、将来、より詳細な伝記が書かれるときの参考となるよう、現段階で解明できた事実を記録しておきたい。

本稿の小伝は、蒲生が安全運動を始める出発点となった東京電気株式会社に入社する1911年から実質的に戦前期安全運動が幕を閉じる1941年までの約30年間を中心に、次の4つの時期に分けて記述する。

1　前史 1883-1911 年――東京電気で安全運動を始める以前の時期

2　東京電気時代 1911-1924 年――東京電気における社内安全運動および安全第一協会等を拠点とした安全運動に取り組んだ時期

3　産業福利時代 1924-1945 年――東京電気退社以降、敗戦に至るまで、社会局、協調会、大日本産業報国会で安全運動に取り組んだ時期

4　戦後 1945-1966 年――公職追放後、晩年に至るまで個人の立場で安全運動に携わった時期

なお、以下の引用文中で使われている〔　〕は、引用者による注記を示す。

1　前史 1883-1911 年――誕生から安全運動へ

蒲生俊文は日本の安全運動における先駆者の一人であり、その思想と運動において最も重要な影響を及ぼした人物である。彼が安全運動を主導した時期は、2つに大別できる。一つは東京電気株式会社に勤務（1911年12月23日～1923年11月30日および嘱託として1923年12月1日～1924年3月31日）しながら、社内の安全運動と並行して、社会運動としての安全運動を安全第一協会（1917年設立）などを拠点に推進していた時期（以下、「東京電気時代」と呼ぶ）である。他は、産業福利協会および協調会産業福利部を拠点に労働災害防止運動を中心とする安全運動に取り組んだ時期（以下、「産業福利時代」と呼ぶ）である。産業福利協会は当初、内務省社会局の外郭団体として1925年11月に設立され、1929年の財団法人への移行を経て、1936年4月の協調会への合併により協調会産業福利部へと名称を変えるが、その後も機関誌『産業福利』が発行され続け、実質的に、蒲生を中心とする体制が維持されていたことから、1925年11月の社会局産業福利協会設立から1941年3月の協調会産業福利部の廃止に至る全過程を一つの連続した活動と見なすことができる。また、1941年4月から敗戦に至る時期は安全運動が形骸化していたとはいえ、引き続き『産業福利』が発行されていたので、以下では産業福利時代に含める。

蒲生が主導した安全運動が実際に成果をあげていた約30年間の時期は、1923年9月に起きた関東大震災を境に、その前の12年とその後の18年に区分することができる。ここで関東大震災を持ち出したのは便宜上の理由からではない。彼は、この震災の結果、安全運動の拠点を産業福利協会に移すことになるからである。それは、1921年に理解ある上司・新荘吉生（しんじょうよしお）の病死[4]に続いて、東京電気で彼の安全運動を支えてきた多くの仲間を震災で失ったことや[5]、安全第一協会の流れを汲む安全運動が低迷し衰退していたことにより、東京電気時代の安全運動の続行を困難にしたからである。

ここでは、まず彼が安全運動に初めて取り組みはじめる拠点となった東京電気株式会社に就職する1911年以前の時期について概観しておこう。

「墓誌」によれば、「父〔蒲生俊文〕ハ明治十六年四月九日野州宇都宮ニ生ル。〔…〕昭和四十一年九月九日遂ニ魂魄天ニ帰ス嗚呼。享年八十三歳」(6) とある。蒲生は 1883 年 4 月 9 日に生まれたことは本人の履歴書でも確認できるが (7)、出生地は現在の栃木県宇都宮市で、当時は町村制が施行される1889年以前であったため、地名としての宇都宮町あるいは単に宇都宮と呼ばれていた (8)。それは彼の父・俊孝が裁判官として宇都宮治安裁判所判事補長を務めていたからである (9)。

しかし、戸籍は岐阜県大野郡高山町大字三町九百二十二番地で (10)、現在の高山市にあった。俊文自身、墓参などで戸籍地を訪ねた可能性は否定できないものの、そこに住んだ形跡は見当たらない。父・俊孝が高山を去ってから高山には先祖の墓だけが残された。その墓は、真宗高山別院の墓地にある (11)。俊文の父・俊孝まで蒲生家は高山で暮らし、そこに骨を埋めてきたからである。「墓誌」の記すところによれば、俊文の父から遡ること 4 代、つまり曽祖父に当たる蒲生秀俊が高山に活動の拠点を移した最初の人物である。そして、秀俊から百年ほど蒲生家は高山で生計を営んできた。

俊文の長男・俊仁が作成した「墓誌」に拠れば、蒲生家の系図は次のとおりである。なお。□は一字アキを示す。

> 蒲生氏ノ近州蒲生郡ニ據ル初メハマコトニ悠久ノ古ヘニシテ、古事記ニ伝ヘテ曰ク、□天照大御神ノ御子天津日子根命ハ蒲生稲寸ノ祖ナリト。サレド中世以降武門ノ故ヲ以テ秀郷流藤原氏ヲ称ス。蒲生俊賢ハ現存系図ノ太祖ニシテ源頼朝ト世ヲ同フス。一時家運大イニ興リテ五大諸侯ニ列セラルルモ徳川氏ノ世トナリテ家ハ改易、一族離散、飛州高山ニ隠棲セルヲ蒲生大藏秀俊ト称ス。(12)

この一文によれば、蒲生家の祖先は天照大御神の子である天津日子根命（あまつひこねのみこと）だとされている。また、「近州蒲生郡」は、現在も滋賀県蒲生郡（日野町と竜王町から成る）として地名を残している。ただ、直接辿ることができる祖先は「現存系図ノ太祖」として蒲生俊賢に遡るとしている。俊賢から秀俊に至る系図の詳細は判然としないものの、芦野太藏によれば、秀郷の子孫である蒲生氏郷がこの系図のなかにいるという (13)。氏郷（1556-95）は近江国日野城主で織田信長に仕えた賢秀（1534-84）の子で、織田信長に次いで豊臣秀吉に仕えて戦功をたてただけでなく、歌や茶にも親しんだ「文武兼備の器量人」として知られ、またキリスト教信者でもあった (14)。秀郷から氏郷に至る系図は詳らかでないが、蒲生俊文は、滋賀県日野町に建てられた氏郷の銅像の前で写真を撮っており、氏郷を慕い、親近感を持っていたようである。俊文自身、仕事も趣味（短歌、俳句、絵画など）も兼ね備えた「文武兼備の器量人」であり、また後述するようにキリスト教にも親しんでいたので、自分の姿を氏郷に重ね合わせていたのであろう。

いずれにせよ、戦乱の時代を経て、徳川時代に入り「家ハ改易、一族離散、飛州高山ニ隠捿セルヲ蒲生大藏秀俊ト称ス」ことになった時点から、岐阜の高山に 4 代にわたり暮らし続けた。そして、高山に移った蒲生秀俊以降の家系図は、次のとおりである。

家系図

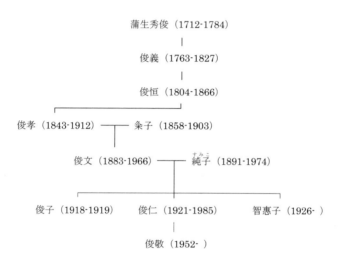

蒲生秀俊（1712-1784）
｜
俊義（1763-1827）
｜
俊恒（1804-1866）
｜
俊孝（1843-1912）――条子（1858-1903）
｜
俊文（1883-1966）――純子（すみこ）（1891-1974）
｜
俊子（1918-1919）　俊仁（1921-1985）　智恵子（1926- ）
｜
俊敬（1952- ）

高山に移った蒲生家の 4 代目に当たる俊孝は、「岐阜県高山の酒造の家の出」[15] で、「裁判官・弁護士。高山町大字三町生まれ。明治 2 年上京し森春濤の門弟となって法律を学ぶ。宇都宮、土浦、鶴岡などの裁判所に勤務」[16] とされている。俊孝が酒造を営んでいた事実は『高山市史』では確認できないが [17]、近親者の話では、俊孝は上京に際し、家業を原田家に嫁いだ妹夫婦に任せ、現在、原田酒造場（高山市）に引き継がれているという。また、明治 2 年、つまり 1869 年に青年俊孝は理由はわからないが家業を継がずに東京に出て森春濤（しゅんとう）に弟子入りする。春濤（1818-1888 年）は漢詩人で『春濤詩鈔』などを残した明治期の著名な詩人の一人であるが、医家の出ではあったが、法律とは無縁であった [18]。したがって、俊孝がどのようにして「法律を学ぶ」ことになったかは明らかでないが、裁判官として勤務した事実は確認できる [19]。

蒲生俊文自身が記した父俊孝についての一文「先人を憶ふ」では、「森春濤氏の門弟となつて蛍雪の苦を積んだことは度々話に聞いた、其後父は職を秋官に得宇都宮、土浦、水戸、下妻、龍ヶ崎、鶴岡、新荘（ママ）〔庄〕等の裁判所を転任したのであつた、新荘（ママ）〔庄〕の裁判所を終りとして宮城控訴院判事に任ぜられてやがて退職になつた、晩年は弁護士を業として居た」と語っている [20]。裁判官としての俊孝は「地方の裁判官で一生を終えたが、不正を

許せぬ性格から世故にとり入ろうとしなかった」(21) といわれているが、俊文は具体的に次のように語っている。

> 私は詳しくは知らないが龍ヶ崎の裁判所に居た時代に何か事件が有つて父は其判事であつた、処が父の裁判に対して或関（ママ）〔干〕渉が来たので父は憤然として我は陛下の御名に於て裁判を為すのであつて何人の制（ママ）〔掣〕肘も受けないと言ふて断固之を排してしまつた、父が鶴岡の裁判所へ転勤させられたのは其結果の左遷であつたのだと私は叔父に聞いたことがある、父に有りそうな事だと思つた、従つて所謂泳ぐと言ふやうな事は全然不得手であつた (22)

俊孝の最初の任官は、史料として確認できるものは宇都宮治安裁判所判事補長であるが、それは 1882 年または 1883 年のことである (23)。その後、20 年少しの間、判事生活を送るが、裁判官として職に就いたのは遅く中年期に入っていた。しかし、俊孝は定職を得て所帯を持ち、「五男五女」(24) に恵まれ、長男・俊文が 1883 年 4 月 9 日に生まれる。

俊文の学齢期は、父の赴任先が変わるごとに各地の学校を転々とした。実際、父の赴任地に従って、茨城県下妻尋常小学校、同県龍ヶ崎高等小学校と進む (25)。そして、同校を修了した 1895 年 3 月から山形県荘内中学校の 4 学年に転校する 1898 年 9 月までの 3 年半は、「一時親戚の家へあずけられ」(26)、東京市の私立錦城中学校に学ぶ (27)。再び、「父の転任先き山形へ移」り、荘内中学校を卒業した年の 7 月、「父の赴任先の仙台にあった二高へ」進学する (28)。

二高、すなわち第二高等学校（現、東北大学）では英法科に進み、「語学が好きで、独語はトップの成績、ラテン語、英語にも通暁」(29) したという。二高時代の青年俊文は「夙に基教宣教師「ブラツドシヨウ」嬢に親んで基教の生活を送り」(30)、聖書を読み、キリスト教に身近に接する機会を得る。洗礼を受けたか否かは明らかでないものの、青年俊文のキリスト教との出会いは、のちに東京電気時代のときＹＷＣＡの「ミセス、ウツド」の言葉に促され、安全運動に専心することになった重要な背景として無視できない要因の一つであろう (31)。

さらに、1903 年 9 月に進学した東京帝国大学法科大学政治学科では、「仏教の説に親しみ、爾来宗教的修練漸く深く」(32) なったという。俊文の信仰は浄土真宗（真宗大谷派）にあったが、それは「父母の信仰の賜」であると次のように語っている。

> 父は又篤信な真宗の信徒であつた、朝夕に自ら香花を手向けて仏壇に参詣して居つた、私が今日信仰に生きるのは亡父母の信仰の賜であると感謝して居るのである。(33)

しかし、浄土真宗を信仰する俊文は、前述したようにキリスト教に親しむとともに、また「建長寺派管長菅原曇華老師は実に先生〔俊文〕に対し最も強き印象を与へたる老先覚

である」[34] とあり、禅宗からも感化を受けていた。

また、俊文は信仰と並んで、その実直な気質を父から受け継いだ。俊文は、上に引用した彼の一文に続けて、「従つて父は枉(まが)つた事、良心の許さぬ事は一切実行しないものであつた」[35]（傍点・ルビ引用者）と書いているが、それは父・俊孝が「篤信な真宗の信徒」であったことが「枉つた事」を許さぬ態度を付与したとも解釈できる。これに関連して、俊文は次のような父俊孝の思い出を書き留めている。

> 晩年父は私に語つて曰く、「己の仲間には己の運命までも奪つて行くかと思ふ程ドシドシ出世して行く者もあつたが、皆精神的煩悶(はんもん)に病を得たりなどして早く世を去つてしまつた、己は出世をしなかつたが、今日まで無事に長らへて居る、今になつて過去を顧みるのに疚(やま)しい事は一つもない、誠に心の中がすがすがしいことは己の誇りだ、己は晩年に至つて誠に心が安らかである」と、私は此点に於て父に敬服して居る[36]（ルビ引用者）

「枉つた事」を嫌う父を「敬服」していた俊文も、自分の人生において不正を嫌い、良心に恥じることのない生き方を貫いた。この姿勢は、信仰の中から生じたとともに、「枉つた事は大嫌ひであつた」[37] 父の生き方からも影響を受けたと考えられる。

1907年7月に大学を卒業したあと、俊文は官吏や大企業の管理職などの当時の法学士に期待された職種に直ちに就かなかった。辞令によれば、卒業後、半年以上経った1908年3月2日に東京市事務員になるが[38]、理由は定かではないが、間もなく同月13日に統監府属兼大蔵属に就き、同月28日に東京市事務員を辞めたあと、1909年5月までの1年2か月の間、統監府属兼大蔵属の身分で在職していた[39]。属という身分は、文官高等試験を経て高等官（親任官、勅任官、奏任官）を目指す法学士、すなわち帝国大学法科大学卒業者にとって、長く身を置く地位ではなく、一時的な職位に過ぎなかった。蒲生は官吏を目指して試験準備に励んでいたのかもしれない。

しかし、彼は官界へは進まず、結局、1909年5月に退職するに至る[40]。そして、1911年12月に東京電気に就職するまでの2年以上は無職の状態にあった。官吏の道を選ばなかったのは「役所務めが膚に合わず」[41] ということがあったという。しかし、「本人は文学が好きだったが、法曹会(ママ)〔界〕にいた父の意向で法学部〔法科大学〕に学んだ」[42] という俊文が、大学卒業後、2年も経たないうちに勤め先を辞めたのには深刻な事情があったに違いない。なぜなら、父・俊孝は当時、裁判所を退職したあと弁護士を続けていたが、すでに60歳代の老齢であった。また、母が1903年に亡くなったあとの蒲生家は多くの兄弟姉妹を抱え、長男・俊文への期待は大きかったからである。単に「役所務めが膚に合わず」という事情だけでは説明できない何らかの深刻な事情が推測される。大学卒業ののち最初に職に就くまでの約7か月の空白期間と度支部事務嘱託を依願退職したのち東京電気に就

職するまでの約2年7か月の空白期間のうち、説明が困難なのは後者のほうである。前者は文官高等試験の準備という説明も可能かもしれないが、後者は「役所務めが膚に合わず」に辞めたのならば、短期間のうちに別の職に就いているはずである。しかし、そうならなかった。なぜであろうか。

筆者の推測であるが、それは、「若き時病に罹り医師は残余一二年の生命を告げた」[43]という事情と関係があったのではないだろうか。病名は明らかにしていないが、結核であった可能性も考えられる。期待されていた長男が官職を辞し、かつ長期間、無職であったのは、単に「役所務めが膚に合わず」ということではなく、突然、彼を襲った病——それも、余命「一二年の生命」と宣告されるような重篤な病——こそ、その本当の理由ではなかろうか。

幸い青年俊文は死に直面した危機的な状況を脱し、さらに1911年12月の東京電気株式会社への入社で、自らの活路を見出すことができた。この入社は、同社の技師長であった新荘吉生が要請したのであった（俊文の二女・山本智惠子氏への2007年8月4日の聴き取りによる）。新荘との接点は詳しくはわからないが、この両者の出会いは日本の安全運動史上、決定的な意味を有することは以下で述べるとおりである。

2　東京電気時代1911-1924年——東京電気社内安全運動と安全第一協会

東京電気株式会社は合資会社白熱舎（1890年創業）を起源とする電球の製造販売企業で、1899年に社名変更により東京電気株式会社となり、さらに1939年に田中製造所（1875年創業）の後身企業である株式会社芝浦製作所との合併により、東京芝浦電気株式会社、そして1984年に東芝株式会社へ社名変更し現在に至っている[44]。

白熱舎の創業者の一人で当時社長であった藤岡市助（1857-1916年）は、社の生産体制を整備し拡大させるため、1899年に新荘吉生を技師長兼電球製造部長として招き入れ[45]、また、1908年の川崎工場（神奈川県橘樹郡御幸村、現・神奈川県川崎市幸区堀川町）および1911年の大井工場（東京府荏原郡大井町、現・東京都品川区大井町）の建設[46]に着手するなど、増産体制へ準備を進めていた。このため、東京電気は「明治の末から大正の初めにかけての営業成績は、まさに画期的な飛躍を遂げ」[47]、それにともなって従業員数も1904年から1914年までの10年間に138人から2,102人へと約15倍の伸びを示している。このうち工員に限定すれば1904年の123人から1914年の1,745人へと約14倍の増加となっている[48]。

東京電気は、こうした飛躍的な拡大基調のなかで、小規模で家族経営的な企業組織を大規模で近代的な企業組織へと転換を図る必要に迫られていた。とりわけ、従業員数の増加と経営合理化の動きは経営者側に労務管理の導入を促していた。そして、1911年12月に乞われて入社した蒲生俊文の任務は、「労務部長の様な仕事」[49]と自ら語っているように、労務管理であった。もっとも、当時は労務管理の手法が模索されていたときであり、この時期に東京電気において労務管理を実践し、また後年、それに関する著書『S式労働管理

法』（日東社、1926年）、『労働管理』（厳松堂書店、1928年）、『新労働管理』（保健衛生協会、1937年）などを書いている蒲生は、裴富吉（ベエ ブギル）によれば、日本の労務管理史において先駆者の一人と評価されている(50)。

労務管理の必要性は、東京電気の固有の事情によるものだけではなかった。社内事情に加え、1911年3月に制定された工場法も無視できない。なぜなら、工場法は労働条件について定めるだけでなく、その第13条および第15条において、労働災害の予防および補償についても規定していたからである。労働者の労働条件や労働環境に配慮するためにも労務管理は必要であった。工場法の施行は1916年まで待たねばならないが、その施行が近く実施されることを見込んで、社内体制を整えていくことは経営者にとっての合理的な対応であった。1911年12月に決まった蒲生俊文の入社は、工場法への対応策であったといえる。

しかしながら、ただ単に労務管理の必要性から法学士を一人採用しただけのことであったならば、これが安全運動の出発点に結びつかなかったであろう。蒲生俊文の個性と彼の安全運動を支援する新荘吉生をはじめとする社内の理解と協力が重なり合うことによって安全運動が誕生したのである。次に、これについて述べてみたい。

蒲生俊文は彼が安全運動を始めた動機について次のように説明している。

> 偶々感電即死事件が発生した。けたゝましい電話の通知に急いで現場に行つた余は兎も角も遺族に人を走らせたのであつた。口から泡を吹き乍ら死んで行つた。高圧電流が左手から心臓を貫き流れたのであつた。未亡人が駆け付けて其死骸に取縋つて泣くより外に語は無かつた。余は只ゝ胸を打たれて自然に涙のにじみ出るのを禁じ得なかつた。余の安全運動は此の涙から出たものと言ふことが出来る。『さうだ！　安全運動を猛然と起して彼等を助けよう』斯う言ふ心持であつた。(51)

蒲生は、これと同様の記述を、「日本に於ける我が安全運動と其哲学」(52)や「吾が安全運動の思出」(53)にも繰り返し残しているので、それだけ心理的ショックが大きかったように思われる。

この「感電即死事件」は1914年に起きたと蒲生自身が語っているので(54)、この事故が直接の動機となって、「大正三年同社〔東京電気〕内ニ安全運動ヲ創設ス」(55)と、直ちに安全運動を開始したことがわかる。この事故が起きた月は特定できないが、同年5月に結婚(56)していることを踏まえると、この事故が一般的な意味で悲劇であったのでなく、事故で亡くなった職工と「其死骸に取縋つて泣くより外に語は無かつた」未亡人の姿を自分のこととして受け止めたのであろう。つまり、新婚家庭を持ったばかりの（あるいは、近く持つことになっている）自分の家庭を重ね合わせたとき、蒲生は、この悲劇を他人事ではなく、自分のことのように感じたのである。ここには、青年期に親しんだ「基教の生活」から受けた影響を読み取ることもできる。彼が「只ゝ胸を打たれて自然に涙のにじみ出る

のを禁じ得なかつた」のは、キリスト教の隣人愛の精神と新しい家庭に対する家長としての責任感が彼のなかで結びついたからであろう。さらに、自らも「若き時病に罹り医師は残余一二年の生命を告げた」(57) という辛い体験を味わい、また、慈しみ深い「慈母」(58) や敬愛する「厳父」(59) の死に接することを通して、彼の死に対する想念が深化していたとも考えられる。

したがって、東京電気で彼が始めた安全運動は、彼自身が語っているように、この「涙」から始まった。そして、この社内の安全運動に深い理解を示し、惜しみない支援をしたのが上司の新荘吉生であった。

新荘は蒲生が入社した 1911 年当時は「技師長兼電球製造部長」(のち 1913 年に職制変更により「技師長兼工業部長」)で、1915 年に「取締役」、1918 年に「専務取締役副社長」と、創業者の藤岡の片腕として社を盛り立ててきた幹部社員で、藤岡亡き後の 1919 年以降は「専務取締役社長」に就き、名実ともに社のトップとして経営に関わっていた (60)。蒲生は新荘のもとで安全運動に着手し、それを社内に根付かせていった。また、後述するように、新荘は部下の蒲生に対し、勤務しながら社外の安全運動である安全第一協会の活動に従事することも許し (61)、そのための支援(協会への寄付、機関誌への寄稿など)も惜しまなかった(機関誌『安全第一』の各号には賛助会員に東京電気の名が、特別会員に新荘の名が、さらに東京電気の広告が載っている)。

なお、鈴木文治(1885-1946 年)は「労働者講話会」を三田四国町の日本ユニテリアン教会の会堂である惟一館で 1912 年 2 月に始めていた (62)。その場所は、蒲生が当初、勤務していたと思われる東京電気本社(三田四国町 2 番地第 18 号)のすぐ近くであった。東京電気本社は 1913 年に三田から川崎に移るが、三田本社時代の 1911 年に入社した蒲生は庶務課長として労務管理に携わっていた関係上、この「労働者講話会」のことを知っていれば、興味を示したであろう。二高に学んだ蒲生と仙台の近くで中学時代を過ごし二高の学生であった吉野作造(1878-1933 年)と懇意であった鈴木は、のちに 2 年差違いではあるものの東京帝国大学法科大学政治学科に学び、学生時代に何らかの交流があったかもしれない。たとえ両者に交流がなかったとしても、蒲生が友愛会の機関誌『労働及産業』に寄稿するなど友愛会と近い関係にあったため、学生時代はともかく、東京電気時代に交流があったことを推測させる。また、東京電気での上司である新荘が「鈴木文治が組織した友愛会に名をつらね、労働問題に理解を示した進歩的な経営者であった」(63) という指摘もあり、実際、新荘も『労働及産業』に寄稿しているので、鈴木、蒲生、新荘の 3 者は身の置き場の違いこそあれ、労働者の境遇の改善に関心を寄せ、労働問題へそれぞれの立場で取り組んでいたことは間違いない。

東京電気における安全運動は、単に労働災害防止運動としてだけでなく、新荘の経営方針としておこなわれていた点に特徴があり、労務管理と一体となって実践されていた。蒲生は、これを「S 式労働管理法」と呼び、高く評価している (64)。なお、S は新荘の名前の頭文字を表わしている (65)。この労働管理法(蒲生は労務管理より労働管理という語を好ん

で使っている）は、蒲生と新荘の合作として生み出された経営組織論で、両者の二人三脚によって実践されていたが、不幸にして1921年に新荘社長が他界したことで終止符を打つ。

蒲生が取り組み続けた安全運動は、単に社内におけるＳ式労働管理法の実践の一つであっただけでなく、この労働管理法を東京電気以外の場所でも実践していくことにあった。蒲生の言葉でいえば、「統一団体主義」の実践であった。この「統一団体」とは「有機的生命活動団体」(66) とも言い換えられているが、それは工場を通じて労使双方が「一丸となり融合一体」(67) となった団体を意味する。蒲生の巧みな例で説明するなら、「手と槌とが物を打つといふ共通目的に融合一体となつて始めてホントウの仕事が出来る」(68) ように、労使は「工場を通じて相繋合する」(69) のであり、「工場を離れて工場主も従業員も共に有り得ない」(70) という。

新荘の「最も根本的なる思想は、一端採用し雇傭した者は〔中略〕決して解傭しないと言ふ一事」であり、労働者の福利増進は「経営者の義務」である点にあった (71)。したがって、新荘が労使関係において従業員（職工）を「経済戦に於ける戦友」として遇する態度は、職工の「信頼」を作り出し、仕事に「没頭」する結果を産んだ (72)。このＳ式労働管理法は工場を蒲生のいう「有機的生命活動団体」(73) に変え、労使が「一丸となり融合一体」となることを可能にし (74)、また、それによって「隣り工場に罷業が起つて宣伝に来た時にも、自分達は会社に反対する理由が無いと言ふて断つた」(75) ような状況が生まれた。

それは同時に、蒲生の主導する安全運動が「真実の安全運動」になる条件でもあった。すなわち、彼は次のようにいう。労使の「協力の無いところに真実の安全運動は有り得ない」(76)。また、この労使が融合一体となった工場団体を通して安全運動が完成 (77) するだけでなく、それによって「個人生活が完成」(78) することにもなるという。

蒲生は、「個の充実健全を図らずして何処に全の充実健全を期待し得ようか」(79) と述べているように、個人が団体のなかに埋没してしまうような全体主義的な姿を描いていたのでは決してないが、労働者個人が「幸福なる生活を実現し得」(80) るためにも工場が「有機的生命活動団体」になる必要あった。

蒲生は、新荘のＳ式労働管理法がこれを可能にし、それによって経営上の利潤のみならず、労働者個人の職場での安全や福利および私生活での幸福が実現することを確信していた。

蒲生が1910年代に東京電気で始めた労働者の「幸福」を追求するための活動は、やがて1917年に設立される安全第一協会を拠点に、今度は社会の人々の「幸福」を追求する活動へと向かっていった。安全第一協会は日本で最初に設立された安全運動を社会運動として推進する民間団体で、当時逓信次官であった内田嘉吉（1866-1933 年）が代表を務めていたが、逓信省の関連団体ではない。同協会は、安全運動を社会に普及させることによって「社会ノ幸福ヲ増進」（会則第１条）することを目的 (81) とした安全運動啓蒙団体で、内田と蒲生を中心に活動を展開していた。その成果の最も大きなものに、1919 年 6 月に実施した安全週間がある。これは蒲生の発案によるもので (82)、その後、全国安全週間に発展し、

現在に至っている。

ただ安全第一協会（会頭・内田嘉吉）は財政面が脆弱で、内田をはじめとして協会の幹部や他のメンバーも全員がボランティアで活動に携わっていたため、活動の継続性と発展に限界があった。実際、安全第一協会が発行していた月刊の機関誌は 2 年間で実質上廃刊に追い込まれ、組織も 1919 年に安全週間を機に発足した中央災害防止協会（会長・内田嘉吉）との並存を経て、1921 年に日本安全協会（会長・内田嘉吉）に統合されるが、活動は徐々に停滞していった。

幸いなことに、安全第一協会にはじまるこれら 3 民間団体の安全運動は、すべての団体の代表を務める内田と、理論と実務の大半を担う蒲生の、いわゆる内田＝蒲生体制が維持されていた。そのため、内田が安全運動の第一線から身を引き、こうした活動が自然消滅したあとにおいても、これらの遺産を蒲生が継承し、1925 年に設立された産業福利協会の中心メンバーとして安全運動を継続することができた。

産業福利協会に始まる産業福利時代への蒲生の参画は、内田が代表を務める団体の安全運動の衰退と産業福利協会の発足にともなう安全運動の新しい拠点の誕生が時期的に重なっていたことによるが、これは単なる偶然ではなく、蒲生を介して必然的に起きた流れである。そして、ここには、蒲生が東京電気を離れて、彼の生活のすべてを安全運動に投入する人生の転機も重なっていた。それを促したものは、東京電気で彼の安全運動を支援し続けた上司・新荘の突然の死（1921 年 3 月）、東京電気で彼に協力してきた同僚たちを関東大震災で失ったこと（1923 年 9 月）、そして、この伏線となった「ミセス、ウツド」の言葉であった。

「ウツド」という人は、蒲生によれば、「日本女工の状況視察」に米国「ニユーヨーク」の「YWCA」から来日した人で、蒲生が東京電気川崎工場を案内したときに知り合ったのであるが、神戸で「再会」したとき、「日本に取つて最必要な仕事を御気付きになり乍ら何故万事を抛つて之に没頭しないのですか」といわれた言葉が、蒲生に「天の使命」、すなわち「凡ての仕事を捨てて世の嘲笑をも顧みずして専心安全運動に没頭する」ことを悟らせたという(83)。そして、この言葉が彼の心に重くのしかかり、「自分の勇気の無いことを恥ぢ」(84) ていた矢先の 1923 年 9 月に関東大震災で、「同僚全部の圧死に遭い、私は只一人病を以て自宅に臥床して居たので助かつたことが深く心に刻み、遂に一身を安全運動に投入した」(85) と赤裸々に語っている。彼らの死を無駄にしない生き方として蒲生が「片手間の仕事」(86) ではなく「専心安全運動に没頭」(87) することが今や自分に課せられた使命であると決断したのである。そして、彼が安全運動に専心する場は、産業福利協会であった。

なぜなら、理解ある上司・新荘が亡くなったことと協力的な同僚たちを失ったことで、もはや東京電気において安全運動を継続することは困難であったし、内田が代表を務める安全運動団体（安全第一協会の後継団体・日本安全協会）は、1923 年 9 月に内田が台湾総督 (88) に就くなどの事情もあって、休眠状態に陥っていたからである。

蒲生は震災ののち、1923 年 11 月 30 日に東京電気を依願退職し、嘱託の身分で翌年 3 月

末日まで勤めたのち、正式に退職している。当時、蒲生は妻と幼い長男を抱えていたので、生活のことを考慮すれば、生計の目処なしに「専心安全運動に没頭」することは無謀な行為であったに違いない。彼にとって、安全運動に専心できる環境を自ら整える必要に迫られていたが、それは内務官僚の河原田稼吉（かきち）（1886-1955 年）から乞われて社会局の嘱託に就くことで適えられる。実際、1924 年 3 月 10 日付けで内務省社会局第一部事務取扱として勤務することができた(89)。

ただし、給与は月額 100 円に過ぎず、1921 年 9 月 1 日時点の「年棒 1850 円」(90) から計算して東京電気時代の月額 150 円以上と単純に比較するなら、3 分の 2 以下に減ったことになり、1936 年 4 月以降に協調会から月額約 230 円を受け取るようになるまでの 12 年間は、帝都復興院からの臨時収入として 1923 年 10 月から翌年 2 月までの約 1000 円 (91) や明治大学講師としての収入（収入額は不明であるが、1922 年 4 月から複数の講座を担当していた）などを勘案しても、決して贅沢な暮らしはできなかったであろう。また、職位も正社員から臨時職員へ変わったことで、身分も不安定であった。このことから、彼の決断は、自らの生活を擲（なげう）って安全運動に「専心」する覚悟を意味していた。

次節で蒲生が「専心」する舞台となった産業福利協会とその後継団体である協調会産業福利部などについて述べよう。

3　産業福利時代 1924-1945 年――社会局、協調会、大日本産業報国会

蒲生より 2 年遅く東京帝大政治学科を卒業した河原田稼吉は、内務省入省後は主として警保局を歩んでいたが、社会局（外局）の設置とともに 1922 年 11 月に社会局第一部長（のち労働部長に名称変更）に就き、労働行政を指導する。彼はストライキが国家に対する「不忠不義の行為」だとされていた時代に、「労働運動と云ふものと治安問題と云ふものをなるべく明確に区別をして、純粋の労働運動即ち労資間の経済問題と云ふものに就きましては無用な〔政府の〕干渉を取除いて行く」(92) べきだという持論をもった進歩的官僚であった。したがって、彼は新設された社会局を舞台に、労働運動を敵視し取り締まりをおこなう警察行政（規制）によってではなく、穏健な労働運動を取り込み労働政策で誘導し緊迫した事態を未然に防ぐ社会行政（予防）によって労資協調を目指そうとしていた。そこには、「労資の協調を行ふことが出来るならば是に因つて産業の発達を来し、是に因つて国家の興隆を期する事が出来る」(93) とする彼の官僚としての立場が反映されていた。

まさにそうしたときに河原田が目をつけたのが蒲生が取り組んでいる安全運動であった。蒲生は、上述したように、労使が「一丸となり融合一体」となった「有機的生命活動団体」としての工場において真の安全運動が展開されると説いていたが、逆も真であった。蒲生はいう。「安全は協力より」(94) であり、また「協力は安全より」(95) である。つまり、安全運動を工場に導入すれば、労使が「協力」し合い、労資協調が促されることを意味した。河原田は、ここに着目したのである。

どのようにして河原田が蒲生を知ったのかは明確にできないが、安全週間に協力し参加

していた池田清[96]などの警視庁の関係者から蒲生の噂が警保局勤務が長かった河原田の耳に入った可能性は考えられる。いずれにせよ、河原田が蒲生に大きな関心を示すだけにとどまらず、蒲生を社会局の職員（嘱託）に抜擢したのは、何よりも河原田の構想を実現するために蒲生の経験と手腕が不可欠だったからである。

反対に、「専心安全運動に没頭」しようと望んでいた蒲生にとっても、願ってもない誘いであった。いつ誘われたかは断定できないが、社会局嘱託の辞令が 1924 年 3 月 10 日付けで出されているので[97]、震災後、遅くともこの日付以前ということになるが、それが東京電気の依願退職の前か後かは、わからない。ただ、「大正十三年〔1924 年〕内務省社会局が安全運動に力を注がんとするの意を以て、余に参加方を慫慂された事によつて余は之と結びて社会局の背景に於て安全の指導を為す事にな〔つた〕」[98]（ルビ引用者）と、蒲生が語っている記述を素直に受け取るならば、蒲生が誘われたのは 1924 年であり、東京電気を退職することを決断した 1923 年 11 月の後ということになる。つまり、将来の生計の保障もないまま安全運動に身を捧げる決意をしたあと、「参加方を慫慂された」ことになる。

さて、河原田が蒲生と力を合わせて労働政策を実施しようとする拠点として 1925 年 11 月に立ち上げた組織が産業福利協会であった。発足当初は社会局の外郭団体であったが、のち 1929 年 2 月に財団法人となり、さらに 1936 年 4 月から 1941 年 3 月まで協調会産業福利部として存続する。内務省社会局が 1938 年に新設された厚生省に統合されたのちも一定の独立性を保って活動を続けていた。産業福利協会が社会局（とくに社会局第一部、のち労働部へ名称変更）とは別組織として作られたのは、一つには蒲生の処遇の問題があったものと思われる。社会局に呼び寄せた河原田は蒲生の 2 年後輩であるにもかかわらず官職では勅任官二等で部長のポストにあり、年棒 5,200 円（月給に換算して約 433 円）であるのに対し[99]、蒲生は嘱託に過ぎず、月給は 100 円で[100]、両者に大きな格差があった。もちろん蒲生にとっては「凡ての仕事を捨てて」取り組むことになった「天の使命」であったが、そうした彼の心情を理解していたにせよ河原田は、安全運動の経験豊富な先輩であり盟友である蒲生に対し、それに相応しい処遇に努めたであろう。位階制に拘束されない別組織を社会局の外に作り、そこで蒲生に安全運動のために活動できる地位と権限を提供したいと考えたのではないだろうか。たしかに、発足当初は社会局の外郭団体であったため、産業福利協会は完全に社会局に従属し、産業福利協会の役員 22 名のうち蒲生は最後に位置していたが（理事の末席）、財団法人となってからは、役員 9 名のうち 4 番目の地位（常務理事）に上がり、社会局の職位では課長クラスに相当する[101]。さらに、協調会に移ってから間もなく、産業福利部は完全に同部長となった蒲生の全権の下に委ねられる。もし産業福利協会ではなく社会局で活動していたならば、いつまでも末席を占めることになったであろう。河原田は官僚であるため、いずれ自分は異動するだろうことを思うと、蒲生自身の意向にかかわらず、蒲生に出来る限りの保護を与えておこうと考えたであろう。

社会局とは別組織の産業福利協会を作ったもう一つの理由は、英国の産業福利協会に倣ったことによる。すでに河原田と蒲生が社会局で活動を始めていたなか、英国ヨーク市の

製菓会社ラウントリー社の経営を指揮し、福利厚生事業の導入と充実に努めていたフィランソロピストであるシーボーム・ラウントリー（1871-1954年）が来日し、1924年11月6日に内務省社会局主催の昼食会が開かれることになった[102]。ラウントリーは英国産業福利協会に「深く係わ」[103]るとともに、同昼食会で労働者に対する福利厚生事業は「傭主の社会的義務 Social obligation である」[104]と述べたという。このラウントリーが唱える「社会的義務」は、河原田と蒲生によって「産業福利の精神」と呼ばれ、日本において産業福利協会の発足を促すことになった。実際、産業福利協会は労働者の福利増進を図ることを主要な目的として掲げ、会則第1条に「被傭者ノ福利ノ増進ヲ図」ることが目的の一つに挙げられている[105]。

河原田は、この産業福利の精神を日本に普及させる拠点として産業福利協会を立ち上げたといえる。そして、名目上、協会の代表である会長は社会局長官の長岡隆一郎が就いたが、実際上は協会の理事長である河原田が協会に強い影響力を持っていた。それは、河原田が協会の生みの親であるだけでなく、協会の事務局も彼が部長を務める社会局第一部（のち労働部）に置かれ、また、長岡は河原田のあとに社会局に入ってきた新参者であり、年齢も1年の差しかないため、河原田の手腕抜きに協会は運営できなかったし、社会局全体を統率していた長岡は産業福利協会に専念する立場にもなく、また河原田を信頼して協会の運営を委ねていたためでもある。

産業福利協会の事実上の長である河原田は、産業福利の精神などを普及させるために開いた協会主催の最初の工場災害予防及衛生講習会（1926年10月）において、「産業福利の精神」という講習課目を担当し、その内容を「産業福利の精神」というタイトルで協会の機関誌『産業福利』誌上（1927年2月）に公表している（産業福利協会は設立されてまもなくして機関紙『産業福利』を発行し、翌年から機関誌の体裁として毎月発行し続けた）。まさに協会がその活動を本格的に始めたことを印象づけたものである。

ところが、この河原田論文と同名でかつ同内容の論文を蒲生も『産業福利』誌上（1936年5月）に発表している。字句も、ほとんど違わないので、この2つの同名論文の執筆者が誰であるかが問題となる。筆者が分析した結果、この論文の「実質的な執筆者は蒲生である」[106]ことが判明した。したがって、河原田が1926年におこなった講習課目の原稿も蒲生が準備したことになる。なお、蒲生は同講習会では「安全第一運動」という別の課目も担当していた[107]。

ここから見えてくることは、産業福利協会の理念である「産業福利の精神」を練り上げた中心人物は蒲生であったことである。もちろん、河原田も付随的にそれに加わったであろう。しかし、その大半は蒲生が作り上げたものである。実際、蒲生がこの時期に発表した論文「労働管理に関する一考察」（精神社編集・発行『精神』第2巻第12号、1925年12月、9-14頁）や著書『S式労働管理法』（日東社、1926年9月）および『労働管理』（厳松堂書店、1928年4月）において同名論文「産業福利の精神」の内容と重複する点が数多く見受けられるからである。

蒲生は、1910年代の東京電気において新荘とともに実践したＳ式労働管理法が労働者の福利増進は「経営者の義務」[108]であるという精神によって貫かれていたことを、ラウントリーが実践する産業福利事業のなかに再発見したのである。蒲生が、のちラウントリー社のオリヴァ―・シェルドン（Oliver Sheldon）が著した『労働管理の哲学』（The Philosophy of Management）を翻訳するなど、ラウントリー社の福利事業やラウントリーのフィランソロピーに強い関心を示した理由は、ここにある。それゆえ、1924年11月のラウントリーの講演に強い刺激を受けた蒲生は、Ｓ式労働管理法が国外でも適用可能な普遍性をもった思想と実践であることを確信したのである。労働者の福利増進を工場主や社会が受け入れるよう働きかける産業福利協会の啓蒙活動は英国のフィランソロピーの理念に強く動機づけられながら、その出発点は蒲生のＳ式労働管理法にあったことを確認することができる。そして、下の表に示すように、蒲生の安全運動は、その目的を福祉（「福利」あるいは「幸福」）の増進に置き、Ｓ式労働管理法を起点した一貫した理念で支えられていた。

時期	拠点	理念	目的	中心人物
1910年代	東京電気	Ｓ式労働管理法	「福利施設」の「改善進歩」[109]	新荘と蒲生
1917年以降	安全第一協会およびその後継団体	安全第一主義	「社会ノ幸福ヲ増進」（会則第１条）	内田と蒲生
1925年以降	産業福利協会および協調会産業福利部	産業福利の精神	「被傭者ノ福利ノ増進」（会則第１条）	河原田と蒲生

この産業福利の精神は、産業福利協会が協調会産業福利部に姿を変えたあとも継承されるが、それを支えたのは蒲生であった。蒲生が協調会に移ってまもなくの1936年５月に論文「産業福利の精神」を再び、しかし今度は自分の名前で機関誌『産業福利』に発表するが、それは彼が、いまや産業福利部の実質的な統率者になったことを物語っている。

産業福利部に移って変わったのは、事務局の協調会館への移転、蒲生以外の職員の異動、予算の増額などであるが、実質的な変化はなく、機関誌も『産業福利』を維持し、活動内容も基本的に踏襲された。これは、組織の中心に蒲生がいたためである。

協調会は床次竹二郎内務大臣が主唱し、財界の重鎮であった渋沢栄一らが協力して設立された官製組織であったが、1936年４月１日に、「産業福利部は内務省社会局監督課長北岡寿逸氏を部長に嘱託し、元産業福利協会常務理事蒲生俊文氏を副部長として」、「財団法人産業福利協会より継承したる事業と本会〔協調会〕の在来の事業の一部を併合し、工場災害の防止、労働衛生、産業福利施設、労働管理等に関し其の改善進歩を図り、当業者の諮問に応じ以て産業平和、産業協力の助長促進を期する」目的をもって、その活動を始めた[110]。この産業福利部の創設を画策し実現した中心人物が河原田であり、1935年10月に協調会の実質上の長といってよい常務理事に就いた彼は、再び蒲生を組織ごと協調会に

呼び寄せたのである(111)。

ちなみに、協調会は産業福利協会を吸収合併する以前の1921年2月に第1回労務者講習会を開き、「我等は労務者たる前に先ず人である、資本家たる前に先ず人である」をモットーに労資双方が参加する合宿を企画し、「社会一体の信念の下に人類相愛の大義に目醒め」ようと啓蒙活動をおこなった(112)。この講習会は蓮沼門三(1882-1980年)が結成した修養団と深い結びつきがあった。事実、修養団の幹部であり、また協調会常務理事でもあった田沢義鋪(1885-1944年)をはじめ、修養団から後藤静香、松元稲穂、北爪子誠、林平馬らが講師として参加し(113)、講習会の手法や精神も修養団のものを真似ていた。また、修養団は協調会を主導していた床次竹二郎や渋沢栄一から支援を受けていた。

ところで、1937年3月31日には、北岡の転出にともない、蒲生が産業福利部長に昇格し、また同年4月30日に常務理事に就いて、当時の安全運動を指導する最高のポストを占めることになるが(114)、蒲生の活動にさして変化はなかった。しかし、1938年7月になると、協調会の主唱——とくに河原田が熱心に唱えた——により産業報国連盟が発足し、その本部は協調会内に置かれた。この連盟が推進する産業報国運動が盛んになるにつれ、1939年には「産業報国運動の指導権は政府の手に完全に握られ」てしまったことから、「協調会に産業報国連盟を繞つて解散論と存続論との意見の対立を生ずるに至り、協調会の創立以来の危機」に直面する(115)。そして、1940年11月、「半官半民的な産業報国連盟を解散して政府の一員たる厚生大臣を指導者とする大日本産業報国会中央本部の成立を見るに至つた」ことを受け、「昭和十六年〔1941年〕三月三十一日には本会〔協調会〕産業福利部の廃止の結果蒲生俊文氏が常務理事を辞任し」(116)、彼は大日本産業報国会労務局安全部長として安全運動を続けることになる(117)。

しかし、1941年3月に産業福利部が廃止され、翌月に大日本産業報国会に統合されて、その安全部に組織替えされると、安全運動や産業福利運動は名目上のものに変質してしまう。安全週間こそ戦時中も継続されたものの、活動の要である機関誌『産業福利』の出版の目処が立たない状況にあった。横関至の研究によれば、雑誌の発行主体は産業福利研究会となり、誌面も大幅に縮小されたことがわかる(118)。

形式上は敗戦まで安全運動が続けられたことになっているが、実質的な運動は協調会産業福利部が廃止される1941年3月で戦前期安全運動は終わりを告げたといってよい。

4 戦後1945-1966年——日本安全研究所

蒲生は敗戦を迎えたとき62歳であった。彼が敗戦をどのような想いで迎えたかは定かでないが、安全運動から、一時、身を引かざるを得なかった。なぜなら、いわゆる公職追放となったからである。長年勤めた明治大学の講師も1947年3月をもって辞めている(119)。戦後は、すべての職から身を引き、ゼロからのスタートであった。しかし、生活は、幸いにして空襲を免れた東京都内の自宅があり、また長男・俊仁も成人していたので、なんとか切り抜けることができた。また、GHQから公職追放を受けながらも、GHQに勤務でき

たことで「戦後の混乱期の生活は一応安定」(120) した。

戦後も戦前と同様、「専心安全運動に没頭」する姿勢は揺るがなかった。ただ、戦前のように組織として活動することはやめ、個人で続けたのである。その拠点は自宅に置かれた「日本安全研究所」で、蒲生が個人で運営する私的なものに過ぎなかったが、講演活動や出版事業などを活発に続けていた。

他方、戦後の労働災害防止運動の組織的な展開は、組織の統合再編を経て、1953年全日本産業安全連合会（略称・全安連）、そして1964年に中央労働災害防止協会（略称・中災防）へと向かうなかで、蒲生は側面的に協力し続けたものの、組織のなかで活動することは避けていたようである。そこには、戦前の官製団体の安全運動に対する蒲生の不信感や反省もあったであろうし、戦後社会も官僚主導ではなく民間主導の安全運動を歓迎する雰囲気が優勢であったことにもよると考えられる。このため、中災防の初代会長は、戦前からの安全運動の同志であった三村起一（1887-1972）が就任して、産業界の安全運動を主導することになった。

戦後の蒲生の取り組みは組織力を背景としたものでなかったがゆえに、社会的な足跡は目立たないが、死の間際まで安全運動に身を捧げていた様子を窺い知ることができる。たとえば、1958年10月には、75歳の高齢にもかかわらず、米国全国安全大会に招かれ、産業衛生専門視察団に参加して渡米している (121)。また、1959年4月から1964年3月31日まで政府（総理府）の産業災害防止対策審議会（会長は三村起一らが就いていた）の委員を務めている (122)。

こうした戦前から続く蒲生の社会活動に対し、政府は、1950年に労働大臣功労賞を、1957年に藍綬褒章を、そして1964年に勲二等瑞宝章をもって彼の功績を称えた。

しかし、1964年に地下鉄四ッ谷駅へ入る階段で足を踏み外し、入院を余儀なくされた蒲生は、その2年後、肺炎により83年5か月の生涯を閉じることになる (123)。1914年に東京電気で安全運動に乗り出して以来、1964年に病床に就くまでの半世紀を安全運動に身を捧げたのである。とくに、1924年からは文字通り「専心安全運動に没頭」した人生であった。

蒲生が亡くなった1966年9月9日に正四位が贈られた。父・俊孝の正六位勲五等と比較すれば、俊文の正四位勲二等は立派である。しかし、「位階勲等など〔…〕は人間の価値の一部分をも形成する要素ではない」(124) という彼が次のように述べる件（くだり）は、父・俊孝への敬慕の念を強く感じさせる。

> 児嶋惟謙氏の伝を読んだところが、同氏が渡辺千秋伯と汽車を同じくして某所を通過した時其側に渡辺伯の宏大な別荘が出来かゝつて居たので児島氏が「大変立派なお家が出来ますね」と半分皮肉に云うと、渡辺伯は傲然と之に答えて「君も一つ造つたら好いではないか」と言つた。その時児島氏が言下に「私は家を作る程泥棒はしません」と言うたとあつた。誠に奇矯のようであるが、私の父と一脈通ずる気分があるように

> 思えて心ひそかに愉快を感じたことであつた。私の父は位階勲等なども高きには昇らなかつた。否昇れなかつた。私はこれを惜しいとは思わない。何となればそんなことは人間の価値の一部分をも形成する要素ではないからである。私は独り書斎にとじこもつて父の残したこの詩集をひもときながらたとえ其れは父の詩の残された一部分に過ぎないとはいえ、玲瓏(れいろう)玉の如き父の心事と、その人格とを思い出す時に、あの厳格な風貌に面の当り接するやうな気がして思はず襟を正したのであつた。(125)(ルビ引用者)

父を敬慕する蒲生俊文も正四位勲二等という「位階勲等」ではなく、緑十字の安全旗を通して安全運動の精神が想起されていることを喜んでいるに違いない。

おわりに

蒲生の世代は、団結、社会、連帯、協調を志向した世代である。たとえば、友愛会を結成し労働組合運動を主導した鈴木文治(ぶんじ)（1885-1946 年）、修養団を設立した蓮沼門三(もんぞう)（1882-1980 年）、青年団運動に取り組み修養団にも参加した内務官僚の田沢義鋪(よしはる)（1885-1944 年）、「私達の社会」という理念を掲げ社会連帯思想を鼓吹し、「社会局生みの親」（佐藤進 1982: 411）である田子一民(たごいちみん)（1881-1963 年）、蒲生とともに労資協調を目指した内務官僚の河原田稼吉（1886-1955 年）、生産は社会のためにあるとして、蒲生とほぼ同時期に住友で安全運動を始めた三村起一(きいち)（1887-1972 年）らを、蒲生の世代は輩出した。

蒲生は安全第一協会に始まる安全運動を「社会的安全運動」と呼んだように、安全は工場だけでなく社会の全領域に自らの活動を広げ、個人と個人の協力に支えられて社会の横のつながりとして展開した。当時、社会主義、社会連帯、社会政策、社会事業、社会課・社会局などの言葉が造られたように、国家や個人の視点から抜け落ちてしまう社会という存在が意識されだしたのである。そこには国家と個人を結ぶ縦糸では捉えきれない、個人と個人を結ぶ横糸の在り方が模索された時代の要請があった。安全運動は、この時代の要請に応えようとした動きであり、蒲生俊文は、まさにその先頭に立って時代を導いていったといえる。

注（資料１）

(1) 谷元二編『昭和人名辞典　第 1 巻　東京篇』日本図書センター、1987 年、293 頁（原著：谷元二編『大衆人事録　東京篇　第十四版』帝国秘密探偵社, 1942 年）。

(2) 堀口良一「蒲生俊文の履歴書および辞令」、『近畿大学法学』第 58 巻第 1 号、2010 年 6 号、136-137 頁。

(3) 同、137-138 頁。

(4) 「第七代社長　新荘吉生氏略年譜」（東芝内部資料）。

(5) 蒲生俊文「吾が安全運動の思出」、米国ナショナル・セーフテイ・カウンシル（蒲生俊文訳）『産業安全ハンドブック』日本安全研究所、1959 年、152 頁。
(6) 堀口良一「蒲生俊文の墓誌」、『近畿大学法学』第 58 巻第 4 号、2011 年 3 月、72 頁。
(7) 前掲「蒲生俊文の履歴書および辞令」、102 頁。
(8) 宇都宮市史編さん委員会編『宇都宮市史　近・現代編Ⅰ』宇都宮市、1980 年、126 頁。
(9) 彦根正三編『改正官員録』博公書院, 第 49 冊（明治 16 年 4 月）、1884 年（国立国会図書館近代デジタルライブラリーで公開されている同書中の「各裁判所」の項目、191/318 コマによる）。
(10) 前掲「蒲生俊文の履歴書および辞令」、102 頁。
(11) 前掲「蒲生俊文の墓誌」、71 頁。
(12) 同、72 頁。
(13) 堀口良一「蒲生俊文「日本に於ける我が安全運動と其哲学」他」、『近畿大学法学』第 58 巻第 4 号、66 頁。
(14) 三省堂編修所編『コンサイス日本人名事典　改訂新版』三省堂、1993 年、363 頁。
(15) 堀口良一「記事「蒲生俊文、人と生涯」、『近畿大学法学』第 59 巻第 1 号、2011 年 6 月、64 頁。
(16) 飛騨人物事典編纂室編『飛騨人物事典』高山市民時報社、2000 年、81 頁。
(17) 高山市編輯・発行『高山市史　上巻』1981 年、946-955 頁（原著：1952 年）。
(18) 前掲『コンサイス日本人名事典　改訂新版』、1256 頁。
(19) 前掲『改正官員録』。
(20) 蒲生俊文「先人を憶ふ」（草稿）、1927 年。
(21) 前掲「記事「蒲生俊文、人と生涯」、64 頁。
(22) 前掲「先人を憶ふ」。
(23) 前掲『改正官員録』。
(24) 前掲「記事「蒲生俊文、人と生涯」、64 頁。
(25) 前掲「蒲生俊文の履歴書および辞令」、102 頁。
(26) 前掲「記事「蒲生俊文、人と生涯」、64 頁。
(27) 前掲「蒲生俊文の履歴書および辞令」、102 頁。
(28) 前掲「記事「蒲生俊文、人と生涯」、64 頁。
(29) 同、64 頁。
(30) 前掲「蒲生俊文「日本に於ける我が安全運動と其哲学」他」、66 頁。
(31) 前掲「吾が安全運動の思出」、152 頁。
(32) 前掲「蒲生俊文「日本に於ける我が安全運動と其哲学」他」、66 頁。
(33) 前掲「先人を憶ふ」。
(34) 前掲「蒲生俊文「日本に於ける我が安全運動と其哲学」他」、66 頁。
(35) 前掲「先人を憶ふ」。

(36) 同。

(37) 同。

(38) 前掲「蒲生俊文の履歴書および辞令」、117 頁。

(39) 同、104 頁および 121 頁。

(40) 同、104 頁。

(41) 前掲「記事「蒲生俊文、人と生涯」、65 頁。

(42) 同、64-65 頁。

(43) 前掲「吾が安全運動の思出」、156 頁。

(44) 東京芝浦電気株式会社編集・発行『東芝百年史』、1977 年、649-662 頁。

(45) 東京芝浦電気株式会社総合企画部社史編纂室編纂『東京芝浦電気株式会社八十五年史』東京芝浦電気株式会社、1963 年、13 頁。

(46) 前掲『東芝百年史』、26-28 頁。

(47) 同、28 頁。

(48) 同、624 頁。

(49) 前掲「吾が安全運動の思出」、150 頁。

(50) 裴富吉『労働科学の歴史――暉峻義等の学問と思想』白桃書房、1997 年、261-279 頁。

(51) 蒲生俊文『安全運動三十年』奨工新聞社、1942 年、4 頁。

(52) 前掲「蒲生俊文「日本に於ける我が安全運動と其哲学」他」、59 頁。

(53) 前掲「吾が安全運動の思出」、150 頁。

(54) 同、150 頁。

(55) 前掲「蒲生俊文の履歴書および辞令」、113 頁。

(56) 蒲生純子（蒲生俊仁編）『たのしく美しかりし日日』（非売品）、1975 年、25 頁。

(57) 前掲「吾が安全運動の思出」、156 頁。

(58) 前掲「記事「蒲生俊文、人と生涯」、64 頁。

(59) 同、64 頁。

(60) 前掲「第七代社長　新荘吉生氏略年譜」。

(61) 中央労働災害防止協会編集・発行『安全衛生運動史――労働保護から快適職場への七〇年』1984 年、42-43 頁。

(62) 松尾尊兊『大正時代の先行者たち』（同時代ライブラリー）岩波書店、1993 年、53-55 頁。

(63) 前掲『安全衛生運動史』、42-43 頁。

(64) 蒲生俊文『Ｓ式労働管理法』日東社、1926 年。

(65) 堀口良一「工場法・安全運動・労務管理――蒲生俊文を中心にして――」、『近畿大学法学』第 53 巻第 2 号、2005 年 11 月、99-100 頁。

(66) 前掲『安全運動三十年』、92 頁。

(67) 同、95 頁。

(68) 蒲生俊文『戦時下の産業安全運動』大日本雄弁会講談社、1943 年、148 頁。

(69) 前掲『安全運動三十年』、93 頁。
(70) 同、93 頁。
(71) 前掲『S式労働管理法』、3 頁。
(72) 同、5 頁。
(73) 前掲『安全運動三十年』、92 頁。
(74) 同、95 頁。
(75) 前掲『S式労働管理法』、5 頁。
(76) 蒲生俊文『新労働管理』(産業衛生講座第 1 巻) 保健衛生協会、1937 年、265 頁。
(77) 同、348 頁。
(78) 同、349 頁。
(79) 前掲『安全運動三十年』、95 頁。
(80) 前掲『新労働管理』、434 頁。
(81) 安全第一協会編集・発行、機関誌『安全第一』第 1 巻第 1 号、1917 年 4 月、75 頁。
(82) 前掲『安全運動三十年』、7 頁。
(83) 前掲「蒲生俊文「日本に於ける我が安全運動と其哲学」他」、61 頁。
(84) 同、61 頁。
(85) 前掲「吾が安全運動の思出」、152 頁。
(86) 前掲「蒲生俊文「日本に於ける我が安全運動と其哲学」他」、60 頁。
(87) 同、61 頁。
(88) 故内田嘉吉氏記念事業実行委員編集・発行『内田嘉吉文庫稀覯書稀集覧』、1937 年。
(89) 前掲「蒲生俊文の履歴書および辞令」、131 頁。
(90) 同、128 頁。
(91) 同、129 頁。
(92) 河原田稼吉『労働争議調停法』警察講習所学友会、1926 年、33 頁。
(93) 河原田稼吉「協調会の新方針に就いて」、協調会編集・発行『社会政策時報』187 号、1936 年、4 頁。
(94) 前掲『新労働管理』、260 頁。
(95) 同、265 頁。
(96) 前掲『安全運動三十年』、7 頁。
(97) 前掲「蒲生俊文の履歴書および辞令」、131 頁。
(98) 前掲『安全運動三十年』、17 頁。
(99) 内閣印刷局編集・発行『職員録』(大正十三年七月一日現在)、1914 年、13 頁。
(100) 前掲「蒲生俊文の履歴書および辞令」、131 頁。
(101) 産業福利協会編集・発行『産業福利』第 2 巻第 7 号、1927 年 7 月、56 頁および同、第 4 巻第 4 号、1929 年 4 月、95 頁。
(102) 山本通「B・シーボーム・ラウントリーの日本滞在記 (1924 年) ――ラウントリー

社と森永製菓の資本提携の企画について」、神奈川大学経済学会『商経論叢』第 41 巻第 3-4 号、2006 年 3 月、59 頁。
(103) 同、54 頁。
(104) 河原田稼吉「産業福利の精神」、『産業福利』第 2 巻第 2 号、1927 年 2 月、9 頁。
(105) 前掲『産業福利』第 1 巻第 1 号、1 頁。
(106) 堀口良一「河原田稼吉と蒲生俊文の「産業福利の精神」について」、『近畿大学法学』第 56 巻第 1 号、2008 年 6 月、75 頁。
(107) 産業福利協会編集・発行『産業福利』第 1 巻第 10 号、1926 年 11 月、10 頁。
(108) 前掲『S式労働管理法』、3 頁。
(109) 前掲『S式労働管理法』、3 頁。
(110) 町田辰次郎『協調会史——協調会三十年の歩み』「協調会」偕和会、1965 年、77 頁。
(111) 堀口良一「産業福利協会について——戦前日本における労資協調と労働安全」、『社会政策学会誌』第 19 号、2008 年 3 月、205-207 頁。
(112) 前掲『協調会史』、36 頁。
(113) 蓮沼門三全集刊行会編『蓮沼門三全集 第十二巻』財団法人修養団、1972 年、303 頁。
(114) 前掲「蒲生俊文の履歴書および辞令」、135-136 頁。
(115) 前掲『協調会史』、103-106 頁。
(116) 同、103-107 頁。
(117) 前掲「蒲生俊文の履歴書および辞令」、137 頁。
(118) 横関至「産業福利研究会による『産業福利』の発行継続」、『協調会史料『産業福利』復刻版』別巻、2007 年、33-48 頁および横関至「蒲生俊文の「神国」観と戦時下安全運動」、『大原社会問題研究所雑誌』第 598 号、2008 年 9 月、38-50 頁。
(119) 前掲「蒲生俊文の履歴書および辞令」、114 頁。
(120) 前掲「記事「蒲生俊文、人と生涯」、67 頁。
(121) 前掲「蒲生俊文の履歴書および辞令」、116 頁。
(122) 同、100 頁。
(123) 前掲「記事「蒲生俊文、人と生涯」、68 頁。
(124) 前掲「先人を憶ふ」。
(125) 同。

資料2　蒲生俊文履歴書

蒲生俊文の履歴を知る重要な手掛かりの一つは履歴書であるが、彼が後半生を過ごした自宅で発見された3通の履歴書を掲載する。

履歴書の概要は下の表に示したが、「大正十年九月」の日付の履歴書、日付はなく社会局の履歴用紙に書かれた履歴書、そして「昭和三十三年九月三日」の日付の履歴書がある。ここでは、これらの履歴書を、それぞれ大正履歴書、社会局履歴書、および昭和履歴書と呼んでおく。3通とも加筆修正箇所があるため、すべて下書きである。清書した履歴書は提出されたと考えられるので、蒲生の手元には残されていない。

	作成時期	提出先（推定）
大正履歴書	1921年9月	明治大学
社会局履歴書	1924年3月～1925年11月（推定）	産業福利協会
昭和履歴書	1958年9月3日	臨時産業災害防止懇談会

大正履歴書は「大正十年九月」作成と記され、日付の記載はない。当時、蒲生は東京電気株式会社に勤務する傍ら、民間の安全運動団体の中心的存在として活躍していた。その後、「大正十年三月」に協調会の事務を嘱託され（下記の辞令22参照）、また関東大震災後の「大正十二年十月」に帝都復興院に職を得ているが（下記の辞令24参照）、両方とも時期的に大正履歴書との関連は考えられない。この時期に履歴書が必要だと考えられる最も関連性のある事柄は、1922年（大正11年）4月から明治大学で教鞭を執り始めることであろう。したがって、この履歴書は大学から講師（非常勤）として採用されるに当たって提出を求められたときの下書きだと思われる。なお、履歴書の末尾に教職暦があるが、それは、のちに書き加えられたものである。

社会局履歴書については、作成者の記載が欠落していること、大正履歴書と筆跡が異なっていることなどから判断して、蒲生の自筆履歴書ではないと考えられる。また、作成の日付は欠落しているが、履歴の最終事項が大正「十三年三月十日」に社会局第一部「監督課勤務ヲ命ス」と記載されているので、当時、社会局の嘱託（下記の辞令28参照）であった蒲生が、翌年1925年（大正14年）11月に発足する社会局の外郭団体・産業福利協会の幹事に就任（下記の辞令29参照）する際に提出を求められた履歴書の下書きであろう。したがって、そこから作成の時期を推定すれば、1924年（大正13年）3月から1925年11月の間だということになる。なお、この履歴書には多数の修正の指示や訂正箇所が見られるが、それは社会局の指示であろう。

昭和履歴書は「昭和三十三年九月三日」に作成と記された自筆履歴書（の下書き）である。履歴書の記載内容で安全運動にかんする記述が詳しく書かれていることをふまえれば、1958年9月に発足した臨時産業災害防止懇談会の委員就任、あるいは1959年4月に設置された産業災害防止対策審議会（総理府設置法の一部改正による）の委員就任に際して提出を求められた可能性が考えられる。履歴書の日付が1958年9

月3日であることから、1958年9月20日に首相が30名の民間人に委嘱を発令した臨時産業災害防止懇談会の委員である可能性が高い（全日本産業安全連合会編集・発行『安全運動のあゆみ』1963年、238頁)。ただし、蒲生が同懇談会の委員であったか否かは未確認である。また、産業災害防止対策審議会については、発足時から1964年3月31日まで5年間にわたり委員を務めた（『職員録　昭和35年版（上)』大蔵省印刷局、1959年、70頁／『職員録　昭和36年版（上)』大蔵省印刷局、1960年、71頁／『職員録　昭和37年版（上)』大蔵省印刷局、1961年、74頁／『職員録　昭和38年版（上)』大蔵省印刷局、1962年、75頁／『職員録　1964上』大蔵省印刷局、1963年、76頁／1963年の同委員委嘱にかんする辞令44)。

なお、履歴書を掲載するにあたり、以下の諸点をふまえた。

・履歴書にある罫線は略した。

・改行は原文のとおりである。ただし、印字上の関係から改行できない場合は／で改行箇所を示した。

・原文にある加筆部分は（　）内に示した。ただし、長文または欄外記載の加筆部分は注で示した。

・削除を示す取り消し線は、すべて２本線で示した。

・注記は〔　〕内に示した。

・注は資料２の末尾に一括した。

資料２　蒲生俊文履歴書

履歴書

原籍　岐阜縣大野郡高山町大字三町
　　　九百弐拾弐番地戸主（1）
現住所　神奈川縣橘樹郡川崎町下新宿
　　　拾九番地
　　　　蒲生俊文
　　　　明治十六年四月九日生

学歴

明治廿一年四月茨城縣下妻尋常小學校ニ入學ス
明治廿五年四月茨城縣龍ヶ崎高等小學校ニ入學ス
明治廿八年三月同校三學年修了同四月東京市私立錦
　城中学校ニ入学ス

（大正履歴書1頁）

明治卅一年九月山形縣荘内中學校四学年ニ轉校ス
明治卅三年三月同校ヲ卒業ス
明治卅三年七月仙臺市第二高等學校一部英法科
　ニ入學ス
明治卅六年七月同校ヲ卒業ス
明治卅六年九月東京帝国大學法科大學政治学科
　ニ入學ス
明治四十年七月右卒業ス

官歴

明治四十一年三月任統監府属兼大蔵属韓国政府度
　支部事務嘱托（ママ）トナル大蔵省主税局勤務
明治四十二年一月度支部ノ命ニヨリ財務行政調査ノ為メニ

（大正履歴書2頁）

東京横濱秦野大坂神戸ノ諸官衙及不動産
銀行ニ出張ス
明治四十二年五月依願解囑托辞[ママ]統監府属兼大
蔵属
（大正十二年一月〔十月の誤り〕
帝都復興院事ムヲ囑託ス
同十三年二月囑託ヲ解ク）[(2)]

民　業　歴

明治四十四年拾弐月東京電気株式会社ニ入社ス
大正二年二月工業部庶務課長ニ任ス工業部
長秘書事務、労働問題ノ調査研究並ニ福
利増進事業ノ施設ヲ執掌ス
（大正三年十月工業部購買課長兼庶務課長ニ任ズ）
大正八年四月組織変更ト共ニ秘書課人事係長
ニ任ジ直接社長監督ノ下ニ一切ノ人事並ニ労
働問題ノ調査研究、福利増進事業ノ施設

（大正履歴書3頁）

ニ従事ス
大正十年九月重役直属従業者福利係長トシテ
一切ノ福利事業職工ニ関スル一切事務並ニ労
働問題及ビ之ニ関連スル一切問題~~ニツキ~~（ヲ司掌シ）会社並ニ
工場~~管理~~（経営）ニ対シ助言ノ責ニ任ズ
（大正十一年七月組織変更ト共ニ総務部福利課長ニ任ズ職責／元ノ如シ）

安全事業歴

大正四年　~~月~~（社会ニ率先シテ）東京電気株式会社内ニ安全
委員会（制度）ヲ創設（ス）~~シ当時の同縣知事有吉忠一氏~~
~~ノ賞讃ヲ博ス~~
大正七年[(3)]　二月内田嘉吉氏等ト安全第一協会
ヲ総轄シ理事トシテ専ラ其衝ニ当リ（且ツ）雑誌安全
第一ヲ発行ス~~及ビ講演~~

（大正履歴書4頁）

大正八年五月文部省教育博物館ガ災害防止
展覧会開催ノ旨ヲ以テ同館長ヨリ助力方申越
ニヨリ忠告ノ任ニ当リ且ツ右開期中ニ安全週間
ノ発起ヲ為シ社会各方面ノ賛助ニヨリ日本ニ最初ノ
安全週間ヲ行フ
大正八年七月中央災害防止協会設立ト共ニ
幹事トナル
大正九年十月神奈川縣工場懇話会所属ノ工場
ニ安全日実行ノ委員トシテ立案施設ニ当ル
大正札（十）年三月東京工場懇話会各工場ニ安全
日実行委員トシテ盡力ス
大正十年四月ヨリ協調会社会政策講習所

（大正履歴書5頁）

ニ講師トシテ災害予防ヲ講ズ~~現在ニ至ル~~
公　職　歴
大正八年八月橘工場協会副会長就任
大正十年三月（財団法人）協調会事務嘱托トナル[4]
大正十年三月川嵜町会議員選任
大正十年四月川嵜町學務委員選任
（教　職　歴
大正十一年四月（ヨリ）明治大学講師トシテ法学部
ニ~~於テ~~労働法（講坐）商学部ニ~~於テ工~~（工）場管理
講坐ヲ擔任ス）[5]
右之通相違無之候也
大正十年九月　　右
蒲　生　俊　文

（大正履歴書6頁）

社会局履歴書

位勲爵博士　　氏名　蒲生俊文
府縣族籍　　舊氏名
生年月日　明治十六年四月九日
原　籍　岐阜縣大野郡高山町大字三町九百二十二番地
現住所

年號	月日	任免賞罰事故	官衙
~~明治二十一年~~	~~四月~~	~~茨城縣下妻尋常小學校ニ入學ス~~	
(6) ~~廿五年~~	~~四月~~	茨城縣龍ヶ崎高等小學校~~ニ入學ス~~（三学年修了）	
~~廿八年~~	~~三月~~	~~同校三學年修了~~	
	四月	東京市私立錦城中學校ニ入學ス	
三十一年	九月	山形縣荘内中學校四學年ニ轉校ス	
三十三年	三月	同校ヲ卒業ス	
同年	七月	仙臺市第二高等學校一部英法科ニ入學ス	
三十六年	七月	同校ヲ卒業ス	

(社会局履歴書1頁)

年號	月日	任免賞罰事故	官衙
三十六年	九月	東京帝國大學法科大學政治学科ニ入学ス	
四十年	七月	同校ヲ卒業ス	
四十一年	三月	任統監府属（在官ノ儘）兼（任）大蔵属	統監府／大蔵省
(7) (四十一年	三月)	~~韓国政府~~（ノ聘用ニ應ズル件許可ス）~~度支部事務囑託トナル~~	度支部 (8)
		大蔵省主税局勤務	
四十二年	一月	度支部ノ命ニヨリ財務行政調査ノ為ニ	
		東京横濱秦野大坂神戸ノ諸官衙及不動	
		産銀行ニ出張ス	
同年	五月	依願~~解~~をヲ囑託ヲ解ク (9)	度支部 (10)
(11)		統監府属兼大蔵属 (12) ~~ヲ辞ス~~	統監府
四十四年	十二月	東京電気株式会社ニ入社ス	
大正二年	二月	工業部庶務課長ニ任ス	
		工業部~~庶務課長~~（長秘書事務）ニ労働問題ノ調査研究	
		並ニ福利増進事業ノ施設ヲ~~執掌~~（執掌）ス	

(社会局履歴書2頁)

(13)

三年　十月　工業部購買課長兼庶務課長ニ任ス
四年　　　　社会ニ卒先シテ東京電気株式会社内ニ
　　　　　　安全委員会ヲ創設ス
七年　二月　内田嘉吉氏等ト安全第一協会ヲ総
　　　　　　轄シ理事トシテ専ラ其衝ニ當リ雑誌安全
　　　　　　第一ヲ發行ス
八年　四月　組織變更ト共ニ秘書課人事係長ニ任シ直接
　　　　　　社長監督ノ下ニ一切ノ人事並労働問題ノ
　　　　　　調査研究福利増進事業ノ施設ニ従事ス
八年　五月　文部省教育博物館ガ災害防止展覧會
　　　　　　開催ノ旨ヲ以テ同館長ヨリ助力方申越ニヨリ
　　　　　　忠告ノ任ニ當リ且ツ右開期中ニ安全週間
　　　　　　ノ發起ヲ為シ社會各方面ノ賛助ニヨリ日本ニ
　　　　　　最初ノ安全週間ヲ行フ

(社会局履歴書３頁)

(14)

八年　七月　中央災害防止協會設立ト共ニ之ガ幹事トナル
　　　八月　橘工場協會副會長就任
九年　十月　神奈川縣工場懇話會所属ノ工場ニ安全
　　　　　　日實行ノ委員トシテ之カ立案施設ニ當ル
十年　三月　本會事務ヲ嘱託ス（協調会事務嘱託）　　財団法人／協調会
同年　同月　東京工場懇話會各（所属ノ）工場ニ安全日實行委員
　　　　　　トシテ之ガ立案施設ニ當ル
同年　同月　川崎町町會議員選任
同年　四月　川崎町學務委員選任
同年　同月　協調會社會政策講習所ニ講師トシテ災害
　　　　　　豫防ヲ講ス
同年　九月　重役直属従業者福利係長トシテ一切ノ福利
　　　　　　事業職工ニ関スル一切事務並労働問題並（及）之
　　　　　　ニ関連スル一切問題ヲ司掌シ會社並工場管

(社会局履歴書４頁)

		理ニ関シ助言ノ責ニ任ス	
十一年	四月	明治大學講師トシテ法學部ニ労働法講座商學部ニ工場管理講座ヲ擔任ス	
十二年	七月	東京電気株式會社組織變更ト共ニ総務部福利課長ニ任ス職責元ノ如シ	
~~十二年~~	十一月	申出ニ依リ解~~傭ス~~職ス	
(15)	十月	帝都復興院事務ヲ囑託ス (16)	帝都復興院 (18)
		月手当金貳百円ヲ給ス (17)	
十三年	二月	囑託ヲ解ク (19)	帝都復興院
	三月十日	第一部事務取扱ヲ囑託ス	社會局
		月手當百圓給與	
		監督課勤務ヲ命ス	同第一部 (20)

(社会局履歴書5頁)

(社会局履歴書6頁)

履歴書

原籍　東京都杉並区馬橋一丁目九番地

現住所　同前

蒲生俊文

明治十六年四月九日生

学歴

明治四十年七月東京帝国大学法科大学政治学科卒業

業歴

明治四十四年東京電気株式會社工業部庶務課長

大正三年同社内ニ安全運動ヲ創設ス

大正四年始メテ工場安全委員会ヲ組織ス

大正六年安全第一協会ヲ組織シ理事トシテ「安全第一」ヲ発行、安全運動ノ社会化ニ努力ス

（昭和履歴書１頁）

大正八年東京市及隣接町村ヲ区域トシテ始メテ安全週間運動ヲ行フ、此時緑十字安全マークヲ定ム

大正九年神奈川県工場懇話会ノ委嘱ニヨリ委員長トシテ工場安全デーヲ立案指導ス

同年　財團法人協調会社会政策講習所ニ「災害豫防」ヲ講ズ

大正十一年四月ヨリ（昭和廿二年三月マデ）明治大学ニ「労働保護法規」「労働管理」「工場管理」ノ講座を担当ス

大正十三年東京電気株式会社ヲ辞ス

大正十四年内務省社会局囑託トシテ財團法人産業福利協会常務理事就任　安全運動並産業福利施設指導

昭和三年一道三府二十一縣連合安全週間ノ立案及ビ趣旨宣布ノ為メ各府縣ヲ巡回ス、此際緑十字ヲ全国安全マークト決定

昭和四年全国安全週間ノ立案指導ニ当ル

（昭和履歴書２頁）

昭和十一年財團法人協調会ト財團法人産業福利協会ト合併、安全
運動並一般福利施設ヲ総括ス
昭和十二年右協調会常務理事産業福利部長就任
（追加）米国ノ例ニ倣ヒ全国安全大会ヲ開催ス[21]
昭和十六年大日本産業報国会ト産業福利部ト合併、安全
部長トシテ勤務、次デ中央本部理事トナル
終戦後産報会理事タリシ所以ヲ以テ追放サレタルモ宛モGHQ内ニ労
働顧問委員会組織サレタルニ際シ同会ノ依嘱ニヨリ特別労働顧
問トシテ勤務来シタリ
目下全国産業安全連合会顧問、名与[ママ]会員、日本安全衛生協会
会長、日本安全研究所々長就任

海　外　関　係

昭和二年国際労働総会ニ際シ委員附トシテ渡欧シ専ラ欧米各国ノ安全
衛生博物館ヲ調査シ且ツ米国全国安全大会ニ出席ス

(昭和履歴書3頁)

其後世界各国ノ協力ヲ図リ米国キヤメロン氏ヲ通ジテ世界安全会議
ヲ発起賛成ノ下ニ成立、第一回ヲアムステルダムニ於テ行ヒ第二回ヲイタリー
ニ於テ行フベキニ当リ大戦突発シタリ
戦後再ビ各国ノ協力ヲ図リ各国主要安全團体ト連絡シタル結果昭和
三十年六月欧州安全連合会創設サル
昭和卅三年十月米国全国安全大会ニ招カレ且ツ産業衛生専門視察團ニ
参加シ渡米ス

賞罰

昭和十五年明治大学六十周年記念式ニ際シ永年勤續ニ付表彰サル
昭和廿五年（七月）労働大臣ヨリ安全運動ノ先覚者トシテ表彰サル
昭和卅二年十一月産業安全運動創始、普及指導ニ付藍綬褒章授与
右ノ通相違アリマセン
昭和卅三年九月三日[22]　　右　蒲　生　俊　文

(昭和履歴書4頁)

注（資料 2）

(1)　この行の上方に「蒲生俊文」の押印がある。

(2)　この 3 行は欄外に加筆されたものである。

(3)　「七年」は「六年」の誤記。

(4)　この 1 行は、「大正十年四月　川嵜町学務委員選任」の次の行に記載されているが、矢印で、ここに挿入するよう指示されている。

(5)　この教職歴の部分は末尾に記載され、矢印でここに挿入するよう指示がある。

(6)　この年月は「二十八年三月」と訂正加筆されている。

(7)　ここ（欄外）に「辞令文ノ通リ訂正~~ヲ要ス~~ノコト」と注記されている。

(8)　ここには「官衙名記入~~ヲ要ス~~ノコト」と注記されている。

(9)　「依願ᄒᆞ야嘱託을解ᄒᆞᆷ」の意味は「依願シテ嘱託ヲ解ク」である。

(10)　ここには「官衙名記入ノコト」と注記されている。

(11)　ここ（欄外）に「辞令文ノ通リ訂正~~ヲ要ス~~ノ事」と注記されている。

(12)　ここに「度支部嘱托ヲ解カレタルニツキ当然廃官」を挿入する指示がある。

(13)　「七年」は「六年」の誤記。

(14)　ここ（欄外）に「辞令文ノ通リ記入ノ事」と注記されている。

(15)　ここ（欄外）に「辞令文ノ通リ記入ノ事」と注記されている。

(16)　この部分は「(帝都復興院事務嘱託)」の上に加筆されている。

(17)　「申し出ニ依リ…百円ヲ給ス」の 3 行は、あとで加筆した形跡がある。

(18)　ここには「官衙名記入ノコト」と注記されている。

(19)　ここに「(嘱託ヲ解ク) ？」と注記されている。

(20)　以下、空白。

(21)　この 1 行は、後で書き加えられたようであるが、全国安全大会は「昭和十二年」(1937 年) ではなく、昭和 7 年 (1932 年) に始まったので、西暦和暦の換算の間違いによる誤記であろう。

(22)　「九月三日」の日付は「三」の一番下の横線に短い縦線が入っているため、「九月二十日」とも読める。

資料3　蒲生俊文辞令

蒲生俊文の履歴を正確かつ客観的に裏付ける資料に辞令があるが、以下では、蒲生が住んでいた自宅に保管してあった辞令44通を紹介する。

その概要を下の表に示したが、1908年（明治41年）から1963年（昭和38年）までの時期において、東京市3通、統監府3通、大蔵省2通、度支部（韓国政府）1通、東京電気15通、協調会9通、帝都復興院2通、社会局（内務省）1通、産業福利協会4通、大日本産業報国会3通、総理府1通を含んでいる。これらの辞令は、履歴書に反映されているものも含まれているが、そうでない内容もあり、履歴書の内容を裏付けたり、履歴書に書かれていない内容を補足する貴重な資料である。

	日付	発令機関
辞令1	1908年3月2日	東京市参事会
辞令2	1908年3月2日	東京市役所
辞令3	1908年3月13日	統監府
辞令4	1908年3月13日	統監府
辞令5	1908年3月13日	大蔵省
辞令6	1908年3月13日	副統監（統監代理）
辞令7	1908年3月28日	東京市参事会
辞令8	1908年4月11日	大蔵省
辞令9	1908年5月18日	度支部
辞令10	1911年12月23日	東京電気株式会社
辞令11	1911年12月23日	東京電気株式会社
辞令12	1913年2月12日	東京電気株式会社
辞令13	1913年8月1日	東京電気株式会社
辞令14	1913年12月1日	東京電気株式会社
辞令15	1914年10月16日	東京電気株式会社
辞令16	1914年10月16日	東京電気株式会社
辞令17	1914年10月16日	東京電気株式会社
辞令18	1915年12月1日	東京電気株式会社
辞令19	1917年12月1日	東京電気株式会社
辞令20	1918年12月1日	東京電気株式会社
辞令21	1918年12月1日	東京電気株式会社
辞令22	1921年3月1日	財団法人協調会

辞令 23	1921 年 9 月 1 日	東京電気株式会社
辞令 24	1923 年 10 月 5 日	帝都復興院
辞令 25	1923 年 11 月 30 日	東京電気株式会社
辞令 26	1923 日 12 月 1 日	東京電気株式会社
辞令 27	1924 年 2 月 23 日	帝都復興院
辞令 28	1924 年 3 月 10 日	社会局
辞令 29	1925 年 11 月 26 日	産業福利協会会長
辞令 30	1927 年 3 月 31 日	産業福利協会
辞令 31	1927 年 5 月 4 日	産業福利協会会長
辞令 32	1930 年 12 月 18 日	財団法人産業福利協会[注]
辞令 33	1936 年 3 月 31 日	財団法人協調会
辞令 34	1936 年 3 月 31 日	財団法人協調会
辞令 35	1936 年 7 月 10 日	財団法人協調会
辞令 36	1936 年 10 月 1 日	財団法人協調会
辞令 37	1937 年 3 月 31 日	財団法人協調会
辞令 38	1937 年 4 月 30 日	財団法人協調会会長
辞令 39	1937 年 4 月 30 日	財団法人協調会会長
辞令 40	1937 年 4 月 30 日	財団法人協調会
辞令 41	1941 年 3 月 31 日	大日本産業報国会長
辞令 42	1941 年 9 月 4 日	大日本産業報国会長
辞令 43	1941 年 12 月 6 日	大日本産業報国会長
辞令 44	1963 年 6 月 14 日	総理府（内閣総理大臣）

(注)　産業福利協会は 1929 年 2 月に財団法人となる。

なお、辞令を掲載するにあたり、以下の諸点をふまえた。

・辞令に印刷してある線・枠等は略した。

・辞令にある任命権者の押印は注で補足した。

・改行は原文のとおりである。ただし、印字上の制約から原文どおり記載できない場合は注でその旨示した。

・辞令の用紙は、すべて長方形であり、横が長いものと縦が長いものがある。ここでは、横長と縦長の区別にとどめ、用紙の大きさの区別はしていない。

・注は各辞令の右に記した。

辞令1　「東京市参事会」の押印あり。

蒲生俊文
任東京市事務員
給五級俸
明治四十一年三月二日

辞令2

事務員蒲生俊文
勧業課勤務ヲ命ス
明治四十一年三月二日
東京市役所

辞令3　「統監府印」の押印あり。

蒲生俊文
任統監府属
明治四十一年三月十三日

辞令4

統監府属蒲生俊文
五級俸下賜
明治四十一年三月十三日
統監府

統監府属蒲生俊文

兼任大蔵属

明治四十一年三月十三日

辞令 5　「大蔵省印」の押印あり。

統監府属兼大蔵属蒲生俊文

在官ノ儘韓国政府ノ聘用ニ応シ並

同政府ヨリ給与ヲ受クル件許可ス

明治四十一年三月十三日

統監代理

副統監子爵曽禰荒助

辞令 6　「副統監印」の押印あり。

東京市事務員蒲生俊文

依願免事務員

明治四十一年三月廿八日

東京市参事会

辞令 7

大蔵属蒲生俊文
主税局勤務ヲ命ス
明治四十一年四月十一日
大蔵省

辞令 8

嘱託蒲生俊文
依願ᄒᆞ야嘱託을解흠
隆熙三年五月十八日
度支部

辞令 9　「度支部印」の押印あり。「依願ᄒᆞ야嘱託을解흠」の意味は「依願シテ嘱託ヲ解ク」である。「隆熙」は大韓帝国の元号で、「隆熙三年」は 1909 年である。

法学士蒲生俊文
本会社書記ニ採用ス
但月給金五十円支給
明治四十四年十二月廿三日
東京電気株式会社

辞令 10　「東京電気株式会社印」の押印あり。

書記蒲生俊文
庶務掛ヲ命ス
明治四十四年十二月廿三日
東京電気株式会社

辞令 11　「東京電気株式会社印」の押印あり。

蒲生俊文
庶務課長ヲ命ス
大正二年二月十二日
東京電気株式会社

辞令 12　「東京電気株式会社印」の押印あり。

書記蒲生俊文
自今月給金六拾五円
支給ス
大正二年八月一日
東京電気株式会社

辞令 13　「東京電気株式会社印」の押印あり。

書記蒲生俊文
自今年俸金壹千円
支給ス
大正二年十二月一日
東京電気株式会社

辞令 14　「東京電気株式会社印」の押印あり。

書記蒲生俊文
工業部庶務課長ヲ免ス
大正三年十月十六日
東京電気株式会社

辞令 15　「東京電気株式会社印」の押印あり。

書記蒲生俊文
工業部購買課長ヲ命ス
大正三年十月十六日
東京電気株式会社

辞令 16　「東京電気株式会社印」の押印あり。

書記蒲生俊文
工業部庶務課長兼務ヲ命ス
大正三年十月十六日
東京電気株式会社

辞令 17　「東京電気株式会社印」の押印あり。

書記蒲生俊文
自今年俸金壹千壹百円
支給ス
大正四年十二月一日
東京電気株式会社

辞令 18　「東京電気株式会社印」の押印あり。

書記蒲生俊文
自今年俸金壹千弐百五拾円
支給ス
大正六年十二月一日
東京電気株式会社

辞令 19　「東京電気株式会社印」の押印あり。

書記蒲生俊文
秘書課人事係長ヲ
命ス
大正七年十二月一日
東京電気株式会社

辞令 20　「東京電気株式会社印」の押印あり。

書記蒲生俊文
自今年俸金壹千四百参拾円
支給ス
大正七年十二月一日
東京電気株式会社

辞令 21　「東京電気株式会社印」の押印あり。

蒲生俊文氏（ママ）
本会事務ヲ嘱託ス
大正十年三月一日
財団法人協調会

辞令 22　「財団法人協調会」の押印あり。

書記蒲生俊文
自今年俸金壹千八百五拾円
支給ス
大正十年九月一日
東京電気株式会社

辞令 23　「東京電気株式会社印」の押印あり。

蒲生俊文
帝都復興院事務ヲ囑託ス
月手当金弐百円ヲ支給ス
大正十二年十月五日
帝都復興院

辞令 24

社員蒲生俊文
申出ニ依リ解職ス
大正拾弐年拾壹月参拾日
東京電気株式会社

辞令 25　「東京電気株式会社印」の押印あり。

蒲生俊文

当社総務部ノ事務ヲ嘱托ス

但其期間ヲ大正拾参年参月末日迄トシ其期間分　金六百円ヲ支給

大正拾弐年拾弐月壹日

東京電気株式会社

辞令 26　「東京電気株式会社印」の押印あり。「但其期間ヲ大正拾参年参月末日迄トシ其期間分　金六百円ヲ支給」の部分は、「但其期間ヲ大正拾参年参月末日迄トシ其期間分」と「金六百円ヲ支給」の間で改行され、それぞれ1行で記載されている。

帝都復興院事務嘱託蒲生俊文

嘱託ヲ解ク

大正十三年二月廿三日

帝都復興院

辞令 27

蒲生俊文

第一部事務取扱ヲ嘱託ス

月手当百円給与

大正十三年三月十日

社会局

辞令 28

辞令 29

蒲生俊文

本会幹事ヲ嘱託ス

大正十四年十一月二十六日

産業福利協会会長長岡隆一郎

辞令 30

幹事蒲生俊文

手当トシテ月五十円給与

昭和二年三月三十一日

産業福利協会

辞令 31

蒲生俊文

本会理事兼幹事ヲ依嘱ス

昭和二年五月四日

産業福利協会々長長岡隆一郎

常務理事蒲生俊文
事務勉励ニ付金五百四拾円
賞与
昭和五年十二月十八日
財団法人産業福利協会

辞令 32

参事蒲生俊文
産業福利部副部長ヲ命ス
昭和十一年三月三十一日
財団法人協調会

辞令 33　「財団法人協調会」の押印あり。

蒲生俊文
参事ヲ命ス
年俸金弐千八百円給与
昭和十一年三月三十一日
財団法人協調会

辞令 34　「財団法人協調会」の押印あり。

参事蒲生俊文
産業福利部長代理ヲ命ス
昭和十一年七月十日
財団法人協調会

辞令 35　「財団法人協調会」の押印あり。

参事蒲生俊文
産業福利部委員ヲ命ス
昭和十一年十月一日
財団法人協調会

辞令 36　「財団法人協調会」の押印あり。

参事蒲生俊文
産業福利部長ヲ命ス
年俸参千円給与
昭和十二年三月三十一日
財団法人協調会

辞令 37　「財団法人協調会」の押印あり。

評議員ヲ嘱託ス
常議員ヲ嘱託ス
理事ヲ嘱託ス
蒲生俊文氏
昭和十二年四月三十日
財団法人協調会会長公爵徳川家達

辞令 38　「財団法人協調会会長」の押印あり。

常務理事ニ選任ス
理事蒲生俊文
昭和十二年四月三十日
財団法人協調会会長公爵徳川家達

辞令 39　「財団法人協調会会長」の押印あり。

産業福利部長ヲ命ス
常務理事蒲生俊文
昭和十二年四月三十日
財団法人協調会

辞令 40　「財団法人協調会」の押印あり。なお、産業福利部長は同年3月31日に任命されている（辞令37参照）ので、1ヵ月後に再度、任命された理由は明らかでない。

蒲生俊文
大日本産業報国会中央本部事務局
労務局安全部長ヲ命ス
年俸四千八百円ヲ給ス
昭和十六年三月三十一日
大日本産業報国会長平生釟三郎

辞令 41　「大日本産業報国会長之印」の押印あり。

蒲生俊文殿
安全委員会委員ヲ委嘱ス
昭和十六年九月四日
大日本産業報国会長平生釟三郎

辞令 42　「大日本産業報国会長之印」の押印あり。

蒲生俊文
大日本産業報国会理事ヲ委嘱ス
昭和十六年十二月六日
大日本産業報国会長平生釟三郎

辞令 43　「大日本産業報国会長之印」の押印あり。

蒲生俊文

産業災害防止対策審議会委員
に任命する

昭和三十八年六月十四日

内閣総理大臣池田勇人

辞令 44　「内閣総理大臣之印」の押印あり。「産業災害防止対策審議会委員に任命する」の部分は改行せず、1行で記載されている。

資料4　『産業福利』第1巻所収記事一覧

『産業福利』第1巻は1926年1月から12月までの間に第1号から第11号までが発行された。そこに収められている記事数は259に及ぶ。ここにいう「記事」とは、『産業福利』に掲載された目次（第10号および第11号のみに見られる）を除く全記事で、文章によって説明されている記事（表を含む）およびポスター、写真、標語、広告を含み、また、連載記事は各々1点として数えた。

なお、ここでいうポスター、写真、標語、広告とは、以下のものを指す。ポスター（数字は記事の番号を表わす――以下同）は46、74、80、88、98、108、113、122、128、139、146、148、159、162、165、172、181、187、209、213、214、219、227、230、237、244、248の27点、写真は51、53、78、125、138、160、183、184、186、251、252の11点、標語は118、157、163、179、207、239、249、257、259の9点、広告は20、29、60、95、110、126、136、156、178、202、203、223、256の13点、である。

記事の分類は、『産業福利』が地方工業主団体の「会員相互の連絡」（会報）と災害予防等にかんする「必要なる智識方法を供給」すること（専門紙）の2本立てで編集されていることをふまえ、次の「会報記事」と「専門記事」の2種類とした。

会報記事	会員にかんする記事。内容が地方工業主団体、産業福利協会、社会局およびそれらの関係機関の動静にかんするもの。
専門記事	災害予防等にかんする記事。内容が災害予防、衛生、健康、福利施設などにかんする知識・方法・資料など。

ただし、両方の分類に入る記事が存在するため、分類基準の恣意性を出来る限り小さくするため、『産業福利』の紙面で用いられている記事区分を参考にした。記事区分とは、『産業福利』第1巻第2号以降の紙面に記載されている「研究」「彙報」「海外事情」「講話」「通信」「災害予防」「鉱山欄」「衛生」「規定案」「一般福利施設」「質疑応答」「質疑回答」（第10号のみ）の分類である。また、これとは別に、枠で囲んだ記事は、これらの記事区分とは独立していると考えられるので、一覧表の記事の見出し欄に「囲み記事」と注記した。

そして、この記事区分を利用して、次の基準に従い分類した。原則として、『産業福利』が記事区分に用いている分類をふまえ、一部の例外を除き（内容で判断した）、彙報（番号94および96のみ例外）および通信は会報記事に、研究、講話、災害予防（番号166のみ例外）、衛生、鉱山欄、一般福利施設、規定案、海外情報、質疑応答および質疑回答は専門記事に、それぞれ分類した。彙報および通信は、そのほとんどが会員向けの記事であるのに対し、他は災害予防等にかんする専門的な記事が多い点に着目し、『産業福利』の記事区分を利用して分類した。なお、質疑回答および質疑応答は読者会員への回答を旨としているが、内容が災害予防等の専門的知識にかんするので、専門記事に分類した。

また、記事区分が不明の記事は、『産業福利』の記事区分を参考に、内容で判断した。たとえば、「新潟

県工場協会の安全週間」という記事（番号 7）は、災害予防にかんする内容と同時に、地方工業主団体の動静を伝えているが、この種の記事は『産業福利』では彙報に区分されているため、会報記事に分類した。また、囲み記事は、内容に従って会報記事（番号 212 および 231）と専門記事（それ以外）に、それぞれ分類した。

また、『産業福利』第 1 巻所収の 259 編の記事に順に番号を 1 から 259 まで割り当てたうえで、記事の見出し（見出しが不明のものについては、目次の表記または本文の一部を採用した）、執筆者、記事区分、分類のそれぞれについて一覧表にした。

なお、注記は〔 〕に示した。また、執筆者は記事に記載のとおりとし、執筆者の記載がない記事、あるいは略記している記事について推測できる場合は、〔 〕に示した。

第 1 巻第 1 号　1926. 1. 20 発行　4 頁				
番号	記事の見出し	執筆者	記事区分	分類
1	産業福利協会の設立			会報
2	産業福利協会会則			会報
3	産業福利協会の配付書目			会報
4	産業福利協会事業に対する希望			会報
5	英国産業福利協会会長ヨーク公殿下令旨			会報
6	山口県工場協会の設立			会報
7	新潟県工場協会の安全週間			会報
8	新潟県工場協会の衛生講習会			会報
9	福岡県知事の訓示			会報
10	福岡県工場懇話会の状況			会報
11	北海道の工場安全デー			会報
12	埼玉県工業懇話会の工場安全週間（第二回）			会報
13	埼玉県工業懇話会の工場管理講習会			会報
14	広島県に於ける工場管理講習会			会報
15	広島県工場懇話会の工場安全週間			会報
16	安全の要諦〔囲み記事〕			専門
17	徳島県工場懇話会の計画			会報
18	会員名簿（大正十四年十二月十八日現在）			会報
19	海外情報	理事　吉阪俊蔵		専門
20	産業福利協会刊行小冊子〔広告〕			会報
第 1 巻第 2 号　1926. 3. 10 発行　4 頁				
番号	記事の見出し	執筆者	記事区分	分類
21	ペイント、スクリーンの自然発火		研究	専門

資料 4 『産業福利』第 1 巻所収記事一覧

22	ペイント、スクリーンの自然発火に関する研究		研究	専門
23	捺染「ロール」加熱中の破裂		研究	専門
24	「アセチレン」瓦斯の使用及酸素「アセチレン」熔接作業に対する注意		研究	専門
25	労働状態と生産額		研究	専門
26	火災についての注意	警視庁消防部	研究	専門
27	保健秘訣十五則〔囲み記事〕			専門
28	火災予防に大切なことは		研究	専門
29	広告〔囲み記事〕			会報
30	大阪府工業懇話会事業状況		彙報	会報
31	大阪府工場衛生研究会の事業		彙報	会報
32	愛知県工場会事業概況		彙報	会報
33	佐賀県工場懇話会の事業概況		彙報	会報
34	石川県工業会の事業概況		彙報	会報
35	岡山県工場協会の事業概況		彙報	会報
36	山梨県工業懇話会の概況		彙報	会報
37	石川県工業会の概況		彙報	会報
38	大阪府工業懇話会の工場安全劇脚本の募集		彙報	会報
39	神戸労働倶楽部の設立		彙報	会報
40	機械の安全作業法〔囲み記事〕			専門
41	会員に配付したる書目		彙報	会報
42	寄贈書目		彙報	会報
43	寄附芳名		彙報	会報
44	欧米に於ける鉱山衛生	社会局技師　医学士　南俊治	海外事情	専門
45	メモの中から	理事　吉阪俊蔵	海外事情	専門
46	労資相談〔ポスター〕	長野県庁工場課		専門
47	英国工場に於ける安全第一		海外事情	専門
48	産業福利協会会則抜粋			会報
49	会員名簿（大正十五年二月十七日現在）			会報
第 1 巻第 3 号　1926. 4. 10 発行　4 頁				
番号	**記事の見出し**	**執筆者**	**記事区分**	**分類**
50	労働者福利事業の精神	会長　長岡隆一郎		専門
51	工女を殺した車軸接手の圧螺旋〔写真〕			専門
52	換気学説の革命	社会局技師　高木源	研究	専門

		之助		
53	パンチプレス機で怪我した職工の左手〔写真〕			専門
54	手袋と災害	社会局　秋村潔	研究	専門
55	職工長諸君に一寸〔囲み記事〕			専門
56	安全手袋		研究	専門
57	最近の工場災害気を付けて下さい		研究	専門
58	主要産業国石炭業に於ける災害に依る死者比較表（一九〇三年－一九一二年の平均）		研究	専門
59	十二指腸虫病の話	社会局技師　南俊治	講話	専門
60	広告〔囲み記事〕	産業福利協会		会報
61	助成金下附		彙報	会報
62	兵庫の工場研究会及能率研究会		彙報	会報
63	京都に於ける女工婦人世話係懇談会		彙報	会報
64	非常避難「勿れ」十一則〔囲み記事〕	米国安全協会		専門
65	京都府工場衛生会団体見学及講演会		彙報	会報
66	京都市(ママ)工場衛生会創立第五周年大会		彙報	会報
67	徳島県工業懇話会講習会		彙報	会報
68	大阪府安全研究会幹事会		彙報	会報
69	東京府工場懇話会総会		彙報	会報
70	群馬県工場協会の講演会		彙報	会報
71	北海道工場協会の概況		彙報	会報
72	欧米に於ける鉱山衛生（二）	社会局技師　南俊治	海外事情	専門
73	安全ゴシツプ	理事　吉阪俊蔵	海外事情	専門
74	安全な作業法が分らない時には監督に尋ねなさい〔ポスター〕			専門
75	通信		通信	会報
76	会員名簿（大正十五年四月一日現在）			会報
第 1 巻第 4 号　1926. 5. 10 発行　6 頁				
番号	**記事の見出し**	**執筆者**	**記事区分**	**分類**
77	安全第一の提唱	理事長　河原田稼吉		専門
78	英国バーミンガムビー・エス・エー鉄工場に於ける照明式安全標示〔写真〕			専門
79	英国に於ける模範的労働者住宅（其の一）	理事　北岡寿逸	研究	専門
80	ロシアのポスター　仕事は安全に〔ポスター〕			専門
81	起重機の危害予防		研究	専門

82	製糸工場の疾病統計	櫻田〔儀七〕	研究	専門
83	生糸女工の手指湿疹		研究	専門
84	車軸の鍔接合子にして「ボールト」の突出せるものに施す安全装置	數江〔雄二〕	研究	専門
85	製綿工場の火災を予防するには〔囲み記事〕			専門
86	健康保険の説明（一）	長岡隆一郎	講話	専門
87	よろけ病——鉱肺の話	南俊治	講話	専門
88	災害製造者　よそ見をしてはいけません〔ポスター〕			専門
89	理事天宅敬次氏の訃		彙報	会報
90	天宅書記官の死	長岡隆一郎	彙報	会報
91	各府県工場懇話会大会と 産業福利協会茶話会		彙報	会報
92	産業福利協会会長挨拶	〔長岡隆一郎〕	彙報	会報
93	大阪府工業懇話会の安全委員会案		彙報	会報
94	三菱電気株式会社神戸製作所の安全運動		彙報	専門
95	広告〔囲み記事〕	産業福利協会		会報
96	ゼネラル電気会社の福利施設	蒲生〔俊文〕	彙報	専門
97	質疑応答	吉阪〔俊蔵〕	質疑応答	専門
98	兵庫県工業懇談会のポスター〔ポスター〕			専門
99	産業福利協会設立の趣旨			会報
100	産業福利協会会則			会報
第 1 巻第 5 号　1926. 6. 10 発行　4 頁				
番号	**記事の見出し**	**執筆者**	**記事区分**	**分類**
101	某製綿工場に於ける致命災害		研究	専門
102	英国に於ける模範的労働者住宅（二）	理事　北岡寿逸	研究	専門
103	危険なる研磨機の作業	數江〔雄二〕	研究	専門
104	機織工場に於ける杼の脱出に基く災害	鈴木〔隆治〕	研究	専門
105	安全委員検査注意〔囲み記事〕			専門
106	幸福な生涯を作る要素は〔囲み記事〕	米国シカゴ市保健部		専門
107	健康保険の説明（二）	長岡陸〔隆〕一郎	講話	専門
108	足許に気を付けよ　床孔は凡て保護せよ〔ポスター〕			専門
109	坑夫眼球震盪症の話	社会局技師　南俊治	講話	専門
110	広告〔囲み記事〕	産業福利協会		会報

111	健康保険法要旨〔表〕		講話	専門
112	明年の国際労働総会と災害防止		彙報	会報
113	注意　機械から安全装置を外してはいけない〔ポスター〕			専門
114	地方長官会議と工場に於ける結核予防		彙報	会報
115	警察部長会議に於ける内相訓示と指示事項		彙報	会報
116	傷害医学講習会		彙報	会報
117	兵庫県工業懇談会の講演		彙報	会報
118	事前の一考は事後の万考に優る〔標語〕			専門
第1巻第6号　1926.7.10発行　6頁				
番号	**記事の見出し**	**執筆者**	**記事区分**	**分類**
119	七月一日	内務大臣　濱口雄幸談		会報
120	工場に於ける致命的災害と其の原因		研究	専門
121	ロープ切断の災害を恐れよ〔囲み記事〕			専門
122	足尾銅山ポスター〔ポスター〕			専門
123	改正工場法施行令施行規則の説明	社会局労働部長　河原田稼吉	講話	専門
124	タンクへはいる時の注意〔囲み記事〕			専門
125	福岡県田川郡上野村赤池鉱業所鉱夫住宅〔写真〕			専門
126	広告〔囲み記事〕	産業福利協会		会報
127	就業規則参考案		講話	専門
128	米国ポスター　次は誰か〔ポスター〕			専門
129	扶助規則の参考例		講話	専門
130	製紙工場と災害予防		囲み記事	専門
131	監督官会議と産業福利協会		彙報	会報
132	兵庫県下の工場安全週間		彙報	会報
133	福岡工鉱連合会発会式		彙報	会報
134	電気作業安全心得			専門
135	強酸と災害（自大正七年至大正十三年）			専門
136	広告〔囲み記事〕			会報
第1巻第7号　1926.8.1発行　6頁				
番号	**記事の見出し**	**執筆者**	**記事区分**	**分類**
137	頻発する災害		研究	専門
138	東洋紡績姫路工場の立札〔写真〕			専門

139	米国ポスター　手を救へ〔ポスター〕			専門
140	強酸取扱ひに関する注意		研究	専門
141	女工と結核		研究	専門
142	強酸と災害（自大正七年至大正十三年）（承前）		研究	専門
143	眼の保護〔囲み記事〕	米国安全協会		専門
144	英国に於ける職業病の統計		研究	専門
145	製糸工場に於ける職工の慰安娯楽施設	長野県調査	研究	専門
146	仏蘭西のポスター　運転中の機械を掃除するのは危険です〔ポスター〕			専門
147	寄生昆虫類と蜘蛛類	内務省社会局技師 南俊治	講話	専門
148	足尾銅山ポスター〔ポスター〕			専門
149	製織女工の職業病所謂水虫の予防に就いて	内務省社会局技師 鯉沼茆吾	講話	専門
150	福岡工鉱連合会発会式に於ける長岡社会局長官の告辞	〔長岡隆一郎〕	彙報	会報
151	栃木県安蘇足利工場懇話会総会		彙報	会報
152	大阪府に於ける工場法規講演		彙報	会報
153	大阪府の安全旬間		彙報	会報
154	工場長より職工長へ（一）〔囲み記事〕	米国国民安全協会		専門
155	神戸労働保険組合の設立		彙報	会報
156	広告〔囲み記事〕	産業福利協会		会報
157	安全作業は完全作業なり〔標語〕			専門
第1巻第8号　1926.9.1発行　8頁				
番号	**記事の見出し**	**執筆者**	**記事区分**	**分類**
158	工場内運搬装置	社会局技師　高木源之助	研究	専門
159	アメリカのポスター〔ポスター〕			専門
160	出雲今市郡是製糸会社食堂〔写真〕			専門
161	労働者保護と事業主及労働者の自発的努力	社会局長官　長岡隆一郎	鉱山欄	専門
162	足尾銅山ポスター〔ポスター〕			専門
163	安全は能率増進の基礎なり〔標語〕			専門
164	白耳義リエージ州に於ける坑夫の十二指腸虫の撲滅に就きて	社会局技師　南俊治	鉱山欄	専門

165	アメリカのポスター〔ポスター〕			専門
166	ワシントン産業災害予防会議の開催		災害予防	会報
167	青森燐寸工場火災の教訓		災害予防	専門
168	工場に於ける致死災害事故		災害予防	専門
169	工場長より職工長へ（二）〔囲み記事〕	米国安全協会		専門
170	安全の真使命〔囲み記事〕			専門
171	電気作業安全心得		災害予防	専門
172	ドイツのポスター〔ポスター〕			専門
173	安全事業は利益である（米国の雑誌から）		災害予防	専門
174	工場法に関する質疑応答	社会局発表		専門
175	購入申込注意〔囲み記事〕	産業福利協会		会報
176	健康保険の概要〔表〕			専門
177	災害予防労働衛生ポスター懸賞募集〔囲み記事〕	産業福利協会		会報
178	広告〔囲み記事〕	産業福利協会		会報
179	沈着なれ、健康なれ、安全なれ〔標語〕			専門
第1巻第9号　1926.10.1発行　10頁				
番号	**記事の見出し**	**執筆者**	**記事区分**	**分類**
180	鉱山に於ける安全及衛生に就て　産業福利協会鉱山部の設置			会報
181	アメリカのポスター〔ポスター〕			専門
182	炭坑に於ける災害の原因細別		鉱山欄	専門
183	福岡県田川郡上野村赤池鉱業所大運動場〔写真〕			専門
184	福岡県田川郡上野村赤池鉱業所信和会託児所就眠室及哺乳室〔写真〕			専門
185	硫化鉱の爆破より生ずる有毒瓦斯	米国鉱山局	鉱山欄	専門
186	之はカナダ災害予防協会の封筒紙です〔写真〕			会報
187	アメリカのポスター〔ポスター〕			専門
188	新原炭礦に於ける災害防止運動		鉱山欄	会報
189	安全委員会（其の一）	蒲生〔俊文〕	災害予防	専門
190	工場長より職工長へ（三）〔囲み記事〕	米国国民安全協会		専門
191	歯車の覆ひ	數江〔雄二〕	災害予防	専門
192	蒸気乾燥室の発火	色川〔三男〕	災害予防	専門
193	電熱乾燥室の爆発	色川〔三男〕	災害予防	専門
194	電気作業安全心得（二）		災害予防	専門
195	トラホームの話	社会局技師　南俊治	衛生	専門

196	国際社会進歩協会の第一回会合	吉〔阪俊蔵〕	彙報	会報
197	懸賞ポスター（九月十五日締切の分）当選披露		彙報	会報
198	佐賀県工場懇話会の従業員表彰式		彙報	会報
199	群馬県工場協会の工場管理講習会		彙報	会報
200	工場法の質疑応答（続）	社会局発表		専門
201	購入申込注意〔囲み記事〕	産業福利協会		会報
202	広告〔囲み記事〕	産業福利協会		会報
203	近刊予告〔広告、囲み記事〕			会報
204	工場付属寄宿舎の改善		規定案	専門
205	工場付属寄宿舎規則案要綱（社会局私案）		規定案	専門
206	一鉛工の告白　工業中毒者…鉛患の足に添へて…	元某蓄電池職工澤清吉記	通信	会報
207	不注意は墓場へ赴く近道なり〔標語〕			専門
第 1 巻第 10 号　1926. 11. 1 発行　12 頁				
番号	**記事の見出し**	**執筆者**	**記事区分**	**分類**
208	アセチレン瓦斯発生器の爆発	後藤〔万次郎〕	研究	専門
209	米国のポスター〔ポスター〕			専門
210	工場換気及煖房	高木〔源之助〕	研究	専門
211	造艦船工場に於ける公傷率		研究	専門
212	第二回懸賞ポスター当選者（十月十五日締切の分）〔囲み記事〕			会報
213	米国のポスター〔ポスター〕			専門
214	米国のポスター〔ポスター〕			専門
215	安全委員会（其の二）	蒲生〔俊文〕	研究	専門
216	工場長より職工長へ（四）〔囲み記事〕	米国国民安全協会		専門
217	電気作業安全心得（三）		研究	専門
218	警火の歌一束〔囲み記事〕	警視庁消防部　菅原重太郎		専門
219	米国のポスター〔ポスター〕			専門
220	工場法質疑回答（三）	社会局発表	質疑回答	専門
221	「ペンキ」と照明〔囲み記事〕			専門
222	駆虫法（注）		質疑回答	専門
223	広告〔囲み記事〕	産業福利協会		会報
224	扁平足予防（注）		質疑回答	専門
225	畳の消毒法（注）		質疑回答	専門

226	蛔虫の話	社会局技師　医学士南俊治	講話	専門
227	米国のポスター〔ポスター〕			専門
228	災害予防と電気安全灯		鉱山欄	専門
229	尾去沢鉱山に於ける託児所		鉱山欄	専門
230	独乙のポスター〔ポスター〕			専門
231	第一回災害予防労働衛生講習会〔囲み記事〕			会報
232	労働者募集従業者の組合		彙報	会報
233	救世軍の寄宿舎		彙報	会報
234	職工定期乗車券		彙報	会報
235	釜の破裂			専門
第1巻第11号　1926.12.1発行　12頁				
番号	**記事の見出し**	**執筆者**	**記事区分**	**分類**
236	製紙工場に於ける危害予防	社会局技師　井口幸一	研究	専門
237	応募者　新潟鉄工所蒲田工場高橋一男案〔ポスター〕			専門
238	労働者採用と身体検査の利益	米国マツカナリー医学博士述蒲生〔俊文〕訳	研究	専門
239	一刻の油断一生の悔〔標語〕			専門
240	大正十五年十月二日大島製鋼所事故状況		災害予防	専門
241	紡績工場の業務災害に関する考察	鈴木〔隆治〕	災害予防	専門
242	熱中病（あかまる）の話	社会局技師　医学士南俊治	衛生	専門
243	高松炭礦新坑の瓦斯爆発		鉱山欄	専門
244	不注意の人は其の中にこんな花輪（弔章）を戴くでせう〔ポスター〕			専門
245	九月より開かれた同潤会の労働住宅		一般福利施設	専門
246	三菱造船所に於ける福利施設		一般福利施設	専門
247	東洋紡績工場の夜業廃止		一般福利施設	専門
248	応募者　福岡県飯塚町鯰田炭坑伊藤品太郎案〔ポ			専門

	スター〕			
249	安全デー忘れた頃に怪我をする〔標語〕			専門
250	健康保険法規疑義事項解釈（第一輯）	社会局保険部	質疑応答	専門
251	上海に於て鐘紡の経営せる工場附属住宅（其の一）〔写真〕			専門
252	上海に於て鐘紡の経営せる工場附属住宅（其の二）〔写真〕			専門
253	合衆国安全運動の中心たる「ナシヨナル、セーフチー、カウンシル」の総会	エム、アイ生	彙報	会報
254	京都市内の工場安全週間		彙報	会報
255	福岡県の安全デー		彙報	会報
256	広告〔囲み記事〕	産業福利協会		会報
257	記臆せよ、防止し得べき災害を生ぜしめたるは其の人の恥辱である〔標語〕			専門
258	購入申込注意〔囲み記事〕	産業福利協会		会報
259	先づ注意せよ価して仕事を為せ〔標語〕			専門

資料5　河原田および蒲生執筆の同名論文比較対照表

ここでは河原田と蒲生の同名論文「産業福利の精神」（それぞれ『産業福利』第2巻第2号、1927年2月、および『産業福利』第11巻第5号、1936年5月、所収）の全文、およびそれらに対応する蒲生の著書『労働管理』（厳松堂書店、1928年4月）の該当部分を原文で示し、それらの比較対照表を作成した。これにより、同名論文「産業福利の精神」の執筆者が実質的に蒲生であることが確認可能となる。

なお、以下の対照表は、次の諸点をふまえている。

・『労働管理』の欄の〔　〕は、該当する頁数を示した。

・河原田稼吉『労働行政綱要』（松華堂書店、1927年6月）の内容とほぼ一致する部分を下線で示し、その対応する頁数を河原田論文の欄に〔　〕内で示した。ただし、参考のため、記述にかなりの相違が見られる箇所も含めた。たとえば、文章番号37の『労働行政綱要』における該当箇所の記述は、「其〔福利施設の〕精神は何所迄も人道的、社会正義の観念に出づべきものであつて、若し事業主の利己的動機に出づるならば只単に形骸のみを備へ魂のなきものと為り、反つて労働者の反感を招き従つて労働者との円満なる協調、産業能率の向上をも齎らし得ないことに陥るであらう」（河原田前掲書『労働行政綱要』、513頁）とあり、河原田論文の記述とかなり違っている。

・比較しやすいように、文章を適当に区切った。

文章番号	河原田論文	蒲生論文	『労働管理』の該当部分
1	(一) 産業福利の意義 産業福利協会が産業福利と称するのは何を意味するのであるかと言ふことを先づ第一に述べて置く必要が有らうと思ひます、産業福利とは英語のIndustrial Welfareでありまして福利施設とか福利増進事業などゝ申すのと異なるものでは有りません、我邦に於ても福利又は福利施設とか福利増進事業などゝも言ひ人に依りては厚生施設など申すものもありますが要するに一つことで	(一) 産業福利施設の意義 産業福利運動は工場人素の確認と其の尊重に始まり、如何にして之が福祉を図り依て以て健全円満なる従業員を養ひ、相結合して有機的生命活動団体を醸成せんかの努力であつて福利施設は其福祉増進の具体的手段である。	〔なし〕

	あります。		
2	一体福利施設とは如何なることを意味するものであるかと申すに、先づ第一に従来行はれて居る意見を一覧して見る必要があらうと思ひます、試に二三の定義を挙げて見ませう。	一体福利施設とは如何なることを意味するものであるかと言ふに、先づ第一に従来行はれて居る意見を一瞥して見る必要があらうと思ふ。試に二、三の定義を挙ぐれば	一体福利施設とは如何なることを意味するものであるか、従来行はれて居る二三の定義を挙ぐれば、〔304頁〕
3	第一に英国政府の与へた定義に依りますと「福利施設とは労働者に対する最善の雇傭状態を目的とする管理者の施設」であります〔485頁〕、而して「仮令其の一部は工場法其他の法律の要求するところであつても、夫れは一般的最小限度を定むるに止まり、福利施設は更にその範囲が広く苟も労働者の私事に亘らざる限り健康、安全、幸福、能率に関する一切の事項を含む」ものであると説明して居ります。	第一に英国政府で与へた定義によれば 「福利施設とは労働者に対する最善の雇傭状態を目的とする管理者の施設」である、而して「仮令其の一部は工場法其他の法律の要求するところであつても、それは一般的最小限度を定むるに止まり、福利施設は更にその範囲が広く苟も労働者の私事に亘らざる限り健康、安全、幸福、能率に関する一切の事項を含む」ものであると説明して居る。	第一に英国政府の与へた定義に依ると「福利施設とは労働者に対する最善の雇傭状態を目的とする管理者の施設」とある、而して「仮令其の一部は工場法其他の法律の要求するところであつても、夫れは一般的最小限度を定むるに止まり、福利施設は更にその範囲が広く苟も労働者の私事に亘らざる健康、安全、幸福、能率に関する一切の事項を含む」ものであると説明して居る。〔304-305頁〕
4	第二にフイリツポヴイツチの定義を見ますと「法律の規定又は雇傭契約の条件以上に労働者の経済上の地位の改善を図り、且つ日常生活、衛生、教育、娯楽等に関する箇人的の慾望を一層十分に満足せしむることを目的とする企業者の永続的施設である」とあります。〔485-486頁〕	第二「フイリツポヴイツチ」の定義を見ると次の通りである。 「法律の規定又は雇傭契約の条件以上に労働者の経済上の地位の改良を図り、且つ日常生活、衛生、教育、娯楽会に関する個人的の慾望を一層十分に満足せしむることを目的とする企業者の永続的施設である」	第二フイリツポヴイツチの定義を見ると「法律の規定又は雇傭契約の条件以上に労働者の経済上の地位の改善を図り、且つ日常生活、衛生、教育、娯楽等に関する個人的の欲望を一層十分に満足せしむることを目的とする企業者の永続的施設である」とある。〔305頁〕
5	第三にフランケル及びフライシエルの著書を見ますと「労働状態を改善せんとする傭主の自発的努力を産業改善、福利	第三にフランケル及びフライシエルの著書に依ると 「労働状態を改善せんとする雇主の自発的努力を産業改	第三フランケル及びフライシエルの著書を見ると「労働状態を改善せんとする傭主の自発的努力を産業改善、福利施設

資料5　河原田および蒲生執筆の同名論文比較対照表

	施設又は使用人に対する奉仕と言ふ」とありまして「此等の働きは傭主及従業員が協同に又は各別に工場を彼等の単位として双方を利益するものであつて法律又は組合によりて強制されないものである」と説明して居ります。	善、福利施設又は使用人に対する奉仕を言ふ」とありて、「此等の働きは雇主及従業員が協同に又は各別に工場を彼等の単位として双方を利益するものであつて法律又は組合によつて強制されないものである」と説明して居る。	又は使用人に対する奉仕と言ふ」とあり、「此等の働きは傭主及従業員が協同に又は各別に工場を彼等の単位として双方を利益するものであつて法律又は組合によりて強制されないものである」と云ふ説明を下して居る。〔305頁〕
6	今仮りに以上三種の定義を通観しますれば下の如き要素を有して居ります。	今仮りに以上三種の定義を通観すれば下の如き要素を有して居る。	今仮りに以上四種〔『労働管理』には4番目の定義が掲載されている〕の定義を通観すれば下の如き要素を有して居ることを知るのである。〔305頁〕
7	第一に他の強制に拠るもので無いことであります、フランケル及びフライシエルが「傭主の自発的努力」と言ひ、フイリツポヴイツチは「法律の規定又は雇傭契約以上に」と言ひ英国政府は「仮令其の一部は工場法其他の法律の要求する処であつても、夫れは一般的最小限度を定むるに止まり」と言ふものは福利施設が傭主の任意的行為であることを要素とすることに於て一致して居ります、之を実行するに於て労働者が参加することが福利施設たるの性質を没却するであらうかと申すのに、最近の外国に於ける形式は傭主及び従業者の協同によりて経営さるゝものが多く、所謂工場委員会の行ふ処の仕事の大部分を占めるやうになつたのであります、デイーマーの著書に依れば「出来る丈け	第一、他の強制に拠るもので無いことである。フランケル及びフライシエルは「雇主の自発的努力」と言ひ、フイリツポヴイツチは「法律の規定又は雇傭契約以上に」と言ひ、英国政府は「仮令其の一部は工場法其他の法律の要求する処であつても、それは一般的最小限度を定むるに止まり「[ママ]と言ふものは福利施設が雇主の任意的行為であることを要素とすることに於て一致して居る。之を実行するに於て労働者が参加することが福利施設たるの性質を没却するであらうかと言ふのに、最近の外国に於ける形式は雇主及び従業者の協同によつて経営さるゝものが多く、所謂工場委員会の行ふ処の仕事の大部分を占めるやうになつたのである。デイーマーの著書に依れば「出来る丈け事業を発達	第一に他の強制に拠るもので無いことである、フランケル及びフライシエルが「傭主の自発的努力」と云ひ、フイリツポヴイツチは「法律の規定又は雇傭契約以上に」と云ひ、英国政府は「仮令其の一部は工場法其他の法律の要求する所であつても、夫れは一般的最小限度を定むるに止まり」と〔…〕云ふ所のものは福利施設が傭主の任意的行為であることを要素とすることに於て一致して居る、之を実行するに於て労働者が参加することが福利施設たるの性質を没却するであらうかと云ふに、最近の外国に於ける形式は傭主及び従業者の協同によりて経営さるゝものが多く、所謂工場委員会の行ふ所の仕事の大部分を占めるやうになつたのである。デイーマーの著書に依れば「出来る丈け事

	事業を発達させ又同時に傭主の恩恵であると言ふ疑惑を避くる為めに職工自身が其衝に当り傭主は単に指図を為し鼓吹するに止まる必要がある」と論じ又「安全、福利、改善等の問題等が大成功を来した処は委員会に依るものであつて其委員会は単に技師又は高級社員のみならず、職工職工長及び外部の人さへも加はつたものである、安全問題の如きも其機械問題丈けは或標準を採用すればよいが、安全問題でさへ機械的な度合は極めて少ない」と申して居ります、従つて之が発意者、創立者、指導者が傭主であることを以て充分とするのであります。	させ又同時に雇主の恩恵であると言ふ疑惑を避くる為めに職工自身が其衝に当り、雇主は単に指図を為し鼓吹するに止まる必要がある」と論じ又「安全、福利、改善等の問題が大成功を成した処は委員会に依るものであつて、其委員会は単に技師又は高級社員のみならず職工工長及び外部の人さへも加はつたものである、安全問題の如きも其機械問題丈けは或標準を採用すればよいが、安全問題でさへ機械的な度合は極めて少ない」と言ふて居る。従つて之が発意者、創立者が雇主であることを以て充分とするのである。	業を発達させ、又同時に傭主の恩恵であると言ふ疑惑を避くる為に職工自身が其衝に当り傭主は単に指図を為し鼓吹するに止まる必要がある」と論じ、又「安全、福利、改善等の問題が大成功を来したのは委員会に依るものであつて、其委員会は単に技師又は高級社員のみならず、職工、職工長及び外部の人さへも加はつたものである。安全問題の如きも其機械問題丈けは或標準を採用すればよいが、安全問題でさへ機械的な度合は極めて少ない」と言つて居る。従つて之が発意者、創立者、指導者が傭主であることを以て充分とするのである。〔305-306頁〕
8	第二の要素としましては「労働状態の改善を目的とするもの」であります、フランケル及びフライシエルの「労働状態を改善せんとする」と言ひ、フイリツポヴイツチの「労働者の経済上の地位の改良を図り且つ日常生活、衛生、教育、娯楽等に関する箇人的の慾望を一層十分に満足せしむることを目的とする」と言ひ、英国政府が「最善の雇傭状態を目的とすると」言ふもの皆此の一言に尽きるものと考へます。	第二の要素として「労働状態の改善を目的とするもの」である。フランケル及びフライシエルの「労働状態を改善せんとする」と言ひ、フイリツポヴイツチの「労働者の経済上の地位の改良を図り且つ日常生活、衛生、教育、娯楽等に関する個人的の慾望を一層十分に満足せしむることを目的とする」と言ひ、英国政府が「最善の雇傭状態を目的とすると」言ふもの皆此の一言に尽きるものと考へる。	第二の要素としては「労働状態の改善を目的とするもの」である、フランケル及びフライシエルの「労働状態を改善せんとする」と言ひ、フイリツポヴイツチの「労働者の経済上の地位の改良を図り、且つ日常生活、衛生、教育、娯楽等に関する個人的の欲望を一層十分に満足せしむることを目的とする」と言ひ、英国政府が「最善の雇傭状態を目的とする」と〔…〕言ふところのもの皆此の一言に尽きるものである。〔306-307頁〕
9	斯様な訳合から福利施設の定義を下しまして、「福利施設	斯様な訳合から次の如き定義を下すことが出来やうかと	斯様な理由から福利施設の定義を下して、「福利施設とは

資料5　河原田および蒲生執筆の同名論文比較対照表

	とは労働状態の改善を目的とする傭主の任意的施設である」と申して差支ないと考へるのであります。〔486頁〕	思ふ。 福利施設とは労働状態の改善を目的とする雇主の任意的施設である。	労働状態の改善を目的とする傭主の任意的施設である」と云つて差支ないと考へるのである。〔307頁〕
10	而して労働状態の改善を目的とする事業は如何なるものであるかと申しますと、デイマーの掲げる処に依りますと、 一、安全及災害予防 二、教育 三、休憩時及食事 四、社交的、之は原語にSocialとありまして倶楽部、音楽会、娯楽室、競技、喫煙室、花壇、園芸、家事指導ピクニツク等のことを含めたものであります。 五、衛生及治療 六、体育 七、意見呈出、之は従業員が各種の改良意見を当局者に呈出し得る制度であります。 八、共済会 の八種を挙げて居ります、	而して労働状態の改善を目的とする施設とは如何なるものであるかと云ふと、デイマーは 一、安全及び災害予防 二、教育 三、休憩時及食事 四、社交的（之は原語にSocialと申して倶楽部、音楽会、娯楽室、競技、喫煙室、花壇、家事指導、園芸等のことを含めたものである。） 五、衛生及治療 六、体育 七、意見呈出（之は従業者が改良意見を当局者に呈出し得る制度である。） 八、共済会 の八種を挙げて居る。	而して労働状態の改善を目的とする事業は如何なるものであるか、デイマーの掲げる所に依れば、 一、安全及災害予防 二、教育 三、休憩時及食事 四、社交的、之は原語にSocialとありて倶楽部、音楽会、娯楽室、競技、喫煙室、花壇、園芸、家事指導、ピクニツク等のことを含めたものである。 五、衛生及治療 六、体育 七、意見呈出、之は従業員が各種の改良意見を当局者に呈出し得る制度である。 八、共済会 の八種を挙げて居る。〔307-308頁〕
11	前に上げたフイリツポヴイツチの定義中には経済上の改善と其以外の個人的慾望の満足とに分けて居りますが、福利施設は私の見解に従へば之を大別して 一、精神上の福利施設 二、肉体上の福利施設 三、経済上の福利施設	前に述べたフイリツポヴイツチの定義中には経済上の改善と其以外の個人的慾望の満足とに分けて居るが、福利施設は余の見解に従へば之を大別して大体、 一、精神上 二、肉体上 三、経済上	前に上げたフイリツポヴイツチの定義中には経済上の改善と其以外の個人的欲望の満足とに分けてある、福利施設は余の見解に従へば之を大別して、 一、精神上の福利施設 二、肉体上の福利施設 三、経済上の福利施設 の三種に分つことが出来ると

	の三種に分つことが出来ると考へます、精神上の福利施設とは労働者の精神の堕落を防ぎ向上を図ることに関した各種の施設であります、肉体上の福利施設と申しますのは労働者の肉体の破損を防ぎ健康の増進を図るとこに関した施設であります、経済上の福利施設と申しましたのは労働者の経済的改善を図るもので一方には経済的悲運を救済し又は悲運に陥ることを防ぎ、同時に他方に於ては其向上と安固とを期待する各種の施設であります、而して此三者は全然無関係な孤立したものでは無くして互に相関連するものであります、以上三種のもの〻細別に付ては只今之を略し度いと思ひます、今回産業福利協会が開催しました処の講習会の題目は主として第二の肉体上の福利施設に関したものであります。	の三種に分つことが出来ると考へ多年此分類に従つて或は考察し或は実行して居る。精神上の福利施設とは労働者の精神の堕落を防ぎ向上を図る事に関した各種の施設であり、肉体上の福利施設とは労働者の肉体の破損を防ぎ健康の増進を図ることに関した施設であり、経済上の福利施設とは労働者の、経済的改善を図るもので一方には経済的悲運を救済し又は悲運に陥ることを防ぎ同時に他方に於ては其向上と安固とを期待する各種の施設である。其細目は今之を掲げないが産業福利施設の内容は之に依つて略理解することが出来やうと思ふ。	考へる。精神上の福利施設とは労働者の精神の堕落を防ぎ向上を図ることに関した各種の施設である。肉体上の福利施設とは労働者の肉体破損を防ぎ健康の増進を図ることに関した施設である。経済上の福利施設とは労働者の経済的改善を図るもので、一方には経済的悲運を救済し、又は悲運に陥ゐることを防ぎ、同時に他方に於ては其向上と安固とを期待する各種の施設である。而して此三者は全然無関係な孤立したものでは無くして互に相関連するものである。〔308頁〕
12	（二）産業福利の必要及効果 福利施設は何の必要が有つて之を実行するのであるか、又之を実行したならばドンな効果が有るので有るかと言ふことを一言述べて見やうと思ひますが、福利施設が一体如何なる動機から世の中に生じて来たものであるかと言ふことから述べることに致しませう、ヘルクナーの述べるところを窺つて見ますれば、彼は動機を三	（二）産業福利施設の必要及効果 福利施設は何の必要が有つて之を実行するのであるか、又之を実行したならば如何なる効果が有るのであるかと言ふことを一言述べて見やうと思ふ。 福利施設は抑如何なる動機から生じたものであるかと言ふことを考へることが手始めで有らうかと思ふ。ヘルクナー	福利施設は何の必要が有つて之を実行するのであるか、又之を実行したならば如何なる効果が有るのであるか、福利施設が一体如何なる動機から世の中に生じて来たものであるかと云ふことから述べることにする。ヘルクナーの述べるところを見るに、彼は動機を三種に分け、動機の異なるに従つて施設の種類も異なるものであるとの説明をしてゐる。即ち、

	種に分け動機の異なるに従つて施設の種類も異なるものであるとの説明であります、即ち	は施設の種類に依つて之を三種に分けて居る。ヘルクナーの語るところによれば、	〔308頁〕
13	(一) 専ら労働者の福利を増進することを主眼とするものであつて、宗教的又は人道的観念から富者の天職として赤貧洗ふが如き多数労働者を保護愛撫しようとする純然たる慈善的な施設でありまして〔486頁〕彼の安価なる食料品の供給、食堂の開設、適当な住宅の供給、娯楽慰安の設備を為す如きことを指すのであります。	(一) 専ら労働者の福利を増進するを主眼とするものであつて宗教的又は人道的観念から富者の天職として赤貧洗ふが如き多数労働者を保護愛撫しやうとする純然たる慈善的な施設であつて、彼の安価なる食物店、食堂を設け住宅を供給し、娯楽慰安を与へる如きを指すのである。	(一) 専ら労働者の福利を増進することを主眼とするものであつて、宗教的又は人道的観念から富者の天職として赤貧洗ふが如き多数労働者を保護愛撫しようとする純然たる慈善的な施設であつて、彼の安価なる食料品の供給、食堂の開設、適当な住宅の供給、娯楽慰安の設備を為す如きことを指すのである。〔308-309頁〕
14	(二) 企業者と労働者との共通的利益を目的とするものであつて企業家が労働者の生活の改良に依りて其労働能率の増進となるの理を認識せる社会改良の精神に基く施設でありまして〔486頁〕、彼のエルンスト、アツベが実行した利益分配制度の如き、時間短縮の如きものを指して居るのであります。	(二) 企業者と労働者との共通的利益を目的とするものであつて、企業者が労働者の生活の改良に依つて其労働能率の増進となるの理を認識せる社会改良の精神に基く施設であり彼のアツベの利益分配制度の如き、時間短縮の如きは此中に含むのである。	(二) 企業者と労働者との共通的利益を目的とするものであつて、企業家が労働者の生活改良に因りて其労働能率の増進となるの理を認識せる社会改良の精神に基く施設であつて、彼のエルンスト、アツベが実行した利益分配制度の如き、時間短縮の如きものを指して居るのである。〔309頁〕
15	(三) 専ら企業家の利益を眼中に置くものでありまして労働者運動の対抗策となるものであります〔486頁〕、例へば住宅を給して有るが雇傭契約解除と同時に家屋明渡を為すべき契約がしてあるとか、或は貯金補助又は救済制度を実行するに当りて雇傭契約解除の際には特典と	(三) 専ら企業者の利益を眼中に置くものであつて労働者運動者の対抗策たるものである。例へば住宅を給してあるが、雇傭契約解除と同時に家屋明渡契約をして居るとか或は貯金補助又は救済制度を実行するに当つて、雇傭契約解除をした時は特典として与へたる権利を一切失	(三) 専ら企業家の利益を眼中に置くもので労働者運動の対抗策となるものである、例へば住宅を給してあるが雇傭契約解除と同時に家屋明渡を為すべき契約がしてあるとか、或は貯金補助又は救済制度を実行するに当りて、雇傭契約解除の際には特典として与へたる権利は一切之を失ふと云ふやう

	して与へたる権利は一切之を失ふと言ふやうなものです、	ふと言ふ如きものである。	なものである。〔309頁〕
16	此のヘルクナーの分類以外に又は右分類の三を広く解釈すれば此中に入るべき種々の動機が我邦に於て発見されます、労働者募集の便宜を得んが為め若しくは優秀なる名声を以て営業上の便宜を得んが為め一種の広告として之を実行するものも無いでは無い、或地方に於ては多数職工の使用するに堪へざる極めて小数の設備をして居るので実際には何等の実用を見ないのに募集に際しては我工場には斯く斯くの施設があるなどゝ吹聴しつゝあるものもあつたと言ふことであります。	此のヘルクナーの分類以外に我国に於ては労働者募集の便宜を得んが為、若くは優秀なる名声を以て営業上の便宜を得んが為め一種の広告として之を実行するものも無いでは無い、或地方に於ては多数職工の使用するに堪へざる極めて小数の設備をして居るので、実際は何等の実用を見ないのに募集に際しては我工場には如く如くの施設があるなどと吹聴しつゝあるものもあるとの事である。	此のヘルクナーの分類以外に又は右分類の三を広く解釈すれば其中に入るべき種々の動機が我邦に於て発見される、労働者募集の便宜を得んが為め、若くは優秀なる名声を以て営業上の便宜を得んが為め一種の広告として之を実行するものも無いでは無い、或地方に於ては多数職工の使用するに堪えざる極めて少数の設備をして居るので実際には何等の実用を見ないのに、募集に際しては我工場に斯く斯くの施設があるなどゝ吹聴しつゝある者もあつたと云ふことであるが、実に寒心の至りであると思ふ。〔309-310頁〕
17	福利施設の元祖とも言ふべきロバート、オーエン〔494頁〕が一八一六年に発行した「新社会観」に述べた処を見れば 「諸君の無生の機械の状態に対して適当な注意を払ふことが夫れ程有利な結果を生ずるものとすれば同様な注意をモツト驚くべき組織を有する貴君の生きた機械に対して払ふことが必要であらう、経験から私の信ずる処に依れば其の為めに使つた諸君の時間や費用は真実の智識に依りて行つたならば	福利施設の元祖とも称すべき英のロバート・オーエンが一八一六年に発行した「新社会観」に述べた処を見れば、 「諸君の無生の機械の状態に対して適当な注意を払ふことが夫れ程有利な結果を生ずるものとすれば、同様な注意をモツト驚くべき組織を有する貴君の生きた機械に対して払ふことが必要であらう、経験から私の信ずる処に依れば其の為めに使つた諸君の時間や費用は、真実の智識によつて行つたならば	福利施設の元祖とも云ふべき英のロバート、オーエンが一八一六年に発行した「新社会観」に述べた所を見れば、 「諸君の無生の機械の状態に対して適当な注意を払ふことが夫れ程有利な結果を生ずるものとすれば、同様な注意をモツト驚くべき組織を有する貴君の生きた機械に対して払ふことが必要であらう。経験から余の信ずる所に依れば其の為に使つた諸君の時間や費用は、智識に依つて行つたならば其投資の

	其投資の五、十、十五パーセントは愚か、多くは五十パーセントから百パーセントも回収が出来るものである」 と述べて居ります、オーエンの福利施設はパターナリスチツク、即ち恩情主義から出発したものでありますけれども、当時労働者の工場生活は荒廃甚しきに拘らず労働者の問題に付ては何等顧る処が無かつた傭主階級に向つて打算的にも亦有利なことを示して工場機械に対する経済の見地を彼の所謂生きた機械即ち職工に向けさせようとしたものであります、 以上述べました様なことを概括しまして何故に吾々は福利施設を実行する必要があるかと言ふ問に答へやうと思ひます。	其投資の五、十、十五パーセント位では無い五十パーセントから百パーセントも回収出来るものである』(ママ) と述べて居る。オーエンの福利施設はパターナリスチツク即ち恩情主義から出発したものであるけれども、当時労働者の工場生活は荒廃甚しきに拘らず労働者の問題に付ては何等顧る処が無かつた、雇主階級に向つて打算的にも亦有利なことを示して工場機械に対する経済の見地を彼の所謂生きた機械即職工に向けさせようとしたものであつた。度々言へる如く工場人素を捕へて生きた機械と言ふが如きは人格的立場に立つものゝ断然排撃すべきものであるが、之に向つて充分なる考慮を払ふべきことを主張する点を味はなければならぬと思ふ。 以上述べた様なことを概括して何故に吾々は福利施設を実行する必要ありやの問に答へやうと思ふ。	五、十、十五パーセントは愚か、多くは五十パーセントも回収が出来るものである。」 と述べて居る。オーエンの福利施設はパターナリスチツク即ち恩情主義から出発したものであるけれども、当時労働者の工場生活は荒廃甚しきに拘らず、労働者の問題に就ては何等顧る所が無かつた。傭主階級に向つて打算的にも亦有利なことを示して工場機械に対する経済の見地を彼の所謂生きた機械即ち職工に向けさせようとしたものである。 以上述べた様な事を概括して何故に吾々は福利施設を実行する必要ありやを茲に述べて置きたい。〔310頁〕
18	第一は人道上の必要であります、ヘルクナーが第一に掲げた如き動機は之から出発するのであると考へます、ギルマンの言を引用しますれば「傭主の態度は明白に道義的で理性的で、而して協和的であつで(ママ)而して其精神は職工に対して敬愛的同情で無ければならぬ」とあ	第一は人道上の必要である。ヘルクナーが第一に掲げた如き動機は之れから出発するものであると考へる。ギルマンの言を援用すれば『雇主の態度は明白に道義的で、理性的で、而して協和的であつて而して其精神は職工に対して敬愛的同情で無ければならぬ』とあり猶	**第一**　人道上の必要　ヘルクナーが第一に掲げた如き動機は之から出発するのである、ギルマンの言を引用すれば「傭主の態度は明白に道義的理性的で、而して協和的であつて而かも其精神は職工に対して敬愛的同情で無ければならぬ」とある。尚亦「従業員は第一に人間

	ります、猶亦「従業員は第一に人間であり、次に公民であり而して終りに職工である」とあります、労働者は同胞であります、ラオンツリーの言ふ如く工業は我々の社会生活の福祉を増進する為めに存在するものであつて何人をも害してはならない当然の社会的義務を有するものである以上は我同胞が或は負傷し或は疾病に罹り又は品性の堕落を来し、経済的悲運に会し、個人的に又は社会的に悲惨なる環境に抛棄されて居る儘に見過ごすことは出来ない筈であります〔487頁〕、菜根譚に 天富一人以済衆人之困而世反挟所有以凌人之貧真天之戮民哉〔返り点等略〕、 とありますのは正に此問題に触れる処が有るのであります苟も同胞たる人の長となり多数者を率ゐて事業に当らるゝものは此の心を必要とするのであります。	亦『従業員は第一に人間であり、次に公民であり而して終りに職工である』とある。労働者は我等の同胞であるのである。ラオンツリーの言ふ如く工業は我々の社会生活の福祉を増進する為めに存在するものであつて何人をも害してはならない当然の社会的義務を有するものである以上は我同胞が或は負傷し或は疾病に罹り又は品性の堕落を来たし経済的悲運に会し、個人的に又は社会的に悲惨なる環境に抛棄されて居る儘に見過ごすことは出来ない筈である。菜根譚に、 天富一人以済衆人之困而世反挟所有以凌人之貧真天之戮民哉〔返り点等略〕 とあるのは正に此問題に触れる処があるのである。苟も同胞たる人の長となり多数者を率いて事業に当るものは此の心掛を必要とするのである。	であり、次に公民であり、而して終りに職工である」とある。労働者は同胞である、ローンツリーの言ふ如く「工業は我々の社会生活の福祉を増進する為に存在するものであつて、何人をも害してはならない当然の社会的義務を有するもので」ある以上は、我同胞が或は負傷し、或は疾病に罹り、又は品性の堕落を来し、経済的悲運に会し、個人的に又は社会的に悲惨なる環境に抛棄されて居る儘に見過ごすことは出来ない筈である、菜根譚に、 天富一人以済衆人之困而世反挟所有以凌人之貧真天之戮民哉〔返り点等略〕 とあるのは正に此問題に触れる所が有る、苟も同胞たる人の長となり、多数者を率ゐて事業に当る者は此の心を必要とするのである。〔310-311頁〕
19	第二は経済上の必要であります、労働力保全の事は個人企業経済上より見て将又国民経済上より見て最大切とする処であります、ギルマンは「若しも国民が世界競争に於て其地位を保ち且つ真実の内国的福祉を所有し度いならば労働人口 labour population の健康と力即ち労働者の唯一の身体	第二は経済上の必要である。労働力保全の事は個人企業の経済上より将亦国民経済上より大切とする処である。ギルマンは『若しも国民が世界競争に於て其地位を保ち且つ真実の内国的福祉を保有し度いならば労働人口の健康と力即ち労働者の唯一の身体的資本を時代より時代に少くも減損せず	**第二** 経済上の必要 労働力保全の事は個人企業経済上より見て将又国民経済上より見て最も大切とする所である。ギルマンは「若しも国民が世界競争に於て其地位を保ち且つ真実の内国的福祉を保有し度いならば労働人口（labour population）の健康と力即ち労働者の唯一の身体的資本

資料5　河原田および蒲生執筆の同名論文比較対照表

	的資本 physical capital を時代より時代に少くも減損せずに維持しなければならない」と申して居ります、此問題に付て余りに近眼な処の工業主は職工が疾病に罹れば健康な人と取り替へれば差支へは無い、不具になれば満足な身体の人を使へばよいなどゝ考へる人もありませうが、焉んぞ知らん此の産業廃兵の負担は社会全体が背負ふて居るのでありまして種々の社会問題となつて其工業主も亦間接に幽霊を背負ふて居るのであります、今日直に具体的な悪結果が面前に現出しなくとも幾年の後困難な問題に逢着して経営の困難を招来するのでありまず(ママ)、今一例を挙げて見ますならば労働者募集と言ふことが今日の工業に採りては中々大切な問題であつて工場に於て働くべき職工を工場に集めることが特殊の優越なる事情に幸される場合の外は中々重い問題になつて居りませう、募集根拠地なるものがあつても募集地の寿命なるものが有つて永年継続し得ることが困難なのであります、従つて中には転々新募集地を求め或は募集員が入り乱れて募集戦を行ふやうな有様になつて来たには充分の理由が無ければなりません、之はホンの一例でありますが、斯様な具	に維持しなければならない』と言つて居る。此問題に付て余りに近眼な処の工業主は職工が疾病に罹れば健康な人と取り替へれば差支へは無い、不具になれば満足な身体の人を使へばよいなどゝ考へる人もあるかも知れぬが、焉んぞ知らん、此の産業廃兵の負担は社会全体が背負ふて居るのであつて種々の社会問題となつて其工業主も亦間接に幽霊を背負つて居るのである。今日直に具体的の悪結果が面前に現出しなくとも幾年の後困難な問題に逢着して経営の困難を招来するのである。今一例を挙げて見るならば労働者募集と言ふことが今日の工業に採つては仲々重い問題になつて居らう。募集根拠地なるものがあつても、募集地の寿命なるものがあつて永年継続し得ることが困難になつて、中には却て新募集地を求め、或は募集員入り乱れて募集戦を行ふやうな有様になつて来たには充分の理由が無ければならぬ。之はホンの一例であるが、斯様な具合に個人企業経済の上から申しても種々の困難損失を生じて来るのであるが、国民経済全体として考へるならば誠に捨て置き難い大切な問題である。	（physical capital）を時代より時代に少くも減損せずに維持しなければならない」と言ふ。此問題に就て余りに近視的な工業主は、職工が疾病に罹れば健康な人と取り替へれば差支へは無い、不具になれば満足な身体の人を使へばよいなどゝ考へる者もあるが、焉んぞ知らん此の産業廃兵の負担は社会全体が背負ふて居るのであつて、種々の社会問題となつて其工業主も亦間接に幽霊を背負ふて居るのである。今日直に具体的な悪結果が面前に現出しなくとも幾年の後困難な問題に逢着して、経営の困難を招来するのである。個人企業経済の上から種々の困難損失を生ずるのみならず、国民経済全体として考へても誠に捨て置き難い大切な問題である、従つて労働力保全維持の為に各種の福利施設が経済上の見地より考へて其必要がある。〔311-312頁〕

	合に個人企業経済の上から申しても種々の困難損失を生じて参るのでありますが国民経済全体として考へましても誠に捨て置き難い大切な問題であります、従つて労働力保全維持の為めに各種の福利施設が経済上の見地より考へて其必要があるのであります。		
20	個人企業経済の上から申して此福利施設が大体に於て如何なる結果を招来するであらうかと申すのに、従来之に対して述べらるゝ処のものは大凡次の如きものであります、 第一は労資の協調であります、ワトキンスの語を援用しますれば「之等の計画の行はれたる工場に於ては必ずしも産業不安又は紛議を全然滅失するには至らなかつたし又職工中には恩情主義的施設として排斥する者もあつたが、兎も角も工業主と使用人との間を協調せしめた事は明である」と申して居ります、申す迄も無く使ふ人と使はれる人　〔1字アキ〕の間に利害相容れざる観念が著しくなつてから両者に相争ふの気分を生ずるのは自然の勢でありますが、然し乍ら実際上の状況と致しましては双方相協和一致して事業の為めに熱中する時が双方共に最も幸福な時であります、使ふ人が使はれる人に成り切つて人を使	個人企業経済の上から申して此福利施設が大体に於て如何なる結果を招来するであらうかと言ふに、従来之に付て述べらるゝ処のものは大凡次の如きものである。 第一は労資の協調産業平和である。ワトキンス教授の語を援用すれば、 『之等の計画の行はれたる工場にては必ずしも産業不安又は紛議を全滅するには至らなかつたし、又職工中には恩情主義的施設として排斥する者もあつたが、兎も角も工業主と使用人との間を協調せしめたるは明かである』とある。言ふ迄も無く使ふ人と使はれる人との間に利害相容れざる観念が著しくなつてから両者に相争ふの気分を生ずるのは自然の勢であるが、然し乍ら実際の状況としては双方相協和一致して事業の為めに熱中する時が双方共に最も幸福な時である。即ち団体に帰入統合された時である。使ふ人が使はれる人	個人企業経済の上から福利施設が大体に於て如何なる結果を招来するであらうか、従来之に対して述べらるゝ所のものは大凡次の如きものである。 **第一　労資協調** ワトキンスの語を援用すれば「之等の計画の行はれたる工場に於ては必ずしも産業不安又は紛議を全然滅失するには至らなかつたし、又職工中には恩情主義的施設として排斥する者もあつたが、兎も角も工業主と使用人との間を協調せしめた事は明かである」とある。言ふ迄も無く使ふ人と使はれる人との間に利害相容れざる観念が著しくなつてから両者に相争ふの気分を生ずるのは自然の勢であるが、然し乍ら実際上の状況としては、双方相協和一致して事業の為に熱中する時が双方共に最も幸福な時である、使ふ人が使はれる人に成り切つて人を使ひ、使はれる人が使ふ人に成り切つて働くことが出来ることは決して空

	ひ、使はれる人が使ふ人に成り切つて働くことが出来ることは決して空想では無いと考へるのであります、両者が其儘に事業其者に融合して行くことが事業遂行上の最大切な基礎であります、勿論現実的には煩瑣なる種々の事情が発生し得るでありませう、然し乍ら使ふ人と使はれる人との懸隔が除かれて働く人の福利が増進され其環境が職工に依りて満足され、職工は其生に安んじ其業を楽しむに至れば大体に於て両者が相融和し相協力し得べきことは自然の結果であるのであります。	に成り切つて人を使ひ、使はれる人が使ふ人に成り切つて働くことが出来ることは決して空想では無いと考へるのである。両者が其儘に事業其者に融合して行くことが事業遂行上の最も大切なる基礎である。勿論現実的には煩瑣なる種々の事情が発生し得るであらう。然し乍ら使ふ人と使はるゝ人との懸隔が除かれ働く人の福利が増進され、其環境に満足し、其の生を楽しむに至れば大体に於て両者が相融和し、相協力し得べきことは自然の結果でなければならぬ。	想では無いと考へるのである。両者が其儘に事業其ものに融合して行くことが事業遂行上最も大切な基礎である。勿論現実的には煩瑣なる種々の事情が発生し得るであらう、然し乍ら使ふ人と使はれる人との懸隔が除かれて働く人の福利が増進され其環境が職工に依りて満足され、職工は其生に安んじ其業を楽しむに至れば、大体に於て両者が相融和し相協力し得べきことは自然の結果である。〔312-313頁〕
21	第二には能率の増進であります、能率増進 Greater efficiency の声は今や産業界の隅々までも響き渡つて居ります、而して科学的管理法の研究応用と共に或は時間研究 Time study であるとか、動作研究 Motion study であるとか種々の心理的又は機械的方策が行はれつゝあるのであります、而して之に対しては又反対の声も耳にして居るのであります、然し乍ら之等のいきさつは兎も角として凡ての能率が合理的に増進されることは望ましい事であらうと思ひます、只今日行はれて居る処の能率に関する研究並に方策は何れかと申せば寧ろ一方に偏した	第二には能率の増進である。能率増進の声は今や産業界の隅々までも響き渡つて居る。而して科学的管理法の研究応用と共に或は「モーション・スタデイ」であるとか「タイム・スタデイ」であるとの種々の心理的又は機械的方策が行はれつゝあるのである。而して之に対しては又反対の声も耳にして居るのである。然し乍ら之等のいきさつは兎も角として凡ての能率が合理的に増進されることは望ましい事であらうと思はれる。只今日行はれて居る処の能率に関する研究並に方策は何れかと申せば寧ろ一方に偏したやり方であつて真実根本的なる方策は如何に労	**第二**　能率の増進　能率増進の声は今や産業界の隅々までも響き渡り、科学的管理法の研究応用と共に或は時間研究であるとか、動作研究であるとか種々の心理的機械的方策が行はれつゝあるのである、凡ての能率が合理的に増進されることは望ましい事であらうと思ふ、只今日行はれて居る所の能率に関する研究並に方策は寧ろ一方に偏したやり方であつて真実根本的なる方策は如何に労働者をして雇主の人格を信頼せしめ、彼等をして其生に安んじ業を楽しましめるかと云ふ所にならなければならないと思ふ。〔313頁〕

	やり方であつて真実根本的なる方策は如何に労働者をして雇主の人格を信頼せしめ、彼等をして其生に安んじ業を楽しましめるかと言ふ処に無ければならないと思ふのであります、	働者をして雇主の人格を信頼せしめ、彼等をして其生に安んじ業を楽しましめるかと言ふ処に無ければならないと思ふ。即ち工場団体に帰一統合されて一如の活動を為すところに真実能率の基本がある。	
22	日本の或一工場に於ける一例を申上げませう、其工場に於ては従業員は皆其生に安んじ業を楽むの美風が有つて隣接工場に於てストライキが起つて参加するやうに宣伝勧誘に来たけれども自分達は会社に反対する理由が無いと言ふので断るやうな有様であつたのです、而して文字通りに忠実業に服し仕事に没頭する結果製品の品質は良好となり又屡々仕事中に発明をすることが有つたのです、一口に発明と申しますが、発明するに至るのは一朝一夕のことでは無い、職工が如何に仕事其者を楽みつゝあるかを示すものであらうと思ひます、	日本の或工場に於ける一例をあげて見やう。其工場に於ては従業員は皆其生に安んじ業を楽しむの美風があつて、隣接工場に於てストライキが起つて参加するやうに宣伝に来たけれども自分達は会社に反対する理由が無いと言ふので断るやうな有様であつた、而して文字通りに忠実業に服し、仕事に没頭する結果製品の品質は良好となり又屡々仕事中に発明をすることが有つた、一口に発明と言ふが、発明するに至るのは一朝一夕の事では無い、職工が如何に仕事其者を楽しみつゝあるかを示すものであらうと思ふ。	我邦に於ける労働管理の実例職工は其工場の職に安んじ、生を楽むの風を生じ、隣り工場に罷業が起つて宣伝に来た時にも、自分達は会社に反対する理由が無いと言つて断つた事があつた。而して専心一意会社に尽し仕事に没頭して居た結果、製品の品質は良好であり、且つ仕事中に屡々発明する事が多かつた。一口に発明と云ふが、発明するに至るのは中々一朝一夕の工夫では出来ない。ローマの成るは一日にして成るに非ずと云はれて居る通りである。仕事をし乍ら発明をすると云ふ事実は如何に職工が職業に趣味を感じて居るかを示すものである。〔207頁、211頁〕
23	処が一朝方針が改められてしまつた結果職工の気分に一大変化を与へました、今迄は側目も振らずに仕事に没頭した人は仕事よりも自分の周囲ばかり見廻はす様になり、今迄自分の仕事だと考へて居た仕事は実は雇主の仕事であつて自分は生活の為めに只賃金を取ればそれで目的を達したものだ	処が一朝方針が改められた結果職工の気分に一大変化を与へた、今迄は側目も振らずに仕事に没頭した人は仕事よりも自分の周囲ばかり見廻す様になり、今迄自分の仕事だと考へて居た仕事は実は雇主の仕事であつて、自分は生活の為めに只賃金を取ればそれで目的を達したものだと認識するに至	中に働く人の気分は根底から変つた。今迄側目も振らずに仕事に没頭した人は、仕事よりも先づ自身の身の廻りを見廻し始めた。〔…〕今迄は自分の仕事だと信じて居た仕事は実は自分の仕事では無いと感じて来た。自分は生活の為に只賃金を得るのが目的だと理解して来た。〔…〕自然に品質の低下

資料5　河原田および蒲生執筆の同名論文比較対照表

	と認識するに至つたのであります、其間種々のいきさつも有つて従業員が仕事に不熱心な結果は製品の品質が低下して来たのです、品質低下では製品の市場に於ける声価を害し信用を落すから其処で検査員を増員して厳重に検査を励行したのでありました、処が製品の品質が悪いので検査を通過する数が足りなくなつたのです、一方販売関係に於ては供給契約が有つて納入期限が定まつて居るので若し納入が遅れる時には相当の賠償をしなければならないことになつて居ります、止むを得ないから検査の標準を低下して数を揃へることを計つたのです、之を従業員即ち斯様な環境に置かれた従業員から考へれば検査を通過する程度の品さへ製作すれば夫以上に尽力する必要が無いことになります、斯様にして一般に品質が悪くなるのは当然の結果でありました、	つた。其間種々のいきさつもあつて、従業員が仕事に不熱心な結果は製品の品質が低下して来た。品質低下では製品の市場に於ける声価を害し信用を落すから其処で検査員を増員して厳重に検査を励行した処が製品の品質が悪いので検査を通過する数が足りなくなつた。一方販売関係に於ては供給契約が有つて納入期限が定まつて居るので若し納入が遅れる時には相当の賠償をしなければならないことになつて居る。已むを得ないから検査の標準を低下して数を揃へることを計つた。之を従業員即ち斯様な環境に置かれた従業員から考へれば検査を通過する程度の品さへ製作すれば夫以上に尽力する必要が無いことになる。斯様にして一般に品質が悪くなるのは当然の結果であつた。	を来したのは止むを得ない。〔…〕 然るに品質低下では製品の市場に於ける声価を害し会社の信用を落すから、其所で検査係を増員して厳重に検査を励行した。所が〔…〕検査を励行する結果、パスする物がなくなれば（其は当然の結果であつた）製品の数が揃はない。然るに一方販売関係に於ては御得意との供給契約が有つて納入期限が定まつて居る。此の期限に納入を怠る時は、相当の賠償を為さなければならぬ、〔…〕其所で検査標準を低下して数を揃へることを計つた。之を製作する者から考へれば数を揃へさへすれば予定の賃金に有り付けるから、わざわざ熱心になつて優良品を作り出す必要はない、検査をパスする程度でよいと云ふことになるので、一般に製品の品質低下を来すのは当然招来された結果であつた。〔212-213頁〕
24	英のラオンツリー氏が先年日本に参つた時に話されたのに「我社の製品が市場で不況に陥つた時に賃金を低下するか、人を減ずるか二者一を採用する外は無いと語つて職工に相談した処が職工等は卒先して能率増進の方法を案出し、其結果一個当りの原価が非常に安くなつたので市場に於て勝つ	英のラオンツリー氏が先年日本に来た時に話されたのに『我社の製品が市場で不況に陥つた時に賃金を低下するか、人を減ずるか、二者一を採用する外は無いと語つて職工に相談した処が職工等は率先して能率増進の方法を案出し、其結果一箇当り原価が非常に安くなつたので市場に於て勝つことが	英のローンツリー氏が嘗て語つて曰く、「我社の製品が市場で不況に陥つた時に賃金を低下するか、人を減ずるか、二者一を採用する外は無いと語つて職工に相談した所が、職工等は率先して之が解決策を講じ遂に市場に優越の地位を占めることを得た」と。而して之に附加して曰く、是れ偏へに職工

	ことが出来た、是れ一偏に職工が仕事を自己の仕事として会社を双肩に担つて居る為めである」と言ふことでありました〔489-490頁〕、使ふ人と使はれる人とが協和一致して、業務と働く〔1字アキ〕とがピタリと一つにならなくては他の種々の心理的又は機械的な方法を用ゐても真実の効果は挙らないものと考へるのであります、労働者をして其の生に安んぜしめ業を楽しましめるには福利施設を発達させなければならぬと思ひます。	出来た、是れ一重に職工が仕事を自己の仕事として会社を双肩に担つて居る為めである』とあつた。使ふ人と使はれる人が相協和して業務と働く人とがピツタリと一つにならなくては他の種々の心理的又は機械的方法を用ひても真実の効果は挙らないものである考へる。労働者をして其生に安じ業を楽しましめるのには人事管理の基本を養ひ福利施設を発達させなければならぬことに誰人も異議はあるまい。	が仕事を自己の仕事とし会社を双肩に担ひ居るに由ると。誠に是ある哉、忠実業に服すと云ふが、業と人とがピツタリ一致しなくては能率増進とか何とか云つても多くは形式に止まりて真実の功績は挙らないものと私は確信する。〔211頁〕
25	第三は労働移動の減少であります、工場に於て労働力が安固であることが大切であります、労働移動 Labor turnover は労働力の安固を破壊するものであります、従つて之を一言にして申せば労働者の募集並に補充から養成訓育等に至るまで直接費用の損失は夥しきものが有るのみならず、作業上間接の損失も多く且つ作業能率は著しく低下するのであります労働移動の原因は種々あります、然し乍ら従業員が其生に安んじ其業を楽むものであるならば労働移動率は著しく減退するのであります、而して勤続年限の平均が永くなればなるほど又欠勤率が少くなればなるほど工場作業の成績は有利で無ければなりません、加	第三には労働移動の減少である。健全なる工場としては工場に於て労働力が安固であることが大切である。労働移動は労働力の安固を破壊するものである。従つて之を一言にして言へば労働者の募集並に補充から養成訓育等に至るまで直接費用の損失は夥しきものが有るのみならず、作業上間接の損失も多く且つ作業能率は著しく低下するのである。労働移動の原因は種々あるが然し乍ら従業者が其生に安んじ其業を楽しむものであるならば労働移動率は著しく減退するのである。而して勤続年限の平均が永くなればなるほど又欠勤率が少くなればなる程工場作業の成績は有利で無ければならぬ。加之環境の善良なる工場	**第三**　労働移動の減少　工場に於て労働力が安固である事が大切である。労働移動は労働力の安固を破壊するものである、従つて之を一言にして言へば労働者の募集並に補充から養成訓育等に至る迄直接費用の損失は夥しきものが有るのみならず、作業上間接の損失も多く且つ作業能率は著しく低下するのである、労働移動の原因は種々ある、然し乍ら従業員が其生に安んじ其業を楽しむものであるならば労働移動率は著しく減退するものである。而して勤続年限の平均が永くなればなるほど又欠勤率が少くなればなるほど工場作業の成績は有利で無ければならぬ、加之環境の善良なる工場は職工募集に当りて募集が容易で

	之環境の善良なる工場は職工募集に当りて募集が容易であると共に優秀なる労働者を迎へ得るが如き有利なる結果を見るのであります、相去ること幾何も無い土地に在る甲工場が募集上困難が少くて、乙工場は困難が多いことは他の原因もありますけれども此点を度外視することは出来ません。	は職工募集に当りて募集が容易であると共に優秀なる労働者を迎へ得るが如き有利なる結果を見るのである。相去ること幾何でもない土地に在る甲工場が募集上困難が少く、乙工場は困難が多いことは他の原因もあるけれども此の点を度外視することは出来ない。	あると共に優秀なる労働者を迎へ得るが如き有利なる結果を見るのである。〔314頁〕
26	以上述べました処は効果の部分的例示に過ぎません、而して此等は各々孤立した事情では無くして実は関連した一つ事の different aspects に過ぎないのであります、米国政府の一九一九年の報告書に「労働者の労働移動が福利事業の結果著しく減少したことと、工業災害の防止、損失時間の減少も其効果顕著なものがあり稀には直接生産高の増加を報告して来たものもある」とか又は「福利施設のあることは労働移動を減じ、災害疾病率を減じ労働者に良好なる感情を懐かせ得るといふことだけは種々の事例に徴して謂ひ得らるゝ」とかあるのは福利施設の裏書をするものであると考へられます。	以上述べた処は効果の部分的例示に過ぎない。而して此等は各々孤立した事情では無くして実は関連した一事の different aspects に過ぎないのである。 米国政府の一九一九年の報告書に『労働者の労働移動が福利事業の結果著しく減少したことゝ、工業災害の防止、損失時間の減少も其効果顕著なものがあり、稀には直接生産高の増加を報告して来たものもある』とか又は『福利施設のあることは労働移動を減じ、災害疾病率を減じ、労働者に良好なる感情を懐かせ得るといふことだけは種々の事例に徴して謂ひ得らるゝ』とあるのは福利施設の裏書をするものであると言はなければならぬ。	以上述べた所は効果の部分的例示に過ぎない、而して此等は各々孤立した事情では無くして実は関連した一つ事の different aspects に過ぎないのである。米国政府の一九一九年の報告書に「労働者の労働移動が福利事業の結果著しく減少したこと並に工業災害の防止、損失時間の減少も其効果顕著なものがあり、稀には直接生産高の増加を報告して来たものもある」とか、又は「福利施設のある事は労働移動を減じ、災害疾病率を減じ労働者に良好なる感情を懐かせ得るといふことだけは種々の事例に徴して謂ひ得らるゝ」とかあるのは、福利施設の裏書をするものであると考へられる。〔314頁〕
27	(三) 産業福利の精神 福利施設は労働状態の改善を目的とする雇主の任意的施設であると申しました、而して之が従来如何なる動機より出	(三) 産業福利の精神 福利施設は労働状態の改善を目的とする雇主の任意的施設であることを物語つた。而して之が従来如何なる動機より	〔なし〕

	発し又如何なる必要の下に主張さるべきやを概略前段に述べました、然し乍ら福利施設を一貫すべき根本精神を離れるならば百の施設も多くは無益又は徒労に帰することが無いではありません、私は前段に日本に於ける或一工場の実例を述べて労働者が生に安んじ業を楽むことの大切なことを申しました米国政府の報告中に「福利事業さへ行へば傭主と被傭者との間に意思の疎隔が有つても、労働条件が不良であつても、賃銀が比較的低廉であつても相当の成績が挙り労働争議が予防出来るかのやうに考へるのは大なる誤解である」とありますのは誠に此間の消息を道破した言であると思ひます、福利施設が雇主の人格的外延の発露である場合に於てのみ福利施設が光輝を放つものであると思ひます、	出発し又如何なる必要の下に主張さるべきやを概略前段に述べたのであつた、然し乍ら福利施設を一貫すべき根本精神を離れるならば百の施設も多くは無益又は徒労に帰することが無いではない。余は前段に日本に於ける一実例を述べて労働者が生を楽み業に安んずることの大切なことを述べた。米国政府の報告中に『福利事業さへ行へば雇主と被傭者との間に意思の疎隔が有つても、労働条件が不良であつても、賃金が比較的低廉であつても相当の成績が挙り労働争議が予防出来るかのやうに考へるのは大なる誤解である』とあるのは誠に道破した言である。福利施設が雇主の人格的外延の発露である場合に於てのみ福利施設が光輝を放つものである。	
28	ラオンツリーは「如何に良好なる労働状態の下に生産が実行されるかを実現するのが傭主の社会的義務 Social obligation である」と申しました、	ラオンツリーは『如何に良好なる労働状態の下に生産が実行されるかを努めるのが雇主の社会的義務である』と言つた。	善良なる労働条件の下に生産が行はるゝことをローンツリーは工場主の社会的義務であると言つて居る。〔283頁〕
29	人道上より実行の必要ありと言ひ経済上より実行の必要ありと言ひましたのも第二義に亘りての説明でありまして第一義諦としましては必要を超越して事業に当然伴ふべき社	人道上より実行の必要ありと言ひ、経済上より実行の必要ありと言ふのも第二義に亘りての説明であつて第一義諦としては必要を超越して事業に当然伴ふべき社会的義務である	〔なし〕

	会的義務であることを観念しなければならないのであります、福利施設に反対して「斯くの如き施設を実行すべき余計な費用が有るならば其費用を賃金として給与したならば如何だ、労働者は其富裕な収入を以て自ら保護発展向上の道を講ずることが出来る」などと言ふ人もありますけれども、之等は夥しく思索の当(ママ)りない意見でありまして、一つには凡ての人を以て完全なる人格者であると言ふ前提を仮定するのと、工場内の生活に対する実際的智識を欠くことと及び社会共同生活の要諦を解せざるに出づる処の誤つた議論であります、傭主と従業者の二つの人格は共々に事業団体に融合帰一して平等観の上には事業団体であり、差別観の上には傭主と従業者であることになることが健実なる事業発展の基礎であり又両者の幸福であるのであります、融合帰一する時に雇主は従業者の心を心とし従業者は傭主の心を心とするのであります、	ことを観念しなければならないのである。福利施設に反対して『斯くの如き施設を行ふべき余計な費用があるならば其費用を賃金として給与したならば如何だ、労働者は豊裕な収入を以て自ら保護発展向上の道を講ずることが出来る』などと言ふ人もあるが之等は夥しく思索の足らない意見であつて一つには凡ての人を以て完全なる人格者であると言ふ前提を仮定するのと、工場内の生活に対する実際的智識を欠くことゝ及び社会共同生活の要諦を解せざるに出づる処の誤つた議論である。雇主と従業者の二つの人格は共々に事業団体に融合帰一して平等観の上には事業団体であり差別観の上には雇主と従業者であることになることが健実なる事業発展の基礎であり又両者の幸福であるのである。融合帰一する時に雇主は従業者の心を心とし、従業者は雇主の心を心とするのである。	
30	申す迄も無く労働形式の変遷は身分関係から契約関係へ移動したのであります、従つて形式上に於ての平等対峙の関係即ち権利義務の関係は現在の労働形式と離れない楯の一面であります、我邦の実情から	申すまでも無く労働形式の変遷は身分関係より契約関係へ移動した。従つて形式上に於ての対等対峙の関係即ち権利義務の関係は現在の労働形式と離れない楯の一面である。我邦の実情から申せば外国の状	労働形式変遷の道程は身分より契約へ進んだことは周知の事実である、〔…〕或人は「契約より身分へ」と提唱して居る。権利義務の関係から情義の関係へとの主張である。私は情義の関係などゝ云ふのも物足

	申せば外国の状況と比較する迄凡てに於ては其状況を示しては居ないやうで有りますが、然し或程度まで此方面の自覚が社会に顕れて居ります、之は両者が別のカテゴリーに属し利害相反するとの気分を生じて居るのであります、然し両者の関係は之れ丈けで有つたならば破壊であります、其処に別の関係が無ければなりません、	況と比較するまで凡てに於ては其状況を示しては居ないやうであるが然し或程度まで此方面の自覚が社会に顕れて居る。之は両者が別のカテゴリーに属し利害相反するとの気分を生じて居るのである。然し両者の関係は之れ丈けであつたならば破壊である。其処に別の関係が無ければならぬ、	らぬやうな気がする。仕事を挟んで両陣相対するのは誤りである。両者アマルガメートして仕事に相対する時が最も両者に取つて幸福な時であると思ふ。是れ即ち統一団体主義精神発現の一形式である。〔214頁〕
31	或人は契約より身分へと提唱して居ります、権利義務の関係から情義の関係へ引戻し度いとの主張であります、私は情義の関係など言ふのも物足りないと思ひます、事業関係に帰一する処の傭主と従業者との人格関係であり度いと思ふのでありますか今参考の為めに外国の著書から一例を惹いて見ませう。	或人は契約より身分へと提唱して居る。権利義務の関係から情義の関係へ引戻し度いとの主張である。余は情義の関係など言ふのは足りないと思ふ、事業団体に帰一統合する処の雇主と従業者との人格関係であり度いと思ふ。 今参考の為めに外国の著書から茲に一例を惹いて見よう。	或人は労資協和の実を挙げんが為めに契約より身分へと提唱して居る。権利義務の関係より情義の関係へ推移せしめんとの願望である。〔6頁〕
32	米国エヂコツト、ヂヨンソン及職工会社の副社長兼総支配人「ヂヨーヂ、エフ、ヂヨンソン」氏が自分の工場に付いて語る処を援用します。	米国エ、(ママ)ヂコツト、ヂヨンソン及職工会社の副社長兼総支配人「ヂヨーヂ、エフヂヨンソン」氏が自分の工場について語る処を援用して見れば、	エヂコツト、ヂヨンソン及職工会社の副社長兼総支配人ヂヨーヂ、エフ、ヂヨンソン氏〔…〕は曰く、〔25頁〕
33	「若し労働方策と言ふものが沢山の規則の集合や、煩雑な作業系統や、権利を賦与したり保護したりする精巧な規則のやうなものであるならば私は何等の方策も持つて居ない、然し私は三十年間ストライキに接することなしに事業を行つて来た、而して二三百人から起つ	『若し労働方策と言ふものが沢山の規則の集合や、煩雑な作業系統や、権利を賦与したり保護したりする精巧な規定のやうなものであるとするならば、私は方策は持つて居ない、然し私は三十年間ストライキに接することなしに事業を行つて来た、而して	「若し労働方策が沢山の規則の集合や、煩雑な作業系統や、権利を付与したり保護したりする精巧な規則のやうなものであるとするならば私は方策は持つて居ない、然し私は三十年間罷業に接することなしに事業を行つた。而して二三百人から起つて一万三千人に増加

資料5　河原田および蒲生執筆の同名論文比較対照表

	て一万三千人に増加し、一年の売上高は六十万弗から増加して実に七千五百万弗にも昇つた。 労働争議が無い事丈けでは特に事業安寧のシルシとはならないが、ストライキをやり得る人々が自分等の希望も充たされ、情味的に実行されて居ることを満足してストライキをしないとすれば之は事業安寧の証拠になるのであつて我々は明かに此証拠を持つて居る。	二、三百人から起つて一万三千人に増加し、一年の売上高は六十万弗以下から増加して実に七千五百万弗にも昇つた。労働争議がない事丈けでは特に事業安寧のシルシとはならないが、ストライキをやり得る人々が自分等の希望も充たされ、情味的に実行されて居ることを満足してストライキをしないとすれば之は事業安寧の証拠になるのであつて我々は明に此証拠を持つて居る。	し、一年の売上高は六十万弗以下から増加して実に七千五百万弗にも昇つた。 労働騒擾が無いと言ふ事丈けでは特に事業安寧の彰とはならないが、然し、罷業の出来る人々が、彼等自身及其希望が完全に表示され、情味的に実行され得ることを満足するの故を以て罷業を行はないと云う積極的の証拠が有れば事業安寧の彰となるのである。我々は明かに其証拠を有して居ると考へて居る。〔25-26頁〕
34	世界中の職工が革命でもしそうな状態にあるのに我工場では一万三千人が平和に幸福に働いて居るのには何か理由が有るか、 勿論其処には理由がある、其は労働管理 labor management の理論で無く、労働連合 labor association（傭主と従業者の同化）の理論である、大工業は出来る丈け密接に小工業の昔の思想、即ち親方が其工場及び家の附属物を所有し親方、職人、徒弟が共に住み、共に働いたと言ふ思想に追随しなければいけない。	世界中の職工が革命でもしそうな状態にあるのに我工場では一万三千人が平和に幸福に働いて居るのには何か理由があるか。 勿論其処には理由がある、其は労働管理の理論でなく労働連合「雇主と従業者との同化」の理論である、大工業は出来る丈け密接に小工業の昔の思想、即ち親方が其工場及び家の附属物を所有し、親方、職人、徒弟が共に住み、共に働いたと言ふ思想に追随しなければいけない。	世界中の職工が革命の焦点に立つて居るのに、我が一万三千人が巧く且つ幸福に働くのには何か理由が有るか。 勿論其処には理由が有る、〔…〕其は労働管理の理論で無くて寧ろ労働連合の理論で有る、而して其は次の如きものである。 大工業は出来る丈け密接に小事業の昔の思想即ち親方が其工場及び家の附属物を所有し、親方、職人、徒弟が共に住み、共に働いたと云ふ思想に追随しなければならぬ。〔26頁〕
35	吾人が今日働くのは此の理論に拠るのである、吾人は吾人が建設した二つの町を有して居る、「ヂヨンソン」町及「エヂコツト」町である、我が工場は其町に存在し、我も職工も其	吾人が今日働くのは此の理論に拠るのである、吾人は吾人が建設した二つの町を有して居る、「ヂヨンソン」町及「エヂコツト」町である、我が工場は其町に存在し、我	吾人が今日働くのは此の理論に拠るのである、吾人は吾人が建設した二つの町を有して居る、ヂヨンソン町及エヂコツト町である、我が工場は其町に存在し、我も職工も其処に住居

	処に住居して居る、工場の中では権限の差異は有るが、工場を出ては其（ママ）に仲間の町民であつて何等富の区別を設けない。 統御する人が職工と共に住み、職工と共に働き、職工と共に遊ぶのである工場外では家族は同等の基礎の上に交際し、子供等は共に遊ぶのである、其の富其自身は我々の仲間には決して差別を設けない、我々は皆好い物を好むのである、幾何も無い以前であつたが私の小さい娘が喧嘩をして泣いた事がある、其は金持の父を持つて居ると言ふ訳で職工の子供にいぢめられたのであつた、之が私の意見を作らせた。 一言にして言へば職工の生活に入り込む処の凡ての問題は我が問題であり、従つて又我問題は彼等の問題となつた、斯くして吾人は満足すべき人的関係を創造すべく共に働いて居る、之が有効な事業を建設すべき基礎となるものである云々。	も職工も其処に住居して居る、工場の中では権限の差異は有るが、工場を出ては共に仲間の町民であつて何等富の区別を設けない。 統御する人が職工と共に住み、職工と共に働き、職工と共に遊ぶのである、工場外では家族は同等の基礎の上に交際し、子供等は共に遊ぶのである、其の富其自身は我々の仲間には決して差別を設けない、我々は皆好い物を好むのである、幾何も無い以前であつたが私の小さい娘が喧嘩をして泣いた事がある、其は金持の父を持つて居ると言ふ訳で職工の子供にいぢめられたのであつた、之が私の意見を作らせた。 一言にして言へば職工の生活に入り込む処の凡ての問題は我が問題であり、従つて又我が問題は彼等の問題となつた、斯くして吾人は満足すべき人的関係を創造すべく共に働いて居る、之が有効なる事業を建設すべき基礎となるものである、云々』	して居る。工場の中では権限の差異は有るが、工場を出ては共に仲間の町民であつて何等富の区別は無い。 統御する人が職工と共に住み、職工と共に働き、職工と共に遊ぶのである、工場外では家族は同等の基礎の上に交際し、子供等は共に遊ぶのである。其の富は我々の仲間には決して差別を設けない、我々は皆好い物を好むのである。ちよつと以前の事であつたが私の小さい娘が喧嘩をして泣いた事が有つた。其は金持の父を持つて居ると云ふ訳で職工の子供にいぢめられたのであつた、之が私の見解を作つた。 一言にして言へば職工の生活に入り込む所の凡ての問題は我が問題であり、従つて又我が問題は彼等の問題となつた。斯くして吾人は満足すべき人事関係を創造すべく共に働いて居る、之が有効なる事業を建設すべき基礎と成るものである。〔26-27頁〕
36	我々は斯様な実例を探すならば沢山に之を手にすることが出来るのであります、私共は此例に依つて参考になる処は「労働管理の理論で無くて労働連合の理論である」と言ふこと即ち事業団体に帰一するこ	我々は斯様な実例を探すならば沢山に之を手にすることが出来るのである。我々が此例に依つて参考になる処は、『労働管理の理論で無くて労働連合の理論である』と言ふこと、即ち事業団体に帰一すること	〔…〕労働管理の理論で無くて労働連合の理論であると云ふは、管理者も被管理者も共に事業団体に帰一し、〔…〕小工業の昔の思想に追随すると云ふことは、今日の雇傭関係が〔…〕再び身分関係に引返へし、〔…〕

資料5　河原田および蒲生執筆の同名論文比較対照表

	と、「小工業の昔の思想に追随する」と言ふこと即ち契約より身分への考へと、モ(ママ)一つは「職工の生活に入り込む処の凡ての問題は我問題であり、従つて又我が問題は彼等の問題となつた」と言ふこと即ち両者融合一枚となつて居ることであります。	と、『小工業の昔の思想に追随する』と言ふこと即ち契約より身分への考へと、も一つは『職工の生活に入り込む処の凡ての問題は我問題であり、従つて又我が問題は彼等の問題となつた』と言ふこと即ち両者融合一枚となつて居ることである。	職工の生活に入り込む所の凡ての問題は我問題であり、従つて又我問題は彼等の問題となつたと云ふことは換言すれば両者融合一枚〔…〕となる関係を示したものである。〔68-69頁〕
37	福利施設に於て最も大切なのは以上申上げた傭主の精神の上に立つて居ることであります、種々の方法は外部の形式であります、魂の無い残骸であつては百の施設も何の甲斐も無いと思ふのであります、諸方の工場に於て実行する処の福利施設が魂の有無を考へさせられるものが無いでありませうか魂無くして方法のみ存在するのは或は魂ありて方法の足りないよりも不良であると思ふのであります。〔513頁〕	福利施設に於て最も大切なのは此の雇主の精神即ち所謂産業福利精神の基礎の上に立つて居ることである。種々の方法は外部の形式である。魂の無い残骸であつては百の施設も何の甲斐も無いと思ふ。シエルドン曰く、『精神が施設に先行す』と。此精神が先づ以て全体に遍満しなければならぬ。諸方の工場に於て実行する処の福利施設に魂の有無を考へさせられるものが無いであらうか。魂なくして方法のみ存在するのは或は魂ありて方法の足りないよりも不良であると言はなければならぬ。	労資協和に依らずして或は労働管理と云ひ、或は能率増進と云ひ又は事業の発展と云ふ、畢竟砂上の楼閣に過ぎないでは無いか。此の根底にして確立すれば百の施設も立所に成り、千の方策も施すに困難は無からう。 〔…〕諸方の工場を参観するに屡々各種の施設等の存するものは有つても或は魂なき形骸たるに止まるやの感を深からしむるものあるは其欠点一に茲に在りて存するのでは無いか。此根底無くして百の施設を行はんとするは、施設無くして魂の存するものに若かないであらう。〔6-7頁〕
38	斯様な訳でありますから福利施設は決して雇主の慈善恩恵では有りません、況んや労働者や社会を欺瞞せんが為めに外形を存するが如きは最も福利施設の精神に反するのであります。 傭主と労働者と同化して其上に立てらるべき施設であり	斯様な訳であるから福利施設は決して雇主の慈善恩恵ではない。況んや労働者や社会を欺瞞せんが為めに外形を存するが如きは最も福利施設の精神に反するのである。 雇主と労働者と同化して其上に立てらるべき施設であるから労働者の過去現在及び将	〔なし〕

	ますから労働者の過去、現在及び将来の生活を真実に理解し労働者の立場に立ちて計画することが最も大切であります、労働者に対する理解が充分で無いと労働者の福利を増進すると言ふ意味が真実に徹底しないで、反つて労働者の迷惑を来し福利施設本来の目的から言ふて其真髄を去ること余りに遠い様なことに無益の努力をすることが生じ得るのであります、之には労働者をして其経営に参加させ又は其責任者とならしめることが漸次重んぜられて来たことは最初に述べた通りであります、米国政府の報告書中に「福利施設を被傭者の手に成るべく一任した方が宜しいといふ考は多少経験を積まなければ起らない処である、稀には単に福利施設のみならず、凡ての労働条件にも会社経営上にも被傭者を参加させ、委員制度に依りて其委員に福利事業を一任して居る有名な共同経営の例もある云々」と言ふことが載つて居りますが、其主旨とする処は労働者を少くも其経営に参加さすべきことを示すものであります。	来の生活を真実に理解し労働者の立場に立ちて計画することが最も大切である。労働者の理解が充分でないと労働者の福利を増進すると言ふ意味が真実に徹底しないで、反つて労働者の迷惑を来し真髄を去ること余りに遠い様なことに無益の努力をすることが生じ得るのである。之には労働者をして其経営に参加させ又は責任者たらしめることが漸次重んぜられて来たことは最初に述べた通りである。米国政府の報告書中に『福利施設を被傭者の手に成るべく一任したが宜しいといふ考は多少経験を積まねば起らない、稀には福利施設のみならず、凡ての労働条件にも会社経営上にも被傭者を参加させ、委員が設けられて其委員に福利事業を一任して居る有名な共同経営の例もある』と言ふことが載つて居る。	
39	茲に附加して申上げて置きたいことは、時々お話を伺ふことでありますが、今迄はモツト職工を優遇して居たのであつたが、工場法とか健康保険法と	茲に附加して置き度いことは時々耳にすることであるが、今迄はモツト職工を優遇して居たのであつたが工場法とか健康保険法とかゞ出来て従来	〔なし〕

	かが出来て従来よりも悪い待遇でも差支無いことになつたから、法規が出来た為めに職工は反つて迷惑するなどゝ言ふことを工場主側の人が申されるのでありますが、之は福利施設の精神及び法規の性質を理解せざるに帰因する誤つた考であります、前に述べました英国政府の福利施設に関する定義の説明中にもあります通りに、法律は一般的に通じて最小限度を強制するものでありまして福利施設は其強制以上又は以外に広い存在の世界を有することを理解して頂き度いと思ふのであります、法規の強制の範囲に縮少しやうとすることは福利施設を徹廃するものでありまして、福利施設を実行せんとした本来の精神と夥しく矛盾するものと言はなければなりません。	よりも悪い待遇でも差支ないことになつたから法規の出来た為めに職工は反つて迷惑するなどゝ言ふことを工場側の人が言はれることがある。之は福利施設の精神及び法規の性質を理解せざるに帰因するのである。英国政府の福利施設に関する定義の説明中に在る通りに法律は一般的に通じて最小限度を強制するものであつて、福利施設は其強制以上又は以外に広い存在の世界を有することを理解する必要がある。	
40	以上を以て極めて簡単では有りますが、産業福利の精神を説明した次第であります、先にも申します通り本講習会の講義課目は肉体上の福利施設を主としたものでありまして、福利施設の全般に亘つたものでは有りませんが、最初の試として此の範囲に止めたのでありますから其点も御諒解下さつて今回申述べます各課目が蔽ふて居る施設も是非共此の福利施設の真精神の発露として	以上を以て極めて簡単乍ら産業福利の精神の説明を終つた。	〔なし〕

	熱心なる御実行あらんことを訴(ママ)つて此のお話を終ることに致します。（産業福利協会主催工場災害予防及衛生講習会に於ける講演速記）		

資料6　機関誌『安全第一』および機関紙・機関誌『産業福利』巻号・発行所・発行年月日等対照表

以下に、機関誌『安全第一』、機関紙『産業福利』(第1巻) および機関誌『産業福利』(第2巻以降) の巻号、発行所、発行年月日等の対照表を掲げる。

機関誌『安全第一』巻号・発行所・発行年月日等対照表

機関誌『安全第一』は、1917年4月発行の「創刊号」から1919年3月発行の「第参巻第三号」に至る全24号が発行された。なお、同誌は不二出版編集部復刻『復刻版　安全第一』第1巻～第4巻、不二出版、2007年に復刻されている。また、その総目次は不二出版編集部『『安全第一』解説・総目次・索引』不二出版、2007年、25-44頁、を参照。

表紙の記載	巻号	発行所	発行年月日	復刻版の所収巻
創刊号	第1巻第1号	安全第一協会	1917年4月1日	第1巻
五月号	第1巻第2号	安全第一協会	1917年5月1日	第1巻
六月号	第1巻第3号	安全第一協会	1917年6月1日	第1巻
七月号	第1巻第4号	安全第一協会	1917年7月1日	第1巻
八月号	第1巻第5号	安全第一協会	1917年8月1日	第1巻
九月号	第1巻第6号	安全第一協会	1917年9月1日	第2巻
十月号	第1巻第7号	安全第一協会	1917年10月1日	第2巻
十一月号	第1巻第8号	安全第一協会	1917年11月1日	第2巻
十二月号	第1巻第9号	安全第一協会	1917年12月1日	第2巻
一月号	第2巻第1号	安全第一協会	1918年1月1日	第2巻
二月号	第2巻第2号	安全第一協会	1918年2月1日	第2巻
三月号	第2巻第3号	安全第一協会	1918年3月1日	第3巻
四月号	第2巻第4号	安全第一協会	1918年4月1日	第3巻
五月号	第2巻第5号	安全第一協会	1918年5月1日	第3巻
六月号	第2巻第6号	安全第一協会	1918年6月1日	第3巻
七月号	第2巻第7号	安全第一協会	1918年7月1日	第3巻
八月号	第2巻第8号	安全第一協会	1918年8月1日	第3巻
九月号	第2巻第9号	安全第一協会	1918年9月1日	第4巻
十月号	第2巻第10号	安全第一協会	1918年10月1日	第4巻
十一月号	第2巻第11号	安全第一協会	1918年11月1日	第4巻

十二月号	第2巻第12号	安全第一協会	1918年12月1日	第4巻
第参巻第壱号	第3巻第1号	安全第一協会	1919年1月1日	第4巻
第参巻第二号	第3巻第2号	安全第一協会	1919年2月1日	第4巻
第参巻第三号	第3巻第3号	安全第一協会	1919年3月1日	第4巻

機関紙『産業福利』巻号・発行所・発行年月日等対照表

機関紙『産業福利』第1巻は、1926年1月発行の「第一号」から1926年12月発行の「第十一号」に至る全11号が発行され、翌年から体裁が機関誌に改められた。機関紙『産業福利』には第1巻と表示されていないが、機関誌が第2巻から始まっていることから、機関紙は第1巻に相当する。なお、同紙の復刻版およびその総目次は『協調会史料『産業福利』復刻版』第23巻、柏書房、2008年、参照。

表紙の記載	巻号	発行所	発行年月日	復刻版の所収巻
第一号	第1巻第1号	産業福利協会	1926年1月20日	第23巻
第二号	第1巻第2号	産業福利協会	1926年3月10日	第23巻
第三号	第1巻第3号	産業福利協会	1926年4月10日	第23巻
第四号	第1巻第4号	産業福利協会	1926年5月10日	第23巻
第五号	第1巻第5号	産業福利協会	1926年6月10日	第23巻
第六号	第1巻第6号	産業福利協会	1926年7月10日	第23巻
第七号	第1巻第7号	産業福利協会	1926年8月1日	第23巻
第八号	第1巻第8号	産業福利協会	1926年9月1日	第23巻
第九号	第1巻第9号	産業福利協会	1926年10月1日	第23巻
第十号	第1巻第10号	産業福利協会	1926年11月1日	第23巻
第十一号	第1巻第11号	産業福利協会	1926年12月1日	第23巻

機関誌『産業福利』巻号・発行所・発行年月日等対照表

機関誌『産業福利』は、1927年1月発行の「第二巻第一号」から発行され、第19巻第3号（1944年9月発行）まで見つかっているが、最終号は明らかでない。また、協調会産業福利部が廃止されたあとの第16巻第4号（1941年4月発行）以降は協調会の機関誌でも大日本産業報国会の機関誌でもない（詳しくは、横関至「産業福利研究会による『産業福利』の発行継続」、梅田俊英・高橋彦博・横関至編集・解題『協調会史料『産業福利』復刻版』別巻、柏書房、2007年、33-48頁、を参照）。

下記対照表では、本論文の対象とする1941年3月までに発行された機関誌『産業福利』第2巻第1号から第16巻第3号までに限った。なお、同誌は『協調会史料『産業福利』復刻版』第1巻～第20巻、柏書房、2007-2008年、に復刻されている。また、その総目次は『協調会史料『産業福利』復刻版』第23巻、柏書房、2008年、参照。

巻号	発行所	発行年月日	復刻版の所収巻
第2巻第1号	産業福利協会	1927年1月1日	第1巻
第2巻第2号	産業福利協会	1927年2月1日	第1巻
第2巻第3号	産業福利協会	1927年3月1日	第1巻
第2巻第4号	産業福利協会	1927年4月1日	第1巻
第2巻第5号	産業福利協会	1927年5月1日	第1巻
第2巻第6号	産業福利協会	1927年6月1日	第1巻
第2巻第7号	産業福利協会	1927年7月1日	第1巻
第2巻第8号	産業福利協会	1927年8月1日	第1巻
第2巻第9号	産業福利協会	1927年9月1日	第1巻
第2巻第10号	産業福利協会	1927年10月1日	第1巻
第2巻第11号	産業福利協会	1927年11月1日	第1巻
第2巻第12号	産業福利協会	1927年12月1日	第1巻
第3巻第1号	産業福利協会	1928年1月1日	第2巻
第3巻第2号	産業福利協会	1928年2月1日	第2巻
第3巻第3号	産業福利協会	1928年3月1日	第2巻
第3巻第4号	産業福利協会	1928年4月1日	第2巻
第3巻第5号	産業福利協会	1928年5月1日	第2巻
第3巻第6号	産業福利協会	1928年6月1日	第2巻
第3巻第7号	産業福利協会	1928年7月1日	第2巻
第3巻第8号	産業福利協会	1928年8月1日	第2巻
第3巻第9号	産業福利協会	1928年9月1日	第2巻
第3巻第10号	産業福利協会	1928年10月1日	第2巻
第3巻第11号	産業福利協会	1928年11月1日	第2巻
第3巻第12号	産業福利協会	1928年12月1日	第2巻
第4巻第1号	産業福利協会	1929年1月1日	第3巻
第4巻第2号	産業福利協会	1929年2月1日	第3巻
第4巻第3号	産業福利協会	1929年3月1日	第3巻
第4巻第4号	産業福利協会	1929年4月1日	第3巻
第4巻第5号	産業福利協会	1929年5月1日	第3巻
第4巻第6号	産業福利協会	1929年6月1日	第3巻
第4巻第7号	産業福利協会	1929年7月1日	第3巻
第4巻第8号	産業福利協会	1929年8月1日	第3巻
第4巻第9号	産業福利協会	1929年9月1日	第3巻
第4巻第10号	産業福利協会	1929年10月1日	第3巻

第4巻第11号	産業福利協会	1929年11月1日	第3巻
第4巻第12号	産業福利協会	1929年12月1日	第3巻
第5巻第1号	産業福利協会	1930年1月1日	第4巻
第5巻第2号	産業福利協会	1930年2月1日	第4巻
第5巻第3号	産業福利協会	1930年3月1日	第4巻
第5巻第4号	産業福利協会	1930年4月1日	第4巻
第5巻第5号	産業福利協会	1930年5月1日	第4巻
第5巻第6号	産業福利協会	1930年6月1日	第4巻
第5巻第7号	産業福利協会	1930年7月1日	第4巻
第5巻第8号	産業福利協会	1930年8月1日	第4巻
第5巻第9号	産業福利協会	1930年9月1日	第4巻
第5巻第10号	産業福利協会	1930年10月1日	第4巻
第5巻第11号	産業福利協会	1930年11月1日	第4巻
第5巻第12号	産業福利協会	1930年12月1日	第4巻
第6巻第1号	産業福利協会	1931年1月1日	第5巻
第6巻第2号	産業福利協会	1931年2月1日	第5巻
第6巻第3号	産業福利協会	1931年3月1日	第5巻
第6巻第4号	産業福利協会	1931年4月1日	第5巻
第6巻第5号	産業福利協会	1931年5月1日	第5巻
第6巻第6号	産業福利協会	1931年6月1日	第5巻
第6巻第7号	産業福利協会	1931年7月1日	第5巻
第6巻第8号	産業福利協会	1931年8月1日	第5巻
第6巻第9号	産業福利協会	1931年9月1日	第5巻
第6巻第10号	産業福利協会	1931年10月1日	第5巻
第6巻第11号	産業福利協会	1931年11月1日	第5巻
第6巻第12号	産業福利協会	1931年12月1日	第5巻
第7巻第1号	産業福利協会	1932年1月1日	第6巻
第7巻第2号	産業福利協会	1932年2月1日	第6巻
第7巻第3号	産業福利協会	1932年3月1日	第6巻
第7巻第4号	産業福利協会	1932年4月1日	第6巻
第7巻第5号	産業福利協会	1932年5月1日	第6巻
第7巻第6号	産業福利協会	1932年6月1日	第6巻
第7巻第7号	産業福利協会	1932年7月1日	第6巻
第7巻第8号	産業福利協会	1932年8月1日	第6巻
第7巻第9号	産業福利協会	1932年9月1日	第6巻

第7巻第10号	産業福利協会	1932年10月1日	第6巻
第7巻第11号	産業福利協会	1932年11月1日	第6巻
第7巻第12号	産業福利協会	1932年12月1日	第6巻
第8巻第1号	産業福利協会	1933年1月1日	第7巻
第8巻第2号	産業福利協会	1933年2月1日	第7巻
第8巻第3号	産業福利協会	1933年3月1日	第7巻
第8巻第4号	産業福利協会	1933年4月1日	第7巻
第8巻第5号	産業福利協会	1933年5月1日	第7巻
第8巻第6号	産業福利協会	1933年6月1日	第7巻
第8巻第7号	産業福利協会	1933年7月1日	第7巻
第8巻第8号	産業福利協会	1933年8月1日	第7巻
第8巻第9号	産業福利協会	1933年9月1日	第7巻
第8巻第10号	産業福利協会	1933年10月1日	第7巻
第8巻第11号	産業福利協会	1933年11月1日	第7巻
第8巻第12号	産業福利協会	1933年12月1日	第7巻
第9巻第1号	産業福利協会	1934年1月1日	第8巻
第9巻第2号	産業福利協会	1934年2月1日	第8巻
第9巻第3号	産業福利協会	1934年3月1日	第8巻
第9巻第4号	産業福利協会	1934年4月1日	第8巻
第9巻第5号	産業福利協会	1934年5月1日	第8巻
第9巻第6号	産業福利協会	1934年6月1日	第8巻
第9巻第7号	産業福利協会	1934年7月1日	第8巻
第9巻第8号	産業福利協会	1934年8月1日	第8巻
第9巻第9号	産業福利協会	1934年9月1日	第8巻
第9巻第10号	産業福利協会	1934年10月1日	第8巻
第9巻第11号	産業福利協会	1934年11月1日	第8巻
第9巻第12号	産業福利協会	1934年12月 1 日	第8巻
第10巻第1号	産業福利協会	1935年1月1日	第9巻
第10巻第2号	産業福利協会	1935年2月1日	第9巻
第10巻第3号	産業福利協会	1935年3月1日	第9巻
第10巻第4号	産業福利協会	1935年4月1日	第9巻
第10巻第5号	産業福利協会	1935年5月1日	第9巻
第10巻第6号	産業福利協会	1935年6月1日	第9巻
第10巻第7号	産業福利協会	1935年7月1日	第9巻
第10巻第8号	産業福利協会	1935年8月1日	第9巻

第10巻第9号	産業福利協会	1935年9月1日	第9巻
第10巻第10号	産業福利協会	1935年10月1日	第9巻
第10巻第11号	産業福利協会	1935年11月1日	第9巻
第10巻第12号	産業福利協会	1935年12月1日	第9巻
第11巻第1号	産業福利協会	1936年1月1日	第10巻
第11巻第2号	産業福利協会	1936年2月1日	第10巻
第11巻第3号	産業福利協会	1936年3月1日	第10巻
第11巻第4号	協調会産業福利部	1936年4月1日	第10巻
第11巻第5号	協調会産業福利部	1936年5月1日	第10巻
第11巻第6号	協調会産業福利部	1936年6月1日	第10巻
第11巻第7号	協調会産業福利部	1936年7月1日	第11巻
第11巻第8号	協調会産業福利部	1936年8月1日	第11巻
第11巻第9号	協調会産業福利部	1936年9月1日	第11巻
第11巻第10号	協調会産業福利部	1936年10月1日	第11巻
第11巻第11号	協調会産業福利部	1936年11月1日	第11巻
第11巻第12号	協調会産業福利部	1936年12月1日	第11巻
第12巻第1号	協調会産業福利部	1937年1月1日	第12巻
第12巻第2号	協調会産業福利部	1937年2月1日	第12巻
第12巻第3号	協調会産業福利部	1937年3月1日	第12巻
第12巻第4号	協調会産業福利部	1937年4月1日	第12巻
第12巻第5号	協調会産業福利部	1937年5月1日	第12巻
第12巻第6号	協調会産業福利部	1937年6月1日	第12巻
第12巻第7号	協調会産業福利部	1937年7月1日	第13巻
第12巻第8号	協調会産業福利部	1937年8月1日	第13巻
第12巻第9号	協調会産業福利部	1937年9月1日	第13巻
第12巻第10号	協調会産業福利部	1937年10月1日	第13巻
第12巻第11号	協調会産業福利部	1937年11月1日	第13巻
第12巻第12号	協調会産業福利部	1937年12月1日	第13巻
第13巻第1号	協調会産業福利部	1938年1月1日	第14巻
第13巻第2号	協調会産業福利部	1938年2月1日	第14巻
第13巻第3号	協調会産業福利部	1938年3月1日	第14巻
第13巻第4号	協調会産業福利部	1938年4月1日	第14巻
第13巻第5号	協調会産業福利部	1938年5月1日	第14巻
第13巻第6号	協調会産業福利部	1938年6月1日	第14巻
第13巻第7号	協調会産業福利部	1938年7月1日	第15巻

第13巻第8号	協調会産業福利部	1938年8月1日	第15巻
第13巻第9号	協調会産業福利部	1938年9月1日	第15巻
第13巻第10号	協調会産業福利部	1938年10月1日	第15巻
第13巻第11号	協調会産業福利部	1938年11月1日	第15巻
第13巻第12号	協調会産業福利部	1938年12月1日	第15巻
第14巻第1号	協調会産業福利部	1939年1月1日	第16巻
第14巻第2号	協調会産業福利部	1939年2月1日	第16巻
第14巻第3号	協調会産業福利部	1939年3月1日	第16巻
第14巻第4号	協調会産業福利部	1939年4月1日	第16巻
第14巻第5号	協調会産業福利部	1939年5月1日	第16巻
第14巻第6号	協調会産業福利部	1939年6月1日	第16巻
第14巻第7号	協調会産業福利部	1939年7月1日	第17巻
第14巻第8号	協調会産業福利部	1939年8月1日	第17巻
第14巻第9号	協調会産業福利部	1939年9月1日	第17巻
第14巻第10号	協調会産業福利部	1939年10月1日	第17巻
第14巻第11号	協調会産業福利部	1939年11月1日	第17巻
第14巻第12号	協調会産業福利部	1939年12月1日	第17巻
第15巻第1号	協調会産業福利部	1940年1月1日	第18巻
第15巻第2号	協調会産業福利部	1940年2月1日	第18巻
第15巻第3号	協調会産業福利部	1940年3月1日	第18巻
第15巻第4号	協調会産業福利部	1940年4月1日	第18巻
第15巻第5号	協調会産業福利部	1940年5月1日	第18巻
第15巻第6号	協調会産業福利部	1940年6月1日	第18巻
第15巻第7号	協調会産業福利部	1940年7月1日	第19巻
第15巻第8号	協調会産業福利部	1940年8月1日	第19巻
第15巻第9号	協調会産業福利部	1940年9月1日	第19巻
第15巻第10号	協調会産業福利部	1940年10月1日	第19巻
第15巻第11号	協調会産業福利部	1940年11月1日	第19巻
第15巻第12号	協調会産業福利部	1940年12月1日	第19巻
第16巻第1号	協調会産業福利部	1941年1月1日	第20巻
第16巻第2号	協調会産業福利部	1941年2月1日	第20巻
第16巻第3号	協調会産業福利部	1941年3月1日	第20巻